KB058344

한국 선사 · 고대의 골각기

한강문화재연구원 자료총서 **1**

한국 선사 · 고대의
골각기
韓國 先史 · 古代의 骨角器

● 집필진

최삼용 연세대학교박물관

조태섭 연세대학교 역사문화학과

하인수 복천박물관

최종혁 부경문물연구원

이영덕 호남문화재연구원

구자진 한국토지주택공사

초판인쇄일   2014년 9월 28일
초판발행일   2014년 9월 28일
펴 낸 이   한강문화재연구원
발 행 인   김선경
책 임 편 집   김윤희, 김소라
발 행 처   도서출판 서경문화사
          주소 : 서울시 종로구 이화장길 70-14(동숭동) 105호
          전화 : 743-8203, 8205 / 팩스 : 743-8210
          메일 : sk8203@chol.com
인   쇄   바른글인쇄
제   책   반도제책사
등 록 번 호   제 300-1994-41호
ISBN   978-89-6062-172-5   93000
ⓒ한강문화재연구원, 2014

 정가 37,000

한국 선사·고대의 골각기

한강문화재연구원 펴냄

서경문화사

책 머 리 에

골각기는 재질이 단단하면서도 탄력성을 갖고 주변에서 쉽게 구할 수 있는 이점 때문에 석기나 목기의 보완적 도구로써 혹은 그 자체가 생업도구로써 구석기시대부터 다양하게 활용되어 왔음은 주지의 사실이다.

특히 신석기시대에 접어들면서 출토량, 종류, 사용범위, 일상생활과 생업활동에서 차지하는 비중 등에서「골각기의 시대」라고 할 수 있을 만큼 다양한 종류의 골각기가 일상생활 전반에 걸쳐 폭넓게 사용되면서 석기와 함께 도구체계의 구성하는 중요한 축을 이룬다. 이러한 골각기는 신석기시대 이래 삼한·삼국시대까지 금속기와 더불어 생활도구로서 혹은 금속기의 부재로 널리 이용 된다.

그럼에도 불구하고 골각기의 연구는 토기나 석기, 금속기 등 타 분야에 비해 상대적으로 저조한 편이다. 물론 그동안 골각기에 대한 연구가 없었던 것은 아니지만 극히 초보적인 수준에 지나지 않는다고 해도 과언이 아니다. 이에 대해 여러 가지 원인이 있겠지만, 되돌아보면 소위 중요 유물에 가려 고고학적 가치를 인식하지 못했던 우리의 무관심이 일차적인 원인으로 작용했을 것으로 생각된다.

본서는 이러한 문제점들을 인식하여 앞으로 우리나라 골각기문화의 연구 방향을 모색하고 앞으로 연구의 기초 자료를 확보하고자 한강문화재연구원의 지원으로 기획되고 마련되었던 것이다. 물론 본서가 앞에 언급한 문제를 단번에 해결해주는 것은 아니지만 그동안 한반도 골각기에 대한 체계적으로 정리된 연구서가 없어 골각기를 이해하는데 애로점이 많았던 연구자나 고고학을 배우는 학생들에게도 어느 정도 도움이 되고 부족하나마 향후 우리나라 선사·고대 골각기 연구를 위한 작은 디딤돌이 되었으며 하는 바람이다.

본서는 크게 2부로 구성되어 있는데, 1부는 골각기의 제작방법을 비롯하여 우리나라 선사 및 삼한 삼국시대 골각기의 분류와 전반적인 양상을 다루었고 2부는 현재까지 발굴된 신석기시대부터 삼한·삼국시대 골각기 자료를 집성하여 향후 연구 자료로 활용할 수 있도록 하였다.

본서는 한강문화재연구원의 적극적인 협조와 신숙정 원장님의 고고학적인 열정으로 간행되었다. 그동안 한국 신석기학회의 발전과 연구에 많은 관심과 후원을 아끼지 않은 신숙정원장님을 비롯한 한강문화재연구원 관계자분들께 지면을 빌어 다시 한번 깊은 고마움을 표한다. 다망함에도 불구하고 논고 집필과 자료 집성 작업을 흔쾌히 승낙해 주신 최삼용, 조태섭, 최종혁, 이영덕, 구자진 선생님께도 진심으로 감사의 뜻을 전한다. 그리고 본서가 간행되기까지 기획 등 제반 업무를 맡아주신 한강문화재연구원 오승환실장님, 원고 교정과 도면 편집 등 번거로운 일을 마다하지 않고 수고해준 권도희팀장님께 미안함과 고마움을 전한다.

2014년 9월

필자들을 대표하여 **하 인 수** 씀

차 례

I 부 ■■■

II 부 ▬▬

韓國 先史 · 古代의 骨角器 I부

01
선사시대의 뼈연모 제작기술

최삼용 연세대학교박물관

1. 머리말

　뼈연모는 뼈·뿔·이빨·조가비 같은 동물성의 단단한 재료를 이용하여 만든 도구로서 일상용구, 연장, 무기, 어구 등 인간 생활에 필요한 뼈제품이 모두 포함된다.

　구석기시대 사람들이 돌을 깨서 만든 뗀석기는 내구성이 뛰어난 까닭에 원 상태에 가깝게 보존되었으며 구석기문화 연구는 뗀석기를 중심으로 이루어져 왔다. 그런데 재료의 특성 상 많이 남아 있지는 않지만 나무와 동물뼈도 연모로 이용되었다.

　인류가 뼈를 적극적으로 이용하기 시작한 때는 후기구석기시대이다. 전기구석기시대와 중기구석기시대에는 주로 뗀뼈연모가 쓰였겠지만 드물게 갈거나 긁어 다듬은 뼈연모도 출토된 바 있다. 의심스러운 점은 있으나, 30만년 이전(Mindel/Riss 간빙기)으로 추정되는 프랑스 남부 뤼넬-비엘(Lunel-Viel) 마을의 마스 데 까브(Mas des Caves) 유적에서 갈아만든 뼈끌과 송곳이 보고된 바 있고(Bonifay 1974), 또한 중기구석기시대에 해당하는 중앙아프리카 자이레의 카탄다(Katanda) 유적에서도 뼈를 다듬어 만든 작살들이 발견되기도 하였지만(Yellen et al 1995), 이러한 예는 매우 예외적인 경우에 속한다. 또한 갈거나 긁어 다듬지는 않았지만 같은 형태로 반복해서 제작된 연모를 든다면 '라 끼나' 유적의 소 위팔뼈 아래끝마디로 만든 다수의 잔손질 마치가 있다(Martin 1907-1910). 이것은 들소 위팔뼈의 몸통 부분을 제거하고 의도적으로 깨진 면을 다듬은 후 아래끝마디 도르래 부분을 자연 상태 그대로 이용한 것으로 뼈연모 제작 역사에 있어서 중요한 의미를 갖는다고 생각되지만 발견되는 유적은 매우 드물다.

지역에 따라 차이가 있지만, 인류가 뼈를 제대로 다루며 연모를 만들어 쓰기 시작한 때는 후기구석기시대이다. 이때 비로소 뼈를 다루기에 알맞은 새로운 기술들이 나와 적용되면서 다양한 뼈연모가 만들어져 사용되었다. 서부 유럽에서는 뼈제품이 중요 요소를 구성하는 새로운 후기구석기문화가 꽃을 피우기도 했다. 뼈, 뿔, 상아 따위의 동물성 재료는 유연성, 탄력성, 견고성과 아울러 심미성까지 고루 갖춘 훌륭한 연모감 임에 틀림없지만, 뗀석기 제작기술로는 효과적으로 다루기에 매우 까다로운 물질이었던 것으로 생각된다. 뗀뼈연모에서 어떤 형태상의 일관성과 규칙성을 찾아보기 힘든 주된 이유이다. 그러나 일단 뼈의 성질을 잘 파악하고 어떤 부분을 써야할지 이해하게 된 인류는 뼈를 이용하여 다양한 종류의 연모를 제작할 수 있게 되었고, 돌이라는 재료로는 실현하기 매우 어려운 복잡한 형태의 연모나 예술품들도 만들게 되었다. 이처럼 뼈의 효율적인 이용이 가능하게 된 이유는 후기구석기시대를 담당했던 새로운 인류가 제한된 자원을 최대한으로 활용해야 했던 환경에서 뼈를 다루는데 알맞은 새롭고 다양한 기술을 터득하여 발전시키고, 빠른 시일 내에 숙련 상태에 도달했기 때문으로 생각된다(Beaune 1995). 구석기시대의 뼈연모 제작 기술은 다음 시기로 그 전통이 거의 그대로 계승되며 발전했다.

2. 뼈의 특성과 활용된 짐승의 뼈대

1) 뼈의 특성

동물로부터 구할 수 있는 뼈, 뿔, 이빨(상아), 조가비, 새알껍질, 거북이나 악어의 등·배판 따위는 다양한 연모나 치레거리를 만드는 재료로 쓰였는데, 이들 동물성의 굳은 물질(hard animal material)은 일반적으로 유기물과 무기물이 배합된 독특한 물성을 지니고 있으며, 또한 각기 고유한 성질을 가지고 있다. 뼈의 질은 동물의 종류, 나이, 부위, 형태 그리고 크기에 따라 매우 다양하다. 연모의 제작 기술은 이러한 요소들에 의해 많은 제약을 받을 수 있다.

뼈는 형태에 따라 긴뼈, 짧은뼈, 납작뼈, 불규칙뼈 등으로 나누어지는데, 연모의 재료로서 가장 많이 쓰인 뼈는 팔·다리뼈, 손·발등뼈와 같은 긴뼈들이다. 이들 긴뼈의 양쪽 끝부분은 속이 해면질로 이루어져 있으나, 가운데 몸통 부분의 치밀질(compact substance) 내부는 공동을 이루어 동물이 살아있는 상태에서는 골수로 가득 차있다. 뼈의 가로 자른 면은 맨눈에서는 동질적으로 보이지만 실은 복잡한 구조를 가지고 있다. 대체로 겉쪽과 안쪽 부분은 표면과 나란한 극히 얇은 층판(層板)들로 이루어져 있으며, 그 가운데는 가느다란 신경을 동반하는 혈관들과 그것들을 하나하나 둘러싸고 있는 층판들이 있고 그 사이에는 다소 불규칙한 층판들이 있다(Barone 1986). 뼈는 이렇게 복합적인 구조를 갖는 물질로서 저항성, 견고성과 함께 탄력성, 유연성을 고루 갖추고 있다. 게다가 간단한 손질로도 쉽게 윤이 나고 매끄러워지며, 완전히 가공되었을 때 감촉이 매우 좋고 상아와 비슷한 빛깔과 질을 가져 보기에도 아름다운 느낌을 준다.

이렇게 보면 뼈는 연모 제작에 이상적인 재료 같지만, 사실 다루기에 매우 까다로운 면이 있다. 뼈나 뿔은 돌이나 나무와 아주 다르면서 한편 이들의 특성을 부분적으로 나누어 가지고 있는 것으로 파악된다. 돌처럼 깨지고 갈리며, 나무처럼 켜지고 깎이는 이중의 성질을 가지고 있어서 뼈연모의 제작에는 석기 제작기술과 나무를 다루는 기술들이 고루 쓰일 수 있다. 따라서 뼈연모의 제작기술과 기술의 적용 과정은 석기에 비해 훨씬 다양하고 복잡하게 나타난다.

2) 활용된 짐승의 뼈대

구석기시대 이래 동물은 먹거리로 뿐 만이 아니라 연모 제작에 쓰일 재료의 공급원으로서도 중요한 역할을 했다. 대부분의 경우 뼈연모의 원재료는 사람들이 잡은 동물을 식용으로 처리하는 과정에서 선택되었던 것으로 나타난다. 이는 다른 연모와 원재료의 획득 계기와 과정에 있어 큰 차이점이라 할 수 있겠다. 뼈연모 원재료의 확보 기회와 경로는 다양했을 것이다. 그런데 이미 잘 알려져 있는 바와 같이 유적에서 나오는 동물뼈 유물에 대한 전반적인 분석은 그곳에서 생활을 영위했던 사람들의 주된 먹거리였던 짐승의 뼈, 즉 주위에서 가장 쉽게 구할 수 있는 것을 연모의 재료로 썼음을 밝혀주고 있다. 다시 말하면 사람들의 생계와 가장 밀접한 관계를 가졌던 사냥된 짐승이나 길들여진 짐승의 이용이 보다 빈번했다.[01]

---

01 예를 들어 유럽의 후기구석기시대에는 순록의 뿔과 뼈를 많이 이용하였으며, 북아프리카와 서아프리카의 사하라 사막에서 발견되는 신석기시대 전기 유적에서는 큰 물고기뼈 등 물에 사는 동물의 뼈를 그리고 중동과 유럽 신석기시대에는 가축화된 양이나 소의 뼈를 많이 이용하였던 것으로 나타난다.

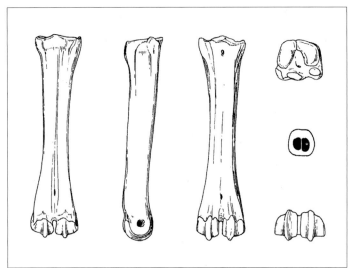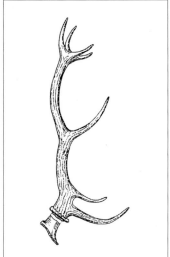

그림 1_소의 발등뼈와 말사슴 뿔

　우리나라에서는 선사시대 전반에 걸쳐 꽃사슴의 뼈가 가장 많이 사용되었지만, 신석기시대 일찍이 가축화가 이루어진 지역에서는 뼈연모를 만들 재료도 야생 동물보다는 집짐승에 크게 의존하게 되어 구석기시대와는 매우 다른 양상을 띠게 된다. 이는 근동지역이나 서부유럽에서 이미 신석기시대 전기 초반에 양이나 염소 같은 가축의 뼈대로 만든 연모가 야생 동물뼈로 만든 것보다 훨씬 우세하게 나타나는 사실로도 뒷받침된다. 야생 동물에서 집짐승의 뼈로 뼈연모 감의 전환은 재료의 보다 안정적인 공급을 의미한다. 이는 결국 뼈연모의 제작을 쉽게 했으며, 또한 한 뼈대의 꾸준한 선택을 가능케하여 연모의 표준화와 규격화에도 기여했다고 할 수 있다.

　어떤 연모를 만들기 위한 뼈대의 선택은 매우 의도적이고 계획적이라고 할 수 있다. 주로 쓰인 뼈대는 긴대롱(사지)뼈이며 짧은뼈나 납작뼈 등은 드물게 쓰이거나 특수한 용도로 쓰였다. 긴대롱뼈 중에서도 위팔뼈, 앞팔뼈와 허벅지뼈의 이용은 적은 편인데 구조적으로 뼈연모를 만들기에 적합하지 않기 때문인 것 같다. 때와 곳을 막론하고 가장 많이 선택된 뼈대는 사슴이나 소, 양 같은 되새김 짐승의 발등뼈이다(그림 1 왼쪽). 이 발등뼈는 곧고 길고 단단하며 앞·뒤 면에 깊은 홈이 있어, 마주 켜서 둘로 쪼개기에 매우 유리한 형태를 갖는다. 사슴의 뿔(그림 1 오른쪽) 또한 아주 훌륭한 원재료로서 다양한 연모의 재료가 되었다.

3. 뼈연모의 제작단계와 기술

뼈연모 제작에 쓰인 기술은 이미 후기구석기시대에 다양하게 나타났다. 구석기인들은 우선 이전에 돌과 나무 같은 다른 재료를 다루는데 쓰였던 기술들을 잘 활용했던 것 같다. 그리고 이를 바탕으로 뼈의 성질에 알맞은 새로운 기술들을 찾아냈을 것으로 여겨진다. 이러한 기술을 바탕으로 후기구석기시대 초기부터 뼈연모 제작은 체계적으로 이루어졌다. 곧 후기구석기인들은 계획적으로 원재료에서 원하는 형태와 크기의 연모감을 추출하고(마름질), 이것을 다듬어 연모의 고유 기능을 주는 다듬기 과정을 거쳐 하나의 연모를 완성했던 것이다. 때로는 연모의 한쪽에 자루를 장착하는 장치를 마련하기도 하였으며, 구멍을 뚫거나 겉면에 무늬를 새겨 기능 보강을 하고 멋을 내기도 했다.

새로 발견한 기술은 발전시키고 응용하여 또 다른 기술을 일구어냈다. 마름질 기술은 변형되어 다듬기 기술로 쓰이고, 다듬기 기술을 응용하여 마름질 기술을 탄생시키기도 했던 것 같다.

1) 뼈연모의 제작단계

한 연모는 대체로 일련의 복잡한 과정을 거쳐 제작되는데(그림 2), 크게 마름질과 다듬기의 두 단계로 나누어 설명할 수 있다. 또한 다듬기의 마무리 단계로서 끝손질이 적용되기도 한다.

(1) 마름질

원재료로부터 연모의 밑바탕이 되는 연모감을 마련하는 일이다. 간혹 변형되지 않은 자연 상태의 원재료가 연모로 이용되는 경우도 있지만, 대부분 여러 기술과 방법으로 원하는 크기와 형태의 연모감을 원재료로부터 추출해낸다.

(2) 다듬기

마련된 연모감에 고유한 기능을 주고 쓰기에 알맞게 다듬는 연모 완성 단계이다.

(3) 끝손질

끝손질은 연모의 기능과 기본적인 형태에 영향을 주지 않으면서 기능을 보강하거나

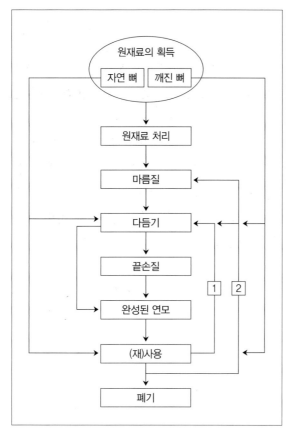

| 그림 2_연모의 제작 과정 (1. 사용 부위 다시 다듬기, 2. 못쓰게 된 연모의 재활용)

장식을 하는 다듬기의 마무리 단계이다. 예를 들어 뼈끌, 송곳 등 연모의 사용 부위를 매끄럽게 하여 사용할 때 손상이나 마찰을 줄이거나, 외관상의 아름다움을 위해 무늬를 넣는 작업 등이 있다. 끝손질은 연모의 제작에 있어 필수적인 것은 아니며, 이를 거치지 않고 완성되는 연모가 더 많을 것으로 생각된다.

완성된 연모는 사용 부위가 닳거나 손상되어 성능이 떨어지면 적당한 순간에 다시 다듬어 썼다. 이러한 행위는 여러 차례 반복되었으므로 유적에서 발견된 연모의 크기는 대체로 처음보다 많이 작아졌을 것이다. 사용 부위를 다시 다듬어 날카롭게 한 예는 흔히 보게 되는데, 마지막으로 다듬은 흔적과 이전에 다듬은 흔적의 시간적인 차이는 일반적으로 자국의 신선도 차이에 의해 서로 뚜렷이 구별된다. 연모는 버려지기 전에 재활용되는 예도 심심찮게 보인다. 파손된 연모는 같은 형식의 연모로 다시 손질되기도 하지만, 전혀 다른 기능을 가진 연모로 만들어지기도 한다.

2) 뼈연모의 제작기술

(1) 연모 제작기술의 기본 구성 요소

연모 제작기술은 다음 세 가지 기본 요소로 구성된다. 힘의 적용 방식과 전개된 행위 그리고 사용된 도구이다(Pelegrin 1991, Provenzano 1999)(그림 3).

이러한 정의는 뗀석기의 제작기술을 연구하는 과정에서 정리된 것이지만 뼈연모에도 그대로 적용될 수 있다. 이 세 가지 요소는 서로 밀접한 관계를 갖고 영향을 미치며, 떼어

놓고 설명하기 힘들다. 같은 기술이라 하더라도 위 요소의 변화에 따라 효용성이 다르게 나타날 수 있다. 힘의 적용방식이 같더라도 채택된 도구나 행위에 따라 다른 기술로 나타날 수 있다. 예를 들어 같은 망치를 사용하여 직접 때리기를 하더라도 격지떼기와 잔손질은 이루어진 행위의 차이 때문에 목적과 결과에 있어서

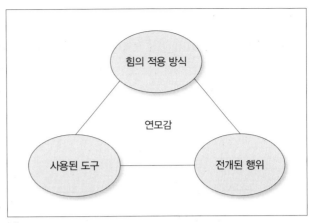

그림 3_연모 제작기술의 기본 요소

매우 큰 차이를 갖는다. 격지떼기는 연모의 몸체를 마련하는 마름질이며 잔손질은 마련된 연모의 몸체를 다듬는 기술이 되는 것이다.

세 요소 가운데 힘의 적용 방식은 작업자의 몸(근육)에서 나오는 힘을 가공(加工)할 대상 물체에 가하는 방식을 말하며, 대고힘주기, 내려치기, 대고때리기로 분류 된다(Leroi-Gourhan 1971 : 47-64쪽).

① 대고힘주기

연장을 작업 대상물에 대고 힘을 가하는(밀고 누르고 당기는) 것으로 연장이 이미 작업 지점에 정확하게 놓여 있기 때문에 오류 없이 아주 정밀한 작업을 할 수 있다. 직접 대고힘주기와 간접 대고힘주기가 있다.

- 직접 대고힘주기 : 작업자의 힘이 손에 쥔 연장을 통하여 곧바로 작업 대상물에 가해진다. 작업자의 직접적인 힘만 작용하므로 일의 크기와 효과가 적은 편이다.
- 간접 대고힘주기 : 작업자의 힘이 지렛대 아래 놓인 쐐기를 통하여 작업 대상물에 가해진다. 지렛대를 쓰기 때문에 훨씬 더 증폭된 힘이 전달된다.

② 내려치기

망치, 자귀, 도끼 등 손에 쥔 연장을 작업 대상물을 향하여 날림으로서 이루어진다. 연모는 작업자의 팔 궤도 안에서 움직이며 가속력과 원심력이 작용하여 작업 대상물은 맞는 순간에 큰 힘을 받게 된다. 연장이 타격점에서 멀리 떨어져 있었으며 타격이 순간적으로 이루어지기 때문에 대고 힘주기에 비하여 부정확하다.

③ 대고때리기

위에서 본 두 방식의 장점들이 결합된 것인데, 일반적으로 작업 지점에 놓인 사이 연모(쐐기, 끌 등)를 망치로 내려침으로서 실현된다. 사이 연모가 작업할 곳에 바로 놓이기 때문에 작업의 정확성이 보장되며, 팔의 원운동으로 증폭된 큰 힘이 가해지는 장점이 있다.

(2) 제작기술

뼈연모 제작기술은 깨기, 부러뜨리기와 같이 마름질에만 쓰이거나 긁기나 구멍 뚫기와 같이 다듬기에만 쓰이는 것도 있으나, 다음에서 보는 바와 같이 마름질에 쓰인 대부분의 기술들은 도구, 힘의 적용방식과 행위의 크기 등을 달리하면서 다듬기에도 적용된다. 한편 하나의 목적을 이루기 위하여 두세 가지의 기술이 함께 쓰이기도 한다.

① 마름질 기술

ㄱ. 때려깨기

순간적으로 대상물을 내리쳐서 깨는 기술이다. 직접때려깨기와 간접때려깨기가 있다.

ㄱ) 직접때려깨기

작업자의 힘이 도구를 통하여 작업 대상물에 직접 가해진다. 망치로 때려깨기와 모루 부딪쳐깨기가 있다.

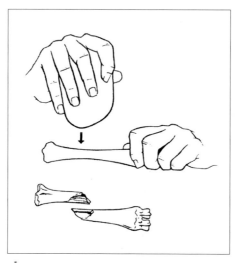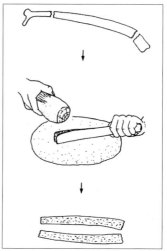

그림 4-1_망치 때려깨기

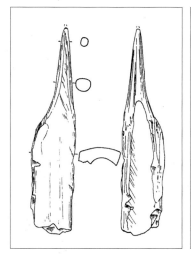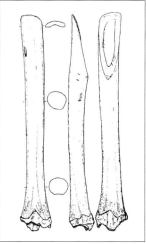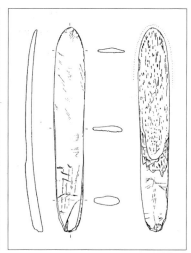

그림 4-2_망치 때려깨기로 마름질된 뼈연모 예

· **망치 때려깨기** : 뼈를 직접 망치로 내리쳐서 깨는 기술이다(그림 4-1). 인류가 가장 오래 전
부터 사용한 고전적인 기술로서, 격지 또는 뼛조각을 마련하거나 대롱뼈를 가로 또는 비스
듬히 깨어 사용 부위를 얻는데 가장 빠르고 간단하다(그림 4-2). 한편 부정확하며 규칙성을
기대하기 어려운 점이 있어서 원하는 연모감의 크기나 형태의 규격화는 기대하기 어렵다.
때려깨기로 깬 뼈조각들은 석기에서와 같이 때림면, 혹, 동심원을 갖기도 하여 짐승에 의해
깨진 것과 구별이 어렵지 않으며(Dauvois 1974), 이는 뗀뼈연모의 근거로 제시되기도 한다.
동물로부터 나오는 거의 모든 단단한 물질에 적용이 가능하지만, 특히 젖먹이 짐승의 팔·
다리뼈를 깨는데 많이 쓰였다.

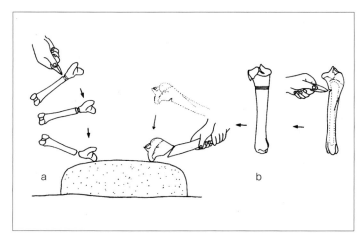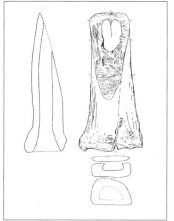

그림 5_부딪쳐깨기의 두 예와 부딪쳐깨기 b식으로 마름질된 뼈연모 예

우리나라 선사시대 뼈연모에서 가장 흔히 관찰되는 마름질 기술이다.

- **모루 부딪쳐깨기** : 작업 대상물의 한쪽 끝 부분을 손에 잡고 다른 한쪽 끝 부분 또는 몸통의 선택된 부분을 모루에 부딪침으로서 실현된다. 모루는 일종의 망치 역할을 한다. 이 기술은 뼈를 깨어 조각을 얻거나 토막을 내는데도 효과적이지만, 다른 기술의 보조 역할로 매우 효과적이다. 예를 들어 가로 자르기가 어느 정도 진행되면 이를 완전히 끝내지 않고 모루 위에 부딪쳐 뼈를 깬다(그림 5).

ㄴ) 간접때려깨기

작업 면의 정해진 자리에 사이 연모(쐐기나 끌)을 놓고, 그 위끝 부분을 망치로 내려쳐 뼈를 쪼개는 기술로서 석기의 간접떼기와 기본 행위가 같다(그림 6). 석기의 경우에는 간접떼기로 얻은 돌날이 때림 면을 간직하지만, 뼈연모의 경우에는 쪼개는데 목적이 있기 때문에 연모감에 때림 면이 형성되지 않고, 쐐기가 지나간 자국이 남는 경우가 많다.

이 기술은 뼈를 직접 쪼개는데 적용될 수 있지만, 켜기의 마무리 기술로서도 큰 역할을 했던 것으로 보인다(기술의 조합 참조). 마주 두줄켜기가 절반 이상 진행된 뼈를 두 쪽으로 쪼개거나, 뼈나 뿔에서 한면 두줄켜기의 끝 무렵에 두 홈줄 사이의 연모감을 쳐내는 마무리 기술로도 활용되었다.[02]

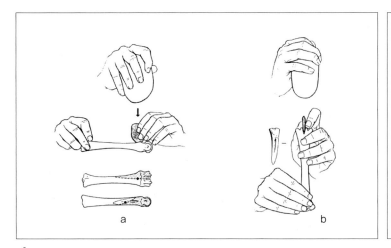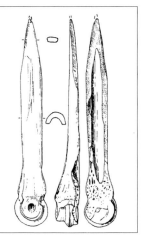

그림 6_간접 때려깨기의 한 예와 간접 때려깨기로 쪼개진 뼈연모 예

---

02 한 예로, 스페인의 Santimamiñe라는 후기구석기시대 동굴유적에서는 켜기 기술에 의해 연모감이 추출된 순록 뿔이 발견되었는데, 이 순록 뿔에 남아있는 홈 속에서는 뿔로 만든 끌 끝의 한쪽 부분이 부러진 채 박혀있었다(Musika 1990, 69쪽). 이는 후기구석기시대의 끌이 쐐기 겸 지렛대로 사용된 좋은 예가 되며, 켜기와 간접때려깨기의 기술 조합이 이미 후기구석기 때 시작되었음을 알려주는 뚜렷한 증거라 할 수 있다.

ㄴ. 켜기

켜기는 새기개나 칼 등의 연장을 대상물의 표면에 대고 힘을 주어 가늘고 긴 홈을 파냄으로써 이루어진다. 홈은 반복하여 조금씩 점점 깊이 파서 골수면이나 해면질까지 내려간다. 연장이 뼈의 켜야 할 곳에 정확히 자리 잡기 때문에 작업 결과가 매우 확실하며 안정성이 보장된다(Murray 1982). 석기의 운동 방향은 뼈나 뿔의 길이 방향과 일치하며 왕복 운동 또는 한 방향 운동이 모두 가능하다. 켜기로 생긴 자국은 다발을 이룬 다소 깊고 길며 나란한 줄이 특징으로 쉽게 알아 볼 수 있다.

켜기는 석기 제작기술에서 르발르와 격지떼기 또는 돌날떼기와 비견할 수 있는 것으로 이 기술의 적용으로 후기구석기시대에 들어와 비로소 뼈나 뿔이 연모감으로 많이 쓰이기 시작하고 처음으로 뼈연모의 표준화와 규격화가 가능했던 것으로 생각된다.[03] '깨기'에 비해 작업시간은 훨씬 길지만 결과는 비할 나위 없이 확실하고 정밀하여, 늘 같은 크기 같은 모습의 몸체를 마련할 수 있었고 이를 바탕으로 같은 형식의 연모를 반복하여 생산할 수 있었던 것이다.

이 기술은 동물에서 나오는 모든 단단한 물질에 적용이 가능하지만, 주로 사슴의 뿔과 젖먹이 짐승의 팔다리뼈로부터 긴 연모감을 마련하는데 쓰였다.

켜는 홈줄의 위치와 수는 원재료의 크기와 종류, 켜기의 목적(막대기의 추출 또는 원재료 쪼개기), 하나의 원재료에서 추출하고자하는 연모감의 수에 따라 달라진다. 지금까지 선사시대 유물에서 확인된 켜기 방법은 다음과 같다: 한면 두줄켜기, 두줄 마주켜기, 여러줄켜기(세줄켜기, 네줄 마주켜기, 한면 여러줄켜기).

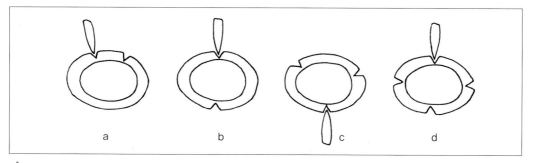

┃그림 7_a.한면 두줄켜기, b.두줄 마주켜기, c.세줄켜기, d.네줄 마주켜기

---

03 우리나라에서 켜기 기술은 청동기시대까지도 거의 보이지 않는다. 초기철기시대에 들어와 철제연장이 쓰이면서 비로소 이 기술이 널리 적용된 것으로 생각되는데, 특히 동래 낙민동 조개더미유적에서 이 기술이 적용된 유물이 잘 관찰된다(국립중앙박물관 1998, 도판 68 참조).

ㄱ) 한면 두줄켜기

뼈나 뿔의 한 면에 두 줄의 긴 홈을 내서 그 사이에 드러난 막대 모습의 연모감을 추출하는 방법이다(그림 7a, 8). 홈은 연모감을 온전히 추출하기 위하여 뼈의 골수면이나 뿔의 해면질까지 내려가고, 필요에 따라 쐐기나 끌로 연모감을 떼어낸다. 가장 오래된 켜기 방법이다.

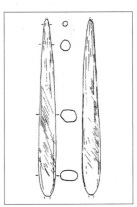

| 그림 8_한면 두줄켜기와 마름질 된 뼈연모 예

ㄴ) 두줄 마주켜기

대롱뼈나 뿔의 상반되는 두 면을 마주 보게 켜서 두 개의 비슷한 연모감을 마련하는 방법이다(그림 7b, 9-1, 2). 주로 사슴이나 양 같은 되새김 동물의 발등뼈에 적용되었다.

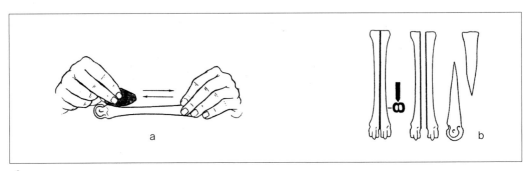

| 그림 9-1_두줄 마주켜기

서부유럽의 경우 이 방법은 후기구석기시대에 고안되어 순록의 발등뼈를 켜는데 쓰였다. 신석기시대에는 전 기간에 걸쳐 유행하여 주로 작은 되새김 짐승(양 또는 사슴)의 발등

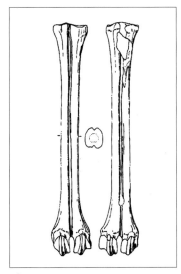
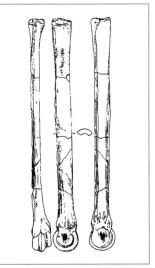
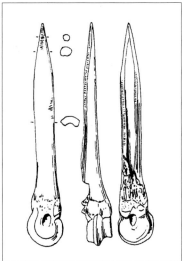

| 그림 9-2_두줄 마주켜기로 마름질된 뼈연모감과 연모 예

뼈를 두 쪽으로 나누는데 쓰였다.

ㄷ) 여러줄켜기

여러줄켜기는 원재료에서 세 개 이상의 연모감을 얻고자 여러 줄의 홈을 내는 것이다.

· 세줄켜기 : 긴뼈를 세 곳에서 켜서 세 개의 연모감을 낼 수 있는 방법으로 양 발등뼈와 정강
뼈에서 관찰되었다(그림 7c, 9-3).

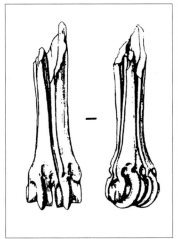
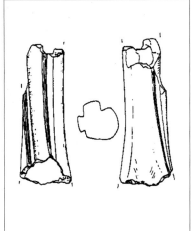
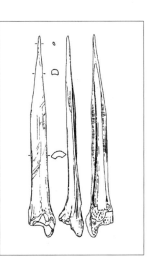

| 그림 9-3_세줄켜기로 마름질된 뼈연모감과 연모 예

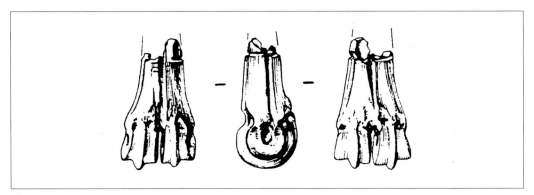

그림 9-4_네줄켜기로 마름질된 흔적이 있는 양 발등뼈

- 네줄 마주켜기 : 이 방법은 되새김 짐승의 발등뼈 네면을 두 줄씩 마주보게 켜서 네쪽으로 나누는데 쓰였다(그림 7d, 9-4).
- 한면 여러줄켜기 : 뼈나 뿔의 한 면에 여러 줄의 홈을 켜서 여러 개의 연모감을 추출하는 방법으로 이미 후기구석기시대에 바늘 등 여러 연모를 만들기 위해 쓰였다.

ㄷ. 썰기(가로 자르기)

썰기는 힘의 적용방식이 켜기와 같고 전개된 행위도 비슷하지만 켜기에 대하여 썰기는 원재료를 가로 자를 목적으로 쓰인 기술이다(그림 10-1, 2). 일반적으로 날이 있는 석기로 가로 돌아가며 톱질하듯 자름으로서 이루어진다(그림 10-1c, 10-2좌). 서부유럽에서는 신석기시대 중기부터 사슴뿔을 자르기 위해 석기 대신에 고운 모래를 묻힌 젖은 끈을 사용하기도 했는데(그림 10-1a, b), 시간은 훨씬 더 많이 걸리지만 원하는 부분을 더욱 정확하고 곧게 자르며 원재료의 손실을 최소화하는 장점을 가진다.

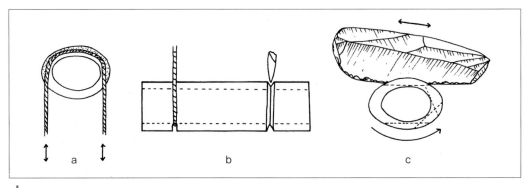

그림 10-1_썰기(a : 끈으로 썰기, b : a와 c의 옆모습, c : 석기를 이용한 썰기)

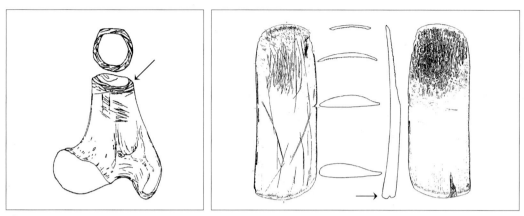

그림 10-2_썰기에 의해 가로 잘린 흔적이 있는 뼈유물(화살표 부분)

ㄹ. 갈기

갈기는 대체로 편평하고 커다란 숫돌 위에 연모감의 일부 또는 전면을 밀착시킨 채,

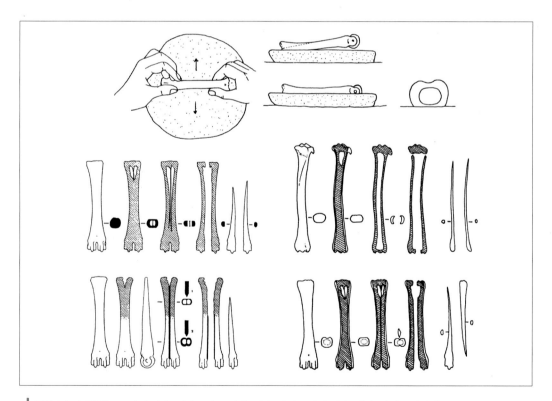

그림 11-1_갈기(중 : 전면 갈기, 좌하 : 부분 갈기+켜기, 우하 : 전면 갈기+켜기+간접 때려깨기)

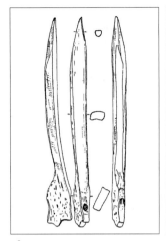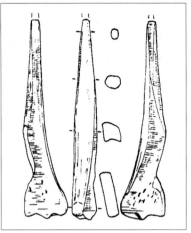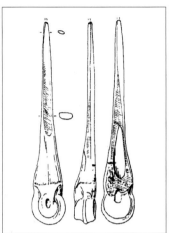

│ 그림 11-2_전면 갈기(좌·중)와 부분 갈기로 마름질된 뼈연모 예

밀고 당기며 세게 문질러 갈아내어 불필요한 부분을 제거하는 기술이다(그림 11-1). 이 기술은 켜기와 마찬가지로 재료의 경제적 활용 및 같은 모습을 지닌 뼈연모의 규격 생산을 가능케 해준다. 게다가 만들고자 하는 뼈연모의 너비를 마름질 단계에서 마음대로 조절할 수 있다는 장점을 갖는다. 북아프리카와 서부유럽에서 신석기시대 초기부터 쓰이기 시작 했다. 이 기술은 아직까지 우리나라에서 관찰되지 않는다. 전면갈기와 부분갈기가 있다.

ㄱ) 전면갈기

대롱뼈의 위에서 아래끝까지 전체 길이에 대한 갈기가 이루어지며, 오로지 갈기만으로 뼈연모감이 마련된다(그림 11-1중, 11-2좌·중).

ㄴ) 부분갈기

주로 발등뼈의 위쪽 부분에 베풀어지는데, 한쪽 부분 만 갈린 뼈를 효과적으로 쪼개기 위해서는 반드시 마주 두줄켜기를 해야 한다(그림 11-1좌하, 11-2우). 부분갈기로는 일차적으로 뼈연모 감을 마련할 뿐 아니라, 동시에 사용 부위의 기본 꼴을 잡는 효과도 누릴 수 있다.

ㅁ. 깎기

작은 간돌도끼나 자귀, 간돌끌 등 날이 있는 연장을 이용하여 원재료를 길이 방향으로 연이어 깎아 두 줄의 깊은 V 홈을 파서 긴 막대기 모습의 연모감을 추출해 내거나, 가로 방향으로 돌려 가며 연이어 깎아 깊은 V 홈을 파서 토막내는(그림 12-1) 기술이다. 흔히 말사슴 뿔에 적용되었지만, 드물게 대롱뼈를 가로 자르거나 큰 짐승의 갈비뼈를 쪼갤 목적

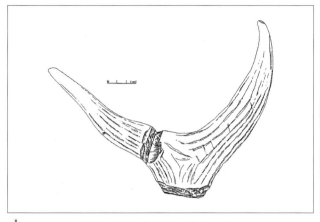
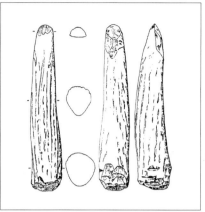

| 그림 12-1_깎기에 의해 잘린 말사슴뿔과 연모 예

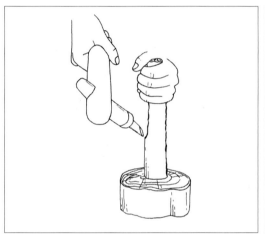
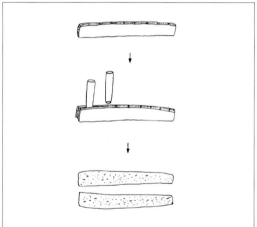

| 그림 12-2_갈비의 가장자리 깎기와 간접때려깨기로 쪼개기

으로 가장자리를 깎는데 쓰이기도 했다(그림 12-2). 구석기시대에는 뗀석기를 이용한 이 기술의 적용이 관찰되며, 신석기시대에는 간석기가 주로 쓰였다. 우리나라에서 이 기술은 초기철기시대부터 쓰인 것 같다(국립중앙박물관 1998 : 도면 67, 도판 67, 70 등 참조).

ㅂ. 부러뜨리기

사슴 뒤팔뼈의 아랫부분, 토끼뼈나 새뼈와 같이 가늘고 약한 뼈의 양끝을 두 손으로 잡고 또는 한쪽 끝을 자루에 끼우거나 고정시켜 꺾거나 비틀어 깨서 사용 부분을 마련하는 기술이다(그림 13).

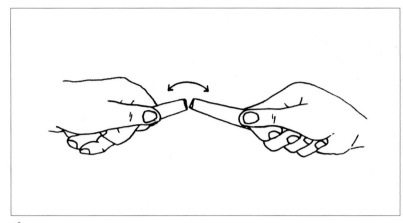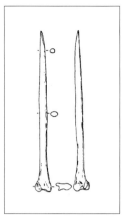

그림 13_부러뜨리기 기술과 적용된 뼈연모 예

ㅅ. 기술의 조합

마름질은 경우에 따라 둘 또는 그 이상의 서로 다른 기술들이 연속적으로 쓰여 이루어
지기도 한다. 가장 흔히 나타나는 조합 예는 다음과 같다 : 켜기+간접때려깨기(그림 14 좌),
부분갈기+켜기(그림 11-2우), 전면갈기+켜기+간접때려깨기(그림 14중·우), 깎기+간접때려깨
기(그림 12-2).

켜기에 의한 홈이 골수면에 다다르지 않아 뼈가 완전히 나누어지지 않으면, 어느 한쪽

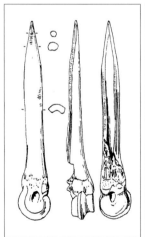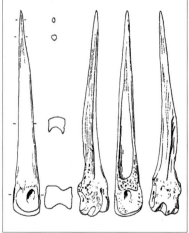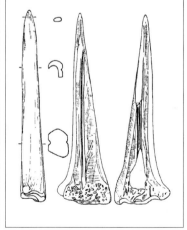

그림 14_두 가지 이상의 기술 조합으로 마름질된 뼈연모 예 : 켜기+간접때려깨기(좌), 전면갈기+켜기+간접때려깨기
(중·우)

홈에 쐐기를 대고 이를 쪼개야 한다. 갈음질이 위나 아래 어느 한쪽부분에만 이루어지거나 전체 길이에 베풀어지더라도 골수면까지 이르지 않으면 뼈를 두 쪽으로 쪼개기 위한 이차적인 단계로 뼈의 가운데를 켜야 한다. 그런데 켜기가 끝나지 않은 상태에서 홈에 쐐기를 대고 간접때려깨기로 이를 쪼개는 경우도 자주 관찰된다. 마름질 단계에서 이 기술들이 적용되는 순서는 늘 일정하며 이 순서가 뒤바뀌는 예는 없다.

② 다듬기 기술

ㄱ. 갈기

다듬기 기술로서 갈기는 숫돌 위에 갈아야 할 대상을 문지른다는 점에서 힘의 적용 방

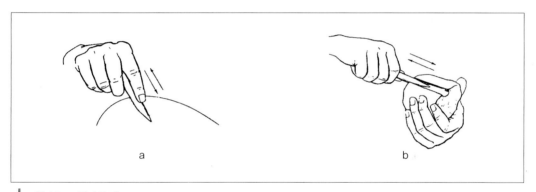

| 그림 15-1_갈기의 예

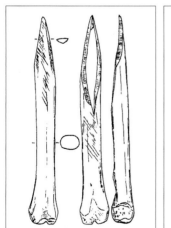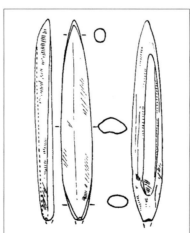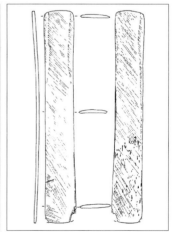

| 그림 15-2_갈기로 다듬은 뼈연모 예

식이 마름질에서와 비슷하지만 행위나 사용된 숫돌에서 차이가 나는 경우가 많다. 기본 행위는 뼈연모 감을 마련할 때와 비슷하다(그림 15-1). 갈기 자국은 모든 종류의 연모에서 관찰되는데(그림 15-2), 연모의 사용 부위, 몸통 부분, 위끝 부분 등 연모의 어떤 부분에도 적용될 수 있으며, 형태 갖추기, 표면 다듬기, 홈파기, 구멍 뚫기 등 다양한 목적으로 쓰일 수 있다. 동물에서 나오는 모든 단단한 물질에 적용이 가능하다. 중기 구석기시대 말기부터 쓰이기 시작했던 이 기술은 신석기시대에 이르러 매우 폭넓게 쓰였다.

ㄴ. 긁기

석기의 날이나 모서리를 이용하여 대상 물체의 표면을 긁어서 다듬는 기술이다(그림 16). 사용된 석기는 다양하여 긁개, 칼 등 예리한 날을 가진 석기뿐만 아니라, 새기개, 돌날 그리고 크고 작은 몸돌 등의 석기도 쓰였던 것으로 밝혀졌다. 후기 구석기시대에는 뿔이나 뼈로 된 연모의 전체 표면을 다듬는데 쓰인 주된 기술이었다. 신석기시대에 들어와서는 바늘같이 가는 종류의 연모를 제외하면 주로 연모의 일부분 다듬기나 뾰족한 연모의 무뎌진 끝을 다시 세우는 이차적인 역할을 많이 했던 것으로 나타난다. 서부유럽에서 후기 구석기시대에 시작하여 가장 흔히 쓰였고 신석기시대에 들어와서는 갈기 다음으로 많이 쓰였지만 사용 비율은 훨씬 낮다.

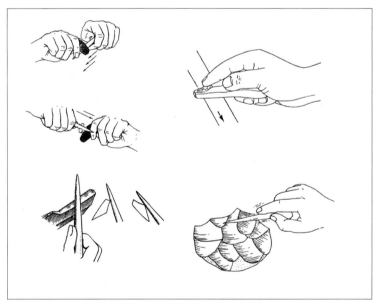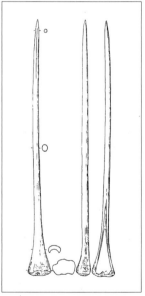

┃ 그림 16_긁기의 여러 예와 다듬어진 뼈연모 예

ㄷ. 깎기

깎기는 작은 간 도끼나 자귀, 돌끌 또는 칼, 돌날 같은 날이 있는 돌연장을 써서 연모감의 표면을 연속적으로 얇게 깎아 다듬는 기술이다(그림 17). 뼈의 날카롭게 깨진 모서리 다듬기, 전체 표면 깎아 내기 또는 사용 부위를 다듬는 등 다양한 목적으로 쓰일 수 있다. 서부유럽에서 이 기술은 신석기시대 중기부터 사슴의 뿔로 된 연모를 다듬는데 쓰였으며, 뼈에 적용되기 시작한 때는 신석기시대 후기이다.

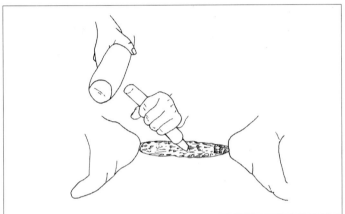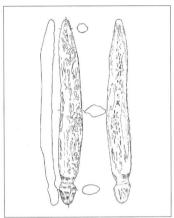

그림 17_깎기의 한 예와 뼈연모 예

ㄹ. 새기기

새기기는 켜기 기술에서 파생된 것으로 보이는데, 새기개 등의 석기로 홈을 파 새기는

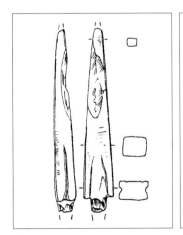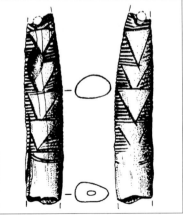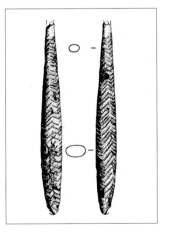

그림 18_새기기 기술이 적용된 뼈유물 예

기술이다. 다양한 형태와 깊이의 점새김, 직선새김, 둥근선새김, 구불구불한 새김으로 무늬를 만들 수 있다. 이러한 새김은 예술적 표현, 장식적인 효과 뿐 아니라 기능적인 역할도 했을 것으로 생각된다(그림 18). 특히 서부유럽에서 뼈연모의 발달이 절정을 이루었던 후기구석기시대 마그달레니앙(Magdalénien)기에 활발하게 적용되었다.

ㅁ. 두드리기(망치질)

두드리기는 자갈돌 같은 굳은 돌망치로 연모의 한 부분을 반복하여 두드려 다듬는 기술이다(그림 19). 거듭되는 망치질에 뼈끝은 조금씩 으스러지거나 뭉개지며 고르게 되는데 마치 잔손질 자국처럼 보인다. 서부유럽에서는 신석기시대 전반에 걸쳐 쓰였다.

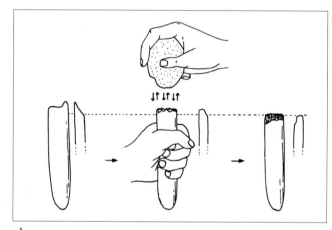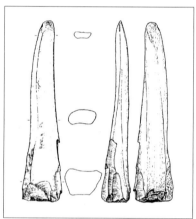

그림 19_두드리기와 적용된 뼈연모 예

ㅂ. 잔손질

뼈연모에 자주 쓰이는 잔손질은 '단순 잔손질' 뿐 만 아니라, 모루 위에 놓고 아래 위 마주보는 곳을 동시에 떼는 '양극떼기식 잔손질'이 있다(그림 20).

ㅅ. 구멍 뚫기

후기구석기시대부터 발달해 온 구멍뚫기 기술은 신석기시대에 들어와서 더욱 다양해졌다. 후기구석기시대의 직접 또는 활비비를 이용한 송곳 돌려 뚫기는 신석기시대에도 널리 쓰였고(그림 21e~i), 갈기(그림 21c, d)·썰기·깎기에 의한 구멍뚫기, 또는 뾰족끝 연모를 사이에 대고 망치로 치거나 뾰족끝 연모를 눌러 구멍뚫기는(그림 21a, b) 신석기시대에 새롭게 채택되었던 기술들이다.

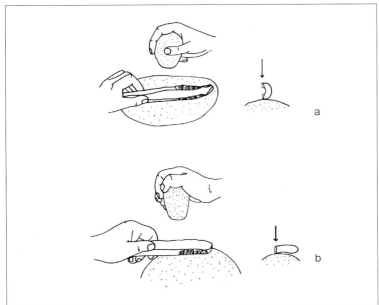
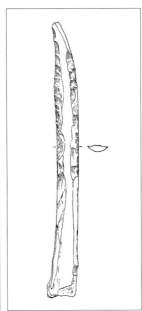

그림 20_ 양극떼기식 잔손질과 a식으로 다듬은 뼈연모 예

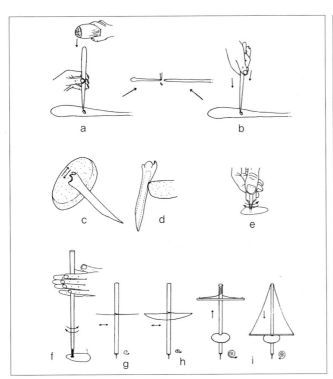
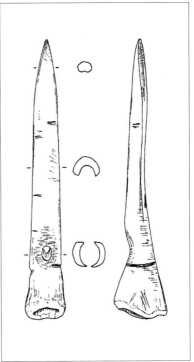

그림 21_ 구멍뚫기 기술의 여러 예와 c, d 처럼 갈아 구멍 뚫은 뼈연모 예

기술의 종류		구석기시대			중석기시대	신석기시대			구리시대
		전기	중기	후기		전기	중기	후기	
다듬질기술	직접때려깨기								
	간접때려깨기								
	한면두줄켜기								
	두줄마주켜기								
	여러줄켜기								
	세줄켜기						?		
	네줄켜기								
	썰기(가로자르기)								
	갈기								
	직접깎기								
	간접깎기					?			
	갈기								
	기술의 조합								
다듬기기술	갈기								
	긁기								
	깎기								
	새기기								
	두드리기(망치질)								
	잔손질								
	구멍뚫기 돌리기								
	구멍뚫기 썰기								
	구멍뚫기 새기기								
	구멍뚫기 갈기								
	구멍뚫기 깍기								

그림 22_서부유럽 선사시대 뼈연모 제작기술의 시기 분포

4. 맺음말

앞에서 살펴본 바와 같이 뼈연모의 제작기술은 매우 다양하다. 중기구석기시대 말기까지 뼈의 이용은 돌과 비슷하여 뼈의 특성을 고려한 기술은 따로 없었던 것 같다. 후기구석기시대 초기 동물뼈의 특성을 제대로 파악하고 새로운 기술을 터득하여 적용시킨 사람들은 이러한 기술을 바탕으로 머리 속에서 미리 설계한 대로 일련의 뼈연모를 거듭하여 만들 수 있게 되었고 일상생활에 필요한 다양한 종류의 뼈연모를 생산하기 시작했다. 말기로 가면서 뼈연모의 제작은 더욱 더 활발하게 이루어지고 기능은 보다 전문화되며

폭넓게 사용되었다. 뼈연모의 발달에 절대적인 기여를 했던 밑바탕은 뼈를 다루는 새로운 기술의 발견과 발전이었다. 놀랍도록 뛰어나고 다양한 기술들이 이미 후기구석기시대에 쓰였다. 한번 채택된 기본 기술은 폐기되지 않고 유전자처럼 후대로 이어졌다(그림 22 참조).

후빙기의 새로운 환경에 적응하면서, 서부유럽의 경우, 중석기·신석기시대의 뼈연모 이용은 오히려 많이 후퇴했지만 간돌도끼 같은 새로운 연모는 이전에 없던 기술을 야기했으며 이를 바탕으로 새로운 뼈연모가 출현하게 된다. 또한 금속 연장의 출현은 이제까지 돌연장으로는 어려웠던 기술의 적용을 용이하게 하였으며 보다 쉽게 원하는 연모를 제작할 수 있게 되었다.

참고 문헌

국립중앙박물관, 1998, 「東萊 樂民洞貝塚」遺蹟調査報告 제28집.

최삼용, 1999, 「레바르(Les Barres) 유적의 뼈연모 연구」, 「고고와 민속」2 : 7–54.

최삼용, 1999, 「프랑스 남부 지방의 신석기시대 뼈연모 연구」, 「先史와 古代」13 : 63–110.

최삼용, 2000, 「서부 유럽의 후기구석기시대 뼈연모」, 「한국구석기학보」2 : 51–67.

최삼용, 2005, 「신석기시대의 뼈연모 제작기술 연구」, 「한국신석기연구」10 : 103–124.

한창균, 1986, 「프랑스 후기구석기시대의 사회와 예술」, 「박물관기요」1, 7–44, 단국대학교 중앙박물관.

Barone R., 1986. *Anatomie comparée des mammifères domestiques*. t. I, Ostéologie, Vigot, Paris, 761 p.

Beaune, S.A. de, 1995. *Les hommes au temps de Lascaux : 40,000~10,000 avant J.-C.*, (Ed. Hachette).

Bonifay, E., 1974. Outils sur os et os utilisés dans le paléolithique ancien du Mas des Caves á Lunel-Viel(Hérault). In: *Premier colloque international sur l'industrie de l'os dans la pr histoire*. Abbaye de Senanque, Vaucluse, 157-167(Ed. Univ. de Provence).

Breuil, H., 1912. Les subdivisions du Paléolithique supérieur et leur signification. *14e Congrès international d'Anthropologie et d'Archéologie préhistorique*, 165-238.

Camps-Fabrer, H., 1988. L'industrie osseuse préhistorique et la chronologie. *Travaux du LAPMO*: 19-29.

CHOI, S.-Y., 1999. Outillage en matiére dure animale du Neolithique ancien au Chalcolithique dans le Midi de la France. Thèse de Doctorat - Univ. de Provence.

Dauvois M., 1974. Industrie osseuse préhistorique et expérimentations. In: *Premier colloque international sur l'industrie de l'os dans la préhistoire*. Abbaye de Sénanque, Vaucluse, 73-84(Ed. Univ. de Provence).

Leioi-Gourhan A., 1971. *L'homme et la matière*. Albin Michel, Paris, 348 p.

Martin, H., 1907-1910. *Recherches l'évolution du Moustérien dans le gisement de la Quina(Charente), vol. 1, Industrie osseuse*.

Molari, C., 1994. The industry on bone of the Pleistocene layers from the Arene Candide cave(Savvona, Italy). *Quaternaria Nova* IV: 297-340.

Murray C., 1982. *L'industrie osseuse d'Auvernier-Port. Etude techno-morphologique d'un outillage néolithique et reconstitutions expérimentales des techniques de travail*. Ecole des Hautes Etudes en Sciences Sociales, 2 vol. Pl. 18.

Musika J.A., 1990. La industria ósea durante el Paleolĺtico Superior: la técnica de aserramiento y la extracción de lengüetas. *Munibe* 42: 65-73.

Newcomer, M., 1974. Outils en os du Paléolithique supérieur de Ksar Akil(Liban). In: *Premier colloque international sur l'industrie de l'os dans la préhistoire*. Abbaye de Senanque, Vaucluse, 59-65(Ed. Univ. de Provence).

Pelegrin J., 1991. Aspects de la démarche expérimentale en technologie lithique. In: *25 ans d'études technologiques en préhistoire - Bilans et perspectives*. IXe Rencontres internationales d'archéologie et d'histoire d'Antibes, 1990, Juans-les-Pins, 57-63(Ed. APDCA).

Poplin, F., 1974. Deux cas particuliers de débitage par usure. In: *Premier colloque international sur l'industrie de l'os dans la préhistoire*. Abbaye de Senanque, Vaucluse, 85-92(Ed. Univ. de Provence).

Provenzano N., 1999. Techniques et Procédés de fabrication des industries osseuses terramaricoles de l'Age du bronze, In: *Préhistoire d'os* - Recueil d'études sur l'industries osseuse préhistorique offret à Henriette Camps-Fabrer, 273-288(Publication de l'Univ. de Provence).

Stordeur, D., 1977. La fabrication des aiguilles á chas: Observation et expérimentation. In: *Méthodologie appliquée á l'industrie de l'os péhistorique*, Deuxième colloque international sur l'industrie de l'os dans la préhistoire, Abbaye de Sénanque, Vaucluse 251-256(Ed. CNRS).

Yellen J.-E., Brooks A.-S., Cornelissen E., Mehlman M.-J. & Stewart K., 1995. A middle stone age worked bone industry from Katanta, upper Semliki Vallay, Zaire. *Science* 268, 553-556.

02

우리나라
구석기시대의 뼈연모(골각기)

조태섭 연세대학교 역사문화학과

1. 머리말

사람이 연모를 만들어 쓰면서 생활을 한 것은 250만 년 전의 일이다. 이때부터 사람은 다른 동물들과는 다른 길을 걷게 되었다. 왜냐하면 수많은 동물 가운데 연모를 만들어 쓸 줄 알았던 것은 우리 인간만이 유일하였기 때문이다. 거친 자연환경속에서 두 손과 두 발만을 의지하며 생활하였던 사람들에게 돌이나 나무 등을 떼고 다듬어 만든 연모들의 발견과 사용은 종족의 보존뿐만 아니라 살아가는 생활 속에서 아주 중요한 역할을 수행하였던 것이다. 게다가 이러한 도구의 제작과 사용은 시간이 가면서 더욱 변화하고, 유용한 재료들의 발견으로 발전하여 갔음을 볼 수 있다. 처음에는 돌과 나무, 뼈 등의 자연 상태에 있는 것을 변형하여 쓰다가 이후 금속을 찾아서 청동, 철을 이용한 도구들의 이용까지 놀라운 발전을 하게 되는 것이다. 이와 같은 도구의 발전은 곧 자연계에서의 인간의 위치를 상승시켜줄 수 있었으며 지금은 다른 어떠한 동물들도 인간을 넘어설 수 없게 된 것이다.

인류문화의 가장 이른 단계인 구석기시대의 대표적인 연모는 돌로 만든 석기이다. 이 시기의 사람들은 돌을 깨어 날을 만들어 연모로 이용하였기 때문에 뗀석기(타제석기)라 부르며 돌을 갈아서 만든 신석기시대의 간석기와 구분한다. 이 뗀석기는 재질이 단단하고 변형이 없어 수백만년전의 것들도 그대로 남아있기 때문에 구석기유적에서 출토되는 대표적인 유물이다.

이와 함께 당시 사람들이 연모로 만들어 썼을 것으로 판단되는 것이 나무와 짐승의 뼈나 뿔이다. 특히 나무는 자연 상태에서 쉽게 구할 수 있고, 변형이 용이한 것이기에 일찍부터 인류에 의해 이용되었을 것으로 가늠되나 쉽게 썩어 없어지는 특징때문에 구석기 유적에서 남아있는 경우가 없다. 이러한 까닭에 이 나무를 재료로 만든 도구들이 오래전부터 있었을 것이라는 추정은 가능하지만 실제 유물은 매우 드물게 나타나 본격적인 연모로서의 사용에 대한 확실한 연구가 어려운 편이다.

한편 짐승의 뼈나 뿔도 연모로 사용되었다. 일반으로 뼈연모 또는 골각기로 분류되는 이들은 다양한 짐승의 뼈와 뿔을 깨어내고 깎아내어 생긴 날을 이용하여 도구로 사용하는 것이었다. 비록 재질은 돌보다는 무른 편이지만 나무보다는 훨씬 단단하여 도구로 사용하기에는 손색이 없다. 하지만 이들 역시 유적의 성격에 따라, 정확히는 퇴적된 토양의 구성성분에 따라 보존이 좌우되는 점이 연구에 많은 어려움을 준다. 예를 들어 우리나라의 구석기시대 들판유적의 경우는 토양의 성격이 강한 산성이기에 유기물들이 거의 남아 있지 않고 이에 따라 유기질의 일종인 뼈도 거의 찾아지지 않는다. 다만 뼈의 보존에 양호한 알칼리성 토양을 지니는 동굴유적에서만 뼈들이 남아있는 상태이다. 더욱이 이 골각기의 문제는 많은 논의의 대상이 되어 원래의 뼈를 깨어낸 주체가 누구인가? 즉 사람인가 혹은 짐승인가에 대한 다양한 논쟁이 있어 왔고 또한 이러한 뼈와 뿔을 깨어낸 의도와 목적에 대한 여러 시각이 존재하여 왔던 것이 사실이다. 이에 따라 구석기유적에서 출토된 깨어진 뼈가 사람이 사용한 도구인지 아닌지에 대한 해석과 논의가 이미 구석기연구의 초창기부터 있어왔고 지금도 다양한 의견 개진과 해석들이 계속되고 있다.

이글에서는 먼저 19세기말 구석기 선사학이 시작된 이래 뼈연모에 대한 인식과 연구의 진전 사항에 대해 알아보기로 한다. 이를 위하여 연대기적으로 중요한 유적들과 이를 해석하고 발표한 학자들의 이론을 알아보고, 이에 따른 학문적 평가의 공과를 살펴보기로 한다. 그 와중에는 일부 학자들이 뼈를 도구로 만드는 인간의 능력을 매우 과대평가한 분석도 있었고 이것은 특히 연구 초창기의 학자들에게 많이 보이고 있다. 한편 이에 반발하여 학문적으로 보다 과학적이고 논리적인 해석을 요구하는 학자들도 나타난다. 최근에는 이와 더불어 실험고고학, 현미경관찰, 화석환경학 등을 이용하여 논리적으로 뼈연모의 문제를 해석하려는 방향성을 이해하여 볼 수 있을 것이다.

두 번째로 우리나라에 있어서의 뼈연모 연구의 문제이다. 1973년 동굴유적인 점말용굴의 발굴 이래로 꾸준히 동물화석이 출토되는 동굴유적들이 발굴되어오고 있으며 이에 대한 연구가 진행되고 있다. 이 가운데 뼈연모에 대한 해석과 연구의 진전을 대표적인 유적인 점말 용굴과 청원 두루봉 유적을 중심으로 검토하여 보기로 한다. 이들 유적의 연구

진행사항을 정리하고 재검토 하면서 우리는 서양에서의 연구 경향의 흐름과 상당히 유사하게 진행되고 있는 것을 볼 수 있을 것이다. 즉 동물화석을 처음으로 발굴하고 분석하는 가운데 생겼던 놀라움과 흥분 그리고 이들의 이용 가능성에 대한 적극적인 해석이 초창기 우리나라의 뼈연모 연구에 지배적인 경향이었다면 이후로 이러한 주관적인 해석에서 벗어나 실험을 하여보고, 현미경으로 관찰하여 보고, 화석환경학을 통해 뼈의 변형의 원인을 해석하는 과학적인 분석의 단계로 접어드는 것을 볼 수 있을 것이다.

2. 구석기시대의 뼈연모 연구사

뼈연모(Bone tools) 즉 골각기(骨角器)란 뼈·뿔·이빨 또는 조가비와 같은 단단한 재료를 이용하여 만든 도구로서 일상생활, 연장, 무기, 어구 등 인간 활동에 필요한 뼈제품이 모두 포함되는 것으로 정의되고 있다. 이러한 광범위한 개념가운데 특히 구석기시대의 뼈연모는 주로 동물의 뼈나 뿔을 손질하고 마름질하여 만들어진 것을 말하고 있다. 한편 다른 선사시대 연구자들은 이 〈뼈연모〉란 단어대신 〈골각기(骨角器)〉를 많이 쓰고 있는데 최근에 구석기연구자들에 의해 집필된 〈고고학사전 - 구석기시대〉에는 뼈연모로 쓰기로 뜻을 모아 정리하고 있어 이글에서는 뼈연모란 용어로 사용하기로 한다(국립문화재연구소 2013 : 162쪽).

1) 19세기 후반 – 라르테와 크리스티

선사시대의 연구가 시작된 19세기 후반부터 구석기시대에 출토되는 중요한 유물의 하나로서 뼈연모가 인지된 것은 틀림없는 사실이다. 이 가운데 가장 대표적인 것이 1875년에 라르테(Eduard Lartet)와 크리스티(Henry Christy) 두 사람에 의해 발표된 《*Reliquiae Aquitanicae*(아퀴텐 지역의 고대유물)》이란 책이다(Lartet et Christy, 1875). 이 책은 부제가 말하여주듯이 남부 프랑스의 뻬리고르드(Périgord) 지역과 그 주변의 고고학과 고인류학적 자료들을 최초로 집대성한 책이다. 두 학자가 1865년부터 10년 동안 이 지역의 유적들을 조사하고 찾아진 유물들을 정리하여 모두 87개의 도판, 3개의 그림 그리고 132개의 목판 그림으로 설명하고 있는 이 책은 구석기 고고학의 선구적인 자료로 평가받고 있기도 하다. 연구에서 유물들은 크게 3개의 주제로 분류되었는데 첫째가 석기(Stone Implements), 둘째

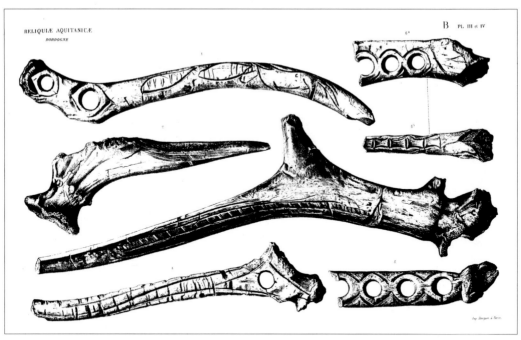

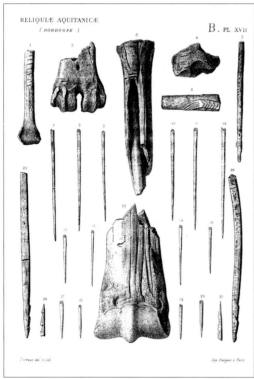

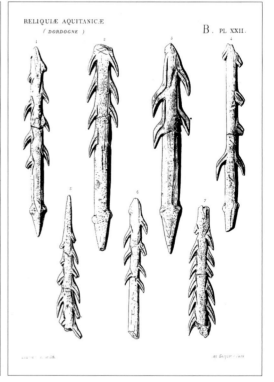

그림 1_프랑스 도르돈뉴 지방에서 출토된 구석기시대의 뿔, 뼈연모들
(Lartet E. and Christy H. 1875 : *Reliquiae Aquitanicae*의 도판 B-IIIetIV, B-XVII, B-XXII)

가 뼈도구(Bone Implements) 그리고 셋째는 머리뼈, 뼈와 뿔(Skulls, Bones and Antlers) 들로 각각의 유물들을 실제의 크기 혹은 축소하여 고찰하고 있으며 간혹 찾아진 유적의 층위와 주변 환경에 대한 해설을 더하여 주고 있다.

여기에서 주목할 것은 이미 구석기시대의 유물가운데 뼈도구 즉 뼈연모가 당시 사람들의 도구 분류의 중요한 기준의 하나가 되고 있다는 것이다. 이 책에서 제시되는 뼈 유물들은 모두 그 제작방법이 깎기, 갈기, 새기기 등 옛사람들이 뚜렷이 가공한 것을 확인할 수 있는 작업에 의해 만들어졌고, 도구와 같은 뚜렷한 목적을 가진 형태의 뼈들이었기에 가능하였던 것이다. 예를 들어 순록의 뿔에 구멍을 뚫고, 뿔의 줄기에 다양한 모습을 새긴 것들을 모아 정리하기도 하였고, 말이나 순록의 짐승 뼈를 깎고 자국 내고 혹은 갈아서 뼈바늘을 만든 것들을 확인하기도 하였으며, 특히 정교하게 제작된 뼈작살(harpon)들은 날카로운 미늘을 양쪽으로 여러 개씩 가진 것들을 모아 형태학상의 분류도 겸하면서 소개하고 있는 것이다(그림 1).

현재 이 당시에 보고된 유물과 유적들이 중기 또는 후기 구석기시대의 유적들로 판명되고, 특히 대부분이 후기 구석기시대로 판명되고 있어 유럽에서 이미 후기 구석기시대에 사람들이 뼈를 갈고 다듬고 마름질하여 도구로 이용하였던 것은 당연한 것으로 이해되고 있다. 더욱이 구석기시대의 사람들의 뼈 이용은 특히 제일 마지막 문화단계인 후기 구석기시대에 매우 활발하게 이루어졌으며 그 가운데에서도 가장 늦은 후기문화 단계인 막달레니앙문화(Magdalenien culture)시기의 사람들은 오히려 석기보다도 동물의 뼈를 더 잘 다룰 줄 아는 시대라고 알려지고 있기도 하는 것이다(J. J. Cleyet-Merle 1995).

2) 앙리 마르땡과 라끼나 유적의 사용된 뼈

20세기에 들어와 뼈도구에 대한 진전된 연구가 이루어지게 되었는데 앙리 마르땡(Leon Henri-Martin)에 의해 이루어진 프랑스의 남서부 샤랑트(Charente) 지역에 있는 라끼나(La Quina)유적에서 출토된 동물화석의 분석 연구이다. 이 유적은 중기 구석기문화를 대표하는 곳으로 특히 무스떼리앙 문화의 연구에 없어서는 안되는 중요한 유적이다. 이 유적에서 나온 석기 가운데 대표적인 것이 끼나식 긁개(Racloir type Quina)이며 이를 포함한 석기문화를 샤랑띠안 무스테리앙(Moustérien Chharentien)으로 나누어 구분하기도 한다(박성진 2008).

앙리 마르땡의 관심은 앞선 연구자들에 의해 보고된 정형화된 뼈연모가 아니라 사람에 의해 사용된 또는 짐승의 사냥과정에서 생기는 여러 깨어진 흔적들과 뼈에 나타난 새겨진 자국들에 집중되었으며 이들을 통칭해 〈사용된 뼈 : Les os utilisés〉로 분류하였다. 이에 따라 모두 5가지의 무리로 나누어 라끼나에서 찾아진 수십만점의 뼈가운데 사용된 뼈들을 관찰하였는데 이러한 집중연구의 대상은 다음과 같다.

① 말과, 소과짐승들의 위팔뼈 아래끝 부위(사진 1)
② 말의 첫 번째 발가락뼈
③ 들소와 다른 초식짐승의 첫 번째 발가락뼈
④ 순록과 말의 손등뼈와 발등뼈
⑤ 대롱뼈의 깨어진 조각

이 가운데 가장 심혈을 기울여 고찰한 것이 말과 소의 위팔뼈의 아래끝 마디(épiphyse distal)를 이용하여 사용된 것들이다. 원래 이 두 짐승의 위팔뼈는 상당히 발달이 잘되고 매우 튼튼한 편이다(그림 2). 게다가 이 위팔뼈의 아래끝 도르래는 뼈의 내부가 치밀하게

단단한 상태이어서 망치나 모룻돌로 이용이 가능할 정도이다. 앙리 마르땡은 라끼나의 사람들이 이 부분을 잘라내어 석기를 다듬거나 날부분을 손질하는 등의 사용을 주장하였다. 수십점의 똑같은 형태의 유물들 가운데 아래의 위팔뼈가 가장 대표적인 것으로 특히 필자는 이 유물을 정밀하게 사진으로 찍어서 확대하여 관찰한 것으로 보고되고 있다(Henri-Martin 1907). 이 유물은 들소의 위팔뼈 아래끝으로 남아있는 전체 길이는 9.6cm이다. 움푹 패이거나 옆으로 찍힌 자국들은 이 유물의 가장 넓은 면인 첫째 도르래(활차)의 가운부분에 집중되어 있어 사람들은 아랫부분의 작은 도르래를 쥐고 사용하였을 것으로 추정하여 볼 수 있다.

사진 1_손질된 흔적이 보이는 라끼나유적의 들소의 오른쪽 위팔뼈 아래끝 부위(Henri-Martin 1907-10 : 도판 1)

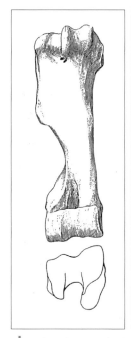
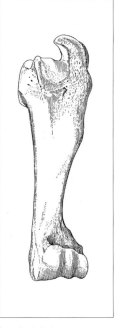

그림 2_말(오른쪽)과 소(왼쪽)의 위팔뼈
(Lavocat 1966에서 따옴)

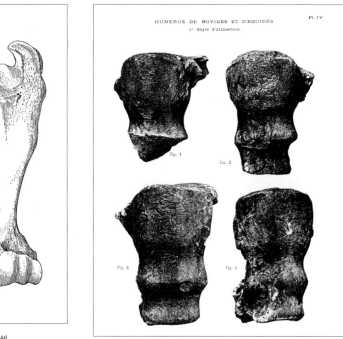

① 들소 · 말의 위팔뼈의 사용 – 1단계

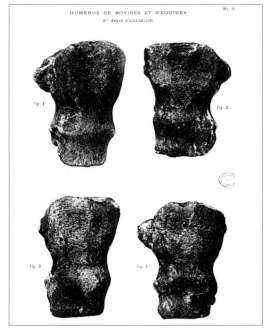

② 들소 · 말의 위팔뼈의 사용 – 2단계

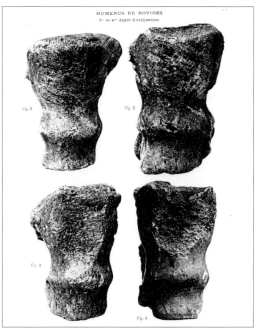

③ 들소 · 말의 위팔뼈의 사용 – 3, 4단계

사진 2_손질된 흔적이 보이는 라끼나유적의 들소의 오른쪽 위팔뼈 아래끝 부위(Henri-Martin 1907-10 : 도판 4, 5, 6)

한편 그는 이러한 사용된 위팔뼈 끝부분의 자국의 정도와 상태에 따라 크게 4개의 그룹으로 나누어 그 사용도를 비교하기도 하였다. 예를 들어 제1단계는 길이 6~10 mm, 깊이 1mm 정도의 작은 자국들이 가로질러 나있는 것들을 표시하였고(사진 2-①), 제2단계는 이러한 자국들이 점점 집중되며 자국의 길이도 조금씩 늘어나는 것을 모아서 관찰하였다 (사진 2-②). 제3단계의 것들은 같은 지점에 반복하여 그리고 집중되게 행위가 일어나 홈이 생기고, 그 홈의 깊이는 5mm 정도에 이르는 유물들을 표현하였으며 이러한 상태가 확대되어 가장 많이 사용되어진 것들은 위 도르래의 표면 거의 1/3에 흔적이 생기고 움푹 파여진 홈의 크기가 5×5cm에 달하는 유물들이 보여(사진 2-③) 이들을 제 4단계로 구분하고 있다(Henri-Martin 1907-10 : pp.23-30).

이와 함께 주목을 받은 것들이 소나 말의 첫째 발가락 뼈, 손발등뼈 아래끝, 그리고 대롱뼈 들에 나있는 자국들이다. 뼈의 동일한 지점에 여러번 계속되어 나있는 자국들은 사람들이 반복하여 행위를 함으로써 이루어진 것들이고 게다가 이것이 이 라끼나 유적에서 출토되는 같은 동물의 동일 부위의 뼈들에게서 똑같은 양상으로 찾아지는 것을 주목한 필자는 다음과 같이 그룹을 나누어 봄으로써 사용된 뼈유물들을 구분한다.

첫째, 말의 첫째 발가락뼈들이다. 한 부분도 깨어지지 않고 온전하게 찾아진 71점의 첫째발가락뼈 가운데 아무런 자국없이 나온 것은 단 한 점에 그치고 나머지는 모두 사용된 것으로 판단되었다. 이들은 주로 뼈대의 등면(vue dorsal)인 겉쪽에 짧고 날카로운 새긴 자국들이 긴축에 사선방향으로 무수히 나있는 것을 볼 수 있다. 흔적이 있는 지점도 위끝이나 아래끝 또는 대롱부위에 까지 골고루 나있는 것이 보이고 있는데 많은 경우는 아래끝 쪽의 넓은 부위가 많은 자국을 가지고 있는 것으로 나타난다(사진 3-①).

둘째, 모두 128점이 찾아진 소과(科)짐승의 첫째발가락뼈는 29점이 들소의 것이고 나머지 99점은 작은 크기의 소 또는 사슴과 짐승의 것으로 판단된다. 이 유물들 가운데 99점에서 사용된 흔적을 찾아볼 수 있어 손질된 유물의 비율은 77%에 달한다. 나타나는 자국은 말의 것과 동일한 양상으로 같은 목적으로 사용되었음을 알 수 있으며 때로는 얇고 가는 선이 여러개 보여 유물을 긁어내린 자국도 관찰된다(사진 3-②). 소의 첫째발가락뼈의 경우 아래끝 옆면(vue laterale)이 넓고 평평한 부분이기에 이들의 이용은 이 옆면에서 많이 이루어졌던 것도 볼 수 있다.

셋째, 소와 말 그리고 사슴의 손등뼈, 발등뼈의 아래끝 부위를 포함한 깨어진 뼈에서도 같은 양상의 사용흔적을 볼 수 있다. 비록 찾아진 유물의 수는 모두 14점으로 적지만 뼈에 생긴 사용 자국들은 매우 날카롭고 선명한 것을 볼 수 있다(사진 3-③).

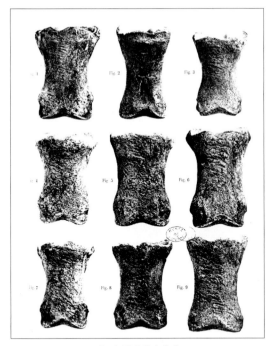

① 말 첫째발가락뼈

② 소 첫째발가락뼈

③ 소와말의 손등뼈, 발등뼈 아래끝

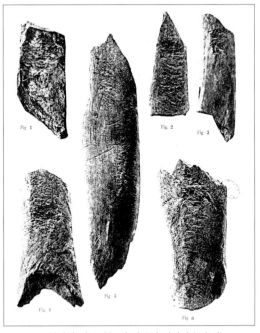

④ 깨어진 대롱뼈(소와 말등의 대형짐승의 것)

사진 3_다양한 부위의 뼈에 나타난 사용흔적들(Henri-Martin 1907-10 : 도판 9, 12, 16, 20)

마지막으로 소, 말 등의 깨어진 대롱뼈(os diapyse)들이다. 이들은 깨어진 채 찾아지는 대롱의 조각이지만 큰 짐승들의 것이기에 두께도 두텁고 단단한 성격을 지닌다. 사람들이 사용한 흔적들은 주로 뼈의 겉면에 나타나고 있으며 앞서 살펴본 것들과 같은 종류의 자국을 지닌 채 찾아지고 있다(사진 3-④).

위와 같은 다양한 뼈에서 나타나는 사용 흔적을 추정해 볼 때 이들의 기능은 어떠하였을까에 대한 필자의 해석도 새겨볼만하다. 그는 먼저 이용의 대상에 따라 기능이 달라졌을 것이라 판단하였다. 먼저 부싯돌(Silex)의 석기에 사용되었을 때에는 이 유물들이 망치의 일종으로 사용되었을 가능성을 제기하였다. 압축기(compresseur)로 명명하였는데 현재 대부분의 학자들은 이를 석기의 거친 날을 제거하고 다음 단계의 작업을 위해 타면을 조정하는 잔손질의 기능을 갖는 잔손질연모(retouchoir)로 보고 있다. 한편 이러한 도구를 뼈를 다듬는 데 썼을 경우에는 대부분이 모루나 받침대로 사용되었을 것으로 가늠하고 있다.

이밖에도 그는 뼈에 나타난 자국을 바탕으로 다음과 같이 분류하여 간단히 언급하고 있다.

- 뼈에 인위적으로 새겨진 자국들 - 사냥의 흔적, 얇고 긴 자국
- 짐승 해체 - 가죽벗기기, 내장가르기, 뼈대 해체, 뼈깨기
- (짐승에) 물린 자국 - 순록 발가락의 구멍, 이빨자국

특히 짐승해체에 관한 자국들은 실제로 현생 짐승들의 구조와 비교해 가면서 어떤 위치에 어느 방향으로 이루어졌는지를 비교해보고 있다. 예를 들어 사진 4와 같이 아래와 같은 순록의 앞축뼈와 뒤축뼈에 나있는 해체자국을 짐승의 원래의 뼈대내에서의 해부학적 위치를 비교해 가면서 자국을 분석하였던 것이다. 이것은 요새 활발하게 논의되고 있는 짐승해체의 가장 중요한 증거인 자른자국(cut marks)이다. 비록 앙리 마르땡은 이 용어를 사용하지는 못하였지만 이러한 자국의 원리와 목적을 요즘 연구자들과 같이 정확히 인식하고 있었음을 알 수 있다.

마지막으로 그의 뼈에 대한 주도면밀한 연구가운데 당시 사람들의 뼈깨기에 관한 증거를 알 수 있는 유물들을 몇 점 제시하고 있어 주목된다. 모두 7점의 유물들이 짐승해체의 뼈깨기란 항목에서 간단히 언급되고 있는데 이 가운데 4점은 큰 짐승의 대롱뼈들로 뼈대의 갓 부분에 맞은 점이 뚜렷이 보이는 것들이다(사진 5 fig1~4). 이가운데 두 점은 뼈대의

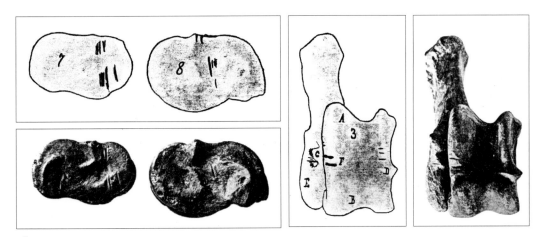

사진 4_순록의 앞축뼈와 뒤축뼈에 보이는 짐승해체 자국들(Henri-Martin 1907-10 : 도판 54, 55)

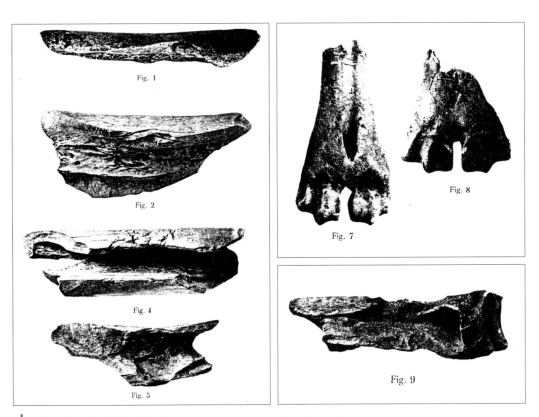

Fig. 1

Fig. 2

Fig. 4

Fig. 5

Fig. 7

Fig. 8

Fig. 9

사진 5_뼈깨기의 흔적을 보이는 유물들(Henri-Martin 1907-10 : 도판 65)

갓면을 따라 맞은 점이 뚜렷하며, 미처 조각들이 완전히 떨어져 나가지 않은 상태로 뚜렷한 뼈깨기의 작용을 알아볼 수 있는 것이다. 두 점의 순록 발등뼈들은 비록 맞은 점은 안 보이지만 때린 면 주위로 움푹 들어가고 그 충격으로 갈라진 자국들이 잘 보이고 있다(사진 5 fig7~8). 마지막 한 점은 순록의 앞팔뼈의 윗대롱이다. 이 뼈의 대롱 양 끝에는 최소한 두차례 이상의 맞은 자국을 선명하게 보여주고 있어 인위적인 뼈깨기의 흔적을 잘 보여주고 있다(사진 5 fig 9). 이러한 뼈깨기의 증거들은 중기 구석기시대의 라끼나 사람들이 동물뼈를 깨고 다듬고 마름질하였음을 보여주는 중요한 단서가 되는 것이다.

이상과 같이 지금부터 100여년이 지난 연구를 살펴보면서 우리는 앙리 마르땡의 인공이 가해진 동물뼈에 대한 분석의 과학적 접근, 실험고고학적 접근과 객관적인 시각으로 보려는 노력을 다시 한번 높이 평가해볼 필요가 있다. 왜냐하면 그가 가진 문제의식은 지금의 동물고고학에서도 계속되고 있는 중요한 주제가운데 하나이기 때문이다. 물론 그의 분석에서 몇가지 아쉬운 점이 있는 것은 사실이다. 예를 들어 위팔뼈 아래끝의 단계별 설정이 애매한 것을 비롯하여 존재가능성이 매우 높은 동물에 의한 뼈 변형 등을 비교 설명하였으면 뼈에 베풀은 떼기와 행위 구분이 더욱 명확해 졌을 것이기 때문이다.

하지만 그의 연구로 층위가 분명한 중기 구석기시대의 뼈연모의 존재 가능성을 확인된 것은 중요한 진전이었다. 이는 19세기말부터 찾아진 대부분의 갈아서 만든 뼈연모들이 구석기시대의 늦은 시기인 후기 구석기시대의 유물들로 판명되었기에 이제는 구석기시대 사람들이 뼈를 도구로 사용한 것이 후기구석기시대가 아니라 중기구석기시대부터였다고 하는 중요한 단서를 제공하여 주었던 것이다(P. Fosse 1999).

3) 북경 주구점 유적 출토의 뼈유물-브뢰이유와 배문중의 연구

1891년 인도네시아 자바에서 찾아진 곧선사람(Pithecantropus erectus)은 많은 서구의 학자들이 아시아로 연구의 영역을 확장하는 계기가 되었다. 이후 1920년부터 중국의 북경 근처에 있는 주구점(周口店)유적이 알려지게 되었는데 이 유적에서는 시기를 달리하는 20여개의 동굴에서 많은 고고학 유물들이 찾아졌다. 석기, 동물화석 뿐만 아니라 온전한 사람의 머리뼈화석들이 찾아져 북경원인(Sinanthropus pekinenesis)으로 명명되기도 하였다. 한편 이 곧선사람의 머리뼈는 중일전쟁의 와중에서 사라져버려 더욱 많은 사람들의 관심을 끌기도 하였다.

이러한 다양한 유물 가운데 단연 종류가 다양한 갱신세시기의 동물화석들은 세계적으로 저명한 학자들의 노력에 의해 다양한 형태로 보고되었으며 이 동물 뼈 가운데 많은 수의 유물들이 당시 북경원인들에 의해 사용된 뼈도구들일 것으로 주장한 학자가 프랑스의 앙리 브뢰이유(Henry Breuil)이다.

그는 〈주구점의 북경원인 유적에서 나온 뼈와 뿔 문화〉라는 책을 통해 사람들이 뼈를 도구로 사용하였다고 주장하였다. 당시로서는 매우 획기적인 주장으로 일반적인 동물화석들의 분석인 종분류, 동물상의 구성 등을 벗어나 깨어진 뼈와 뿔에 관심을 기울였고 이러한 원인은 당시 주구점 옛사람들이 뼈를 도구로 사용하기 위해 변형을 시킨 결과라고 보았다(Breuil 1939).

그는 주구점의 대표적인 사슴과화석인 큰꽃사슴(Pxeudaxis grai)의 머리뼈들 가운데 떨어져 나간 뿔의 자국을 관찰하면서 이들이 자연현상으로 탈락된 것이 아니라 석기와 같은 것으로 잘라냈던 것으로 판단하였다. 대표적인 것으로 7점의 유물을 사진으로 보여주고 있는데 이 떨어진 뿔가지의 단면들에 때로는 날카로운 단면 또는 반복하여 찍어낸 자국들이 보이고 있다(사진 6-①). 이와 함께 떨어져 나간 사슴의 뿔 가지들도 그의 주목을 끌어 떨어져나간 작은 가지끝들이 갈려있거나 반질반질하게 닳아 있음을 확인하고 이러한 원인을 사람들의 사용에 의한 것으로 판단하였다(사진 6-②).

동물의 뼈가운데에서는 아래턱과 깨어진 대롱뼈들이 중요한 관찰의 대상이 되었다. 동물가운데 커다란 고양이과, 그리고 하이에나의 아래턱들 가운데 턱가지 부분과 턱의 아랫몸통이 깨어진 채 커다란 송곳니를 지니고 있는 아래턱들을 사람이 일부러 깨어내어 다듬어서 사용한 것으로 보았다(사진 6-③). 이것은 송곳니가 매우 발달한 멧돼지의 아래턱에서도 유사한 것으로 판단되어 아래턱의 가지와 몸통이 깨어져 나간 채 찾아지는 멧돼지들의 아래턱 역시 사람에 의해 의도적으로 변형되어 사용되었을 것으로 판단하고 있다(사진 6-④). 다만 이 아래 송곳니들의 끝부분에 확연히 나 있는 닳은 자국이 사람에 의한 것인지는 분명하지 않아 현생종들과의 비교 연구가 필요하다고 조심스러운 입장을 취하기는 하였다.

이러한 그의 관찰은 깨어진 채 대롱만 남아있는 뼈조각들에서도 적극적으로 계속되고 있다. 그는 대롱 조각들을 긴 깨어진 뼈(long bone flakes)와 작은 조각들로 구분하여 각각을 살펴보고 있다.

그는 깨어진 대롱뼈들 가운데 길이가 대략 10cm 정도 되는 것을 긴 뼈로 분류하고 이들의 모양과 형태에 따라 연모로 분류하였으며 뾰족한 끝이 있는 많은 조각들을 주로 언급하며 찌르개(point)로 분류하고 있다(사진 7-①). 이와 함께 깨어져 나간 작은 뼈 조각들에

① 큰꽃사슴의 머리뼈

② 큰꽃사슴 뿔의 끝가지들

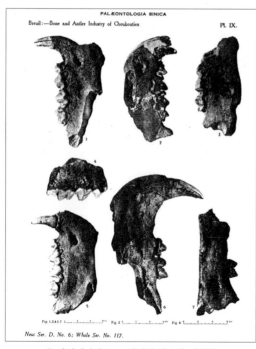

③ 하이에나와 큰 고양이과 짐승의 아래턱

④ 멧돼지의 아래턱들

사진 6_중국 주구점 유적의 연모로 분류된 뿔, 아래턱 뼈들(Breuil 1939 : 도판 2, 5, 9, 10)

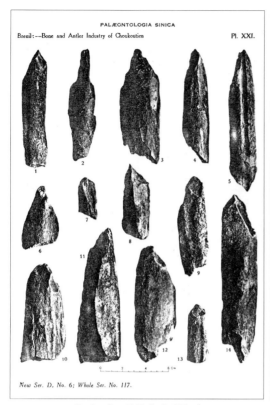

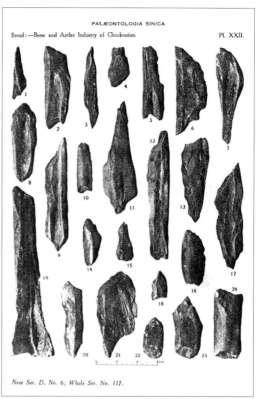

① 찌르개로 분류된 긴 대롱 뼈

② 사람에 의해 손질된 작은 뼈조각들

사진 7_중국 주구점 유적의 연모로 분류된 대롱뼈들 (Breuil 1939 : 도판 21, 22)

나있는 날카로운 단면과 움푹 파여진 채 찾아지는 것들을 사람에 의해 다듬어져 생긴 것들로 판단하고 있다(사진 7-②).

이러한 깨어진 뼈조각들 가운데에는 당시 그는 인식하지 못하였지만 뼈깨기의 결과로 나타나는 맞은 자국과 이에 따라 생기는 둥그런 뗀자국을 지니는 유물들이 있는 것도 확인되었다(사진 8).

한편, 북경원인의 머리뼈를 발견하여 그 이름을 드높인 배문중은 프랑스로 건너가서 연구를 계속하던 중, 유럽의 석기가운

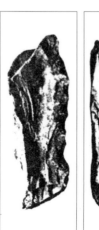

사진 8_중국 주구점유적의 뗀 자국이 보이는 뼈들
(Breuil 1939 : 도판 25에서 일부 따옴)

데 존재하는 유사석기(pseudo stone tools)에 대한 깊은 관심을 가져 선사시대 사람들에 의해 사용된 암석을 깨고 다듬었다고 생각되는 것들 가운데 자연현상에 의한 것들을 비교 분석한 글을 발표하였다(Pei 1936). 그의 이러한 관심은 당연히 주구점의 석영석기들을 비교 분석하기 위한 작업이었는데 이 연구를 수행하면서 수없이 깨어진 채로 발견되는 동물뼈들 가운데에서도 인위적으로 깨어진 것들도 있지만, 일부는 사람이 아닌 자연현상에 의해 변형된 것들도 있다는 것을 연구 분석하여 발간하였다(Pei 1938).

분석의 대상이 된 뼈유물들은 주구점에서 출토된 것뿐만 아니라 당시 중국 신생대 연구실에 수집되어 있던 중국 각지의 뼈 유물들 이었으며 이들은 다음과 같은 작용에 의해 변형된 것들이 있음을 밝히고 있다.

1) 설치류의 쏠기 자국이 있는 뼈화석
2) 식육류의 씹기 자국이 있는 뼈화석
3) 식육류의 손·발톱으로 긁은 자국이 있는 뼈화석
4) 작은 벌레에 의한 변형
5) 뼈에 나타난 화학작용
6) 뼈에 나타난 물의 작용

사람에 의한 인위적인 것이 아닌 다양한 자연 원인들에 의해 변형된 동물뼈들을 관찰하고 그림으로 증거해주는 그의 작업가운데 가장 많은 것이 설치류의 쏠기 자국에 의해 변형된 것들이고(사진 9-①, ②) 대형 식육류의 물어뜯기 등을 통한 뼈의 변형도 확인되어 특히 매우 큰 짐승인 코뿔이 정강뼈의 윗부분도 이들 식육류에 의해 물어뜯기고 씹혀 변형되는 것으로 보고 있다(사진 9-③). 이렇게 작용하는 설치류 중에서는 작은 쥐들도 가능하지만 고슴도치나 약간 큰 크기의 짐승일 가능성도 논하고 있어 다양한 종류의 짐승들이 뼈를 변형시킬 수 있는 가능성을 제시하였다. 그리고 작게 깨어진 뼈에 나타난 자국들을 관찰하면서 대부분이 식육류의 송곳니 등에 의한 것으로 판단한 것들도 보인다(사진 9-④). 하지만 이들 가운데에는 현재의 관찰 기준으로는 자른자국에 의한 것들도 섞여있는 것으로 판단되는데 대표적인 유물이 사진 내의 2, 4, 11번 유물들로 비교해 볼 수 있다.

이렇듯 그의 관찰은 매우 초보적인 것이고, 조직적으로 정리가 되지는 않았지만 이미 최근에 유행하고 있는 화석환경학(Taphonomy)의 원리를 제대로 파악하고 나름의 분류를 통하여 동물뼈의 변형에 접근한 것으로 높이 평가할 수 있다(조태섭 2005 : 86쪽).

한편, 브뢰이유와 배문중이 1년의 차이를 두고 발표한 동물화석에 대한 시각을 서로

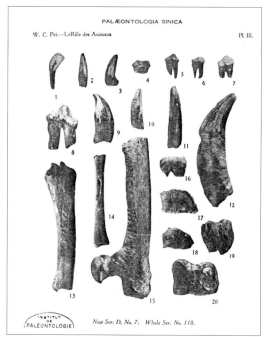

① 설치류에 의해 변형된 뼈들

② 큰 설치류 또는 고슴도치에 의해 변형된 뼈

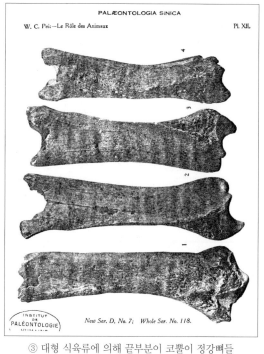

③ 대형 식육류에 의해 끝부분이 코뿔이 정강뼈들

④ 식육류의 이빨자국이 있는 뼈들

┃ 사진 9_동물(설치류, 식육류)에 의해 변형된 짐승뼈들 (Pei 1938 : 도판 3, 5, 12, 16)

반대되는 것으로 보는 학자들이 있는데(최무장 1973) 이것은 잘못된 것으로 브뢰이유는 주구점 유적에서 출토되는 동물뼈들 가운데 인공의 흔적이 있는 유물들을 모아 이에 대한 해석이었고, 배문중은 사람의 행위에 의해서 변형된 것이 아닌 유물들만을 선정하여 그 원인을 분석하였기에 상호 보완적인 성격이 짙다고 보는 것이 더 타당할 것이다.

아무튼 유적에서 찾아지는 동물뼈에 대한 해석이 30년대에 들어와 훨씬 확장되어 초창기의 후기 구석기시대(예 : 19세기말)나 중기 구석기시대(예 : 라끼나의 뼈유물)뿐만 아니라 이른 전기 구석기시대(예 : 주구점)의 깨어진 뼈들까지도 연모로 사용했을 것이라는 적극적인 해석이 나타나게 된 것만은 틀림없는 사실이다.

4) 레이몬드 다트의 〈뼈, 이빨, 뿔 문화(Osteodontokeratic Culture)〉

1940년대에 남아프리카의 오스트랄로피테쿠스의 뼈가 함께 찾아지는 마카팡스갓(Macapangsgat)동굴을 발굴한 레이몬드 다트(Raymond Dart)는 이 유적에서 출토된 수 천 점의 깨어진 채 찾아지는 동물뼈화석들의 변형 원인을 인류로 보았다. 특히 이곳에서 찾아진 동물의 뿔, 이를 포함한 아래턱, 뼈들이 사람들에 의해 사용되었다는 가설을 제시하면서 그 유명한 〈뼈, 이빨, 뿔 문화 : Osteodontokeratic Culture〉를 제창하였다(Dart 1957).

그에 의하면 우리 인간들은 초기 인류가 석기를 사용하기 이전 단계에 이미 오스트랄로피테쿠스들이 여러 짐승의 뼈와 뿔 또는 아래턱을 깨고 손질하여 도구로 사용하였다는 것이다. 마카팡스갓 유적을 비롯한 다른 몇 곳의 오스트랄로피테쿠스들에 의해 점유했던 동굴유적에서 나온 동물뼈들은

첫째, 많은 뼈들이 규칙적이고 거의 같은 모양으로 깨어진 채 찾아지는 점

둘째, 등뼈와 갈비뼈 등의 특정부위의 뼈들이 보이지 않는 점

셋째, 하이에나와 같은 식육류 짐승뼈들이 적게 나타나는 점

등의 특징을 보여준다. 이것은 틀림없이 오스트랄로피테쿠스들이 뼈를 깨고 도구로 사용한 것을 보여주는 증거로 볼 수 있다는 것이다.

위의 해석을 뒷받침하기 위해 그는 유적에서 출토된 동물화석들을 부위별로 구분하여 한꺼번에 모아 찍은 사진들을 증거로 제시하고 있으며(사진 10), 이렇게 깨어진 뼈, 뿔 또는 온전한 짐승의 뼈를 어떠한 방법으로 손에 쥐고 사용하였는지에 대한 해석을 다양한 그림으로 표현하고 있다(Dart 1957 : 그림 3).

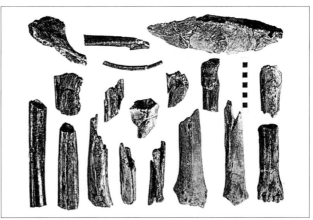

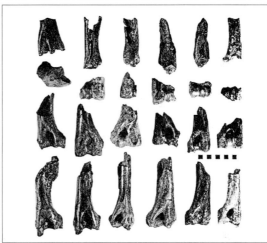

사진 10_마카팡스갓유적에서 찾아진 깨어진 동물화석들 (Dart 1957 : 그림 43, 7, 32, 27)

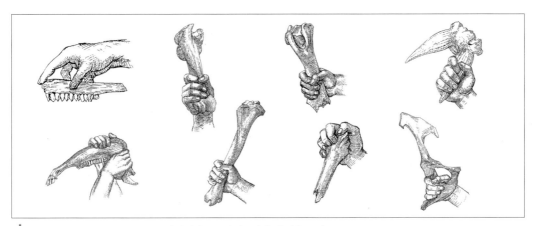

그림 3_마카팡스갓유적에서 찾아진 깨어진 동물화석들의 추정 사용 그림 (Dart 1957 에서 편집)

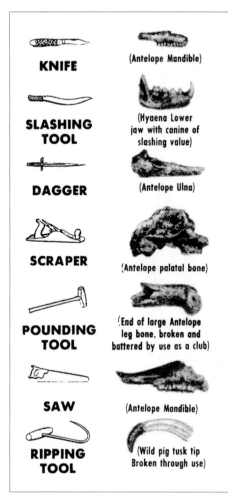

그림 4_현재의 연모와 뼈도구의 비교
(Dart 1965 : 9쪽)

KNIFE
(Antelope Mandible)

SLASHING
TOOL
(Hyaena Lower
jaw with canine of
slashing value)

DAGGER
(Antelope Ulna)

SCRAPER
(Antelope palatal bone)

POUNDING
TOOL
(End of large Antelope
leg bone, broken and
battered by use as a club)

SAW
(Antelope Mandible)

RIPPING
TOOL
(Wild pig tusk tip
Broken through use)

특히 그림에서는 잘라진 초식짐승의 아래턱을 마치 톱처럼 사용하기도 하고 온전한 소의 아래턱은 양손을 이용하였으며, 머리뼈가 붙어있는 영양의 뿔은 손에 쥐고 썼다고 관찰하였다. 이밖에 나머지 팔다리뼈들 역시 대롱부위가 깨어진 것들을 위끝이나 아래끝 부분을 잡이로 하여 도구로 사용하였을 것을 암시하여주고 있다.

그의 해석은 한 발 더 나아가서 각 연모들의 기능을 현대의 도구들과 견주어보고 같은 기능을 하였을 것으로 발전하였을 것으로 추정하였다. 영양의 이빨이 남아있는 아래턱은 칼이나 톱과 결부시키거나 영양의 깨어진 뒤 팔뼈를 무기인 검과 비교하기도 하고, 머리뼈는 긁는데 쓰는 도구 등으로 연결시켜가면서 도구의 개연성을 역설하였다(그림 4).

그의 이러한 해석은 인간의 능력을 너무 높게 평가한 것으로 판단되었다. 곧바로 그의 해석에 많은 반론과 회의를 표하는 글들이 속속 발표되었다. 그 가운데 가장 결정적인 역할을 한 학자가 브레인(C.K. Brain)이다.

브레인은 아프리카의 초기 동굴들을 면밀하게 조사하였다. 그 결과 아프리카의 오스트랄로피테쿠스들이 살았던 동굴의 지배자는 인간이 아니라 하이에나 등의 맹수들이었고 이 짐승들이 유적에 퇴적되어 있는 동물의 뼈를 변형시켰음이 틀림없음을 확인시켜 주었다.

심지어 동굴 유적안에서 나온 오스트랄로피테쿠스의 머리뼈에 난 구멍이 날카로운 표범의 송곳니 자국임을 확인해 맹수에 의해 죽임을 당한 것을 알 수 있었다. 이것은 당시 이들이 자연계의 주체가 되지못했고 단지 사나운 맹수들에 의해 죽임을 당하는 사냥감의 하나였음이 증명되었던 것이다(Brain 1967, 1981).

레이몬드 다트의 가설은 20세기 중엽을 풍미했다. 그를 포함한 일부학자들은 초기인류들의 능력을 과대 평가했으며, 결정적 증거도 없이 석기문화 이전의 뼈문화를 강조하였다. 깨어진 뼈만 보이면 옛사람의 행위의 결과이며 조각난 뼈의 가장자리에 생긴 날카로운 단면만 있으며 모두 뼈연모라고 하였다. 사실 유적에서 나오는 무수한 깨진 뼈들은 사람들로 하여금 도구로 쓰여졌을 것이라는 가능성을 이야기하기에 충분할 만큼 정교하게 깨어진 것들도 있으며 위팔뼈의 양끝, 허벅지뼈의 도르래 등의 긴뼈의 양끝부위는 그냥 잡아도 손에 잘 맞는 것이 많이 나타났던 것이다.

하지만 이러한 가정과 가능성만을 가지고 오스트랄로피테쿠스들이 도구를 사용했다는 것, 더구나 자연적인 것이 분명한 뼈들의 연모 사용 주장들은 오래지 않아 과학적이고 실증적으로 분석한 여러 가지 근거들에 의해 점점 학문적 자리를 잃게 되었다. 오히려 이러한 무모한 주장으로 인해 사람들의 도구로서의 뼈에 대한 부정적인 견해들이 확산되는 계기를 만들어주게 된 것이다.

1970년대 들어서는 사람들은 점점 새로운 시각을 곁들여 동물화석을 연구하고, 실험을 통한 비교 분석 등의 논리적이며 과학적인 연구를 진행하게 되었다.

5) 실험고고학적 접근 – 세메노프와 보니셴

단지 가능성만을 가지고 동물의 뼈를 깨어 연모로 만들었다는 기존의 가설들이 일반에게 설득력 있게 다가오지 않은 가운데, 분석적이고 또 실험방법에 의해 비교·고찰하는 새로운 연구 경향이 일어났다. 가장 대표적인 학자가 러시아의 세메노브(S.A. Semenov)이다. 그는 1964년에 발간된 기념비적인 저서인 〈선사시대의 기술(Prehistoric Technology)〉를 통하여 구석기시대의 석기와 동물뼈 유물의 현미경관찰, 사용의 복원 등 과학적인 접근을 시도하였던 것이다(Semenov 1964). 사실 이 책의 초판은 1957년으로 이때에는 러시아어로 발표되어 서구의 학자들에게 주목을 끌지 못하다가 영어판으로 출간하면서 널리 알려지게 된 것이었다. 그의 연구 분석은 많은 부분이 석기의 고찰에 집중되어 있지만 뼈에 대한 연구도 나름대로 중요한 의미를 지니고 있었다.

구석기시대의 뼈작업(working bone)의 방법을 통하여 직접떼기, 썰기, 길이로 잘라내기, 비틀기, 뼈갈기 등의 다양한 제작방법을 열거하면서 실제로 재현하여 보기도 하고 그 과정을 복원하여 그림으로 제시하기도 했다. 예를 들어 매머드의 상아를 손질하는 방법으로는 돌망치로 직접 때려 깨거나 새기개를 이용하여 갈라내기 그리고 끌과 같은 것을 써서 쪼개기 등을 고찰하고 있다(그림 5-①). 또 말의 발등뼈의 대롱 곧은 부분에 난 뗀자국

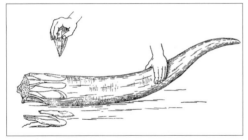

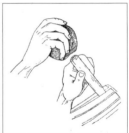

① 매머드 상아 깨어내고 마름질하기(직접떼기, 새겨서 갈라내기, 대고 떼기)

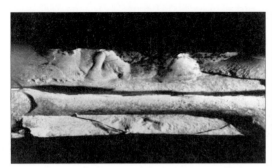
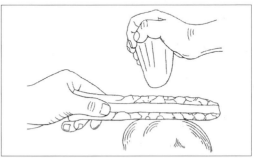

② 깨어진 뼈(말, 대롱뼈)와 떼어내기 재현

▎그림 5_뼈 다듬기와 제장방법의 고찰 (Semenov 1964 : 그림 77, 78, 79, 72)

을 통해 이것을 제작하는 방법에 대한 비교 고찰도 이루어지고 있는 것이다(그림 5–②).

이러한 새로운 접근은 이후 많은 학자들에게 영향을 주어 석기나 동물뼈의 관찰에 현미경을 이용하여 세밀히 살펴볼 수 있는 계기를 만들어 주고 특히 뼈의 경우, 그동안 여러 학자들이 주장했던 모양이나 형태에 의한 뼈연모의 구분의 한계를 인식시켜주고 앞으로의 방향이 실험고고학적 방법, 재현, 그리고 현미경관찰 등의 과학방법으로 분석할 것을 제시하여 주고 있는 것이다.

1970년대 북미대륙에서 First American 연구를 선도적으로 이끈 보니셴(Robsen Bonnichsen)의 주된 관심사는 갱신세 시기 베링해협 일대에 존재했던 선사유적들의 연구였다. 특히 그는 유적에서 출토되는 동물화석을 변형시킨 주체가 사람이었다는 확신을 가지고 북미대륙의 인간 점유가 갱신세시기부터 였음을 밝히려고 많은 노력을 기울여 왔다. 그 결과의 하나로 1979년 출간한 〈베링해 지역에서의 갱신세시기 뼈 기술(Pleistocene Bone Technology in the Beringian Refugium)〉을 통해 당시 사람들의 뼈도구의 이용에 대해 강조하고 있다(Bonnichsen 1979).

그는 실제로 큰짐승의 뼈들을 직접 깨어보는 실험을 통해 연구를 하고 그 결과 나온

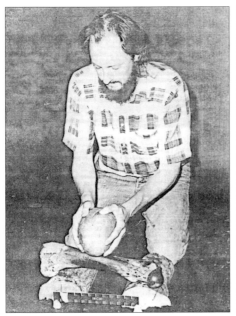

① 뼈깨기 실험(보니센)

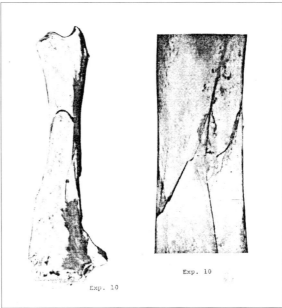

② 나선형(spiral)으로 깨어진 소의 정강뼈

사진 11_뼈깨기 실험과 깨어져 나간 뼈의 양상 (Bonnichsen 1979 : 도판 4-1, 4-2)

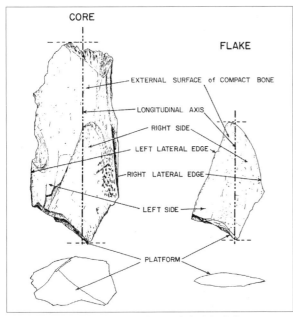

① 뼈의 특징과 명칭(몸돌성격의 뼈와 격지)

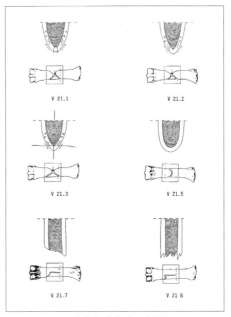

② 깨어진 뼈의 날모양 분류

그림 6_뼈깨기 실험과 뼈의 분류 (Bonnichsen 1979 : 도판 4-1, 4-2, 그림 12, 21)

자료들을 수집되어 있는 유물들과 비교 분석하여 보고 있다(사진 11-①). 여기서 그는 뼈들의 특징을 주목하여 대부분이 죽은 지 얼마 안되는 짐승의 뼈(fresh bone)가 뼈깨기의 재료로 사용되었음을 밝히고 이들이 깨어져 나갈 때의 양상은 뼈자체의 속성상 곧게 깨어지는 것이 아니라 나선형으로 깨어져 나간다고 하는 것을 밝히고 있다(사진 11-②).

그의 작업은 실험과 비교에 그치지 않고 다양하게 깨어지는 뼈들을 석기와 비교될 수 있는 개념으로 뼈몸돌(bone core)과 뼈격지(bone flake)로 분류하고 각각의 이름을 붙였으며(그림 6-①), 한 걸음 더 나가 깨어져 나간 뼈들이 나름대로 규칙성을 갖는다는 시각에서 깨진 뼈들의 날 부분에 주목하여 분류를 시도하기도 하였다. 날의 각도, 기울기, 형태 등에 주목한 이 분류는 지금은 많이 쓰이지는 않지만 아마도 사람에 의해 의도적으로 깨어진 뼈들에 대한 다양한 분류로서는 초창기의 작업으로 평가해도 좋을 것이다(그림 6-②).

또한 그는 뼈의 변화에 대해 많은 관심을 기울여서 뼈가 변형되는 데에는 생물학상, 지질학상의 다양한 요인들이 있었을 것을 밝히고 있어 이제는 사람만이 뼈를 변형시키는 것이 아님을 고찰하고 있다. 이러한 접근은 최근 활발한 논의가 거듭되는 화석환경학(Taphonomy)적인 해석과 맥을 같이하는 시각으로 볼 수 있을 것이다.

6) 화석환경학(Taphonomy)과 뼈의 변형

이제는 더 이상 구석기시대 유적에서 많이 출토되는 조각난 동물 뼈들이 사람에 의해서만 깨어지는 것이 아니라 다양한 원인에 의해 이루어질 수 있다는 것을 인식한 고고학자들은 직접 실험을 통해 인위적인 깨짐과 다른 것들을 구분하려는 노력을 경주하였다. 이러한 경향에 커다란 영향을 준 것이 바로 화석환경학(Taphonomy)이다. 이 이론에 따르면 뼈의 변형(bone modification)에 영향을 주는 것으로는 지질, 퇴적, 유수(물) 등의 무생물적인 요인과 동물, 식물, 미생물 등의 생물학적 요인 그리고 생물학상 요건에 해당하면서도 가장 중요한 변형요소인 사람에 의한 요인 등의 다양한 원인이 있다는 것이다. 이것은 뼈를 바라보는 시각이 한결 객관화되었음을 알려주는 것이며 사람의 작용도 다양한 뼈 변형 요소 중의 하나임을 인식한 것으로 볼 수 있다. 원래 이 화석환경학이라는 용어는 1940년대 러시아의 학자에 의해 주창되었는데 시기가 오래된 고생물학 연구에 중점을 둔 관계로 학계의 큰 반향을 얻지 못하였다. 이후 1980년대에 들어와 고고학유적에서 출토되는 유물의 고찰에 활용되면서 널리 알려지게 되었다(Shipman 1981).

이러한 화석환경학적 시각에서 동물뼈의 변형을 체계적으로 고찰한 학자가 미국의 존슨(Eileen Johnsen)이다. 먼저 그는 직접 실험을 통하여 동물의 뼈를 깨어보고 그 깨져 나가는 원리를 이해하려고 하였다(사진 12). 죽은 지 얼마 되지 않은 신선한 들소의 뼈(fresh bone)들을 깨어본 결과 이들은 대롱부위가 한결같이 'S'자 모양의 휘임새를 가진 채 깨어져 나간 것을 확인할 수 있었다(사진 13-①).

이것은 고고학 유적에서 출토되는 화석화된 뼈들이나 죽은 지 오래되어 건조한, 광물화되어가는 뼈들을 깨었을 때 나타나는 현상과는 전혀 다름을 알 수 있었다.

이들은 뼈의 중간부분인 대롱이 마치 동강나듯 반듯이 잘라지거나(사진 13-②) 혹은 날카로운 직선형태로 조각나고 있는 것이다(사진 13-③). 이러한 차이점을 바탕으로 옛사람들의 문화행위는 사냥하거나 잡은 동물을 소비하고 연이어 뼈를 깨고 다듬는 것이 타당하다는 결론에 이른 것이다.

사진 12_들소 깨기 실험
(Johnson 1985 : 그림 5.12)

이와 함께 그는 뼈에 작용하는 자연 변형요소를 생물학적(biological)인 것과 지질학적(geological)인 요소로 구분하여 각각의 예들을 그림으로 제시하여 주고 있다.

생물학적 요인들로는 설치류, 식육류 심지어는 식물의 나무뿌리에 의해 변형되는 뼈를 고찰하고 있으며(사진 14- ①, ②, ⑥) 이들은 각각의 뼈의 겉면에 특징적인 흔적들을 남기고 있음을 보여준다.

지질학상의 변형을 살펴보면 먼저 오랜 노출과정에서 자연적으로 뼈대의 끝이 길이로 갈라져 나가는 현상을 살펴볼 수 있었으며(사진 14-③), 오랜 외부에의 노출에 의해 뼈의 겉면이 벗겨지는 현상도 나타나며(사진 14-④), 때로는 물에 의해 표면이 반질반질하게 닳는 뼈들도 생기는 것이다(사진 14-⑤).

이와 함께 비교되는 것이 사람이 깨어낸 뼈로 실험을 통해 얻어진 들소의 정강뼈와 허벅지뼈의 뼈조각들은 전체적으로 나선형으로 남아있는 조각이며 여기에는 맞은 자국과 그 반대쪽으로 음영과 같은 흔적들이 뚜렷한 것을 볼 수 있다(사진 14-⑦). 이러한 분명한

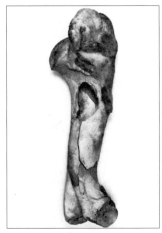

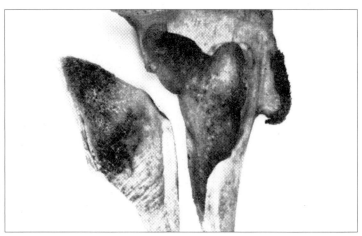

① 뼈깨기 실험 – 나선형의 깨진 자국(죽은지 8시간 후의 신선한 들소 위팔뼈)

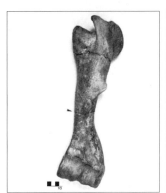

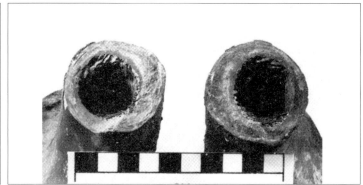

② 고고학유적 출토 들소 위팔뼈의 대롱깨진 자국(화석화, 건조)

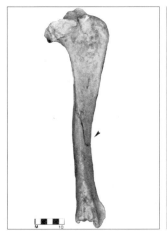

③ 현생 들소 정강뼈의 대롱 깨짐(오랜 노출 – 건조, 광물화)

┃ 사진 13_죽은지 8시간 지난 신선한 뼈의 깨기와 오래 지난 광물화된 뼈의 깨진 모습 (Johnson 1985 : 그림 5.3, 5.4)

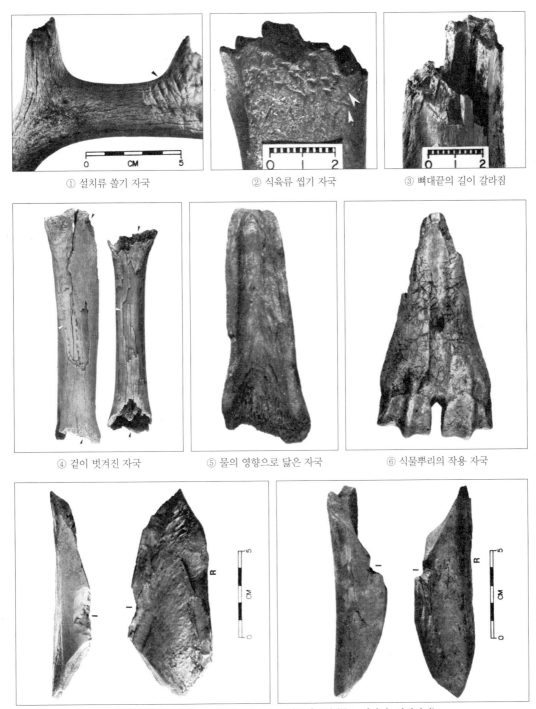

① 설치류 쏠기 자국

② 식육류 씹기 자국

③ 뼈대끝의 길이 갈라짐

④ 겉이 벗겨진 자국

⑤ 물의 영향으로 닳은 자국

⑥ 식물뿌리의 작용 자국

⑦ 나선형으로 깨어진 뼈의 맞은자국과 반대쪽의 모습(들소 정강뼈, 허벅지뼈)

사진 14_여러가지 원인으로 변형된 뼈들 (Johnson 1985 : 그림 5.7, 5.8, 5.9, 5.10, 5.23)

자국들은 비교 고찰한 다른 자연적인 원인에 의한 것들과는 뚜렷한 차이를 보이고 있으며 이것이 바로 사람들에 의해 깨어낸 뼈들이 가지는 큰 특징임을 말하고 있다.

이렇듯 유적에서 출토되는 뼈의 변형요인으로 매우 다양한 원인들이 있을 수 있으며, 여러 사나운 식육류나 설치류를 포함하는 동물과 식물 그리고 지질학적으로 변화하는 뼈들과 사람들이 의도적으로 깨어낸 뼈들과는 분명한 차이점을 보이고 있다는 것을 그는 말하고 있는 것이다.

7) 뗀 뼈연모의 재인식 – 오노 아키라의 분석을 통하여

뼈가 깨어지는 근본적인 원인의 규명, 그리고 동식물의 행위와 구분되는 인류의 뼈변형에 대한 차이를 밝히기 위한 화석환경학적인 접근이 활발히 이루어지는 가운데 기존의 알려진 유적에서 출토된 유물들에 대한 재검토와 해석이 이루어진 것이 2001년에 발간된 『打製骨器論 - 舊石器時代の 探究』이다(小野 昭 2001).

이 책에서 필자는 뼈깨짐의 원인과 이해에 대한 과학적 접근과 함께 세계의 다양한 구석기시대 유적들에서 출토된 뗀 뼈연모에 대해 관찰하고 분석하고 있다. 그의 관심은 중부 유럽의 유적들에 집중되었으며 이들 가운데에서도 특히 전기 구석기시대의 뼈연모에 대해 많은 관심을 기울이고 있다.

이탈리아의 폰타나 라누치오(Fontana Ranuccio), 카스텔 데 귀도(Castel de Guido) 유적, 헝가리의 베르테스죌레스(Vertesszőlős) 유적 그리고 독일의 빌징스레벤(Bilzingsleben), 카를리쉬(Karlich) 유적에서 출토된 뗀 뼈연모를 관찰하고 실측하여 보고하고 있다. 이들은 시기적으로는 대부분이 중기 갱신세에 속하는 곳들로 일부는 절대연대가 안 밝혀진 곳들도 있지만 전기 구석기시대의 유적들임에는 틀림없으며 이미 오래전에 알려진 곳들이다. 이들에서 출토된 뼈연모는 옛코끼리, 코뿔소, 말, 들소 등 뼈의 크기가 크고 두께가 두터운 정강뼈, 허벅지뼈 등의 긴뼈들을 원재료로 하여 깨어낸 자국들이 나타난 유물들이 대부분이다. 다음 그림에서 설명되는 9점의 뼈연모 가운데 ④, ⑤, ⑥ 번을 제외하고는 모두 옛코끼리(Palaeoloxodon antiquus)의 뼈임을 보면 잘 알 수 있다(그림 18). 이외에는 ⑤ 번 유물이 들소(Bison priscus)의 것으로 판명되었고 나머지 2점은 구분하기 어려운 것으로 보고되고 있다(그림 7).

특히 이들 뼈대 단면의 두께가 1cm 이상되는 유물들의 경우 인위적으로 타격을 가할 경우 맞은 자국을 비롯하여 떼어진 면과 능선 등이 잘 보이는 것을 알 수 있다. 더욱이 필

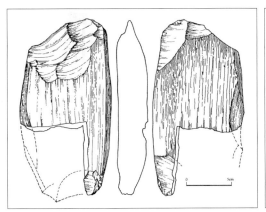

①, ② Fontana Ranuccio 유적

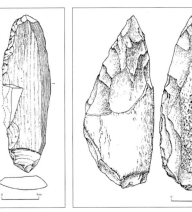

③ Castel de Guido 유적

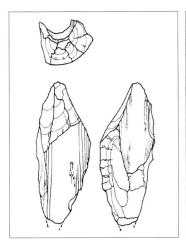

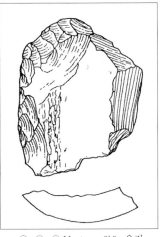

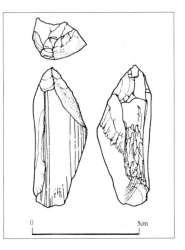

④, ⑤, ⑥ Vertesszőlős 유적

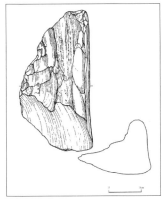

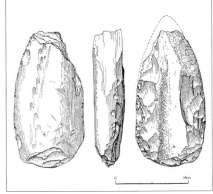

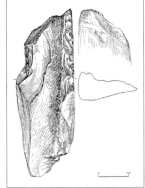

⑦, ⑧, ⑨ Bilzingsleben 유적

┃ 그림 7_유럽의 전기구석기시대 뗀 뼈연모들 (小野 昭 2001에 의함)

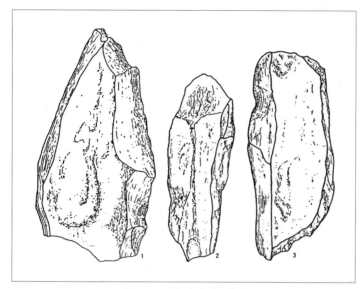

① Xuetian(學田) 유적 : 중국

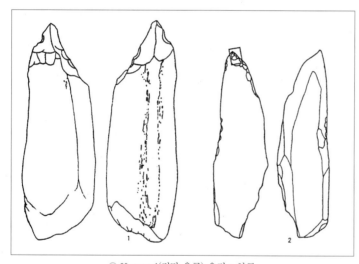

② Yonggul(점말 용굴) 유적 : 한국

▎그림 8_중국과 한국의 구석기시대 뗀 뼈연모들 (小野 昭 2001에 의함)

자는 이러한 뗀 뼈연모들을 석기와 비교하면서 주먹도끼, 찍개 등으로 석기와 같은 이름을 붙여 가면서 분류해보기도 하였다. 하지만 이점은 아직 많은 논의가 필요할 것으로 보인다.

비록 많은 수는 아니지만 아시아에서도 뗀 뼈연모의 존재가 확인되는 유적들에 대한 분석이 뒤따랐다. 인도의 무크샤뜰라 친타마누 가비(Muchchatla chintamanu Gavi) 유적, 중국의 Jinniushan(金牛山), Shiyu(峙峪), Xuetian(學田) 유적 등이 언급되었으며 일본의 Tategahana(立が鼻) 유적 그리고 한국에서는 점말용굴의 뼈연모가 소개되고 있다. 이들의 특징은 주로 중기, 후기 구석기시대에 속하는 다소 늦은 시대의 유적들이라

는 것과 대형동물뼈가 아닌 중형이나 소형의 동물뼈로 만든 유물들이 많다는 것이다. 이러한 까닭에 앞서 살펴본 대형의 동물뼈에 나타난 뗀 자국들 보다는 뚜렷하지 못한 점도 있으나 전체적인 양상은 다양한 지역에서 구석기시대의 뗀 뼈연모들의 존재를 확인시켜 주고 있는 것을 알 수 있다.

이 가운데 중국 흑룡강성에서 찾아진 3점의 뗀 뼈연모는 모두 들소의 뼈로 이루어져

있으며 떼어진 단면이 두터운 것을 보면 가늠하여 볼 수 있다(그림 8-①).

또한 우리나라의 제천 점말용굴에서 출토된 2점의 뼈연모들도 언급하면서 한국의 뼈연모의 존재를 알리고 있다(그림 8-②).

때론 백년전부터 혹은 수십년전부터 알려졌던 유적들의 유물을 재평가하고 재분류하면서 뚜렷하게 사람이 떼어낸 뼈연모들을 정리한 이러한 자료들은 앞으로의 뼈연모 연구의 방향을 제시하여 주는 것이다. 즉 단순한 형태상의 모습을 가지고 주장하는 것이 아니라 과학적이고 객관적인 시각에서 연구를 하는 것이야말로 구석기시대의 뗀 뼈연모(打製骨角器)에 대한 부정을 불식시킬 수 있는 것이라는 것을 말이다.

3. 우리나라 구석기시대의 뼈연모

우리나라에 있어서 구석기시대의 뼈연모에 관한 논의는 1973년에 찾아진 제천의 점말 용굴과 궤를 같이 한다. 하지만 이미 골각기에 대한 관심은 매우 일찍부터 있어왔다. 일제 강점기에 찾아진 함경북도 종성군 동관진(강안리)유적에서 나온 동물화석가운데 일부가 골각기(뼈연모)라 주장된 바 있다. 도면과 사진으로만 제시된 이들 뼈유물이 과연 연모였는지는 정확히 판단하기는 어렵지만 아마 당시 일반으로 논의되던 수준에서의 언급이었을 것으로 판단된다.

구석기유적이 찾아지고 다른 선사시대의 유적, 유물들이 속속 밝혀지는 가운데 1970년대 초에 〈한국 선사시대의 골기〉란 논문이 발표된다(최무장 1973). 아마 직접적으로 뼈연모에 대한 논의를 한 최초의 논문으로 기록될 이글에서는 신석기시대, 청동기시대 그리고 철기시대의 뼈연모들에 대한 언급이 주를 이루었다. 이들 시대의 뼈연모들이 갈고, 깎고, 마름질한 유물들인 까닭에 쉽게 인지할 수 있었던 유물들을 중심으로 다루어졌지만 구석기시대의 뼈연모에 대해서는 당시까지 찾아진 유물이 없었기에 우리나라의 경우는 언급을 못하고 중국 주구점과 헝가리 등에서의 예를 들어 존재 가능성에 대해 언급하였을 뿐이다.

1) 점말용굴 발굴과 뼈연모 연구의 진전

1973년부터 발굴된 제천 점말 동굴에서는 수많은 동물화석과 함께 석기와 예술품들이 찾아졌다. 여기에서 출토된 뼈유물의 분석은 크게 두 가지 방향에서 전개되었다. 첫째로 찾아진 동물뼈 가운데 고유의 뼈대를 유지하고 있어 종과 부위의 분류가 가능한 짐승들에 대한 연구가 이루어졌다. 특히 중요한 동물화석들 예를 들어 동굴곰, 하이에나, 원숭이 등과 같은 짐승은 각 짐승의 계측부터 시작하여 성격, 특징 그리고 인근 주변국가 특히 중국의 주구점 유적에서 출토된 짐승들과의 자세한 비교 검토가 이루어졌다(손보기 1975). 이를 토대로 점말용굴에서 나온 동물들의 집합에 대한 분석이 이루어지고 동물상의 구성 양상을 알아낼 수 있었으며 이 유적이 형성될 당시의 주위를 둘러싸고 있던 자연환경을 해석해 낼 수 있었다. 동물화석의 분석 결과는 중기 갱신세 층에서는 20종의 동물이 후기 갱신세층에서는 45종에 이르는 동물들을 확인할 수 있었다(박희현 1983).

두 번째는 깨어져 나간 채 찾아지는 많은 뼈, 특히 대롱부분만 남아있는 뼈들의 분석이었다. 이 깨어진 뼈들은 그 모습이 매우 날카롭고 뾰족한 것들이 많으며 때로는 사람들이 손에 쥐고 사용하기 좋을 만큼 적당한 크기의 뼈들이 대부분이었다. 더욱이 점말 용굴의 뼈들은 화석화가 잘되어 있어서 대부분의 뼈들이 단단하고 상태가 온전한 것들이었다. 발굴 당시 출토된 유물들의 사진을 보면 이 같은 모습을 잘 알 수 있다(사진 15).

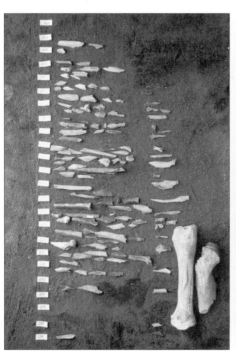

▌사진 15_점말용굴 출토 뼈화석들과 출토모습 (연세대 박물관 2009 : 218·219쪽)

이들에 대한 분석이 이루어지면서 이렇게 깨진 뼈들을 대부분 뼈연모라 가늠하고 있다. 1975년에 이루어진 이 유적의 중간보고에서는 뼈연모를 층위별로 구분하고 유물도 밀개, 긁개, 째개, 뚜르개 등으로 분류하면서 천 여점의 뼈연모의 존재를 보고하고 있다. 이후 이루어진 발굴과 정리를 통하여 보고된 뼈연모의 수는 훨씬 더 많이 늘어나고 있어 총 수는 2만점 이상으로 헤아려 지고 있다(손보기 1980 : 8쪽).

사실 이러한 시각은 처음으로 보는 뼈유물의 경우 누구라도 그 가능성을 두고 충분히 생각하여 볼 수 있는 문제이다. 앞서 살펴본 뼈연모의 연구사에서 볼 때 1930년대의 중국 주구점 유물에 대한 해석이 그러하였고 많은 서양학자들도 이러한 견해를 피력한 바 있다. 하지만 뼈가 깨어지는 근본 원인에 대한 논의에서 일차로 깨어진 뼈들의 원인이 속에 들어있는 골수를 먹기 위해서 인지 또는 연모를 만들기 위해서 인지를 구분하는 것은 매우 어려운 일이다.

이같은 애매모호함을 불식시키고 분명한 뼈로 만든 도구가 있었음을 밝히기 위한 시도가 바로 잔손질된 뼈연모의 확인과 분석이었다. 일반으로 잔손질(retouch)로 부를 수 있는 이 행위를 통하여 일차로 깨어진 뼈들의 날카로운 부분을 좀 더 정밀하게 손질하여 연

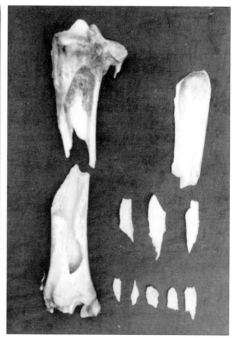

사진 16_현생 뼈깨기 실험과 깨어진 소 정강뼈

모로 사용할 수 있게끔 가공하는 2차 떼기의 성격을 지니는 것이었다. 이러한 작업은 매우 조심스럽게 진행되었다. 먼저 현생 뼈를 구해 떼어보고 그 특징과 모양을 점말의 유물들과 비교 관찰하는 실험고고학적 방법이 있었고 이에 따라 점말 용굴의 뼈유물들이 대부분 사람에 의해 인위적으로 깨어진 것들로 확인되었다. 더욱이 온전한 뼈를 깨어낼 때 의도하지 않았던 작은 뼈 격지들이 많이 파생되어 나오는 것이 확인되어 이점이 동물유적에서 출토되는 수많은 작은 동물뼈 조각의 성격을 이해하는데 많은 도움을 주었다(사진 16).

이와 함께 점말 용굴의 뼈집합 가운데 2차떼기 즉 잔손질이 이루어진 유물들을 선별하여 이들의 제작 방법, 연모로 쓰기위해 만든 날의 위치, 원래 동물 뼈대에서의 해부학적 위치 등을 살펴보는 작업이 있었다. 연모로 이용된 뼈들은 대부분이 사슴의 뼈이었으며 그 가운데 정강뼈, 허벅지뼈, 위팔뼈등 대롱부위가 어느 정도 길고 곧은 부위의 뼈들을 주로 이용하였음이 밝혀졌다(그림 9 : 사진 17). 특히 잔손질의 경우 그 제작방법에 따라 속잔손질, 등잔손질, 엇갈림잔손질, 돌림잔손질, 좀잔손질의 다양한 방법이 행해졌음을 밝힐 수 있었다(조태섭 1986).

이 분석을 위해 선별된 뼈 유물은 모두 132점이었다. 본래 추정된 점말 용굴의 뼈연모의 숫자보다는 훨씬 적은 수였지만 맨눈으로도 관찰이 가능한 뚜렷한 잔손질이 이루어진 것만을 골라 분석했기에 분명히 사람들이 뼈를 다듬고 손질하여 연모로 사용했다는 것을 알려주기에는 충분한 사항이었다. 이것은 발굴 초기에 언급되었던 점말용굴에서 출토된 뼈유물이 대부분 뼈연모이었을 것이라는 가설에 대한 재인식을 할 수 있었던 계기가 되었으며, 한편으론 일각에서 주장하는 것처럼 우리나라의 동굴유적에서는 골기(뼈연모)가 존재할 가능성이 없을 것이라는 부정적인 시각(배기동 1992 ; 정영화 2002)을 불식시키는 좋은 증거가 되었던 것이다.

점말 용굴의 뼈연모에 대한 연구는 계속되어 이 연모들 가운데 사용의 흔적들이 있는 유물을 통해 당시 사람들의 뼈연모를 사용한 패턴과 양상을 밝히려는 시도가 이루어졌다(Sohn 1988). 뼈위에 나있는 미세한 흔적을 관찰하기 위하여 전자주사현미경(SEM)을 이용하여 대표적인 뼈유물이 분석되었다. 모두 12개의 유물이 이 방법을 통하여 연모의 사용과정에서 생긴 줄모양의 쓴 자국과 닳은 모습 등이 관찰되었고, 이것을 통해 유적에서 출토되는 뼈연모들이 어떠한 방법으로 사용되었는지에 대한 사용방법의 복원까지도 가능하게 되었던 것이다(손보기 · 한창균 1989).

점말용굴의 뼈유물들은 지금도 계속하여 분석되고 있다. 유적에 대한 전체적인 종합보고서가 발간되었으며(연세대 박물관 2009ㄱ) 이 유적에서 출토된 동물화석에 대한 재분석

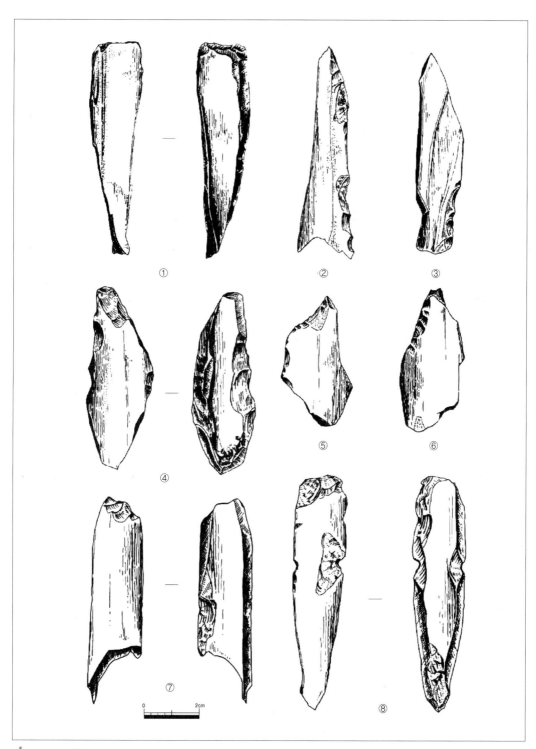

그림 9_ 점말용굴의 잔손질된 뼈연모 (조태섭 1986)

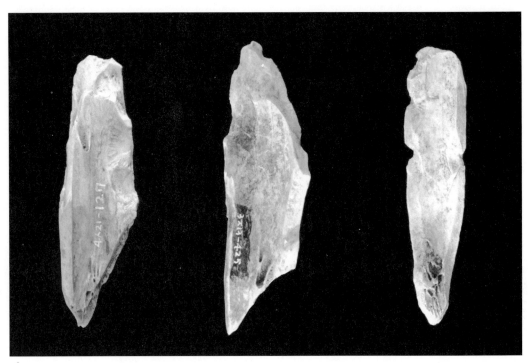

사진 17_점말 용굴의 잔손질된 뼈연모 (조태섭 1986)

과 함께 도록이 발간되기도 하였다(연세대 박물관 2009ㄴ). 이와 더불어 다시 한번 전체 뼈유물 집합에 대한 재분류와 화석환경학적 분석이 이루어질 예정이므로 이러한 계속되는 연구 결과가 기대되는 바이다.

2) 청원 두루봉 동굴군과 뼈유물의 해석

1976년 한 언론사 기자에 의해 제보되어 조사가 시작된 충청북도 청원군 문의면 노현리에 자리한 두루봉 동굴은 여러 개의 작은 동굴들로 이루어진 복합동굴유적이다. 충북대학교 박물관에 의해 10여차례 발굴된 이 곳은 유물이 제일 많이 나온 제2굴을 비롯하여 9굴, 15굴, 새굴, 처녀굴, 홍수굴 등이 있었다고 보고되고 있으나 안타깝게도 지금은 모두 파괴되어 그 흔적을 찾을 길이 없게 된 유적이다.

특히 유물이 많이 출토되어 두루봉 동굴군 가운데 가장 중요한 유적으로 논의되는 제2굴은 여러 기회를 통하여 보고되어 유적의 성격이 밝혀지고 있다(충북대 박물관 1983 ; 이융조 1984). 다양한 동물화석, 수 천점의 연모, 예술품이 보고된 이 유적에서 우리는 뼈연모에

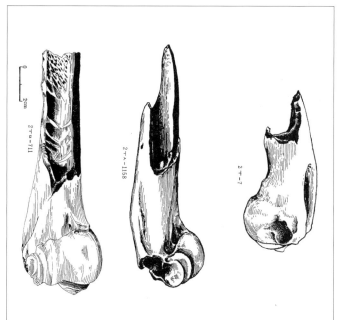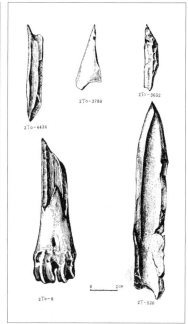

그림 10_청원 두루봉 2굴에서 보고된 뼈연모들 (찌르개, 긁개, 뚜르개등)(이융조 1984 : 343·345쪽)

대해 다시 한번 검토하고 정리해보고자 한다.

두루봉 제2굴에서 출토된 총 유물의 수는 모두 5,878점이다. 이어지는 유물분류표에서는 이 수가 3,772점으로 줄어들고 있는데 이것은 아마도 박쥐뼈(642점)와 기타(1,286점)을 뺀 것으로 이해할 수 있을 것이다(이융조 1984 : 98쪽). 한편 3,772점의 유물들은 기능별로 나누어 사냥용 연모(55점), 부엌용 연모(1,553점), 연장용 연모(62점), 예술품(266점)과 나머지 (1,836점)로 대별되며 각각 찍개, 찌르개, 긁개 등 24개 항목의 이름으로 가늠되고 있다. 이러한 분류에서 먼저 짚고 넘어갈 것이 바로 석기와 뼈유물이 혼재되어 있다는 것이다. 기본으로 돌로 만든 석기와 뼈유물 혹은 뼈로 만든 연모 등은 서로 다른 재질을 가지고 만든 것이고 연모라고 해도 서로 같은 카테고리로 해석하기는 매우 어려운 노릇이다. 그러기에 이 두 가지 재질이 다른 유물들을 하나의 표로 만들어 보고하는 것은 기본적으로 큰 문제가 있는 사항으로 생각된다.

보고에 따르면 두루봉 2굴의 뼈연모로 분류된 유물들은 이어지는 분석을 통해 그 규모를 파악할 수 있는데 전체 1,670여점의 연모가운데 돌연모로 나누어 설명된 석기가 모두 15점이었으므로 나머지 대부분은 뼈연모이었을 것으로 짐작하여 볼 수 있다. 즉 두루봉 2굴에서는 적어도 1,600여점의 이상의 뼈로 만든 연모가 있었다고 보고되고 있는 것이다. 더욱이 이 뼈유물들은 〈사람의 손질이 간 것은 유물로 취급하여 기능에 따른 분류를 하였고…〉란 분류의 기준으로 찍개, 찌르개, 긁개, 밀개, 자르개, 쑤시개, 째개, 뚜르개, 톱니날연모, 홈날연모 등으로 나뉘어 분석되었다(이융조 1984 : 93쪽). 이에 따르면 가장 많이 나온 연모는 긁개가 990점이고 차례로 쑤시개 195점, 밀개 179점, 째개 162점 등이 출토되었다는 것이다(그림 10).

이것은 판단컨대 일단 일차적으로 깨어진 뼈들은 다 연모로 보았다는 것이고 이러한 깨어진 양상을 가지고 이루어진 연모의 분류도 그 형태를 파악하여 거기에 따라 기능을 부여한 것으로 볼 수밖에 없다. 이것은 다분히 관찰자의 주관적인 시각에 의한 것으로 현재의 시점에서는 객관적이고 과학적인 방법이라고는 할 수 없을 것이다.

그렇다고 해서 이곳 두루봉 제2굴에서 보고된 뼈연모들이 모두 도구가 아니었다는 것은 아니다. 발굴이 지난 뒤 몇 년 후에 이 유물들의 사용가능성에 대한 과학적인 분석이 이루어지게 되었으며, 그것은 이 두루봉 제2굴에서 나온 뼈연모의 전자주사현미경(SEM) 관찰이었다(박영철 1984).

기존의 뼈의 부러진 모양과 제작수법 등을 바탕으로 연구되었던 뼈연모를 맨눈이나 확대경을 통하여 볼 수 있는 잔손질부위를 중심으로 확대관찰하면서 사용흔적과 긁힌 자국 등을 연구한 이 방법에는 모두 8점의 대표되는 잔손질된 뼈유물들이 동원되었다. 유물의 음각 틀을 뜨고, 금속막을 입히고, SEM 관찰이라는 다소 복잡한 과정을 수반하는 작업을 통하여 분석은 이루어졌다.

이러한 연구의 결과 이 8점의 유물에게서 인위적인 작은 격지자국의 특성, 사용에 의한 불규칙적 잔손질, 깎은 자국, 사용 흔적 등을 밝혀내어 이들이 연모로 쓰여졌다는 것을 밝힌 것이다. 예를 들어 다음과 같은 잔손질된 뼈연모의 오른쪽 밑부분을 SEM으로 관찰하여 보니 대각선상으로 3개의 움푹 들어간 흔적이 나타나고 있는 것을 볼 수 있었고 이것은 사용에 의해 떨어져나간 불규칙적 잔손질의 하나로 볼 수 있는 것이다. 더욱이 이 유물은 형태상으로 볼 때는 긁개로 분류되었지만 이러한 관찰결과로는 찌르개로 쓰여졌을 가능성을 제시하고 있어 유물의 형태관찰을 통한 연모의 분류가 가지는 문제점을 잘 보여주는 예이기도 하다(사진 18).

정리하여 보면 두루봉 제2굴에서 나온 유물가운데 사람들이 만들어서 사용하던 뗀 뼈연모가 있는 것은 확실하지만 과연 그 규모가 얼마나 되는 지는 현재 정확히 파악되지는 않는다. 분명한 것은 이 두루봉 제2굴의 뼈유물들은 재검토가 이루어져야 할 것이며 또 이들에 대한 재분석에는 최근에 많이 진전된 화석환경학상의 연구도 병행되어야 할 것으

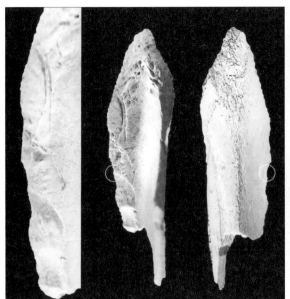

┃ 사진 18_두루봉 2굴 뼈연모와 SEM 관찰 (박영철 1984 : 164쪽)

로 판단된다. 이것은 이 유적의 뼈유물 가운데 무려 266점으로 보고되고 있는 예술품과
도 관련되는 사항이다. 어떤 점에선 오히려 뼈연모보다 더욱 주관적 시각이 작용하는 것
이 바로 이 예술품인데 이곳 두루봉에서 보고되는 예술품들은 많은 경우가 짐승에 의해
생긴 자국과 흔적을 사람의 것으로 오인한 것으로 판단된다. 이 점에서 유물의 화석환경
학적 해석과 비교 연구가 필요한 것이다. 예를 들어 3점의 도형예술품으로 분류된 것들
은 보고서에 실린 그림만 보아도 모두가 다 사나운 식육류의 이빨자국임을 알 수 있는 것
이고 180점에 달하는 사슴의 발가락들을 깎고 잘라내어 만들었다고 주장되는 치레걸이
의 경우 대부분이 쥐 등의 설치류에 의해 쏠리고 변형된 것들로 판단되는 것이다(그림 11).

　두루봉의 또 다른 동굴인 새굴과 처녀굴도 다양한 뼈유물을 출토한 것으로 알려지고
있다. 특히 새굴의 옛코끼리 상아와 처녀굴의 동굴곰 화석 1개체분은 여러번 강조된 바
있지만 이들 동굴에서 나온 동물화석의 전체 규모는 1980년에 발굴된 뒤 약 20년이 지난
다음에 종합적으로 정리되고 있다(이융조 외 1999). 이 분석에서는 전체 동물상의 규모와 함
께 사람의 행위의 결과로 나타나는 자른자국(cut marks)의 관찰과 이에 따른 인간의 도살
행위의 양태를 살펴보고 뼈연모도 분석되었는데 특히 잔손질된 유물들이 그 대상이 되었
다. 이것은 뼈유물 집합에 대한 이해가 발굴초기의 두루봉 2굴의 뼈유물에 대한 것 즉 모
든 뼈유물을 연모로 보는 시각에서 많이 변화한 것을 알려주는 것이기도 하다.

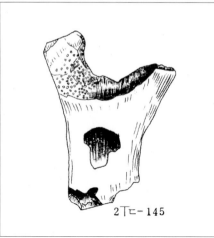
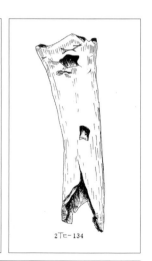
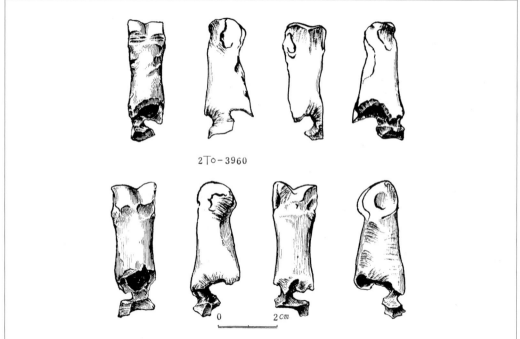

2ㄷ-38

2ㄷ-145

2ㄷ-134

2ㅇ-3960

0   2cm

┃ 그림 11_청원 두루봉 2굴에서 보고된 예술품들 (도형예술품-3점, 치레걸이 – 사슴발가락뼈)
    (이융조 1984 : 352·353쪽)

새굴의 경우 동물화석은 모두 1,770점이 나온 것으로 알려지며 이들은 전체로 11종
의 짐승으로 구성되어 있다. 이 가운데 사슴과 짐승인 큰꽃사슴이 1,588점으로 전체의
89.7%를 차지하며 뒤를 이어 곰(33점), 쌍코뿔이(27점) 등이 출토되며 큰원숭이, 옛코끼리,
멧돼지 등은 각 1점씩만 나타나고 있어 절대적으로 큰꽃사슴이 많이 나타나고 있음을 볼

수 있다(이용조 외 1999 : 109쪽). 특히 48점에 이르는 큰꽃사슴의 다양한 부위의 뼈에서 인간 활동의 결과인 자른자국이 관찰되어 이들의 도살활동이 이루어졌음이 밝혀지기도 하였다.

이와 함께 뼈의 뗀 자국의 분석과 뼈연모의 해석이 진행되었다. 모두 13점의 뼈유물에서 잔손질과 같은 행위의 뗀 흔적을 관찰할 수 있었으며 이들이 아마도 이 새굴 유적의 대표적인 뼈연모로 가늠해도 좋을 것이다. 이들은 큰꽃사슴의 정강뼈(6점), 허벅지뼈(2점), 발등뼈(2점) 등 대롱부분이 길고 곧은 것들을 떼어내어 날을 만들고 다듬었던 것을 알 수 있다(그림 12). 한편 이 뗀 자국이 뚜렷한 뼈연모들은 전체 새굴의 동물 집합에서 선별된 것으로 총 1,770점의 뼈유물 가운데 13점이 확실한 뼈연모로 말할 수 있을 것이다. 이것은 비율로 보면 0.7%밖에 되지 않는 것으로 매우 적은 편이다.

새굴과 같은 해에 찾아진 처녀굴은 3개의 가지굴로 이루어진 것으로 추정된다. 여기에서 출토된 동물화석의 규모는 모두 1,237점의 뼈유물이 나왔으며 이 가운데 큰꽃사슴의 뼈가 992점으로 전체의 80.2%를 차지하는 것으로 알려져 있다(이용조 외 1999). 이밖에 쌍코뿔이가 160점, 곰이 51점 나와 대형동물의 뼈가 상대적으로 많은 것을 나타내며 너구리(4점), 말(2점), 하이에나(1점) 등 10종의 짐승의 존재가 확인된 바 있다.

이 처녀굴 뼈유물들의 관찰을 통해 모두 30점의 자른자국이 있는 뼈유물들을 확인하였고 이가운데 대부분이 큰꽃사슴의 뼈에 남아있는 것이지만 특히 쌍코뿔이의 갈비뼈(4점)와 등뼈(1점)에도 짐승의 살을 발라내기 위해 긁은 자국이 있는 것이 잘 나타나고 있다.

이렇듯 처녀굴의 뼈유물에서도 사람 활동의 근거인 자른 자국을 확인할 수 있었으며, 이어지는 뗀 자국과 뼈연모의 분석을 통해 우리는 뗀 뼈연모를 만들어 썼던 당시 사람들의 생활 양상을 파악해 볼 수 있는 것이다.

관찰에 선정된 7점의 유물은 모두 큰꽃사슴의 긴 뼈(long bones)에 해당하는 허벅지뼈, 정강뼈, 위팔뼈, 발등뼈의 대롱 부위의 뼈들이었다. 이들 가운데에는 의도적으로 뗀 것뿐만 아니라 날부분이 닳아 쓰여진 것으로 판단되는 유물도 있어 실제로 사용했을 가능성도 엿볼 수 있었다(그림 13).

전체로 보면 1,237점의 뼈유물 가운데 뗀 자국과 쓴자국이 분명한 유물은 7점에 불과한 것으로 비율로는 0.6%에 그치고 있다.

새굴과 처녀굴에서 잔손질이 이루어진, 즉 2차떼기가 베풀어진 유물의 비율이 전체 뼈집합에서 차지하는 비율은 각각 0.7%와 0.6%로 매우 적은 편이다. 다만 이것은 뚜렷한 잔손질이 있는 것만을 선별하였기에 좀 더 늘어날 가능성이 있으며, 이러한 비율이 만일

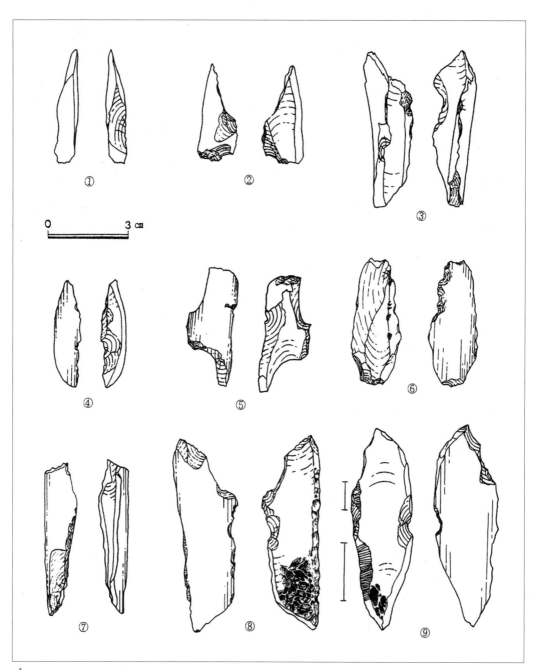

그림 12_두루봉 새굴 출토 뗀 뼈연모들 (이융조 외 1999 : 126쪽)

두루봉의 2굴 사람들의 문화행위가 비슷할 것이라는 추측을 해본다면 두루봉 2굴에서의
잔손질된 뼈연모의 규모도 전체 뼈유물 집합의 1%를 넘지는 않을 것이라는 가정도 하여

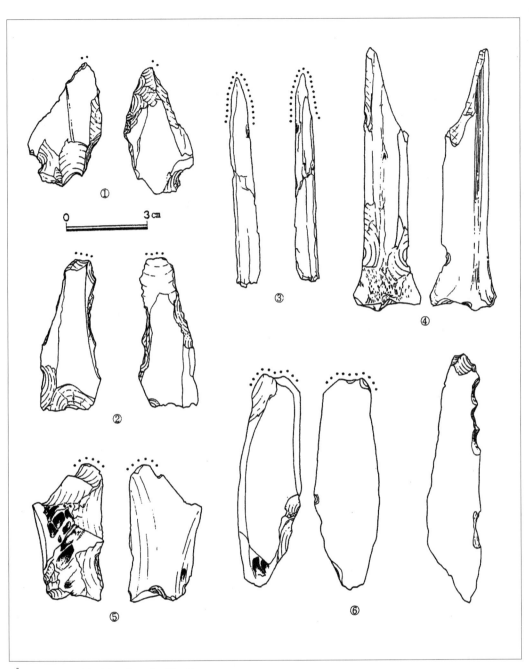

그림 13_두루봉 처녀굴 출토 뗀 뼈연모들 (이융조 외 1999 : 147쪽)

볼 수 있을 것이다.

아무튼 위와 같은 두루봉 2굴의 뼈연모에 대한 접근방식과 새굴과 처녀굴의 뼈연모에

① 노란 흙층   ② 붉은 흙층

| 사진 19_두루봉 9굴 출토 뼈연모들 (손보기 1983 : 79·84쪽)

대한 연구 방법의 차이는 두루봉 동굴군에서의 뼈연모에 대한 접근방식이 발굴 초창기와 약 20년이 지난 뒤에 다시 정리되는 과정에서 많은 변화가 있었음을 잘 보여주는 것이다.

마지막으로 두루봉 제9굴을 살펴보기로 한다. 제2굴보다 18m 낮은 곳에 위치한 제9굴은 1977년부터 78년까지 연세대학교 박물관에 의해 발굴된 곳이다(손보기 1983). 출토되는 유물의 수는 제2굴에 비해 규모가 적은 편이지만 유물의 성격은 비슷한 양상을 보인다.

이 굴에서 보고된 뼈연모는 2개층에서 나오는 것으로 알려지고 있으며 그 수는 노란 흙층의 96점과 붉은 흙층의 67점으로 합하면 163점의 뼈연모가 있었던 것으로 알려지고 있다. 이러한 뼈연모의 분류의 기준은 이 유적에서는 떼어낸 수법보다 닳아있는 면을 보고 판단하는 것이 용이하다고 하여 연모의 쓰인 면을 보고 분류한 것으로 되어 있다. 이러한 기준에 따라 분류된 연모들은 긁개가 60점, 밀개가 23점, 째개가 27점 등으로 보고되고 있는 것이다(사진 19).

뼈유물이 닳아 표면이 매끄러워지는 데에는 매우 많은 원인이 작용한다. 사람의 사용에 의해 닳기도 하지만 다른 여러 가지 요인에 의해 닳기도 한다. 예를 들어 식육류와 같은 짐승들도 반복되는 저작활동을 통해 뼈를 닳게 할 수도 있고 계속 반복되는 물 흐름의 영향으로 뼈의 겉면이 닳는 수도 있는 것이다. 일반으로 닳음(alteration)으로 표현되는 이 작용의 결과 나타나는 뼈의 특징은 뼈의 전면이 닳아 매끄러워지는 것이고 심지어 심한 경우에는 마치 둥근 자갈돌과 같은 모습을 보이는 뼈들도 나타나는 것이다(조태섭 2005 : 57쪽).

사람들이 뼈를 도구로 사용하여 반복적인 사용을 하고 그 결과 남겨진 닳은 지점은 뼈유물의 날부분으로 가늠되는 곳에 불과할 것이다. 즉 사람이 사용하여 닳게 되는 것은 유물의 한 쪽면 또는 일부 지점에 국한될 것으로 바로 이점에서 자연현상에 의해 전면적으로 갈리는 뼈들과 구분하게 되는 것이다.

두루봉 제9굴의 뼈연모로 분류되었던 여러 유물들 가운데 일부는 이렇게 날부분만이 갈린 것들이 있지만 다른 일부는 뼈의 전체가 갈린 유물들도 나오고 있다(사진 19-②). 이것은 이들이 뼈연모가 아닐 가능성을 말하여 주는 것이기도 하다. 특히 전면이 갈린 유물들은 사진에서 보듯이 매우 크기가 작은 조각들이 대부분이고, 더욱이 이 유적이 위치하였던 지리적 조건이 두루봉 동굴군에서는 거의 아래쪽에 위치한 것으로 보면 흐르는 물의 영향을 많이 받았을 것으로 추정하여 볼 수도 있다. 이러한 물의 영향을 많이 받았던 것이 아마도 두루봉의 다른 동굴들과는 다른 제9굴의 특징이었을 것이라 판단해보면 보고된 뼈연모의 규모도 훨씬 줄어들 것으로 가늠해 볼 수 있는 것이다.

3) 이어지는 동굴 발굴과 동물화석 연구의 변화

1980년대에 들어와 발굴된 구석기시대의 동굴유적으로는 상시 1그늘, 도담 금굴, 여천 구낭굴이 있으며 모두 단양지역에 자리한 석회암동굴로 많은 동물화석을 출토하고 있다. 하지만 이들의 분석과 뼈연모에 대한 시각은 70년대의 점말 용굴과 청원 두루봉 동굴의 유물해석과 크게 달라지지 않고 있음을 볼 수 있다.

단양군 매포읍 상시리에 분포한 3개의 바위그늘 가운데 구석기시대의 문화양상을 보이는 상시 1그늘에서 출토된 동물화석의 전체 규모는 2,150여점의 분류 가능한 뼈들로 모두 30여종의 짐승들이 층위별로 나뉘어 보고되고 있다(손보기 1984ㄱ : 40쪽). 이와 함께 문화유물로 약간의 석기와 총 618점의 뼈연모가 층별로 그리고 기능별로 가늠되고 있다. 특히 이 뼈연모들은 대롱과 조각으로 구분하여 정리되고 있는데 50점의 대롱들은 대부분이 사슴의 발등뼈, 손등뼈, 허벅지뼈 등의 긴 뼈(long bones)의 마디를 이용한 것들로 보고되고 있으며, 대부분의 다른 뼈연모들은 조각으로 만들어졌다고 판단하고 이들은 기능상으로는 긁개가 218점으로 가장 많이 나타난다고 하였다. 이러한 뼈연모들을 보고한 자료에서는 다음 사진과 같은 것들이 이 조각으로 된 뼈연모로 볼 수 있을 것이다(사진 20).

이러한 해석은 앞서 살펴본 두루봉 9굴의 뼈연모들에 대한 접근 시각과 큰 차이가 없는 것으로 볼 수 있으며 앞으로의 과제는 이렇게 닳은 원인에 대한 좀더 과학적인 접근이 필요하고 닳은 부분이 전체 뼈유물의 어디에 위치하는가 전면적인가 부분적인가에 대한 자세한 관찰도 필요할 것이다. 물론 이 유물들이 어떤 방식으로 쓰였는지는 현재로서는

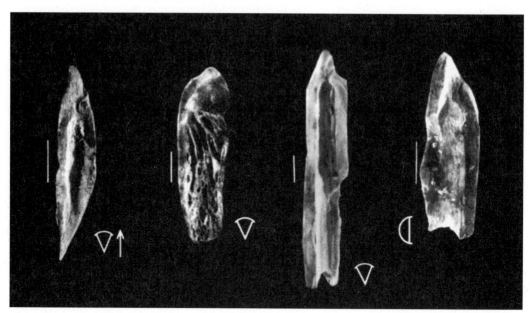

사진 20_상시 1그늘의 뼈연모들 (손보기 1984 : 81쪽)

구체적으로 알 수 없다. 예를 들어 일부러 공을 들여 뼈연모를 만들지 않고 생활하는 공간 주위에 있는 뼈조각을 그대로 사용했을 가능성도 있기 때문이다. 하지만 이러한 것은 가능성으로만 제기하는 것이 바람직할 것이다. 구체적이고 과학적인 분석의 결과가 나오고 이것을 토대로 당시 사람들의 삶을 이해하는 것이야말로 구석기 시대를 올바로 이해할 수 있을 것이다.

　1983년부터 1985년까지 연세대학교 박물관에 의해 발굴된 단양 도담 금굴은 다양한 동물들이 중기 갱신세부터 후기 갱신세시기까지 살았음을 우리에게 알려주고 있다(손보기 1984ㄴ. 1985). 그런데 이 유적의 유물들은 발굴보고서에 나온 자료 이후로 더 진전된 연구가 이루어지지 않은 것으로 알려지고 있다. 더욱이 문화유물로서의 뼈연모에 대한 사항은 후기 구석기문화층의 한 점의 갈려진 찌르개만 보고되고 있을 뿐이다. 이 간 뼈연모는 뒤에서 다시 언급할 것이고, 다른 유물들에 대한 앞으로의 계속되는 연구를 기대하는 바이다.

　1986년에 찾아지고 현재까지 모두 5차례의 발굴이 이루어진 구낭굴은 단양군 가곡면 여천리의 산 중턱에 자리한다. 온전한 동굴 퇴적을 지닌 채 찾아진 이 구낭굴은 많은 동물화석을 출토하고 있다. 그 가운데 보고된 뼈연모는 86년(1차)과 88년(2차)에 발굴된 유물 가운데 선정된 유물들이다. 이 유물들의 분류의 기준은 〈의도적인 떼기를 베푼 것들이

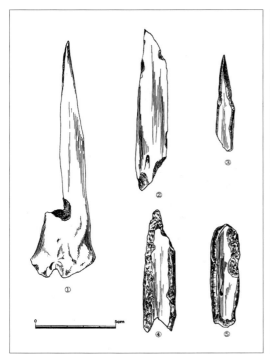
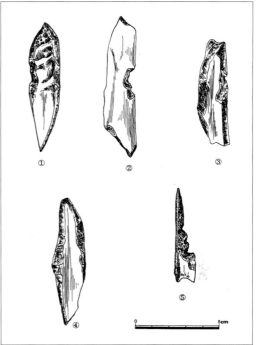

그림 14_단양 구낭굴의 뼈연모들 (이융조 외 1991 : 81쪽)

관찰되는 뼈유물이 있고 이는 자연적인 현상들과는 뚜렷이 구분되는 특징을 갖고 있기에 당시 사람들이 목적을 갖고 한 행위로 보아 이를 뼈연모로 분류〉하고 있다(이융조 외 1991 : 37쪽). 위와 같은 분류의 기준으로 두 번에 걸친 발굴에서 나온 동물화석들 가운데 10점의 유물들을 대표적인 유물로 선정하여 뼈연모로 설명하고 있는 것이다(그림 14).

　이것은 잔손질이 가해진 분명한 2차떼기가 있는 유물들을 뼈연모로 본다는 의미로 해석할 수 있을 것이고, 80년대의 뼈연모 가늠의 기준으로 삼았던 뼈의 깨진 모습과 형태에 따른 분류의 한계를 인식한 것으로 볼 수 있다. 예를 들어 두루봉 2굴과 구낭굴(1, 2차발굴)에서 나온 동물화석을 분석하면서 이러한 서로 다른 접근방법을 전개했던 연구자가 동일인임을 볼 때 이러한 변화는 적어도 이때부터 출토되는 깨어진 동물뼈들이 모두 뼈연모라고 주장하는 것이 얼마나 위험한 견해인지를 인지하게 된 것으로 볼 수 있다.

　그러므로 연구의 방향은 자연히 동물뼈를 깨어낸 주체가 누구인지를 밝히는데 초점이 맞추어져 갔다. 이와 발맞추어 유적에서 출토된 동물뼈에 나타난 자국들을 분석하여 원인을 밝혀내고 어떠한 다양한 작용에 의해 뼈가 변형됐는지를 밝혀내는 화석환경학(Taphonomy)이 우리나라의 동물화석 연구에 적용되기 시작하였다(국립문화재연구소 2013 : 407쪽).

유적에서 출토되는 동물뼈는 사람에 의한 변형뿐만 아니라 기후, 퇴적조건, 토양 등의 지질학적 요인(조태섭 1999)과 곰, 하이에나 쥐 등의 동물과 식물뿌리 등에 의한 생물학적 요인(조태섭 2000)에 의해 변화한다는 것으로 이러한 사항을 분석하면서 동물뼈가 변형된 원인과 기원을 구분해 낼 수 있는 것이다. 특히 사람에 의한 뼈변형으로 가장 많이 언급되는 것이 석기 등으로 짐승을 도살할 때 나타나는 자른자국(cut marks)의 관찰이다.

자른 자국 연구의 가장 대표적인 것이 2004년에 발표된 청원 두루봉 2굴, 새굴, 처녀굴과 구낭굴 유적의 동물화석에 나타난 자른 자국의 분석을 통하여 인류의 행위에 대한 증거를 제시한 글이다(박흥근 2004). 사람들이 유적에서 짐승을 도살하고 부위를 해체하면서 소비를 했던 중요한 단서가 되는 이 자른 자국의 분석은 이후로도 계속되어 청원 작은용굴(이융조 외 2005), 영월 연당 쌍굴(피난굴)(최삼용 외 2009) 그리고 단양 구낭굴(5차발굴)(이융조 외 2013)에서도 이러한 사람들의 행위의 증거를 확인하는 작업이 진행되고 있는 것이다. 이것은 우리나라 구석기시대 동굴유적들의 대부분이 사람이 거주하였던 공간이었음을 재확인시켜 주는 것이다.

4) 우리나라 구석기시대의 간 뼈연모

구석기시대의 동물화석으로 논의되던 뼈연모는 많은 경우가 떼어낸 뼈연모에만 집중되어 왔으며 이들에 대한 집중적인 논의가 있어왔음이 사실이다. 이것은 그동안 갈아 만든 뼈연모의 존재가 제대로 보고되지 않았기 때문이기도 하다. 하지만 자세히 살펴보면 우리 구석기유적에서도 몇 점의 간 뼈연모가 이미 보고되고 있다.

먼저 충북 단양의 도담 금굴에서 나온 뼈연모는 길이 23.5cm의 제법 긴 유물로 찌르개로 볼 수 있는 유물이다(그림 15-①).

이 뼈연모는 사슴의 정강뼈로 만들었는데 위끝과 경계를 이루는 대롱의 맨 윗부분을 떼어내어 손잡이로 삼았고, 다른 부위들을 전체로 갈아 원뿔모양을 이루고 있다(이항숙 1987). 대롱의 길이가 매우 길고 곧게 뻗은 부위가 있는 정강뼈를 이용하여 갈아서 만든 뼈연모로 대롱부분은 둥글게 갈려져 있다.

또 다른 한 점은 단양 구낭굴에서 나온 뿔을 갈아서 만든 연모이다(그림 15-②). 크기는 길이 8.8cm인 이 유물은 원 보고서에서는 사슴으로 분류하고 있지만 산양의 뿔로 보는 것이 타당할 것 같으며 뿔의 끝 가지의 전면이 갈려져 있다. 아래끝은 깨어져 있는데 이것은 원래부터 깨진 것인지 혹은 만든 다음에 깨진 것인지는 지금으로서는 판단하기 어렵다(이융조 · 김혜령 2007). 사실 사슴과 짐승들은 뿔을 도구처럼 사용하는 것이 일반적인 현상이다. 고개를 숙여 뿔을 이용하여 풀을 치워내고 먹을 것을 찾기도 하는데 이러한 경우 사슴뿔의 가지의 끝이 이러한 사용에 의해 닳은 흔적들이 종종 노출된다. 하지만 이 경우는 그 닳은 모습이 가지끝에만 집중으로 보여지고 있는 것이 일반적인 현상이다. 이 구낭굴의 뿔유물은 찾아진 유물의 전 부위가 반질반질하게 닳아 있으며 갈린 상태도 고른 편으로, 이것은 사람의 사용에 의해 닳은 것으로 볼 수 있는 것이다.

평양 룡곡동굴에서도 여러점의 간 뼈연모들이 보고되고 있다. 모두 6점의 뼈유물의 끝이 갈린 채 또는 전면이 갈린 유물들이다(전재헌 외 1985).

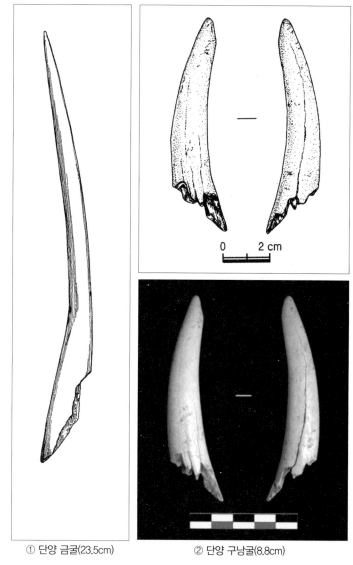

① 단양 금굴(23.5cm)　② 단양 구낭굴(8.8cm)

그림 15_구석기시대의 간 뼈연모

짐승뼈로 만든 노동도구의 하나로서 골기(骨器)로 분류되는 이 유물들은 2점의 뿔과 4점의 뼈로 만들어졌으며 특히 일부는 정강뼈와 뒤팔뼈의 머리부분을 손잡이로 삼아 이용하였던 것을 볼 수 있다(그림 16).

주지하다시피 동굴유적은 북한에서 훨씬 많이 발굴되어 많은 동물화석들이 출토한 것

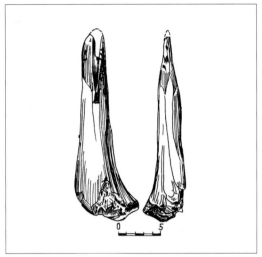
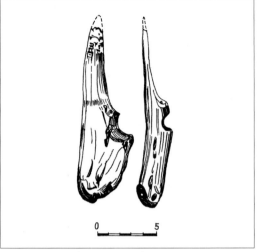
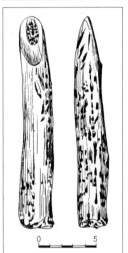
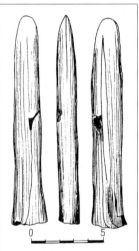
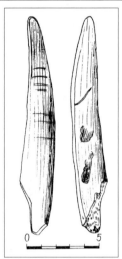
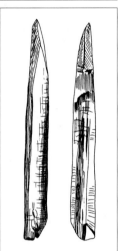

그림 16_ 평양 룡곡동굴의 뼈연모 (전제헌 외 1986에서 편집)

으로 알려지고 있다. 하지만 대부분의 유적들에서는 뼈연모의 언급이 없었으며 이 룡곡동굴의 경우에서만 뼈연모로 분류하고 있는데 이들 유물들이 모두 부분이나 전면이 갈린 것들인 것을 볼 때 북한 학자들의 뼈연모에 대한 시각은 갈린 유물들의 경우에만 연모로 인정한다는 것을 추정하여 볼 수 있다.

비록 출토된 수는 많지 않지만 위의 유물들을 볼 때 우리나라의 구석기시대에도 분명히 뼈를 갈아 만든 뼈연모들이 존재하고 있음을 알 수 있었고, 앞으로 좀 더 많은 새로운 유물들이 찾아지고 다양해지면 뼈연모의 형태나 형식분류 까지도 시도하여 볼 수 있을 것으로 기대 한다.

마지막으로 사람들에 의해 다듬어지고 손질되어진 2점의 유물을 살펴보면서 당시 사람들의 뼈 다듬기의 정도를 추정해보기로 한다.

상시 1바위그늘에서 나온 소과 짐승의 갈비뼈인데 이 유물은 넓은 면 양쪽이 모두 갈려 있으며 특히 갈비뼈의 양 옆면에 'X'

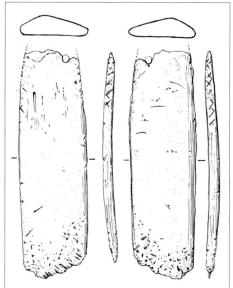 

▌그림 17_상시 1그늘의 새기고 구멍 뚫은 갈비뼈 (손보기 1984 : 83쪽)

자 모양의 자국이 새겨져 있다. 일부는 뚜렷이 때로는 불완전한 채로 남아있는 이 자국은 단면을 볼 때 끝이 날카롭게 'V'자 모양으로 사람이 일부러 판 것이 분명하며 한 쪽 끝에는 사람에 의해 파여진 구멍이 절반정도 깨어진 채 남아있는 것도 확인된다(그림 17).

이렇게 새긴 원인은 불분명하다. 한 번씩 엇갈려 새겨 가면서 수를 세었던 것인지, 아니면 이 유물을 잡이로 쓰면서 미끄러지지 않게 하기 위해 양 끝에 홈을 낸 것인지 그 의도는 분명하지는 않지만 분명한 사람의 손질이 가해진 유물임에는 틀림없다.

마지막으로, 평양의 룡곡동굴에서는 집짐승을 형상화 시켰을 것으로 추정되는 손질된 뼈가 출토되었는데 갈아서 만든 것으로 전체 외각을 깎아 만든 것으로 보인다. 유물의 크기는 길이 2.5cm이며 큰 구멍 3개와 수십개의 작은 점선으로 형태를 만들었다고 볼 수 있다(전재헌 외 1985). 3개의 구멍가운데 눈으로 추정되는 2점의 크기는 각각 지름 3 mm이고, 코가 지름 4 mm로 약간 큰 편이다.

이 유물은 사람들이 기르던 집짐승을 형상한 것으로 판단되기도 하지만 사람의 얼굴로도 볼 수 있을 것이고 또 점으로 만든 선의 제작방법, 원래의 뼈대부위 등에 대한 자세한 연구가 더 진행되어야 할 것이다.

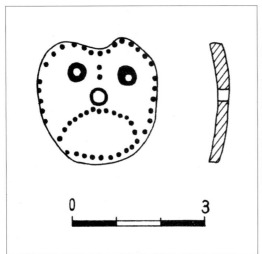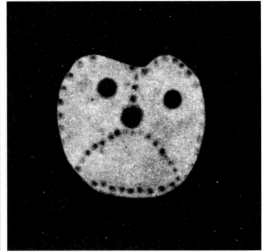

그림 18_용곡동굴의 조각품 (전재헌 외 1985 : 63쪽)

4. 맺음말

　19세기말, 구석기시대의 연구가 시작되었던 초창기부터 옛사람들이 만들어 썼던 다양한 도구 가운데 하나인 뼈연모에 대한 인식은 뚜렷했던 것으로 볼 수 있다. 이것은 이 유물들이 대부분 잘 갈고 깎아 만든 것이었기에 더욱더 논란의 여지가 없었던 것이다. 또 같이 찾아지는 생생하게 표현된 동물을 새기거나 깎은 뼈 예술품들의 존재는 구석기시대 사람들의 뼈 이용의 높은 수준을 인식할 수 있는 계기가 되었다.

　하지만 20세기에 들어와 이어지는 연구들에서 보여지는 일련의 뼈연모들에 대한 해석은 인간의 뼈 이용 가능성을 너무 확대해석한 경향이 있었고, 상당부분은 감성적인 시각에서 이루어진 것들이어서 많은 논란의 대상이 된 것도 사실이다.

　이러한 주관적 해석과 일견, 억지스러운 논리를 불식시키고자 연구자들은 실험고고학, 현미경관찰, 그리고 화석환경학을 통하여 새롭게 뼈연모를 다시 보기 시작한 것이 1980년대 이후의 일이다. 이제는 과학적이고 객관적인 시각에서 뼈가 깨어진 원인을 살펴보고, 연모를 만들기 위해 어떠한 방식으로 뼈를 떼어냈고, 실제 어떻게 사용하였는지에 대한 연구가 치밀하게 이루어지고 있는 것이다.

　한편, 우리나라의 뼈연모 연구도 비록 걸린 시간은 짧지만 위와 같은 서양의 인식과 해석의 변화를 유사하게 겪었다고 볼 수 있다. 1970년대 동굴유적을 처음으로 발굴하고 여기에서 찾아지는 뼈연모와 뼈유물에 대한 해석은 상당히 초보적이고 주관적인 시각에서 이루어졌음을 부인할 수 없는 것이다. 이후 시간이 지나면서 이들에 대해 다양한 방법으로 객관적이고 논리적인 해석을 위한 노력들이 있어 왔음은 다행스러운 일임에 틀림없다. 적어도 이제는 유적에서 출토되는 끝이 깨어져 나오는 동물뼈를 전부 뼈연모로 보지는 않게 되었으며, 뼈에 나타나 있는 자국들이 모두 사람에 의한 것이 아니라 다른 여러 요인들에 의해서도 생길 수 있다는 것을 인식할 수 있게 되었기 때문이다. 그렇다고 해서 우리나라의 구석기시대 동굴유적에서 거주하였던 사람들의 역할이 줄어들거나, 일부 학자들이 말하는 전혀 사람들이 안 살았던 유적은 아닌 것이다.

아무튼 앞으로도 계속될 다양한 작업을 통하여 우리는 구석기시대 사람들이 사용하였던 뼈연모에 대한 정확한 인식과 자리매김을 하여 나갈 수 있을 것이다.

참고 문헌

국립문화재연구소, 2013, 『한국고고학 전문사전 – 구석기시대편』, 예맥.

박성진, 2008, 「프랑스 남서부 라끼나유적의 중기 구석기시대 후기와 말기 석기들의 통시적인 연구」, 『한국구석기학보』17, 한국구석기학회.

박영철, 1984, 「두루봉 제 2 굴 출토 뼈연모의 SEM 관찰」, 이융조 편, 『한국의 구석기문화(II)』161–171쪽, 탐구당.

박홍근, 2004, 「구석기시대 동굴유적 출토 동물화석에 나타난 인류행위자국」, 충북대 석사학위논문.

박희현, 1983, 「동물상과 식물상」, 『한국사론』12, 국사편찬위원회.

배기동, 1992, 「구석기시대」, 『한국 선사고고학사』9–75쪽, 도서출판 까치.

손보기, 1975, 「제천 점말동굴 발굴 중간 보고」, 『한국사연구』11, 한국사연구회.

손보기, 1980, 『점말 용굴 발굴』, 연세대 박물관.

손보기, 1983, 『두루봉 9굴 살림터』, 연세대 박물관 선사연구실.

손보기, 1984ㄱ, 『상시 1그늘 옛살림터』, 연세대학교 선사연구실.

손보기, 1984ㄴ, 「단양 도담리 금굴유적 발굴조사 보고」, 『충주댐 수몰지구 문화유적 발굴조사 보고서』, 충북대 박물관.

손보기, 1985, 「단양 도담리 금굴유적 연장발굴조사 보고」, 『충주댐 수몰지구 문화유적 연장발굴조사 보고서』, 충북대 박물관.

손보기 · 한창균, 1988, 「점말 용굴 유적」, 『박물관기요』5, 단국대 박물관.

연세대 박물관, 2009ㄱ, 『제천 점말동굴 유적 종합보고서』, 연세대 박물관.

연세대 박물관, 2009ㄴ, 『제천 점말동굴유적 동물화석도감(I)』, 연세대 박물관.

이융조, 1984, 『한국의 구석기문화(II)』, 탐구당.

이융조 · 김혜령, 2007, 『단양 구낭굴 구석기유적(III)』 –2007년도 조사 – 한국선사문화연구원.

이융조 · 박선주 · 우종윤, 1991, 『단양 구낭굴 발굴보고(I)』 –1986 · 88년도 조사 – 충북대 박물관.

이융조 · 조태섭 · 김주용 · 강상준, 1999, 『단양 구낭굴 유적(II)』 –1998년도 조사 – 충북대 박물관.

이융조 · 우종윤 · 조태섭 · 김우성, 2005, 『청원 작은용굴 유적–시굴조사보고서』, 충북대 박물관.

이융조 · 우종윤 · 하문식 · 조태섭, 1999, 「청원 두루봉 새굴 · 처녀굴 출토유물의 고고학적 연구」, 『선사와
고대』, 한국고대학회.

이융조 · 우종윤 · 이승원 · 윤병일 · 박준용, 2013, 『단양 구낭굴 구석기유적(IV)』 –2011년도 조사 – 한국선사
문화연구원.

이향숙, 1987, 「한국 선사시대 간 뼈 · 조가비 연모의 연구」, 연세대 석사학위 논문.

전제헌 · 윤진 · 김근식 · 류정길, 1985, 『용곡 동굴 유적』, 김일성종합대학출판사.

정영화, 2002, 「한국 구석기시대의 현황과 과제」, 『동북 아세아 구석기연구』 13–28쪽, 한양대문화재연구소.

조태섭, 1986, 「점말 용굴 뼈연모 연구–특히 잔손질된 연모를 중심으로」, 연세대 석사학위논문.

조태섭, 1999, 「동물뼈화석 변형의 기원과 역사(1)–기후,퇴적조건에 의한 뼈변형」, 『고고와 민속』2, 한남대 백
제문화박물관.

조태섭, 2000, 「화석환경학상으로 본 동물뼈의 변형–생물학상의 요인을 중심으로」, 『한국구석기학보』5, 한
국구석기학회.

조태섭, 2005, 『화석환경학과 한국구석기시대의 동물화석』, 연세국학총서 55, 혜안출판사.

충북대 박물관, 1983, 『청원 두루봉동굴 구석기유적 발굴조사보고서』, 충북대 박물관.

최무장, 1973, 「한국 선사시대의 골각기」, 『문화재』10, 문화재관리국.

최삼용 · 신숙정 · 최미경 · 정승은 · 심준용 · 장지연, 2009, 『영월 연당 피난굴(쌍굴) 유적』, 연세대 박물관.

小野 昭, 2001, 『打製骨器論–舊石器時代の探究』, 東京大學出版會.

Bonnichsen R., 1979. *Pleistocene Bone Technology in the Beringian Refugium*. National Museum
of Man : Mercury Series, Ottawa.

Brain C.K., 1967. Bone weathering and the problem of bone pseudotools. *South African Journal
of Science*. 63-3. p. 97-99.

Brain C.K., 1981. *The Hunters or Hunted? An Introduction to African cave taphonomy*. Chicago
Univ. Press. 365 p.

Breuil H., 1939. *Bone and Antler Industry of the Choukoutien Sinanthropus site. Paleontologia
Sinica* : new series D-6. Whole series 117. The geological Survey of China, Beijing.

Cleyet-Merle J.J., 1995. *La Province Préhistorique des Eyzies – 400 000 ans d'implantation
humaine*. 120p. CNRS eds. Paris.

Dart R.A., 1957. *The Osteodontokeratic Culture of Australopithecus Prometeus*. Transvaal
Museum Memoir No. 10. The Transvaal Museum, Pretoria. South Africa.

Dart R.A., 1965. *Tools... Creator of Civilization*. Des Plaines, Illinois, USA.

Fosse P., 1999. L'industrie osseuse au Paléolithique inférieur : approach historique et archéozoologique. pp.59-72 *Préhistoire d'Os* Camps-Fabrer H., eds. L'université de Provence.

Henri-Martin L., 1907. Presentatrion d'une Photographie obtenue par Grandisse-ment direct de l'objet préhistorique. *Bulletin de la Societé Préhistorique de France*. Séance du 24 Jan. 1907. Le Mans Imprimérie Monnoyer.

Henri-Martin L., 1907-10, Recherches sur l'Evolution du Mousterien dans le gisement de la Quina(Charente). Eds. Schleicher Frères, Paris.

Johnson E., 1985. Current Developments in Bone Technology. *Advances in Archeological Method and Theory* Vol 8. pp. 157-235. Academic Press, NewYork.

Lartet E. et Christy H., 1875. *Reliquiae Aquitanicae ; Being contribution to the Archeology and paleontology of Perigord and the adjoining provinces of Southern France*. London H. Bailliere. ed.

Lavocat R., 1966. *Faune et Flores Préhistoriques de l'Europe Occidentale* : Atlas de Préhistoire Tome III. Eds N. Boubee, Paris.

Pei Wen-Chung, 1936. Le Rôle des Phénomenes Naturels dans l'Eclatement et le Faconnement des Roches dures Utilisees par l'Homme Préhistoriques. *Revue Géographie Physique et de Géologie Dynamique*. Vol. 9. fasc 4. pp. 1-72. Societé de Gégraphie Physique, Paris.

Pei Wen-Chung, 1938. *Le Rôle des Animaux et des Causes Naturelles dans la Cassure des Os. Paléontologia Sinica* : New Series D-7. Whole series 118. The geological Survey of China, Beijing.

Semenov S.A., 1964. *Prehitoric Technology : an Experimental Study of the oldest Tools and Artefacts from traces of Manufacture and Wear*. Barns & Noble, Inc. London.

Shipman P., 1981. Life History of a Fossil - An Introduction to Taphonomy and Paleoecology. Havard Univ. Press.

Sohn Pokee, 1988. Bone tools of Yonggul Cave at Chommal, Korea, *The Paleo-environment of East Asia from Mid-Tertiary*. Vol.II. Univ. of Hongkong.

03
신석기시대 골각기

하인수 복천박물관

1. 머리말

신석기시대는 지역과 혹은 집단의 문화적인 특징에 따라 다양한 형태의 생업활동을 전개한다. 생업을 실현하고 생계를 유지하기 위해 석기, 골각기, 패제품(貝器), 목기 등 다양한 재질의 도구를 사용하는데 특히 골각기는 소재 획득의 용이성과 도구로서 활용가치, 효용성 등으로 일상 생활도구 중에서 석기와 함께 가장 일반적으로 사용되는 도구이다. 그러나 재질이 갖는 물리적인 한계로 유존율이 적을 뿐만 아니라 유적에 따라 출토양상이 달라 시기별 도구 조성관계라든가 이를 통한 생업유형을 분석하는데 어려움을 주고 있다.

골각기는 주로 해안지역의 패총유적에서 다량으로 출토되어 해안지역민의 전유물로 인식되는 경우가 많으나, 골각기 자체가 수렵을 통해 소재를 쉽게 획득할 수 있고 가공도 용이하기 때문에 내륙지역에서도 일상용구로써 널리 이용되었을 것으로 생각된다. 영월 피난굴(쌍굴), 공기2굴, 꽃병굴, 단양 금굴, 상시3그늘, 제천 점말 용굴 등에서 출토된 다양한 형태의 골각기는 내륙지역 골각기의 일면을 보여주는 좋은 사례다.

다만 유적의 성격상 보존되는 자료가 적어 그 양상과 성격을 파악하는데 어려울 따름이다. 결국 골각기를 통해 얻을 수 있는 다양한 정보는 특정 지역을 중심으로 이루어질 수밖에 없는 한계를 지닌다고 할 수 있다.

골각기란 포유류, 조류, 어류 뼈, 치아, 뿔 등을 소재로 만든 도구류를 가리킨다.[01] 골각기는 그 재질이 단단하면서도 탄력성을 갖춘 물리적 특성과 주변에서 쉽게 구할 수 있는 이점 때문에 구석기시대부터 석기나 목기의 보완적 도구로서 혹은 그 자체가 도구로 제작되어 다양하게 활용되어 왔으나(최삼용 2000) 생업도구로서의 사용은 제한적이었다.

신석기시대에 접어들면서 출토유적, 출토량, 종류, 사용범위, 일상생활과 생업활동에서 차지하는 비중 등에서 「골각기의 시대」라고 할 수 있을 만큼 다양한 종류의 골각기가 일상생활 전반에 걸쳐 폭넓게 사용된다. 뿐만 아니라 석기와 함께 도구체계를 구성하는 중요한 축을 이루는 것으로 생각된다(하인수 2006b).

그럼에도 불구하고 신석기시대 골각기의 연구는 토기나 석기 등 타 분야에 비해 상대적으로 저조한 편이며, 극히 초보적인 수준에 머물고 있다고 해도 과언이 아니다. 그 원인은 1차적으로 골각기가 갖는 물리적인 특성으로 인해 유존체가 적고, 특정지역에 편중되는 자료상의 한계로 연구 가능한 자료를 충분히 확보할 수 없다는데 있지만, 되돌아보면 토기나 석기 등의 소위 중요유물(?)에 가려 고고학적 가치를 인식하지 못했던 우리의 무관심도 한 몫을 했음은 물론이다.

그동안 골각기 연구는 주로 형태분류를 중심으로 용도와 기능 고찰(박종진 1991, 김아관 1993, 김건수 1998)[02]과 생업활동과 생계유형을 분석하는 보조 자료로 취급되어 왔다고 할 수 있다(최종혁 2001).

최근 들어 제작기술에 대한 연구(최삼용 2005), 개별 기종에 대한 분석과 제작 실험적 고찰(하인수 2006a, 金建洙 2007, 이상규 2013a · b), 특정지역의 골각기문화에 대한 전반적인 검토작업도 이루어지고 연구의 필요성도 제기되고 있지만(하인수 2006b, 2009), 골각기의 기종분류와 조성관계, 생업도구로써 위치, 타 도구와의 관계, 지역별 편년과 성격 등은 앞으로 풀어야 할 과제라고 할 수 있다.

아무튼 골각기는 자료적인 한계성에도 불구하고 지속적으로 연구되어야 할 대상임은 분명하므로 그 동안 진행되어 왔던 기능 및 형태 분류를 포함하여 신석기시대 도구체계

---

01 패각을 소재로 만든 도구류를 골각기의 범위에 포함시키는 경우도 있으나, 필자는 골각기의 명칭상으로나 기능성, 성격 등으로 보아 패제품을 골각기로 분류하지 않는 것이 좋다고 생각한다.

02 이들 연구는 그동안 주목받지 못한 골각기를 정리 분류하여 도구로서의 위상을 분명히 하였다는 점에서 그 의의는 크다고 할 수 있다. 그러나 한편으로 형태분류를 중심으로 용도와 기능 고찰에 치중하여 골각기의 조성관계, 시기별 양상과 특징, 생업유형과의 관계, 일상생활에서 차지하는 역할과 성격 등을 충분히 검토하지 못한 한계성도 있다.

속에서 골각기가 차지하는 위치를 보다 구체적으로 규명하는 방향으로 연구가 진행되어야 할 것으로 생각된다. 따라서 본고에서는 기존의 연구 성과와 골각기 집성 자료를 바탕으로 한반도 골각기의 기종분류와 양상을 개략적으로 살펴보고자 한다.

2. 골각기 소재와 종류

1) 골각기 소재

골각기 소재의 선택은 동물과 어류의 뼈 형태에 좌우되고 규정되는 경향이 강한데, 특히 주어진 소재의 형질 범위 안에서 형태와 기능이 대부분 결정되는 것으로 생각된다.

골각기의 소재로 이용되는 동물은 서식 환경과 생물학적 특성에 따라 육상동물, 해상동물, 조류, 어류로 구분할 수 있는데, 주요 소재는 동정이 비교적 잘 되어 있는 남해안지역의 분석 사례[03]로 보아 대부분이 사슴뼈이며, 기타 고래, 돌고래, 바다사자, 상어, 멧돼지, 고라니, 너구리, 수달 등이 소수 재료로써 이용된 것으로 생각된다. 이밖에 극히 일부지만 조류 및 가오리나 다랑어 등의 어류뼈를 가공한 경우도 보고되고 있다.

조류와 어류뼈를 소재로 한 골각기는 출토량이 매우 적은 것으로 보아 장신구나 바늘 등 극히 일부 용도를 제외하고 그다지 이용되지 않은 것 같다. 아마 재질이 육상 동물에 비해 약하고 획득의 어려움에도 원인이 있는 것으로 보인다.

사슴이 골각기의 주요 소재로 이용된 것은 다른 동물과 달리 관상골이 발달되어 있고, 재질적으로 매우 단단하여 다양한 도구의 소재로 이용 가능한 뿔을 갖고 있기 때문이며, 게다가 단백질의 주요 공급원으로서 수렵을 통해 쉽게 확보할 수 있었던 것도 중요한 이점으로 작용했을 것으로 생각된다.

사슴뼈는 부위에 따라 다양한 형태로 가공되어 활용되는데, 골각기의 기종과 소재는 어느 정도 상관성을 갖는 것으로 생각된다. 뿔은 첨두기의 소재로 주로 이용되고 빗창, 결합식조침, 장식구로도 가공된다. 남해안지역에서는 유례가 없지만 서해안지역의 궁산패총과 동북지역의 서포항패총에서는 괭이(뒤지개)의 소재로 이용된다.

---

03 남해안지역 유저 출토 골각기의 구체적인 동정과 분석 사례는 일본의 金子浩昌선생이 행한 수가리패총과 동삼동패총 등이 대표적이다.

사슴뼈 중에서 가장 많이 활용되는 부위가 중수(족)골인데, 비형골기, 작살, 조침, 골도 등 생업도구 제작에 주로 이용된다. 이밖에 척골과 경골 등은 첨두기나 장신구의 재료로 이용된다. 이밖에 동물의 이빨은 주로 장신구로 이용되고, 멧돼지 견치는 결합식조침의 침부와 수식으로 많이 사용된다.

2) 분류와 용도

골각기는 일반적으로 형태와 기능을 중심으로 분류되고 있으나, 아직 용어의 통일과 분류체계가 정립되지 않아 연구자에 따라 개념을 달리하는 경우도 있다. 예를 들면 기능을 중심으로 송곳, 예새, 뼈바늘, 칼날, 창끝, 뼈화살촉, 작살, 찔개살, 낚시, 삿바늘, 뿔괭이, 장신구 등으로 분류하거나(김아관 1993), 용도별로 일상구(예새, 골추, 골침, 인구), 수렵구(골창, 골촉), 농경구(골겸, 괭이), 어로구(삿바늘, 찔개창, 조침, 작살, 홀리개, 어로용 찌), 미술품(장신구, 신앙미술품)으로 대별하기도 한다(박종진 1991).

이밖에 골각기를 큰 틀에서 생산구와 비생산구(김건수 1998) 혹은 생산용구, 생활용구, 비실용구로 대별(하인수 2009)하고, 각각의 레벨에서 수렵, 어로, 농경, 가공, 장신구 등으로 세분하여 해당 기종을 분류하는 경우도 있다. 분류 체계의 타당성은 차치하더라도 형태를 통해 기능을 알 수 있는 조침, 작살 등의 어로구와 장신구, 골침 등 몇몇 예를 제외하고 기능과 용도 등을 특정할 수 없는 것도 많다.

일반적으로 첨두기와 자돌구, 송곳 등으로 분류되는 골각기는 그 쓰임새와 용도가 분명하지 않은 점이 많다. 특히 생업 내용과 일상생활이 미분화된 신석기시대 사회의 경우는 특정 기종이 특정 목적에만 사용되는 것이 아니라 다방면에 걸쳐 이용되는 것이 보통이므로 용도를 확정하는데 어려움이 있다. 따라서 이들 기종 중 일부는 생업 영역과 환경에 따라 적절히 혼용되면서 다목적용으로 이용되었을 가능성이 많다고 생각된다. 본고에서는 편의상 기능을 알 수 있는 경우는 기능명(조침, 작살 등)으로, 불투명한 것은 형태명(첨두기, 자돌구 등)에 따른 용어를 사용하고자 한다.

신석기시대 골각기는 식량자원을 생산 혹은 획득하는데 1차적으로 관계하는 생산도구와 획득된 자원을 가공·해체하거나 음식물의 조리, 옷감짜기 등 일상생활 전반에 걸쳐 사용되는 생활도구, 의례 혹은 정신생활과 관련한 비실용구로 대별할 수 있다.

생산도구로서의 골각기는 생업활동에 따라 타 도구와 함께 사용되기도 하는데, 도구의 내구성이라는 측면에서 본다면 석기보다 약하기 때문에 빈번하게 제작되었을 것으로 생각되며, 용도에 따라서는 석기보다 활용도나 사용 범위가 더 넓었을 것이다. 생산도구는 생업영역에 따라 어로구(조침, 작살, 세형자돌구), 수렵구(골촉, 골창), 채집·농경구(뒤지개, 아겸, 아도, 빗창 등)로 구분된다.

생활도구는 관련 자료가 적고, 용도와 기능이 불분명한 것도 있지만, 본고에서는 일단 종류별로 분류해 둔다. 가공구로는 골침, 침통, 삿바늘, 뼈톱(골거), 원판형골기, 비형골각기(예새형골기), 첨두기, 골도 등이 있으며, 서포항패총에서 출토된 것을 숟가락으로 볼 수 있다면 음식물 조리와 식기와 관련된 골각기의 존재도 예상된다. 그밖에 형태상으로 용도 판별과 기능을 전혀 짐작할 수 없는 이형 골각기와 장식 골각기도 있다. 어패류나 포유류의 육질, 가죽을 가공·해체하거나 토기 제작시 기면 조정 및 시문하는 도구[04]도 있었을 것으로 추정된다.

비실용구로는 자료가 많지 않아 구체적인 종류와 성격은 불투명하지만 현재까지 조사된 자료를 통해 볼 때 장신구와 의례구로 구분할 수 있다. 장신구는 수식(垂飾)과 족식(足飾), 두식(頭飾)이 있으며, 의례구로는 동북 해안지역의 서포항패총 III기층에서 출토된 신앙 예술품으로 불리는 골우와 장식골각기 등의 조각품이 있다. 이들 자료가 실제 의례 행위에 사용되었는지 여부를 단정할 수 없기 때문에 이에 대해서는 앞으로 충분한 검토가 필요할 것으로 생각된다.

이상에서 개략적으로 살펴 본 골각기는 제작방법과 기술, 형식적인 특징, 용도와 기능에 따라 다양한 기종으로 세분이 가능하다. 그러나 생업 유형별로 분류된 기종은 반드시 특정한 기능과 용도에 한정되었던 것 같지 않으며, 생업 환경과 필요에 따라 적절히 혼용되었던 것으로 추정된다. 예를 들면 어로구로 이용되는 작살류는 수렵용으로, 수렵용의 골촉과 골창은 어로구로의 전용이 가능하다.

한편 현재의 고고학적 자료만을 가지고 도구의 실제 용도를 구체적으로 확정하는데 어려운 것도 있는데, 특히 자돌구와 첨두기로 분류되는 도구류는 어떤 용도로 사용되었는지 정확히 가늠하기 힘든 실정이다. 일반적으로 자돌구 혹은 첨두기로 분류되는 끝이 뾰족한 골각기는 가공방법, 선단부의 형태, 마연 정도에 따라 정형화된 특징을 보이고 소재의 종류에 따라 세분이 가능한 것으로 보아 어느 정도 기능과 용도가 정해져 있었던 것으로 추정된다.

---

04   상노대도패총 출토 골각기 중에는 토기 시문구로 보고된 것도 있으며(손보기 1982), 예새로 분류한 골각기를 토기시문구로 보는 연구자도 있다(박종진 1991).

신석기시대 골각기를 분류하고 그 종류를 명확히 하기 위해서는 앞으로 많은 검토가 필요하지만 우선 골각기의 형태적 특징과 용도를 기준으로 살펴보면 대략 〈표 1〉과 같이 분류할 수 있을 것이다. 〈표 1〉의 생업 영역별 종류와 형태는 신석기시대 전시기를 통해 항상 같은 양상을 유지했다고 생각되지 않으며, 사회·경제적 변화와 집단 간의 생업환경 및 생산 방식의 차이에 따라 다양한 변이를 가지는 것으로 추정된다.

표 1_신석기시대 골각기 종류와 소재

		종류	소재
생산용구	어로구	결합식조침, 단식조침, 역T자형조침, 분리식작살, 고정식작살, 세형자돌구	사슴뿔, 사슴중수(족)골, 멧돼지견치
	수렵구	골촉, 골창	사슴중수(족)골, 녹각,
	채집(취)·농경구	뒤지개, 괭이, 아겸, 아도, 빗창	사슴뿔, 사슴 경골, 멧돼지, 고라니 견치, 고래뼈 늑골
생활용구	가공구	첨두기(중수중족골제, 척골제, 경골제, 녹각제, 조골제 등), 골도, 골침, 침통, 삿바늘, 골거(뼈톱), 원판형골기, 비형골기(예새형골기), 숟가락(?), 시문구(?)	사슴중수(족)골·척골·경골·뿔, 두루미 소골, 고래 척추뼈 등
	이형골기	각목문골기, 장식골기 등	사슴뼈, 돌고래 하악골, 고래뼈
비실용구	장신구	수식, 족식, 두식(뒤꽂이 등)	사슴견갑골, 돌고래, 고래, 수달, 너구리이빨, 멧돼지견치, 독수리(매)발톱, 고라니 견치, 새뼈
	의례구	골우, 장식골기	사슴뿔, 노루 거골, 돌고래, 멧돼지 견치 등

3. 기종과 특징

골각기는 재료의 물리적 특성과 유적의 환경적 요인에 따라 시기적, 지역적 한계를 가지기 때문에 현재 출토된 골각기가 신석기 골각기의 모든 기종을 반영하는 것은 아니라고 생각된다. 뿐만 아니라 현재 분류되고 추정되는 기능과 용도 역시 한반도 전역의 모든 골각기에 일률적으로 적용할 수도 없다. 그것은 선사시대 도구가 집단의 생업환경과 사회·문화적 구조 속에서 유기적인 관계를 가지면서 제작되고 사용되기 때문이다. 이러한 점들은 앞으로 골각기연구가 진전되며 검토되어야 할 부분이지만, 본장에서는 우선 현재까지 한반도에서 출토된 골각기를 기종별로 새롭게 분류하고 그 특징에 대해 살펴보고자 한다.

1) 어로구

신석기인의 생업 중에서 가장 큰 비중을 차지하는 어로 활동은 크게 작살업, 낚시업, 어망업, 함정어업, 패류 채취업으로 구분되며, 이와 관련한 다양한 도구들이 전시기를 통해 사용된다. 어로구는 재질에 따라 석제 어로구, 골제 어로구, 패제 어로구, 그물 등으로 구분되며, 이중에서 높은 비중을 차지하는 것은 골제 어로구이다. 골제 어로구는 작살, 결합식조침, 단식조침, 세형자돌구 등이 있으며, 작살과 결합식조침 등은 석제로도 제작된다.

(1) 조침

조침은 주지하는 바와 같이 대표적인 어로구다. 신석기시대 조기(기원전 5,000년 전후)부터 패총을 비롯한 주거유적에서 출토되나 주로 해안지역의 패총유적에서 많이 발견된다. 조침은 재질에 따라 골제, 석제, 패제품으로 나누어지며, 형태와 구조에 따라 크게 결합식조침과 단식조침으로 구분된다.

골제조침은 축과 바늘을 분리 제작하여 조합한 결합식조침과 바늘과 축을 일체형으로 제작한 단식조침으로 구분되며, 단식조침은 사용방법과 형태에 따라 역'T'자형(一자형)과 J자형으로 세분된다.

① 결합식조침

결합식조침은 한반도 신석기시대 특징적인 어로구의 하나로, 보통 석제로 만든 축과 골제 바늘이 조합되어 하나의 조침을 이루며 오산리형 조침으로 불린다. 서해안지역의 일부 유적에서도 확인되고 있으나 주로 동해안과 남해안지역에 집중 분포한다.

축부의 평면형태와 결합면의 구조에 따라 여러 형식으로 분류되며, 크게 평면형태가 'J'자형인 오산리형과 'T'자형인 범방형으로 구분된다(하인수 2006a). 범방형은 동해안지역에서 확인되지 않고 있는 것으로 보아 남해안지역의 특징적인 형식으로 생각되며, 조기(기원전 5,000년 전후)의 융기문토기 단계에 출현하여 말기(기원전 2,000년 전후)까지 존속한다.

최근 조사에서 골제와 패제의 축부가 동남해안과 서해안패총에서 출토됨으로써 결합식조침의 축부도 다양한 재질로 제작되었음을 알 수 있다. 결합식조침의 골제축부는 보통 사슴뼈나 멧돼지 견치로 제작하며, 동삼동(그림 1–1 · 13 · 14 · 16), 연대도(그림 1–17), 노래섬(그림 1–4 · 9~11). 가도패총(그림 1–3), 여서도(그림 1–7 · 12 · 15), 세죽(그림 1–8), 욕지도(그림 1–5 · 6), 상노대도 출토품(그림 1–2)이 있다. 그러나 석제품보다 출토량이 적은 것으로 보아

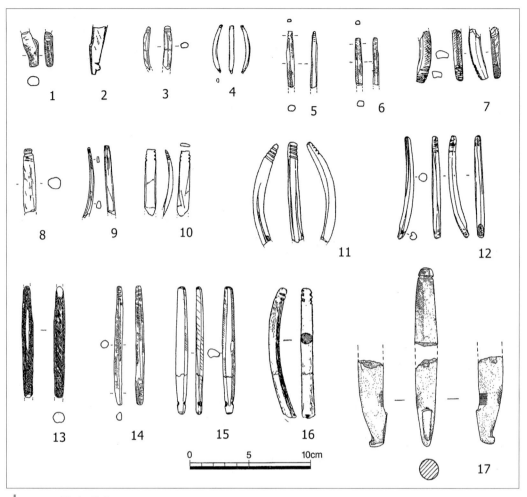

그림 1_결합식조침 축부 (1·13·14·16 : 동삼동, 2 : 상노대도, 3 : 가도, 4·9~11 : 노래섬 가지구, 5·6 : 욕
지도, 7·12·15 : 여서도, 8 : 세죽, 17: 연대도)

특정 어로에 한정되었던 것으로 추정된다.

골제 축부는 기본적으로 석제축부와 동일한 형식적인 특징을 갖는데, 특히 동삼동과
연대도, 여서도, 상노대도 출토품은 석제 축부와 동일한 형식이다. 축신과 결합부의 형태
로 본다면 연대도와 동삼동9층 출토품은 범방Ⅰ형, 동삼동 4층 출토품(그림 1-14)은 범방Ⅱ
형과 유사하다.

노래섬 출토품은 몸체가 'C'자상으로 휘어진 형태인데, 이러한 축신은 오산리 C지구
하층과 범방유적의 석제품에서 일부 확인되고 있지만 남해안지역에서는 드문 형태라고
할 수 있다. 욕지도패총 출토품(그림 1-5·6)는 결합부가 결실되어 형식을 알 수 없으나 크

기가 소형인 점으로 미루어 J자형 단식조침으로 보는 연구자도 있다(甲元眞之 1997).

골제축은 동삼동, 연대도 출토품(그림 1-16·17)과 같이 10cm 이상의 대형도 있으나 전체적으로 볼 때 석제품보다 작은 편이다. 노래섬과 가도출토품(그림 1-3·4)은 4cm 정도의 매우 소형이다. 축의 평면 형태와 크기는 어로 대상과 방법의 차이를 반영하는 것으로 추정된다.

골제 결합식조침은 재질의 특성상 어떠한 형태로든 추를 사용했을 것으로 생각되지만, 어로 방식이나 포획 대상의 어종에 따라 추를 사용하지 않았을 가능성도 있다. 골제 축부와 결합되는 침부의 형식은 분명하지 않으며, 석제 축부와 유사할 것으로 생각된다. 골제 축부는 아직 사례가 적어 구체적인 성격과 시기별, 지역별 특징이 불투명하지만 형식적인 특징과 공반 유물을 통해 볼 때 즐문토기 조기 단계에 석제 축부와 함께 사용된 것으로 보이며 이후 후기까지 지속적으로 이용된다.

결합식조침의 침부는 크기가 3~5cm 전후로 대체로 일정한 편이지만, 세죽출토품(그림 2-14)과 같이 8cm정도의 대형도 존재한다. 재질은 사슴의 뼈나 멧돼지 견치를 이용한다. 축부와 결합하는 접합면은 평탄하거나 약간 둥글게 처리되어 있으며, 결합이 용이하도록 접합부 좌우에는 1~3조의 홈이 있다. 미늘은 바늘의 내측과 외측에 위치하는데, 연대도나 동삼동, 여서도, 농소리패총 출토품과 같이 미늘이 없는 무기식도 있다.

삽도 1_결합식조침 침부 분류표 (1·3·8·16~18 : 동삼동, 2·7 : 세죽, 4·6·12·13 : 여서도, 5 : 농소리, 9·10 : 안도, 11 : 서포항, 14 : 욕지도, 15 : 구평리, 19·20 : 상노대도)

결합식조침의 침부는 축부와 결합 방식 차에 따라 크게 정면결합식과 측면결합식, 하면(下面)결합식으로 나누어지며(삽도 1), 평면형태, 미늘의 위치와 결합면의 속성 등에 따라 세분하기도 한다(송은숙 1991, 김충배 2002, 하인수 2006a, 최득준 2012).

정면결합식은 신부의 형태, 미늘의 위치, 침의 접합면 속성에 따라 다양한 유형으로 세분이 가능하지만, 크게 보아 동삼동, 범방, 세죽, 연대도, 노래섬패총과 같이 침부 접합면의 양측연이 평행하고 곡선적인 몸체를 갖는 Ⅰ류, 안도와 송도, 세죽, 서포항, 동삼동 5층 출토품과 같이 몸체가 일자형을 이루며 결합면 폭이 좁고 세장한 Ⅱ류, 여서도 출토품과 같이 곡선적인 몸체에 결합면 한쪽 면이 돌출한 Ⅲ류, 구평리, 욕지도, 상노대도 출토품과 같이 곡선적인 몸체에 접합면 양측연이 돌출되어 T자형을 이루는 Ⅳ류로 대별할 수 있다. 그리고 이들 유형은 미늘의 유무와 위치, 접합면의 단면 형태에 따라 세분이 가능하다. 특히 접합부의 형태는 결합 축부의 형식과 상관하는 것으로 생각된다.

Ⅰ류는 남해안지역에서 조기부터 일반적으로 사용되는 형식이며, 미늘의 위치에 따라 내기식(內鑛式, Ⅰa, 그림 2-15~23), 외기식(外鑛式, Ⅰb, 그림 2-24~31), 무기식(無鑛式, Ⅰc, 그림 2-40~42)식으로 구분된다. 조기의 침부가 대부분 내기식이고, 전기 이후의 외기식이 많은 것으로 보아 외기식 침부가 후출한다. 무기식은 여서도패총의 출토 사례로 보아 조기 말에는 출현한 것으로 보이며, 농소리출토품의 예로 볼 때 말기까지 존속했던 것으로 추정된다.

Ⅰ류 침부 중 접합면 단면이 평탄한 것은 접합부가 평탄한 J자형인 오산리형과 범방 Ⅰ·Ⅲ형 축부와 결합되는 것으로 추정되며, 단면이 둥근 침부는 축의 형태가 I자형이고 결합면이 U자상으로 오목한 범방Ⅱ형 축부와 결합되는 것으로 생각된다.

Ⅱ류는 다른 형식에 비해 소형이고 결합면이 세장한 것이 특징인데, 미늘의 유무와 결합부의 형태에 따라 Ⅱa형(그림 2-1~4·7), Ⅱb형(그림 2-5·6), Ⅱc형(그림 2-8)으로 세분이 가능하다. Ⅱ류는 결합부가 세장하고 폭이 좁은 것으로 보아 범방형 축부 Ⅱ, Ⅲ형 중 결합면에 V자상 홈이 있는 형식과 조합되는 것으로 추정된다. Ⅱ류는 조기의 유적에서 출토되고 이후 시기에는 보이지 않는 것으로 보아 조기에 주로 사용된 형식이 아닌가 한다.

Ⅲ류(그림 2-32·33)는 여서도패총에서만 출토되고 동남해안지역에서는 검출되지 않는 것으로 보아 서남해안지역에서 출현한 새로운 형식일 가능성도 있다.

Ⅳ류(그림 2-34~39)는 곡선적인 신부를 갖는 점에서 기본적으로 Ⅰ류, Ⅲ류와 유사하나 T자형 접합부 형태에서 뚜렷한 차이가 있다. 미늘은 외측에만 있고 내측에는 확인되지 않는 특징을 보인다. Ⅳ류는 즐문토기 후·말기 유적에서 출토되고, 조기의 유적에서

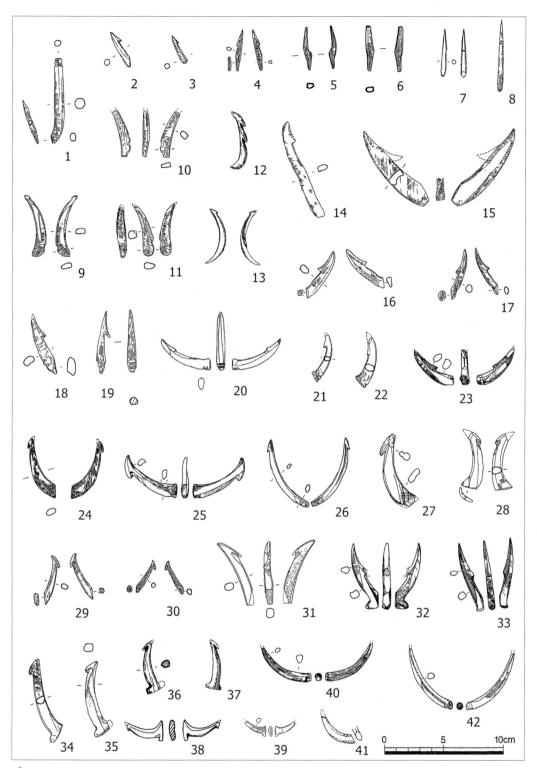

그림 2_결합식조침 침부 (1~3·14·18 : 세죽, 4·9~11·16·17·24·29~31 : 동삼동, 5·6 : 안도, 7·28 : 송도, 8 : 서포항 12·13·37 : 상노대도, 15·34 : 가거도, 19 : 연대도, 20 : 노래섬, 21·22 : 범방, 23·25·27·32·33·40·42 : 여서도, 26 : 비봉리, 35 : 욕지도, 36 : 구평리, 38 : 거문도, 39 하모리, 41 : 농소리)

는 출토되지 않는 것으로 Ⅰ류보다 늦게 출현한 형식임은 분명하다. 출현 시기는 확실하지 않으나, 욕지도 패총에서 중기의 태선침선문토기가 집중적으로 출토되는 돌무지시설에서 출토되는 점으로 보아 적어도 즐문토기 중기에는 존속하고 있었던 것 같다.

측면결합식 침부(그림 2-9~11)는 오산리유적 축부 중에 측면결합식의 예로 보아 그 존재가 예상되었으나 부산박물관 동삼동패총정화지역 조사에서 실례가 확인됨으로써 어느 정도 그 성격을 파악할 수 있게 되었다. 그러나 아직 사례가 적어 조합되는 축부의 종류와 형태, 시기 등은 불분명하다. 우선 동삼동패총 출토품을 중심으로 간단하게 그 특징을 언급해두기로 한다.

측면결합식 침부는 기본적으로 신부와 미늘, 결구의 형태에서 정면결합식과 동일한 특징을 갖고 있지만 결합부의 단면과 접합부 형태에서 차이를 보인다. 미늘은 외기식(그림 2-9), 무기식(그림 2-11)이 확인되나 내기식은 보이지 않는다. 동삼동 2층 출토품(그림 2-10)은 선단이 결실되어 미늘의 존재 여부는 알 수 없으나 결합면이 납작하고 측면에 축과 결박하기 위한 결구를 마련한 형태이다.

측면결합식 침부와 조합되는 축의 형식은 알 수 없지만, 동남해안지역에서 측면결합식 석제축부가 확인되지 않는 점에서 패제축부나 전술한 동삼동패총 출토 골제축부(그림 1-14)와 결합될 가능성도 있다. 그러나 오산리유적에서 측면결합식 축부의 존재로 보아 석제 축부의 침으로 사용되었을 가능성도 배제할 수 없다. 앞으로 검토가 필요한 문제이다. 출현 시기는 아직 단정할 수 없으나 동삼동패총에서 출토 층위와 주변유적의 출토양상을 통해 볼 때 중기 단계에는 사용되고 있음은 분명하다.

하면결합식 침부(그림 2-12 · 13)는 결합방식에서 전술한 형식과 확연하게 구분되는데 이같은 형식은 일본의 구주지역에서 집중적으로 출토되고 있으며 일본 연구자는 西北九州型 결합식조침으로 부르고 있다(江坂輝彌 · 渡邊誠 1988). 우리나라에서는 상노대도 출토품이 유일한 예이다. 자료가 적어 그 성격이 불분명하나 양지역간의 교류 관계를 엿볼 수 있는 좋은 자료로 판단되며, 그 시기는 출토 토기로 보아 전기의 영선동식토기 단계로 생각된다.

일본 구주에서는 영선동식토기와 밀접한 관계가 있는 曾畑式土器 단계에 출현하며, 일본 연구자는 西北九州型 결합식조침이 오산리형 결합식조침의 영향으로 출현하는 것으로 생각하고 있다(渡邊誠 1985).

② 단식(單式)조침

단식조침은 조침 자체가 일체형으로 완성된 형식의 조침을 가리키는데, 형태에 따라

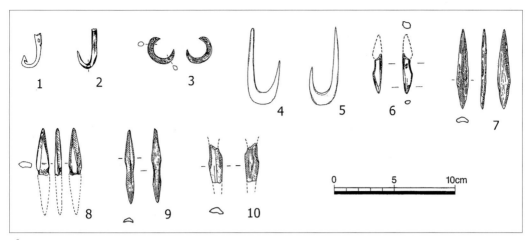

┃ 그림 3_단식조침 (1·4·5 : 서포항, 2 : 고남리, 3 : 피난굴, 6·7 : 동삼동, 8 : 여서도, 9·10 : 욕지도)

크게 'J'자형과 역'T'자형('ㅡ'자형)으로 구분된다. 'J'자형조침은 현재 3개 유적에서 확인되며, 출토량은 매우 적다. 동북해안 지역의 서포항패총, 강원도 영월 피난굴유적 그리고 소속 시기에 다소 검토가 필요하지만 서해안의 고남리패총에서 출토되고 있는 정도이다. 사슴뼈나 멧돼지 이빨을 소재로 제작되는데, 세부 속성에서 약간의 차이가 있다. 크기는 3~6cm 정도이다.

피난굴(그림 3-3) 출토품은 일반적인 갈고리 모양의 'J'자형조침과 달리 둥근 반환형으로 가공된 것이 특징이며, 고남리(그림 3-2)와 서포항 출토품(그림 3-1·4·5)은 'J'자형조침이다. 서포항 5기층에서 출토된 조침 중 소형은 바늘귀가 있고 미늘이 있는 전형적인 조침이다. 대형(그림 3-4·5)은 멧돼지 이빨로 만든 것인데 크기가 5.5cm정도이다. 바늘귀와 미늘이 없는 것이 특징이다. 이러한 형식의 조침을 북한 연구자는 단독으로 사용되는 갈구리낚시('J'자형)와 달리 2~3개 묶어 겹낚시로 사용되었을 것으로 추정하고 있다(사회과학원 력사연구소 1979).

'J'자형조침은 남부해안 지역에서는 전혀 출토되지 않고 수량이 적은 것으로 보아 한반도에서는 성행하지 않았던 것으로 보인다.

역'T'자형조침(그림 3-6~10)은 'ㅡ'자형 몸체의 중앙에 마련된 홈에 줄을 연결하여 조침으로 사용한 형식이다. 이러한 형식은 큰 석추에 연결된 줄에 몇 개의 조침을 장착하여 연승(延繩) 어로에 사용되며, 황·발해 주변지역에서 유행하던 특징적인 조침으로 알려져 있다(甲元眞之 1997, 1999). 한반도에서는 남해안지역의 동삼동과 욕지도, 여서도패총에서 몇 예가 알려져 있고 동해안과 서해안지역에서는 출토되지 않는다. 크기는 5~6cm정도이며,

주로 사슴뼈 등 동물뼈를 가공하여 만든다.

욕지도 출토품(그림 3-9·10)과 동삼동 1차조사 출토품(그림 3-6)은 몸체 중앙이 오목하며, 동삼동패총 정화지역 출토품(그림 3-7)과 여서도 출토품(그림 3-8)은 중앙 양측연에 작은 결구(扶溝)가 있는 형태이다. 동남해안 지역 출토 역'T'자형조침은 황·발해연안의 형식과 세부적인 면에서 약간의 차이를 보이고 있으나 계통적으로는 이 지역의 어로문화와 관련이 있는 것으로 생각된다.

(2) 작살(銛)

작살은 신석기시대 대표적인 어로구의 하나다. 후기 구석기시대부터 사용되나 한국에서는 신석기시대부터 출현한다. 주로 해안지역 패총유적에서 출토예가 많지만, 내륙지역의 유적에서도 확인된다. 재질에 따라 골제와 석제로 구분되며 신석기시대에는 골제 작살이 우세하다.

골제작살은 구조와 형태, 착장방법 등에 따라 다양한 종류로 분류되지만, 연구자에 따라 적용하는 개념이 달라 혼선이 생기는 경우도 있다. 특히 찌르개와 작살의 구분에 다소 문제가 있는데 일반적으로 찌르개(찔개살)와 작살의 차이는 이들을 사용했을 때 자루가 손에 남느냐 떠나느냐에 따라 구분하는데, 손에 남았을 때는 찌르개이고 떠났을 때는 작살로 분류하고 있다(江坂輝彌·渡邊誠 1988, 김건수 1998). 다시 말하면 작살 자루의 손에서 이탈 여부에 따라 구분하고 있다.

그러나 유존하는 섬두만으로 찌르개와 작살을 구분하고 사용 행위와 방식을 고고학적으로 증명하기 어렵기 때문에 양자를 엄격히 구분하는 것은 힘들다.[05] 특히 고정식작살과 찌르개는 때로는 혼용되므로 고고학적으로 구분하기 어렵다. 따라서 본고에서는 찌르개 역시 어로 행위와 관련된 도구가 분명한 만큼 별도로 분리하지 않고 작살의 범주에 포함시켜 다루기로 한다.

작살은 고래를 비롯한 물개, 강치 등의 해수류와 방어, 다랑어 등 대형 어류를 포획하는데 사용되는데 구조는 자루(작살대, 柄) 자돌부인 섬두(銛頭)로 구성된다. 섬두의 기능과 착장방식, 형태에 따라 섬두가 자루에 고정되는 고정식작살, 섬두가 자루로부터 이탈하

---

05 일본 조몬문화 연구에 있어서 섬두가 자루 선단부에 고정되는 것을 찌르개(야스), 이탈하는 것을 銛(모리)로 하는 견해와 선단이 뾰족한 단순한 형태를 것을 찌르개, 그 발전 형태의 역자가 붙은 것을 섬(銛)으로 하는 견해 등이 있으나(戶澤充則編 1994) 개념적으로 통일되어 있지 않다.

는 분리식작살로 대별할 수 있다.

① 고정식작살

고정식은 섬두, 착장부, 자루(작살대)로 구성되어 있으며, 섬두의 형태와 착장방법에 따라 사두(蛇頭)형, 역자(逆刺)형, 침형(針形, 찌르개), 여서도형(하인수 2009b)으로 구분된다(삽도 2). 역자형, 사두형, 침형은 자루(작살대) 선단에 홈을 파고 섬두를 끼워 넣는 형식이며 여서도형은 섬두의 뾰족한 꼬리 부분이 미늘 역할을 하도록 자루 선단 측면에 비끌어 매어 착장되는 구조다(이영덕 2006b).

사두형(그림 4-1~7)은 신부와 섬두의 경계가 명확하지 않지만 섬두를 가공하여 자돌 기능을 할 수 있도록 한 형태인데, 형태상으로는 후술하는 역자형과 명확히 구분된다. 섬두의 형태차는 포획대상의 종류나 어법의 차이를 반영하는 것으로 생각된다. 안도, 동삼동, 여서도패총 출토품이 있으며, 수량은 적은 편이다. 대부분 신부가 결실되어 크기는 불분명하나 동삼동 5층과 안도패총 1층 출토품의 예로 볼 때 보통 9cm 전후로 추정된다. 공반유물로 볼 때 조기에서 말기까지 사용한 것으로 보인다.

역자형(그림 4-8~21·27)은 섬두 한 쪽 측면에 역자를 마련한 형태인데, 역자의 수에 따라 단기식(單鐖式)과 다기식(多鐖式)으로 구분된다. 동삼동, 범방, 연대도, 욕지도, 서포항, 농포동 출토품은 섬두의 한 쪽 측면에 역자를 한 개, 동삼동패총 출토품 중 그림 4-27은 한 쪽 측면에 여러 개의 역자를 만든 형식이다. 동삼동과 동일한 형태의 다기식작살은 보이스만Ⅱ유적의 1호분에서 확인되고 있다(정석배 역 1996). 이 같은 형식은 한반도 남부지역에서는 동삼동패총 출토품이 유일하며, 형식적으로 차이는 있으나 영월 공기2굴, 서포항, 농포동유적에서 다기식 작살이 출토되고 있다. 이들 형식은 후술하는 바와 같이 분리식작살로 추정되는데, 주로 한반도 동북해안지역의 서포항패총과 연해주 보이스만유적(甲元眞之編 1998) 등에서 다량으로 출토되는 것으로 보아 이 지역의 어로문화와 관련이 있는 것으로 생각된다.

역자형은 남해안과 동북해안지역에 분포하며, 아직 서해안지역에서는 확인되지 않고 있다. 남해안의 역자형은 크기가 7cm 전후로 미늘이 작은 반면에 동북해안지역은 10cm 전후의 대형으로 미늘이 큰 것이 특징이다. 역자형은 사두형과 마찬가지로 즐문토기기 조기부터 출현하여 사용된 것으로 보인다.

침형작살(그림 5)은 신석기시대 보편적으로 사용하는 어로구로 기존에 찌르개, 찌르개살, 찔개살, 자돌구 등으로 분류되는 기종이다. 형태적으로 자돌부와 삽입부 양단을 모두

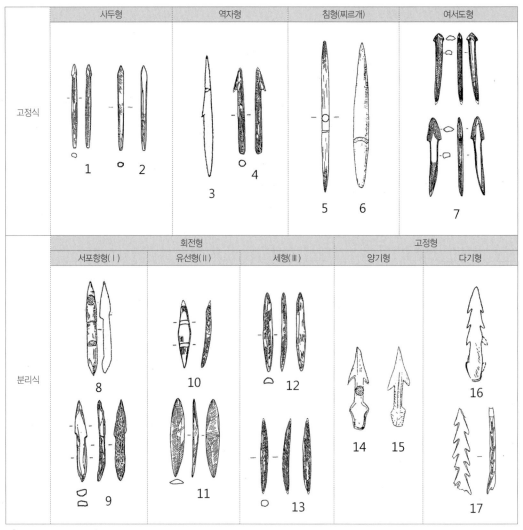

	사두형			역자형		침형(찌르개)		여서도형	
고정식	1	2		3	4	5	6	7	

	회전형					고정형	
	서포항형(Ⅰ)		유선형(Ⅱ)		세형(Ⅲ)	양기형	다기형
분리식	8	9	10	11	12 / 13	14 / 15	16 / 17

삽도 2_골제 작살 분류표 (1·4·5·9·12·13 : 동삼동, 2 : 안도, 3·6·8·14·15 : 서포항, 7·11 : 여서도, 10 : 가거도, 16 : 농포동, 17 : 공기2굴)

뾰족하게 가공한 것이 특징인데 후술하는 첨두기의 선단부와 구분하기 어려운 점이 있어 종종 자돌구 혹은 송곳 등으로 오인되기도 한다.

    침형작살은 일반적으로 자루를 손에 쥐고 포획대상물을 찔러 사용하는 것으로 인식되고 있으나 투척용 작살로도 사용 가능하기 때문에 사용 방식만으로 양자를 구분하는 것은 어렵다. 최근 조사된 울산 황성동유적에서 출토된 수염고래의 견갑골에 박힌 골제작살(그림 5-14)은 침형작살의 사용방법을 이해하는데 도움을 준다. 섬두 직경은 0.8cm, 잔존 길이는 4.4cm 정도이다.

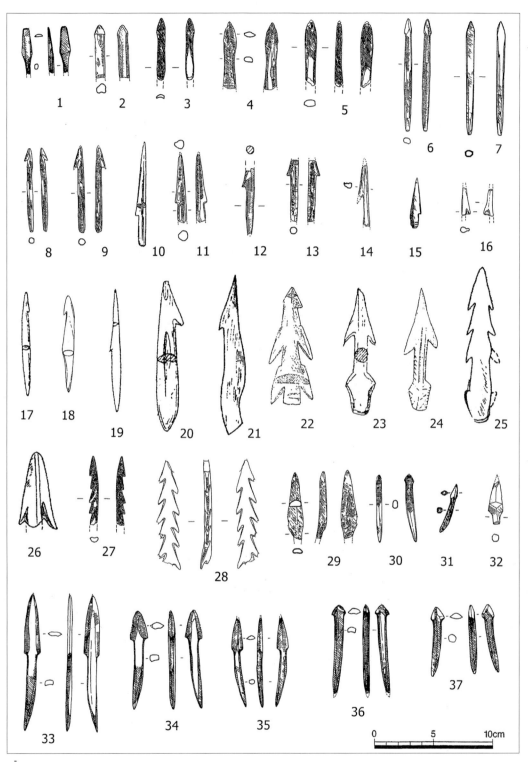

그림 4_ 고정식 · 분리식 작살 (1 · 33~37 : 여서도, 2~6 · 8 · 9 · 11 · 13 · 27 : 동삼동, 7 : 안도, 10 · 17~20 · 22~24 : 서포항, 12 : 연대도, 14 : 범방, 15 : 상노대도, 16 : 욕지도, 21 · 25 · 26 : 농포동, 28 : 공기2굴, 29 · 30 : 가거도, 31 : 거문도, 32 : 송도)

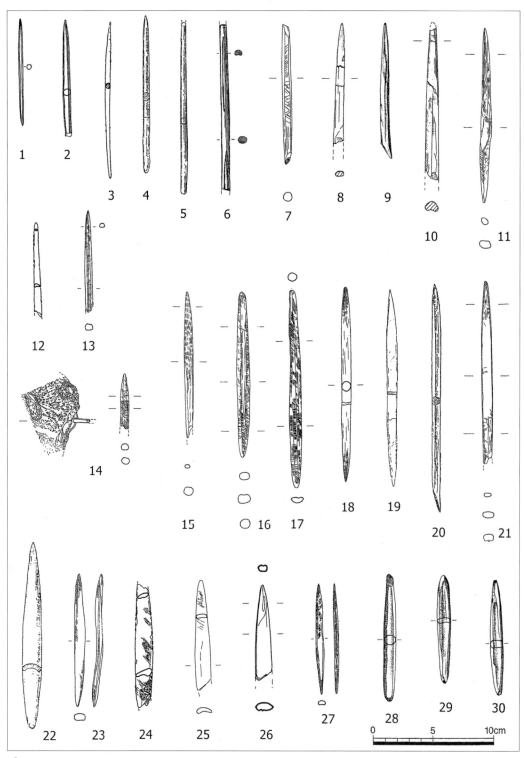

그림 5_고정식 침형작살(찌르개) (1 : 여서도, 2·5 : 궁산, 3·4·19·20·22 : 서포항, 6·9 : 상노대도, 7·11· 14~16·21 : 황성동, 8·10 : 연대도, 12·24 : 목도, 13 : 비봉리, 17·18·23·27 : 동삼동, 25 : 죽림동, 26 : 안도, 28~30 : 고남리)

침형작살은 주로 사슴 중수·중족골을 종으로 분할하여 선단을 뾰족하게 가공하며, 길이는 10~15cm 정도가 주류를 이룬다. 동삼동(그림 5-17·18)과 서포항 출토품(그림 5-19·20) 같이 15cm 이상의 것도 있다. 금굴과 고남리 출토품(그림 5-29·30)과 같이 10cm 미만인 것도 다수 존재한다. 직경은 보통 1cm 전후가 많으며, 0.3~0.5cm 전후도 있다.

침형은 평면 형태와 단면에 따라 세형과 유선형으로 구분할 수 있다. 세형(그림 5-1~21)은 바늘 모양으로 신부 폭이 좁고 단면이 둥근 형이며, 유선형은 목도, 서포항, 죽림동, 고남리, 동삼동 출토품(그림 5-22~30) 같이 신부 폭이 넓고 단면이 납작한 형태다. 침형작살은 보통 단독으로 사용되지만, 여서도, 궁산, 서포항 출토품(그림 5-1~3)과 같이 폭이 좁은 형태는 여러 개를 조합하여 사용한 것으로 추정된다(사회과학원력사연구소 1979, 김용간 1990). 침형작살 중에는 황성동 출토품(그림 5-7)과 같이 선각을 거치상으로 새긴 것도 있는데, 특별한 의미가 있을 것으로 생각된다. 침형작살은 출토양상으로 볼 때 신석기시대 전 기간을 통해 성행하며, 주로 내륙의 하천과 내만 어로용으로 사용되었을 것으로 추정된다.

여서도형(그림 4-29~37) 작살은 최근 발굴된 여서도패총에서 다량으로 출토됨으로써 주목되고 있는데, 전술한 고정식 작살과 달리 섬두와 몸체가 휘어진 것이 특징이다. 최근 연구에 따르면 이 같은 작살은 자루(작살대)의 선단부 측면에 착장했을 때 휘어진 기부가 미늘 역할을 하는 것으로 추정되고 있다(이영덕 2006b).

여서도형은 여서도를 중심으로 송도, 거문도, 가거도유적 등에서 집중적으로 출토되며, 동남해안지역에 전혀 출토되지 않는 것으로 보아 서남해안 지역의 특징적인 고정식 작살로 추정된다(金建洙 2007, 하인수 2009b). 이러한 형식의 작살은 일본 동북지역의 조몬유적에서도 출토되며, 유미(有尾)첨두기, 「ノ」자상 첨두기 (大竹憲治 1989) 혹은 유미자돌구로 분류되고 있다(金子浩昌·忍澤成視 1986).

여서도형은 섬두의 형태에 따라 세장한 삼각형(그림 4-33~35)과 사두형(그림 4-36·37)으로 구분된다. 크기는 3~10cm정도이나 7cm전후가 많다. 출현 시기는 조기말로, 성행하는 것은 전기로 추정된다. 하한은 아직 분명하지 않으나 가거도 출토품의 예로보아 말기까지 존속 가능성도 있다. 그러나 전기 문화층인 하층에서 이동되었을 가능성도 있기 때문에 검토가 필요하다.

② 분리식작살

섬두가 자루에서 이탈하여 분리되는 형식으로 회전식작살 혹은 이두섬으로도 부른다.

그러나 서포항과 농포동 출토품 중 역자를 갖는 작살(그림 4-22~26)은 섬두가 자루에 고정되는 것이 아니라 자루에서 이탈하는 분리식으로 추정되는 만큼 기존의 회전식작살이라는 용어보다 이두섬과 회전식을 포괄하는 분리식작살이라는 용어를 사용하는 것으로 좋을 것으로 생각된다.

분리식은 대상물에 명중했던 단계에 자루가 빠져 섬두만 체내에 남게 되고 섬두에 묶어 둔 줄을 끌어 당겨 포획물을 취하는 작살 형태인데, 섬두의 체내 기능에 따라 회전형과 고정형(비회전형)으로 구분할 수 있다(삽도 2). 일부 연구자는 후술하는 서포항형 작살을 자루 선단의 양측면에 1개 혹은 2개를 고정시킨 고정식작살로 보고 있다(서국태 1986, 이영덕 2006b).

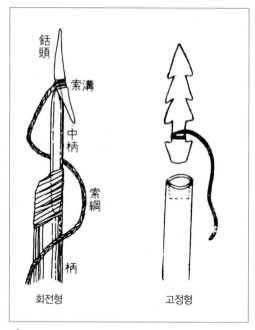

삽도 3_분리식작살 복원도 (회전형(渡邊誠 1993), 고정형(사회과학원 력사연구소 1991))

회전형(그림 6)은 섬두가 포획대상물의 체내에 직각으로 회전하여 이탈할 수 없는 구조로 되어 있는 것이 가장 큰 특징이며, 구조는 섬두, 中柄, 자루(柄), 줄로 구성되어 있다(삽도 3). 이러한 형태의 작살은 주로 동북아시아로부터 서북아메리카에 걸친 북태평양 연안지역에 주로 분포하며, 물개, 강치, 바다사자 등과 같은 해수류를 포획하는 어로구로 알려져 있다. 일본에서는 一王寺型으로 불리고 있으며(渡邊誠 1993), 佐賀패총을 비롯한 서북구주지역의 여러 유적에서 다수 출토되고 있다. 국내에서는 서포항, 상노대도, 동삼동, 가거도, 여서도, 연대도, 북촌리, 노래섬패총 등 해안지역 분포하고 있는데 특히 남해안 지역에서 다량으로 출토된다.

회전형작살은 평면형태와 섬두의 세부 속성에 따라 서포항형(Ⅰ유형), 유선형(Ⅱ유형), 세형(Ⅲ유형)으로 구분할 수 있다(삽도 2). Ⅰ유형(그림 6-1~8)은 신부와 미부(尾部)가 명확히 구분되고 선단부가 삼각형을 이루면서 미부가 들린 형태로, 서포항, 동삼동, 상노대도 출토품이 대표적이다. 이들 출토품은 세부 속성에서 약간의 차이도 있고 세분이 가능하지만 본고에서는 일단 서포항형(김건수 1998)으로 분류해 둔다.

서포항 출토품 중 그림 6-4·5는 보이스만Ⅱ유적의 하층 것과 형식적으로 동일하다(정

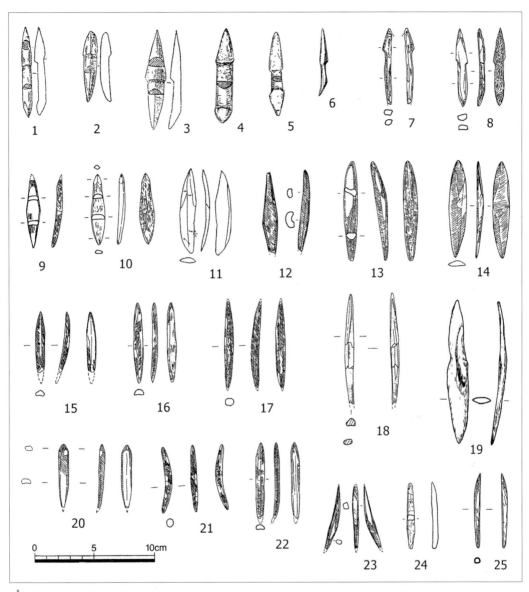

그림 6_분리식 회전형작살 (1~5 : 서포항, 6 : 상노대도, 7·8·15~17·21·22 : 동삼동, 9·10·13 : 가거도, 11 : 노래섬 가지구, 12·14·23 : 여서도, 18 : 연대도, 19 : 북촌리, 20 : 돈탁, 24 : 범방, 25 : 안도)

석배 역 1996). 동삼동출토품과 유사한 형식은 대마도의 사가패총(長崎縣糸峰町敎育委員會 1989)과 연해주의 페스체노이패총에서 다수 확인되고 있다. 시기는 아직 특정할 수 없으나 동삼동패총의 층위와 서포항패총의 편년(임상택 2006)을 참고한다면 즐문토기 중기에 유행한 형식으로 추정된다.

Ⅱ유형(그림 6-9~14·19)은 신부가 능형을 이루고 양단이 만곡하는 유선형으로 가거도, 노래섬, 여서도, 북촌리유적 등 서남해안지역에서 집중적으로 출토되고 있다. 특히 가거도에서 다량 확인되고 있다. 현 분포 양상을 그대로 이해한다면 여서도형작살과 함께 서남해안의 특징적인 분리식작살이라고 할 수 있다. 크기는 보통 6~8cm 정도인데 북촌리 출토품은 12cm 정도의 대형이다. Ⅱ유형은 여서도패총 단계에 출현하여 전기에 성행하는 것으로 보인다. 시기적으로는 Ⅲ유형보다 조금 늦은 것으로 생각된다.

Ⅲ유형(그림 6-15~25)은 Ⅱ유형에 비해 신부 폭이 좁고 양단이 뾰족한 세형이지만 몸체가 휘어진 점은 동일하다. 신부의 만곡 정도에 따라 약간의 변이는 있으며, 크기는 5~9cm정도이다. Ⅲ유형은 동남해안지역에 집중적으로 분포하며 특히 동삼동패총에서 다량으로 출토된다. 범방과 안도패총 출토품으로 보아 조기의 이른 시기부터 말기까지 지속적으로 존속한 것으로 추정된다.

이상에서 살펴본 분리식 회전형작살 중 Ⅰ유형은 동일 형식이 한반도 동북 및 연해주 해안지역에서 다량으로 출토되는 것으로 보아 서포항을 중심으로 하는 연해주지역의 어구문화와 계통적으로 연결되는 것으로 생각된다.

그러나 Ⅱ, Ⅲ유형은 연해주지역에서 거의 확인되지 않고 한반도 남부지역에 집중적으로 분포하는 양상을 통해 남해안의 특징적인 형식으로 볼 수 있다. 사가패총을 포함하여 구주지역의 회전형작살(Ⅱ. Ⅲ유형)이 대부분 조몬시대 후기에 집중되어 있고, 동일 형식이 남부지역에서는 조기 단계부터 출현하여 전시기에 걸쳐 성행한다는 점을 염두에 둔다면 구주지역의 회전형작살은 남해안지역 어로문화의 영향으로 출현하였을 가능성도 있다.

고정형(그림 4-22~26·28)은 섬두가 포획대상물의 체내에서 역자에 의해 고정되어 이탈할 수 없는 구조인 점이 특징이며, 전술한 회전형에 대해 비회전형 섬두를 갖는 형식이라고 할 수 있다. 서포항과 농포동 출토품이 대표적이며, 동일한 형식의 작살이 보이스만Ⅱ와 쵸르토비보로타유적에서도 출토된다(甲元眞之 編 1998).

고정형은 신부보다 폭이 넓은 凸狀 기부와 섬두에 역자를 갖는 형태이며, 작살의 구조는 분명치 않으나 섬두의 착장부의 형태로 보아 자루 선단부를 소켓 형태로 파고 섬두를 삽입한 후 섬두의 허리 부분에 줄을 연결한 형태(삽도 3)로 추정된다(사회과학원력사연구소 1991). 미늘의 형태에 따라 양기형과 다기형으로 구분할 수 있으며(삽도 2), 크기는 9~12cm 정도이다. 이러한 형식을 고정식작살로 보는 연구자도 있다.

고정형은 분포 양상으로 볼 때 동북해안과 연해주의 특징적인 어로구로 생각되며, 동일한 형태의 작살은 남부지역에서는 확인되지 않는다. 전술한 동삼동의 고정식 다기형작살은 남해안지역에서는 이례적이지만, 형식적으로 차이가 난다. 최근 영월 공기2굴유적에서 삽입부가 일부 결실된 다기형작살이 출토되었는데, 섬두 양측면에 여러 개의 역자가 마련되어 있는 점에서 농포동 출토품과 유사하고 엇갈린 역자의 형태는 쵸르토비보로타 출토품과 형식적으로 동일하다.

공기2굴의 신석기문화의 시기는 여러 형식의 토기가 혼재하여 가늠하기 어렵지만, 여기서 융기문토기편이 출토되는 점으로 보아 다기형작살은 융기문토기와 공반하는 조기단계에 속할 가능성이 높다. 보이스만과 쵸르토비보로타 유적은 한반도 융기문토기문화와 관련성이 있고 다기식작살이 남한지역의 재지 어구와는 이질적이라는 측면에서 본다면 공기2굴 출토품은 동북해안 혹은 연해주의 어로문화와 관련성이 있다고 생각된다.

(3) 세형자돌구

자돌구는 일반적으로 끝이 뾰족하게 가공된 도구를 총칭하는 명칭으로 사용되며 연구자 따라 다양한 기종과 용도로 분류되기도 한다.[06] 그러나 분류 기준이 명확하지 않아 혼선이 생기는 경우도 있다. 따라서 본고에서는 기능과 성격이 명확한 자돌구(어로구 등)를 제외한 끝이 뾰족한 형태의 골각기는 후술하는 바와 같이 모두 첨두기로 포괄하여 다루기로 한다.

세형자돌구(그림 7)는 사슴 중수·중족골을 소재로 제작되며, 양단이 대칭적으로 뾰족하고 신부는 유선형을 이룬다. 크기는 4~6cm 정도로 정형화되어 있다. 용도는 불분명하나

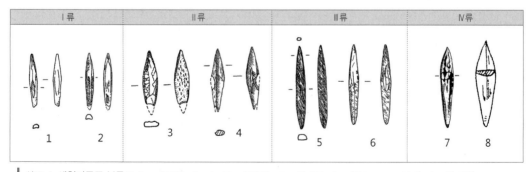

I류	II류	III류	IV류

삽도 4_세형자돌구 분류표 (1 : 욕지도, 2·3·5 : 동삼동, 4 : 연대도, 6 : 안도, 7 : 고남리, 8 : 서포항)

---

06 예를 들면, 창끝, 슴베찌르개, 찔개살, 송곳, 찌르개, 빗창, 자돌구, 골추, 예새, 골도, 첨두기 등은 연구자에 따라 자돌구로 분류되는 것이다.

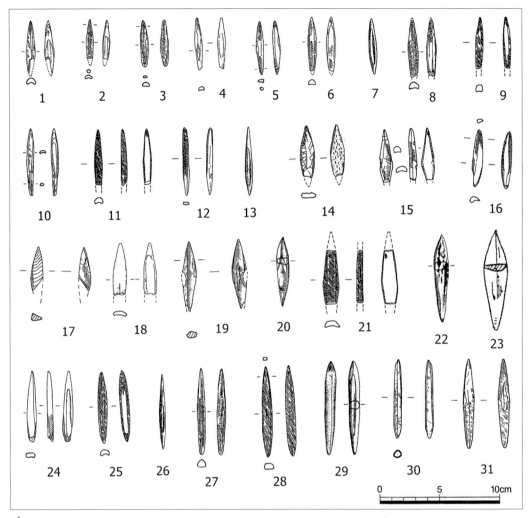

그림 7_세형 자돌구 (1~3·5·6·8~12·14·16·21·25·27·28 : 동삼동, 4·18·24 : 욕지도, 7·13 26 : 상노대도, 15 : 여서도, 17·19 : 연대도, 20·22·29 : 고남리, 23 : 서포항, 30·31 : 안도)

출토 양상으로 보아 일상 생활도구는 아닌 것으로 생각된다. 주로 해안지역의 패총 유적에서 어로구와 함께 출토되는 것으로 보아 어로와 관련된 도구로 사용되었을 것으로 추정된다. 용도에 대해서는 앞으로 검토가 필요하다.

세형자돌구는 동삼동을 비롯한 상노대도, 욕지도, 여서도, 안도패총 등 주로 남해안지역에 분포한다. 서해안과 동해안지역에서는 거의 보이지 않으며, 고남리와 서포항패총에서 몇 점 확인되는 정도이다. 동일한 형태의 자돌구는 대마도의 사가패총에서도 다량으로 출토되고 있다. 평면 형태에 따라 4류로 분류할 수 있다(삽도 4).

Ⅰ류(그림 7-1~13)는 4~5cm 정도의 소형이며, 유선형을 이루는 것, Ⅱ류(그림 7-14~21)는 Ⅰ류와 유사하나 신부가 능형을 이루고 중앙에 최대폭을 갖는 것, Ⅲ류(그림 7-24~31)는 Ⅰ·Ⅱ류 보다 큰 편이며 세장한 형태를 이룬다. 크기는 6~7cm 정도이다.[07] Ⅳ류(그림 7-22·23)는 선단부가 넓고 후미가 좁은 형태이다. 서포항 출토품은 형태를 구체적으로 알 수 없어 단정할 수 없으나 평면 형태와 크기가 여서도 출토품과 유사한 것으로 보아 분리식 회전형작살일 가능성도 배제할 수 없다.

2) 수렵구

수렵은 인간에게 양질의 단백질을 제공할 뿐만 아니라 뼈나 가죽 등은 일상생활에 필요한 다양한 도구를 만드는 재료라는 점에서 신석기시대 생업활동의 주요한 위치를 차지한다. 수렵 도구 내지 방법은 다양했을 것으로 생각되나, 먼 거리에서도 사냥을 할 수 있는 활과 근거리용인 창 등이 주로 이용되었을 것으로 생각된다. 특히 다양한 형식의 화살촉이 많이 출토되고 있는 것으로 보아 활을 이용한 수렵이 성행한 것으로 보인다.

(1) 골촉(骨鏃)

골촉은 형태적으로 골제 작살과 유사하여 기종을 정확히 구분하기 어려운 점도 있지만, 형태상으로 작살과 어느 정도 구분된다. 골촉은 석촉에 비해 유적에서 출토되는 양은 적으나 재질의 특성상 유존하기 어려움 점과 신석기시대에 수렵활동이 성행한 점으로 보아 골제 화살촉도 어느 정도 이용되었을 것으로 추정된다. 동삼동, 서포항, 신포동유적(그림 8-1~8) 등에서 출토되나 그 수는 매우 적다. 사슴뼈와 뿔을 소재로 제작하는데, 평면 형태와 착장법에 따라 유경식과 무경식으로 구분된다. 동삼동과 신포동유적 출토품(그림 8-1·2)은 신부 단면이 납작한 무경식이며, 서포항 출토품(그림 8-3~8)은 무경식이다.

(2) 골창(骨槍)

창은 사전적인 의미로 주로 수렵에 이용되고 작살은 대형어류나 해수류를 포획할 때 사용하는 도구를 지칭하지만, 고고학적으로 양자를 구분하기란 어렵다. 그것은 신석기시대 생업활동 자체가 복합적이고 사용하는 도구 역시 다용도로 사용되었을 가능성이 크기

---

07   Ⅲ류는 침형 고정식작살과 유사하지만, 소형을 세형 자돌구로 분류하였다.

때문이다. 창의 기능이 대상물을 찌르거나 던져 포획하는데 있으므로 실제 기능상에서는 상황에 맞게 적절히 사용했을 것으로 생각한다.

신석기시대 창은 욕지도, 가도, 동삼동, 범방, 서포항패총, 고산리, 상촌리유적 출토품의 사례로 보아 주로 석제로 제작되지만, 서포항 1, 2기층에서 사슴뿔로 만든 10여점의 골제품(그림 8-9~12)이 출토되는 것으로 보아 골창도 어느 정도 사용되었을 것으로 생각된다. 그러나 남해안과 서해안지역에서는 확인되지 않는다.

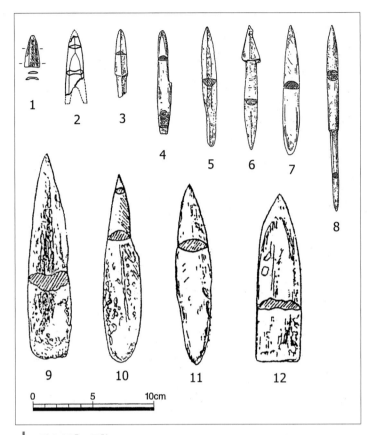

그림 8_골촉 · 골창 (1 : 동삼동, 2 : 신포동, 3~12 : 서포항)

형태는 석창과 다소 차이가 나는데, 자돌부를 뾰족하게 가공하고 경부(착장부)가 넓은 것이 특징이다. 서포항 1기 출토품(그림 8-11)은 자돌부와 경부가 뾰족한 유선형을 이룬다. 골창은 크기로 보아 육상동물의 수렵에 주로 이용되었을 것으로 보이지만, 해안지역에서는 물개, 강치 등 대형 해수류나 어류를 포획할 때 고정식작살로도 전용되었을 것으로 추정된다.

3) 채집 · 농경구

신석기시대 채집(채취) · 농경과 관련하는 도구로는 갈돌, 갈판, 석겸, 따비형 타제석부 등이 있으나 골제품은 알려진 자료가 적다. 궁산유적에서 출토된 뒤지개, 괭이, 아겸 정도가 채집 · 농경구로 추정되고 있다. 이들 자료가 농경과 직접적으로 관계하는지는 향후 검토가 필요하지만, 본고에서는 기존 견해에 따라 농경구로, 빗창과 아도(牙刀)는 패류 및 식물성 식료를 채취, 채집하는 도구로 분류해 둔다. 특히 아도는 삼국시대 도자와 같은 다용도로 사용 가능하기 때문에 가공구로도 분류할 수 있다.

(1) 빗창

빗창은 오늘날 해녀들이 전복을 따는데 사용한 도구와 형태적으로 유사한 것으로, 정확한 용도는 불확실하나 전복이나 굴 등 암초에 부착하여 서식하는 암초성 패류를 채취할 때

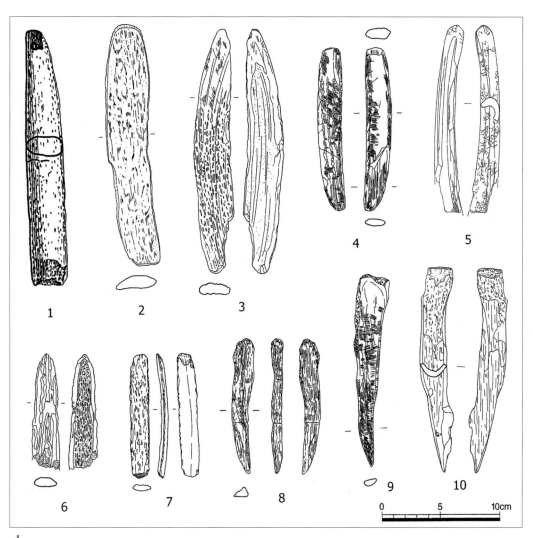

그림 9_ 빗창 (1: 궁산, 2~4·6 : 동삼동, 5 : 까치산, 7 : 여서도, 8 : 노래섬 가지구, 9·10 : 모이도)

사용하는 도구로 추정된다(김건수 1998). 재료는 주로 사슴뿔(그림 9-1·3·5·6)이나 관상골(그림 9-9)을 이용하는데, 동삼동 출토품(그림 9-2)과 같이 고래뼈 늑골을 가공하는 경우도 있다. 크기는 10~20cm 정도인데 15~20cm 전후가 일반적이다. 형태는 신부가 직선적인 것도 있으나 대부분 신부가 약간 휘어진 것이 많다. 선단부는 둥글거나 뾰족한 형태를 이룬다.

빗창은 연구자에 따라 형태적 속성을 기준으로 몇 가지 유형으로 구분하기도 하며, 후술하는 비형골기를 포함시키는 경우도 있다. 빗창은 동삼동, 여서도, 노래섬, 모이도, 까치산, 궁산패총 등 주로 남해와 서해안지역의 해안과 도서지역에서 확인되며, 동해안지역에서는 출토 사례가 없다. 특히 동삼동패총에서 다량으로 출토되는 것은 암초성 패류가 다량 서식하는 유적 주변 입지와 그에 따른 생업 환경을 보여 준다는 점에서 주목된다.

빗창은 삼한시대 초기의 늑도유적에서도 출토되고 있는 것으로 보아 오랜 기간 동안 패류 채취구로 사용되었던 것으로 추정된다. 빗창은 조기 유적에서 확인되지 않으며, 조기 말로 편년되는 여서도와 궁산, 동삼동에서의 출토 양상으로 보아 조기 말에 출현하여 말기까지 지속적으로 사용되는 것으로 보인다. 이러한 형태의 패류 채취구는 일본 구주 조몬(繩文)문화에서도 확인된다(中尾篤志 2005).

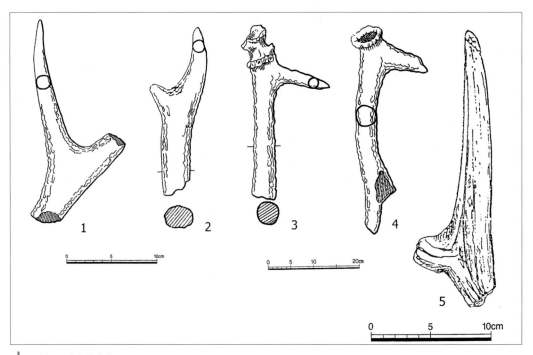

그림 10_뒤지개(괭이) (1~4 : 궁산, 5 : 서포항)

(2) 뒤지개(괭이)

뒤지개 혹은 괭이는 북한에서는 원시 농경과 관련한 도구로 파악하고 있으며, 일부 연구자는 굴봉으로 분류하기도 한다(김건수 1998). 뒤지개(괭이)는 사슴뿔의 뾰족한 끝을 특별히 인공을 가하지 않고 그대로 도구로 이용한 것이다. 궁산유적과 서포항패총에서 확인되며 특히 궁산유적에서 다량으로 출토되었다. 북한 연구자는 형태에 따라 뒤지개(그림 10-1·2)와 괭이(그림 10-3·4)로 구분하고 있다(고고학 및 민속학연구소 1957). 크기는 22~46cm정도이다.

북한 연구자들의 견해와 같이 이들 자료가 농경구로 사용되었는지는 검토가 필요하지만, 형태와 재질상의 특징으로 보아 야생식물의 뿌리를 캐거나 파종할 씨앗의 구멍을 파는 굴봉의 용도(박호석·안승모 2001)로 이용되었을 것이다. 최근 연구 성과에 따르면 적어도 전기 이후에 조, 기장을 중심으로 잡곡농경의 존재가 분명한 만큼 이와 관련한 도구로도 이용되었을 가능성이 있다.

(3) 아겸(牙鎌)

아겸(그림 11-12~22)은 멧돼지 견치 등을 낫과 같이 가공한 도구이며, 크기는 7~13cm 정도이다. 궁산패총을 비롯하여 서포항, 점말용굴, 가도패총 등에서 출토된다. 궁산패총 발굴로 농경구로 분류한 이후 일반적으로 수확용 도구로 인식되어 왔으나, 멧돼지 견치에 보이는 날카로운 면이 상하 견치의 마모흔으로 마치 인공적으로 가공한 것처럼 보이기 때문에 인공적인 도구로 볼 수 없다는 일부 연구자의 의견도 있다. 그러나 궁산 출토품(그림 11-19·22) 중에는 자루에 착장하기 위한 천공과 견치를 종으로 분할, 가공한 점으로 보아 도구로 사용되었음은 분명하다.

문제는 이들 골각기가 실제 북한 연구자의 견해같이 농경용 수확구로만 사용되었는지 여부는 앞으로 구체적인 검토가 이루어져야 할 것이다. 아겸이 농경과 직접 관련성이 적은 신석기 조기로 추정되는 서포항 1·2기층[08]과 내륙 동굴유적(점말용굴)에서 출토되고, 아겸 자체가 칼의 기능을 갖는다는 점에서 생활용구로도 사용 가능하기 때문에 모든 아겸을 농경구로 판단하는 것은 신중할 필요가 있다.[09]

---

08 서포항 1, 2기층의 시기를 늦은 시기로 보는 연구자(김재윤 2009)도 있으나 작살의 형태나 토기의 형식적인 특징으로 보아 보이스만 문화의 이른 시기와 병행하는 것으로 보는 것이 좋다고 생각한다(임상택 2006, 김은영 2010).

09 사슴뿔로 만든 괭이 혹은 뒤지개, 아겸은 농경구일 가능성도 있으나 단순 식물채집구인지 실제 잡곡 농경과 관련된 도구인지는 충분한 검토가 필요하다고 생각된다. 일단 본고에서는 채집 및 잡곡농경과 관련된 도구로 분류해 둔다.

(4) 아도(牙刀)

아도(그림 11-1~11)는 고라니 견치의 날카로운 자연면을 그대로 이용하거나 일부 가공하

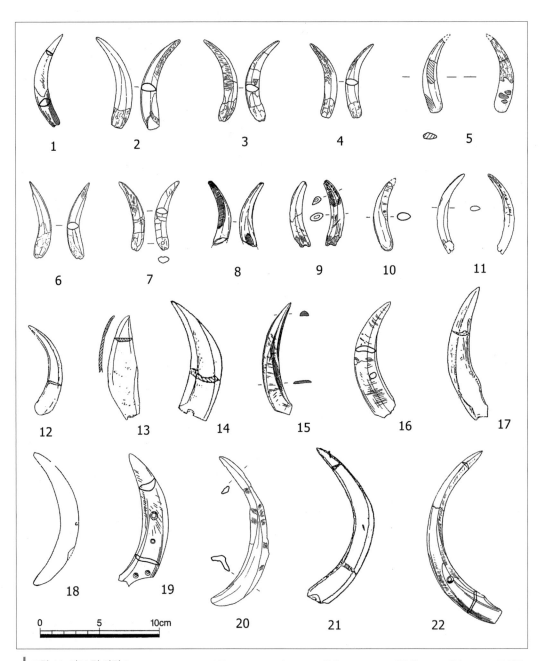

그림 11_아도 및 아겸 (1·16·19·22 : 궁산, 2~4 : 모이도, 5 : 연대도, 6·7 : 까치산, 8 : 여서도, 9 : 동삼동, 10·20 : 가도, 11 : 공기2굴, 12~14·17·18·21 : 서포항, 15 : 점말동굴)

여 도구로 이용한 것인데, 장신구로 분류되기도 하였다. 물론 상노대도 출토품(그림 20-16)과 같이 두부에 천공하면 장신구로도 이용 가능하다. 아도는 6~7cm 정도로 소형이기 때문에 자루에 끼워 사용했을 것으로 보인다. 궁산, 모이도, 까치산, 가도, 동삼동, 여서도, 공기2굴 등 해안지역과 내륙지역에서 고루 출토되며, 특히 궁산패총에서는 3~5호 수혈에서 20점이 검출되었다. 용도는 삼국시대 소형 도자같이 일상생활에서 다용도로 사용되었을 것으로 추정된다.

4) 가공구

(1) 첨두기

골각기 중에서 가장 많은 양을 차지하는 첨두기는 넓은 의미에서 선단부를 뾰족하게 가공한 도구를 가리키며, 신석기 전반에 걸쳐 널리 사용된다. 대부분 사슴뼈를 가공하여 제작하는데, 수가리패총의 예에서 보는 바와 같이 기종에 따라 소재가 선택적으로 이용되었음을 알 수 있다(金子浩昌 外 1981). 특히 사슴의 뿔과 중수 · 중족골, 경골, 척골 등이 주요 재료로 이용되며, 세죽과 모이도패총에서는 조골로 만든 것도 출토된다.

첨두기는 형태와 소재, 제작방법 등이 다양하여 용도를 특정하는데 어려움이 있지만 선단이 뾰족한 외형적인 특징으로 보아 일부 기종은 가죽이나 의복 등의 천공용 공구로 일단 추정된다. 그러나 기종에 따라 형태가 정형화되어 있고, 소재의 선택성도 보이므로 그에 따라 사용방법과 용도가 달랐을 것으로 추정된다. 따라서 신석기시대 도구 조성과

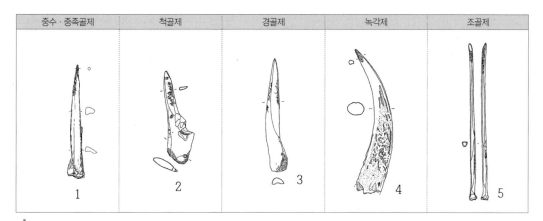

삽도 5_첨두기 분류표(1 : 피난굴, 2~4 :동삼동, 5 : 세죽)

용도를 분명히 하기 위해서도 사용흔과 기종분석 작업 등이 이루어져야 할 것으로 생각된다.

첨두기는 소재와 형태, 제작방법 따라 크게 중수·중족골제(Ⅰ류), 척골제(Ⅱ류), 경골제(Ⅲ류), 녹각제(Ⅳ류), 조골제(Ⅴ류) 첨두기로 분류(삽도 5)할 수 있다.[10]

① 중수·중족골제 첨두기

다른 기종에 비해 출토량이 많고 전시기의 모든 유적에서 고루 출토되는 것으로 보아 가장 일반적으로 사용된 골각기로 추정된다. 주로 사슴의 중수·중족골을 여러 개체로 분할한 소재를 이용하며, 선단부만 가공하고 골체부는 거칠게 마무리한 것이 특징이다. 형태는 골단(骨端)부가 넓고 선단부로 갈수록 골체(骨體)부가 좁아지는데, 골단부를 절단한 소편을 가공한 것(그림 12-1~15)과 골단부를 남겨 둔 채 선단부를 가공한 것(그림 12-16~28)으로 구분된다. 피난굴(그림 12-24)이나 고남리출토품(그림 12-27·28)같이 선단부의 앞 부분을 바늘처럼 뾰족하게 가공한 것도 있다.

② 척골제 첨두기

사슴의 골단부를 파수로 하여 골체부를 적당한 길이로 절단, 인부를 가공한 형태이며, 중수·중족골제보다 출토량이 적다. 수가리, 동삼동, 황성동, 목도, 고남리, 궁산, 서포항 출토품 등이 있다. 수가리패총 출토품(그림 13-1~4)은 다른 유적 것에 비해 크기가 작은 것으로 보아 사용에 의해 골체와 인부가 축소된 것으로 보인다. 동삼동패총 출토품 중에는 패용하기 위해 손잡이 부분에 구멍을 뚫은 것(그림 13-10)과 골체에 선각된 것(그림 13-8)도 있다.

고남리(그림 13-19), 공기2굴(그림 13-13), 궁산출토품(그림 13-17)은 다른 것과 달리 선단부가 송곳같이 뾰족하게 가공되어 있다. 당초의 형태인지는 알 수 없으나 대부분 척골제 첨두기의 사용부위가 끝이 둥근 형태를 갖는 것으로 보아 필요에 따라 골추(骨錐)로 재가공한 것으로 추정된다. 이러한 용도 전환은 후술하는 녹각제 첨두기에서도 보인다. 출토 양상으로 보아 조기에는 사용되지 않았던 것 같고 전기 이후부터 말기까지 존속했던 것으로 보인다.

③ 경골제 첨두기

사슴의 사지골 가운데 가장 긴뼈인 경골을 적당한 길이로 절단하여 골단부를 파수

---

10 첨두기 소재의 설명과 명칭은 수가리패총 보고서 분석 내용을 참고하였다(金子浩昌 1981, 2002).

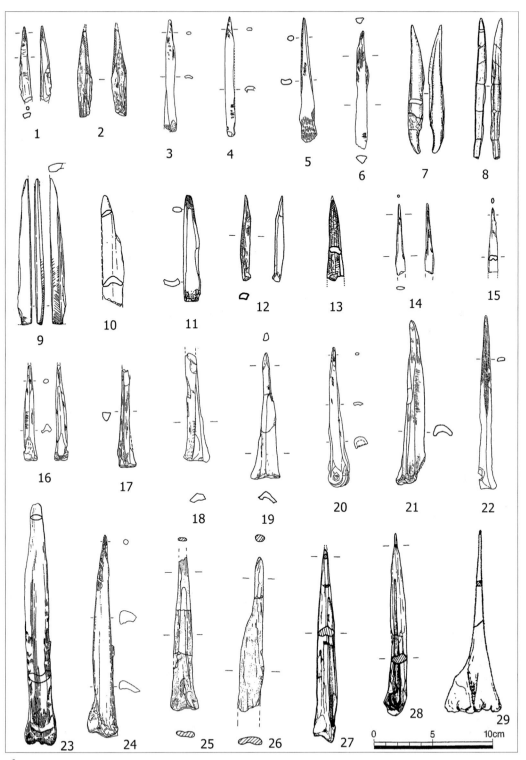

그림 12_중수·중족골제 첨두기 (1·5·6·14·22 : 동삼동, 2 : 욕지도, 3·4·16·20 : 공기2굴, 7·8 : 수가리, 9·11 : 여서도, 10 : 목도, 12 : 안도, 13 : 안골동, 15 : 가거도, 17·21 : 비봉리, 18 : 황성동, 19·25·26 : 연대도, 23 : 궁산, 24 : 피난굴, 27·28 : 고남리, 29 : 서포항)

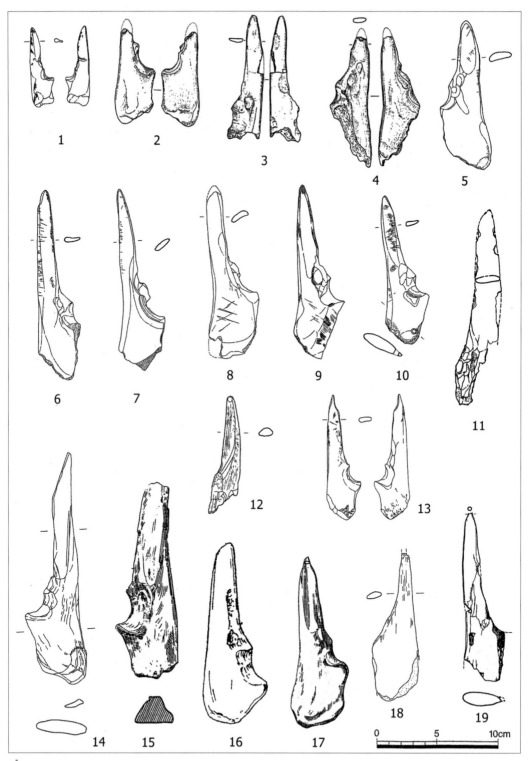

그림 13_척골제 첨두기 (1~4 : 수가리, 5~10 : 동삼동, 11 : 목도, 12 · 18 : 비봉리, 13 : 공기2굴, 14 : 황성동, 15 · 17 : 궁산, 16 : 서포항, 19 : 고남리)

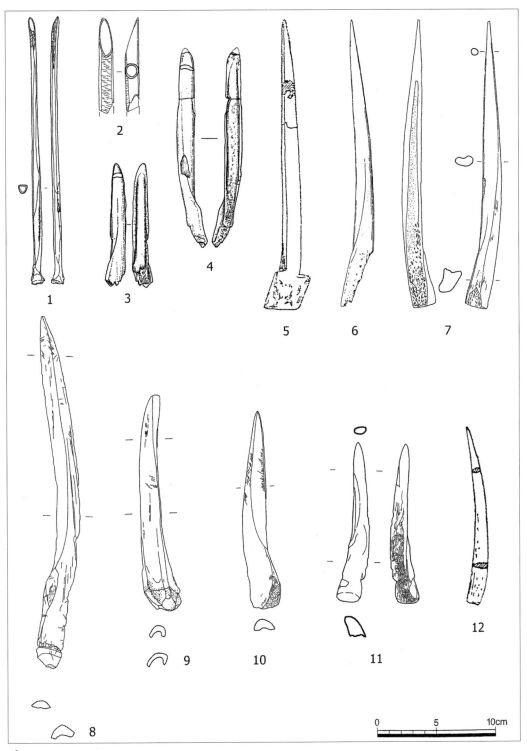

그림 14_조골 및 경골제 첨두기 (1 : 세죽, 2 : 모이도, 3·4 : 수가리, 5·12 : 서포항, 6 : 금굴, 7·10 : 동삼동, 8·9 : 황성동, 11 : 안도)

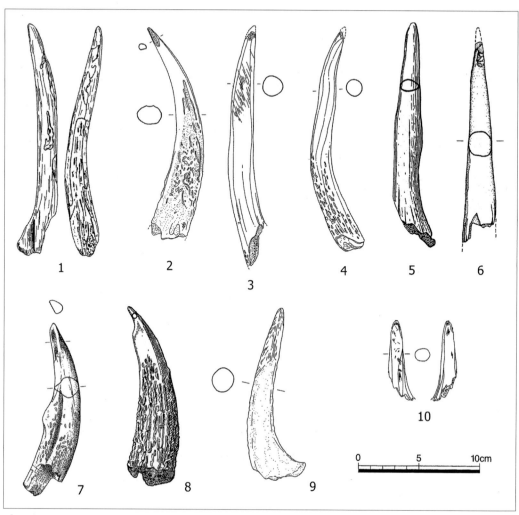

그림 15_녹각제 첨두기 (1 : 노래섬 가지구, 2~4 : 동삼동, 5 8 : 궁산, 6·7 : 고남리, 9 : 비봉리, 10 : 공기2굴)

로 하고 골체 선단을 인부로 가공한 형태이다. 척골제와 같이 출토량이 적은 편이다. 동삼동, 수가리, 금굴, 황성동, 안도출토품(그림 14-3~12) 등이 있다. 보통 골단을 절단하고 선단을 송곳같이 뾰족하게 마연하여 가공한다. 서포항 4기 출토품(그림 14-5)은 골단부를 방형으로 가공한 것이 특징이다. 유적에 따라 크기가 다른 점은 아마 사용에 따른 골체가 축소된 것으로 보이지만, 목적에 따라 크기를 달리했을 가능성도 있다. 크기로 보아 10~18cm의 소형과 20cm이상의 대형으로 구분할 수 있다. 황성동출토품(그림 14-8)은 28.9cm로 현재까지 확인된 첨두기 중 가장 크다. 경골제 첨두기는 안도패총의 조기문화층에서 출토되는 것으로 보아 이른 시기부터 경골을 소재로 첨두기를 제작한 것으로 보인다.

④ 녹각제 첨두기

사슴뿔을 적당한 크기로 절단하여 끝을 뾰족하게 가공한 형태이다. 관련 자료로는 동삼동, 노래섬, 고남리, 비봉리, 궁산, 공기2굴 출토품(그림 15) 등이 있는데, 특히 동삼동패총에서 다량으로 확인된다. 마모흔으로 보아 선단부를 사용한 것으로 보이며, 첨두 형상으로 보아 전술한 첨두기와는 사용방법이 달랐던 것 같다. 궁산패총 출토품 가운데 그림 15-8은 선단부를 다른 자료와 달리 특히 뾰족하게 가공한 것인데, 첨두 형태로 보아 골추 같은 용도로 사용하기 위해 재가공한 것으로 보인다.

⑤ 조골제 첨두기

새뼈의 골체 선단부를 경사지게 절단하여 인부로 가공한 형태인데, 현재 세죽과 모이도패총에서 출토된 2점(그림 14-1·2)이 알려져 있다. 타 골각기에 비해 출토량이 적은 것은 소재 확보의 어려움에 기인하는 것으로 생각된다. 모이도 출토품은 골체 대부분이 결실되어 전체 형태는 알 수 없으며, 원통형 시문구로 보고되어 있다. 문양 시문구일 가능성도 있지만, 세죽출토품의 예로 보아 특정 목적에 사용된 첨두기로 추정된다. 세죽출토품은 두루미 소골을 가공한 것인데, 골체는 가공없이 자연면을 그대로 이용한 것 같으며, 선단부만 모이도와 같이 경사지게 인부를 만든 형태이다. 조골 자체가 약하기 때문에 전술한 첨두기와 다른 용도로 이용되었을 것이다.

(2) 골도(骨刀)

골도는 보고자에 따라 창끝, 삿바늘, 첨두기, 자돌구, 굴따개용 등으로 분류되고 있으나 본고에서는 제작방법, 형태 등에서 정연성을 보이고 인부가 마련되어 있는 점에서 첨두기류와 구분하였다. 골도는 사슴의 관상골을 종으로 분할하여 정연하게 가공하여 'V'자상 인부를 만든 형태이며, 골단부가 남아 있는 중수·중족골제 첨두기와 후술하는 비형골각기와 형태적으로 유사한 점도 있으나 인부의 형태, 제작상태 등에서 구분된다.

서포항, 북촌리, 모이도, 수가리, 안도, 궁산, 동삼동패총 출토품(그림 16) 등이 있으며, 크기는 다양한 편이나 보통 10~15cm 정도이다. 서포항(그림 16-1)과 모이도 출토품(그림 16-2)은 20cm 이상으로 대형에 속한다. 서포항과 모이도 출토품(그림 16-4·7) 중에는 손잡이에 천공이 있다.

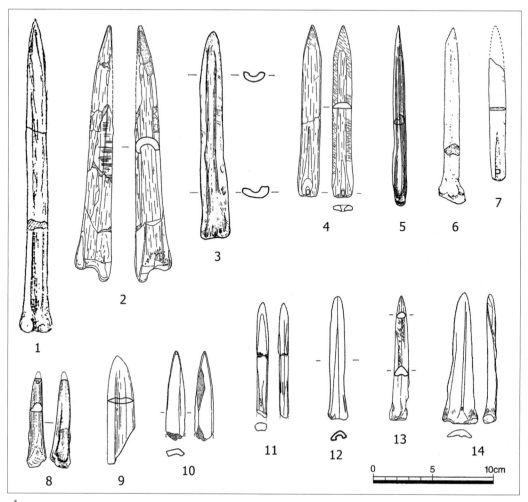

그림 16_골도 (1 · 6 · 7 : 서포항, 2 · 4 : 모이도, 3 : 북촌리, 5 · 9 : 궁산, 8 : 수가리, 10 : 동삼동, 11 · 14 : 노래섬 가지구, 12 : 안도, 13 : 가거도)

(3) 비형골기(匕形骨器)

비형골기는 예새형골기, 골비(骨篦), 골각비(骨角匕) 등으로 불린다. 주로 사슴의 중수(족)골을 종으로 분할하여 선단을 'U'자형으로 둥글게 가공하여 예새모양으로 만든 형태이다(그림 17). 동삼동, 연대도, 수가리, 비봉리, 목도, 안도, 북촌리, 궁산패총 등에서 출토되며, 크기는 10~15cm 정도로 다양하다. 일부 골기에는 관절에 구멍을 뚫은 것도 있다. 주로 남해안지역에 분포하며, 서해안과 동해안 유적에서는 출토예가 적다. 특히 내륙지역에서 출토되지 않는 것으로 보아 해안지역의 생업과 관련한 도구로 생각된다.

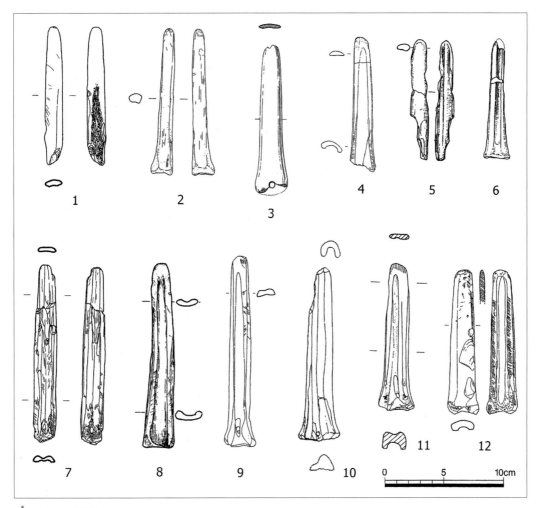

그림 17_비형골기 (1 · 7 : 안도, 2 : 비봉리, 3 : 궁산, 4 : 하모리, 5 · 6 : 수가리, 8 : 북촌리, 9 · 12 : 동삼동,
10 : 노래섬 가지구, 11 : 연대도)

비형골기는 출토양상으로 보아 신석기시대 조기부터 출현하여 전 기간에 걸쳐 존속하
지만, 기능과 용도는 불확실하다. 선단부의 사용흔으로 보아 가죽의 무두질이나 패류의
껍질 혹은 그 내용물을 채취하는 등 다용도로 사용되었을 것으로 추정된다. 일본 조문문
화와 중국, 연해주 신석기 유적에서도 확인된다.

(4) 골침(骨針)

후기구석기시대부터 사용되나 우리나라에서는 신석기시대부터 출현하여 이후 삼한

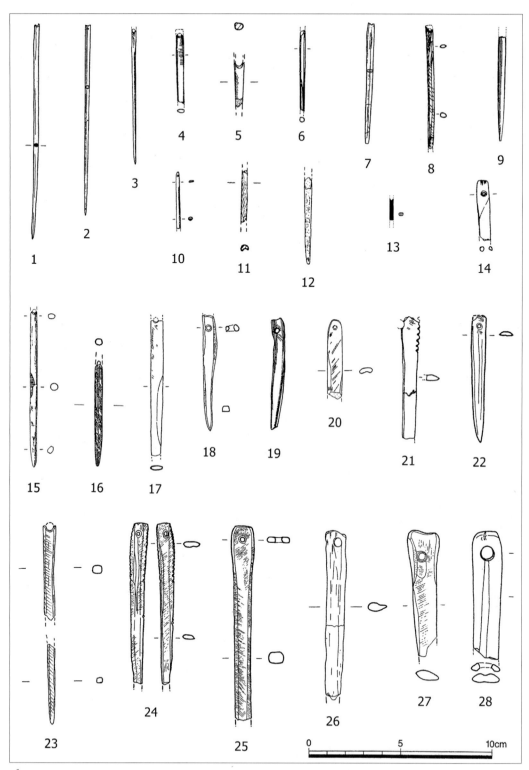

그림 18_골침 (1 : 고남리, 2 · 7 : 궁산, 3 · 9 : 상노대도, 4 · 6 · 8 · 14 · 21 · 28 : 여서도, 5 · 11 · 12 : 연대도, 10 : 금굴, 13 : 구평리, 15 : 피난굴, 16~18 : 동삼동, 19 : 점말용굴, 20 : 공기2굴, 22 · 24~27 : 비봉리, 23 : 꽃병굴)

시대까지 사용된다. 사슴의 뿔이나 동물의 관상골을 정밀하게 가공하여, 두정부(頭頂部)에 구멍을 뚫은 형태이다. 현대의 바늘과는 재질만 다를 뿐 크기나 형태는 동일하다.

골침은 크기 따라 세형, 중형, 대형침으로 구분이 가능하며, 형태에 따라 용도를 달리 했을 것으로 보인다. 세형침(그림 18-1~3·10·13)은 고남리, 궁산, 상노대도, 구평리, 금굴 출토품 등과 같이 폭 2~5mm, 길이 10cm 전후 것으로 주로 의복을 수선하거나 가공하는 데 사용된 것으로 추정된다. 세형침은 중·대형과 달리 단면이 원형이다.

궁산패총에서는 바늘귀에 베실이 끼워진 채 출토되기도 하였다. 서포항패총 5기층에서는 10여점의 바늘과 침통이 출토되었는데, 특히 7호주거지에서는 길이 17.5cm, 직경 2cm의 침통에 바늘 3점이 들어 있다. 서포항 출토품은 길이 4~13cm, 폭 2~3mm이며, 바늘귀의 직경은 1mm 정도이다.

중형침(그림 18-17~23)은 동삼동, 점말용굴, 여서도, 비봉리, 공기2굴, 꽃병굴유적 등에서 출토되며, 크기는 폭 5~8mm, 길이 6~10cm 정도이다. 세형침에 비해 몸체가 납작하고 단면이 방형 내지 렌즈형을 이룬다. 대형침(그림 18-24~28)은 폭이 1~2cm 정도로 크고 납작한데 비봉리, 여서도 출토품이 대표적이다. 크기는 대부분 결실되어 불확실하나 잔존 상태로 보아 10cm 이상으로 생각된다. 중형과 대형침은 보통 샛바늘로 분류되며, 그물이나 편직물을 짜는데 이용되었을 것으로 추정된다. 골침은 소형품이라 유적에서 잔존하는 예가 드물어 출현 시기를 가늠하기 어렵지만, 조기말로 편년되는 여서도의 예로 보아 이른 시기부터 주요 생활도구로 널리 사용된 것 같다.

(5) 원판형골기(圓板形骨器)

고래의 추판을 특별히 가공하지 않고 도구로 이용한 것으로 동삼동패총 중기문화층에서 출토된 것이 유일하다(그림 22-13). 크기는 직경 30cm 정도이다. 용도는 불명이나 추판 중앙과 가장자리 부근에 마연 혹은 마모흔이 확인되는 것으로 보아 어떤 형태로든 사용되었음은 분명하다. 일본 구주의 조몬(繩文)시대 후기(기원전 2,000년 전후)에는 토기 제작 시에 받침대로 이용된 사례로 보아 토기제작이나 음식물을 조리할 때 사용되었을 것으로 추정된다.

(6) 골거(骨鋸)

골거(骨鋸)는 사슴뿔을 종으로 분할하여 한쪽 측면에 거치상의 인부를 가공한 형태이며, 부분적으로 결실되어 전체적인 형태는 알 수 없다. 동삼동패총 2층 출토품(그림 22-5)

이 유일하며, 석거로는 오산리 출토품이 있다. 용도는 대형어류나 해수류 등을 절단, 해체하거나 어류 비늘을 제거하는데 이용되었을 것으로 추정된다.

5) 장신구

장신구의 기원은 동물의 이빨이나 뼈, 옥 등을 가공한 주물(呪物)을 몸에 붙이는 것에 미의식이 가미되면서 발전한 것으로 후기 구석기시대에는 이미 원시적인 형태가 출현하여 사용된다. 그러나 사회·문화적 가치와 미의식이 결부되면서 다양한 형태의 장신구가 만들어지고 발전하는 것은 신석기시대부터이다. 신석기시대 장신구은 재질에 따라 석제, 골제, 패제, 토제 등으로 구분되며, 이들 장신구는 착용 부위와 소재의 선택 환경에 따라 적절하게 사용된다. 골제 장신구는 착용부위에 따라 수식, 두식(뒤꽂이), 족식(발찌)으로 구분할 수 있다.

(1) 수식

수식은 멧돼지, 고라니, 사슴뼈, 조류, 고래, 상어 이빨이나 뼈를 가공하여 한 점 또는 수점씩 끈으로 엮어 주로 목이나 가슴 장식으로 이용한 것이다. 수식은 소재가 갖는 형상적 특징을 그대로 이용한 것과 여러 가지 모양으로 가공한 것으로 구분된다.

연대도, 서포항, 여서도, 돈탁, 상노대도, 궁산패총 출토품(그림 19-15~20)은 동물의 관상골 특히 사슴 뼈를 추형으로 가공하여 머리 부분에 구멍을 뚫은 형태이다. 밑이 뾰족하고 두부가 넓은 것이 특징인데 형태적으로 삿바늘이나 두식과 비슷하나 크기나 가공형태에서 구분된다. 특히 연대도 출토품(그림 19-15)은 재질은 다르지만, 후포리유적 출토 匕狀(비상)옥기와 같은 형식적인 특징을 보인다. 옥의 확보가 쉽지 않은 당시에 소재를 달리하여 옥 장신구를 모방한 장신구로 추정된다.

여서도패총에서 다량으로 출토된 조골제 장신구(그림 19-23~25)는 일괄로 출토되지 않아 정확한 형태는 알 수 없으나 관상골을 적당한 크기로 절단하여 수식으로 사용한 것으로 추정된다. 크기는 일정하지 않으며, 길이는 2.45~9.7cm 정도이다. 동삼동, 궁산패총(그림 19-26~28)에서도 출토되나 그 양은 소량이다. 조골제 장신구가 유적에서 거의 출토되지 않은 것은 소재 확보의 어려움에 기인하는 것으로 보인다. 동삼동패총에서는 독수리 혹은 매의 발톱을 소재로 한 수식(그림 20-25·26)이 2점 확인되었는데, 장신구로서는 드문 예이다. 한 점은 구멍을 뚫어 수식으로 사용할 수 있도록 가공하였다.

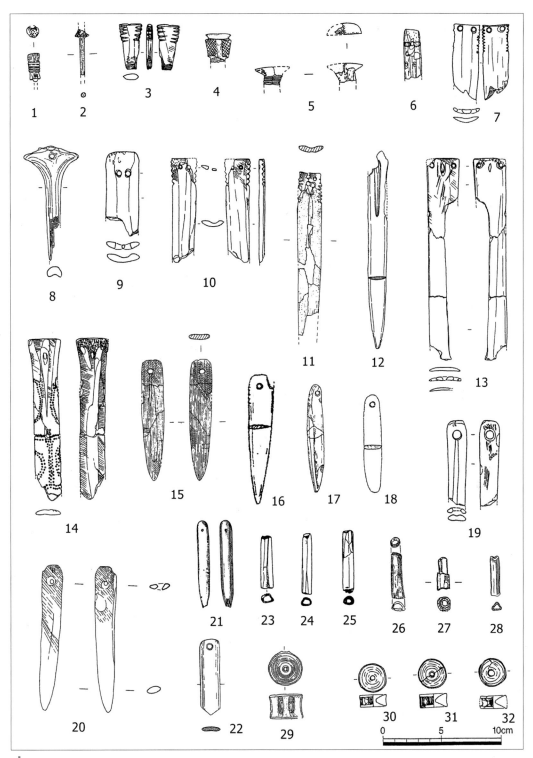

그림 19_ 장신구 (1·2·4·5·11·15 : 연대도, 6 : 송도, 3·7·9·10·13·14·19·23~25·30~32 : 여서도, 8·26·27·29 : 동삼동, 12 : 범방, 16~18 : 서포항, 20 : 돈탁, 21 : 상노대도, 22·28 : 궁산)

상어 추체와 이빨로 만든 것도 동삼동, 가덕도 장항, 황성동, 상노대도패총 등 여러 유적에서 출토되는데 보통 추체의 가운데를 구멍이 뚫어 사용한 것이 많다. 상어 추체로 만든 장신구는 이전(耳栓)으로서도 사용되었을 것으로 생각된다. 최근 장항유적에서 상어 이빨을 천공하여 수식으로 사용한 예가 확인되고 있는데(복천박물관 2011), 크기는 4.4cm 정도이다. 동일한 장신구는 일본 조몬문화에서도 확인된다(金子浩昌·忍澤成視 1986).

고라니나 멧돼지 견치 등 동물의 이빨을 가공한 수식으로는 동삼동, 안도, 금굴, 여서도, 서포항패총 출토품이 있다(그림 20-2~23). 아제 수식이 대부분의 유적에서 출토되는 것으로 보아 동물의 이빨은 가장 널리 사용되었던 장신구 소재로 보인다.

동삼동 출토품 중 그림 20-19는 고래 이빨을 종으로 쪼개 마연하고 가운데에 0.5cm 정도의 구멍을 뚫은 형태이며, 그림 20-13~15는 멧돼지 견치를 가공한 것이다. 상노대도 출토품(그림 20-16)은 고라니 견치 한쪽 끝에 천공하였으며, 여서도 출토품(그림 20-24)은 멧돼지 견치를 매미 모양으로 가공한 형태이다. 아제 장신구는 보통 한쪽 끝에 구멍이 있는 것으로 보아 수식으로 사용된 것으로 보이나 후술하는 연대도 출토품과 같이 족식으로도 사용된다.

수식은 신석기 조기부터 말기까지 사용되는데, 소재가 갖는 상징적인 의미로 보아 미적인 것 뿐만 아니라 초자연적인 힘을 빌리거나 벽사적인 목적으로도 사용되었을 것으로 추정된다.

(2) 발찌

발찌는 출토 예가 매우 드물어 출현 시기나 의미 등 전체적인 양상은 잘 알 수 없으나 신석기인이 머리나 손, 가슴장식 이외에 발목에도 장식했음을 보여 주는 중요한 자료이다. 현재 연대도패총 7호무덤 남성 인골의 발목에서 출토된 것(그림 20-1)이 유일한 자료이다. 연대도 발찌는 돌고래, 수달, 너구리의 이빨 124개를 연결하여 만든 형태인데, 같은 종류의 동물 이빨을 이용하지 않고 3종류를 혼합하고 있는 것이 특징이다. 일본에서는 山鹿貝塚 출토품이 알려져 있다.

(3) 뒤꽂이

뒤꽂이는 머리를 장식하는 장신구로 출토상태가 명확하지 않을 경우 일반 골각기와 구분하기 어려운 점도 있다. 그러나 정밀하게 가공되고 형태가 정연한 점에서 차별성이 보인다. 동삼동, 연대도, 여서도, 송도, 범방패총 출토품 등이 있다. 소재는 동물의 관상

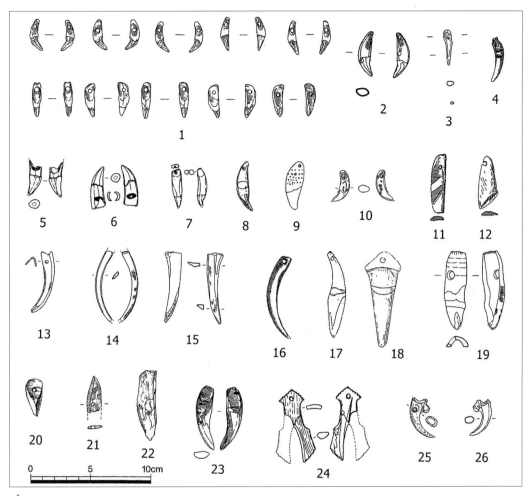

그림 20_장신구 (1 : 연대도, 2 : 안도, 3 : 꽃병굴, 4 : 금굴, 5~7 · 23 · 24 : 여서도, 8 · 9 · 11 · 12 · 17 · 18 : 서포항, 10 : 공기2굴, 13~15 · 19 · 25 · 26 : 동삼동, 16 · 20 : 상노대도, 21 · 22 : 욕지도)

골을 이용하는데 사슴의 견갑골과 중수·중족골이 많다.

형태에 따라 2종류로 구분되는데, Ⅰ류는 일부분만 남아 있어 전체 형태는 알 수 없으나 손잡이 부분이 다양한 모양으로 조각되어 있고 몸체가 세장한 것이 특징이다. 연대도(그림 19-1·2·4·5)와 여서도패총 출토품(그림 19-3)이 대표적이다. Ⅱ류는 여서도, 연대도 7호분, 범방패총 출토품(그림 19-9~14) 같이 끝이 뾰족하고 손잡이 부분이 넓은 형태이다. Ⅱ류는 형태적으로 보면 전술한 골도 혹은 비형골기와 유사하나 가공 정도나 크기, 두부 쪽에 1~2개의 구멍이 있는 점에서 구분된다.

범방패총 토광묘에서 출토된 사슴 견갑골제 뒤꽂이(그림 19-12)는 인골의 머리와 어깨 사이에서 출토되었는데, 크기는 길이 16cm, 너비 1.6cm이다. 출토상태로 보아 Ⅱ류가 머리 장식으로 사용되었음을 보여 주는 좋은 사례이다. 일부 연구자는 범방 출토품을 골도로 보기도 한다(김건수 1998). 여서도패총 출토품(그림 19-14)은 몸체에 기하학적 점열문이 장식되어 있는 것이 특징이다. 뒤꽂이의 크기와 형태가 다양한 것은 머리 모양이나 착용 방법과 관련이 있으며, 범방패총의 예로 보아 신석기 조기에 이미 사용되고 있음을 알 수 있다.

6) 의례구

자연의 변화에 좌우되는 환경 속에서 삶을 살아온 신석기인은 사고방식과 생활 자체가 종교적이고 의례적인 측면이 강했다. 신석기인의 정신세계와 사유의 흔적을 보여 주는 각종 의례와 신앙활동은 무형적인 행위이기 때문에 그 실체를 파악하기 힘들지만, 토우나 골우 등 특정 유물을 통해 어느 정도 짐작할 수 있다.

토우를 제외한 의례 혹은 종교적 기물로 추정되는 골제품은 동물과 인물상을 조각한 골우, 장식 골각기가 있다. 장식 골각기는 용도가 분명치 않고 정연성과 장식성에서 생업 도구와 구분되므로 일단 본고에서는 잠정적으로 의례구로 분류해 둔다.

(1) 골우(骨偶)

골우(그림 21-1~12)는 사슴, 멧돼지, 노루 등의 뿔이나 이빨, 관상골을 정밀하게 가공하여 동물이나 인물상을 조각한 것이며, 서포항패총을 중심으로 하는 한반도 동북해안지역에서 주로 확인되며, 다른 지역에서는 출토되지 않는 지역성을 보인다.

서포항 골우는 형상물의 대상에 따라 크게 인물상과 동물상으로 나누어진다. 인물상으로는 4기층의 21호주거지에서 출토된 인면형(人面形)골우(그림 21-4·5)와 입상(그림 21-8~9)이 있다. 인면형골우는 절반 이상이 결실되었으나 전체 모습은 알 수 있다. 얼굴 표현이 비교적 사실적으로 정밀하게 표현되어 있으며, 잔존 크기는 6.7cm 정도이다. 입상은 서포항 3기층에서 다량으로 출토되었는데, 손과 발을 생략하고 얼굴과 몸만 아주 간략하게 표현한 것으로 여성을 표현한 것으로 추정되고 있다(김원용 1982). 그러나 일부 골기(그림 21-8·10~12)는 머리 장식용인 뒤꽂이일 가능성도 있다. 그림 21-9는 몸체 중앙에는 7개의 점열이 원형으로 시문되어 있고 얼굴은 눈과 입만 음각으로 표현하였다. 크기는 10cm이다.

동물상(그림 21-6·7)은 머리 부분만 남아 있어 역시 전체 형태는 알 수 없으나 뱀과 사슴을 형상화한 것으로 추정된다. 보고자는 사슴 모양 골우를 망아지로 판단하고 있으나

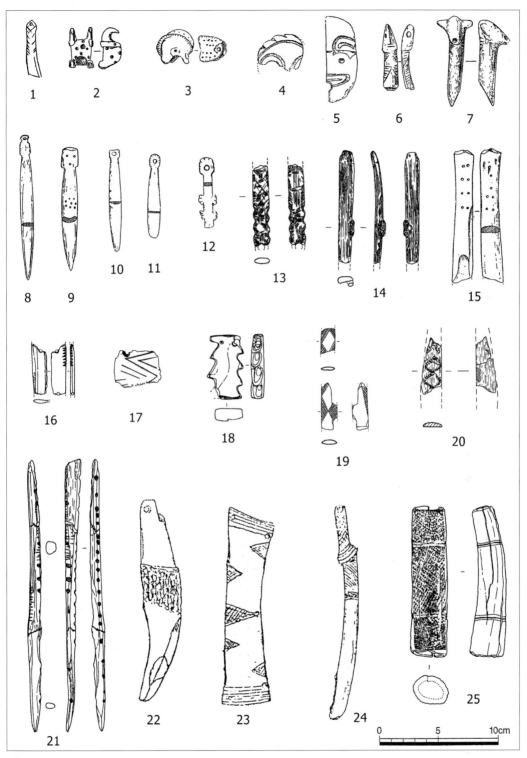

그림 21_골우 및 장식 골각기 (1~12·15·22~24 : 서포항, 13·14 : 동삼동, 16·18·21·25 : 여서도, 17 : 상시3그늘, 19 : 범방, 20 : 연대도)

망아지는 신석기시대에는 존재하지 않고 소재가 녹각인 점, 사슴이 신석기인들에 특별한 의미를 갖는 것으로 보아 사슴을 형상화한 것으로 보는 것이 좋다고 생각한다. 뱀모양 토우(그림 21-6)는 멧돼지 이빨을 가공한 형태인데, 머리와 몸체를 비교적 사실적으로 표현하였다. 그림 21-1도 뱀을 형상화한 것으로 보인다. 이밖에 노루 발 뒤꿈치뼈(그림 21-2)와 동물의 주상골(그림 21-3)을 소재로 한 것도 특정한 기물을 형상한 것으로 추정되나 구체적인 대상은 알 수 없다.

신석기시대 동물형 토우가 특정 동물을 신격화하여 숭배하는 토테미즘의 표현물일 가능성도 있다는 점을 염두에 둔다면, 서포항의 사슴과 뱀모양 골우 역시 수렵·어로 등 생업활동의 안전과 생산의 풍요를 기원하는 집단의 공동 의례나 혹은 벽사적인 주술구로 사용되었을 것으로 추정된다. 일부 연구자는 주술적 목적을 위해 제작된 호신부나 신앙적 도구(황용훈 1984)로 혹은 극도로 경화된 신상으로(김원용 1982) 파악하기도 한다.

(2) 장식 골각기

장식 골각기는 기형이 특이하고 기면에 다양한 문양 등을 시문한 이형 골각기를 지칭한다. 사슴뿔이나 관상골, 어류와 해수류 뼈 등을 이용하여 가공하는데, 생활용기와 달리 형태만으로 용도와 기능을 알 수 없다. 일부 골각기는 생활도구와 의례구로 사용되었을 가능성도 있다. 따라서 본고에서는 개별적으로 형태적인 특징만 살펴보기로 한다.

동삼동 출토품인 그림 21-13은 봉상으로 조각된 몸체에 선각으로 격자문을 시문한 형태이며, 그림 21-14는 휘어진 몸체 중앙에 돌출부를 갖는 것이다. 연대도 출토품(그림 21-20)은 돌고래 하악기를 가공한 것으로 기면에 점열 능형문이 음각되어 있다.

범방 출토품(그림 21-19)은 사슴 관상골을 정밀 마연하고 기면에 세격자문을 선각한 형태이다. 형태로 보아 뒤꽂이 가능성도 있다. 상시3그늘 출토품(그림 21-17)은 어류뼈에 빗살문을 선각한 것이다.

여서도 출토품 중 그림 21-16은 편이라 전체 모습은 자세하지 않으나 한쪽 끝에 천공과 측면에 각목이 되어 있다. 그림 21-18은 돌고래뼈를 톱날 같이 가공한 것이다. 그림 21-21은 동물의 관상골을 종으로 분할하여 첨두기 모양으로 만든 것인데 첨두기와 달리 인부가 마련되어 있지 않고 삼면에 점열상의 반관통 구멍이 여러 개 장식되어 있다. 그림 21-25는 녹각의 양단을 절단한 후 양끝에서 조금 떨어진 곳에 2조의 침선을 돌리고 이를 중심으로 격자문과 점열문을 정밀하게 전면 시문한 형태이다.

서포항 출토품 중 그림 21-22~24는 호신부로 보고된 것인데 용도는 알 수 없다. 그림

21-22는 사슴뿔의 가운데 부분만 자연면으로 남겨 두고 양쪽을 마연한 후 한 쪽 끝에 구멍을 뚫은 형태이다. 크기는 18cm이다. 그림 21-23은 사슴뿔을 종으로 절단하고 외면 양단에는 수조의 평행침선문을, 기면에는 삼각상의 문양을 시문한 형태이다. 기체의 네모서리와 중앙에는 구멍이 뚫려 있다. 크기는 16.5cm이다. 그림 21-24는 손잡이로 생각되는 부분에 평행문이 선각되어 있으며, 크기는 19.3cm이다. 형태는 칼처럼 보이나 용도는 알 수 없다. 그림 21-15는 서포항 4기층 출토품으로 동물뼈를 납작하게 마연하여 앞뒷면에 점열문을 음각한 형태이다. 크기는 10.5cm이다.

7) 기타 골각기

형태로 보아 용도와 기능이 불분명한 이형의 골각기들이 다수 존재한다. 연구자에 따라 용도를 특정하기도 하지만 검토가 필요하다.

그림 22-1은 숟가락모양 골기로 서포항 4기층에서 출토되었다. 이러한 형태의 골기는 서포항 유적의 청동기문화층과 나진초도, 연길 소영자 석관묘에서 확인된다. 일부 결실되어 정확한 용도는 알 수 없지만 북한 연구자들은 숟가락으로 보고 있다. 형태로 보아 음식물의 조리하거나 먹을 때 사용했을 가능성이 크지만, 신상으로 판단하는 연구자도 있다(김원용 1982).

그림 22-15는 서포항 4기층에서 출토된 것으로 고래뼈를 납작하게 가공한 것인데, 나무 노의 끝에 결박하여 사용한 노의 한 부분으로 보고 있다(김용간·서국태 1972). 그림 22-8~10은 서포항 2·3기층에서 출토된 것으로 동물뼈를 가공하여 양끝을 뾰족하게 마연하고 물고기모양의 유선형으로 만든 형태이다. 크기는 12~14.5cm정도이다. 작은 물고기 모형을 미끼로 하여 큰 물고기를 잡는 홀리개로 추정하고 있다(서국태 1986).

그림 22-2~4는 형태상으로 보아 기능이나 쓰임새를 알 수 없는 것이다. 잘 가공되어 있는 것으로 보아 특정 목적에 사용된 것은 분명한 것 같으며, 크기나 형태로 보아 토기 제작시 기면 정면 혹은 시문구로 사용되었을 가능성이 있다.

그림 22-6·11은 동삼동패총에서 출토된 것인데 고래뼈를 가공한 것이다. 상노대도 출토품(그림 22-7)은 첨두기 형태로 일부 결실되어 전체 모양은 알 수 없으며, 한 쪽 면에 선각문이 있다. 그림 22-12는 사슴 중수·중족골 양단을 정연하게 절단한 형태이다. 골각기를 가공하기 위해 마련한 재료로 생각된다.

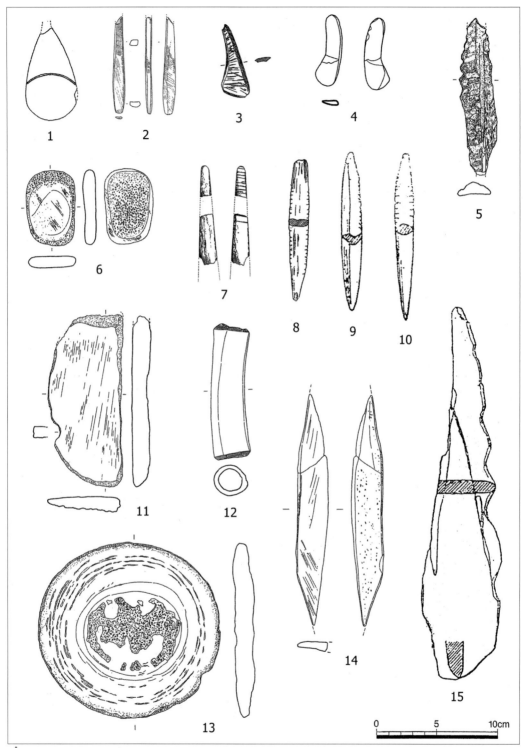

그림 22_기타 골각기 (1 · 8~10 · 15 : 서포항, 2 : 하모리, 3 : 점말용굴, 4 : 안도, 5 · 6 · 11~14 : 동삼동, 7 : 상노대도)

4. 골각기 양상과 변화

골각기는 토기나 석기와 달리 출토유적이 한정되어 있고 시기와 지역 간에 편차가 심하기 때문에 신석기시대 골각기 문화의 종합적 성격과 시기별, 지역별 양상을 구체적으로 파악하는데 많은 어려움이 있다. 이러한 점들은 앞으로 양호한 유적의 발굴과 관련 자료가 증가되면 구체적으로 검토될 것으로 생각되지만, 본고에서는 앞서 살펴본 내용을 정리하는 측면에서 남부 해안지역을 중심으로 골각기의 전개양상과 지역적 특징을 개략적으로 살펴보고자 한다.

1) 시기별 골각기 양상

남부 해안지역은 패총유적 조사가 많이 이루어져 타지역에 비해 골각기 자료가 풍부하여 시기별 변화상과 형식적인 특징을 어느 정도 알 수 있다. 특히 문화층별로 다양한 기종과 형식을 보여 주는 동삼동패총을 포함하여 여서도, 연대도, 황성동, 비봉리, 수가리패총 등은 골각기 도구 체계를 연구하는데 중요한 정보를 제공해 준다.

남부 해안지역의 골각기는 앞서 검토한 바와 같이 즐문토기문화 조기부터 말기까지 다양한 기종의 골각기가 지속적으로 일상생활과 생업도구로 사용된다. 그러나 한편으로는 시기적으로 혹은 지역적으로 기종조성과 형식적인 차별성도 보인다.

조기 단계의 골각기는 동삼동패총 8·9층, 범방패총 I · II기층, 세죽, 안도, 송도패총 등에서 보는 바와 같이 이후 시기에 비해 출토량이 적다. 기종은 기본적으로 결합식조침, 작살, 세형자돌구 등의 어로구와 생활용구인 첨두기, 비형골기, 골도, 골침, 장신구, 장식골각기로 구성되어 있다. 주로 어로구에 집중되며, 첨두기, 비형골기, 골도 등의 생활용구류의 비중은 낮다. 그러나 연대도패총의 예로 보아 중수·중족골제 첨두기는 생활도구로 널리 사용된 것으로 보인다.

어로구 중 결합식조침이 특히 많은 비중을 차지하며, 수량은 적지만 고정식의 역자형, 사두형, 침형작살, 분리식 회전형작살, 세형자돌구도 사용된다. 범방과 안도패총에서 각 1점씩 출토된 회전형작살은 전기 이후부터 성행하는 II, III형 회전형작살의 선행 형식으로 추정되며, 연대도에서 다량으로 출토되는 침형작살은 말기까지 주요 어로구로 사용된다.

장신구의 양은 많지 않지만, 연대도패총에서는 다양한 뒤꽂이와 발찌 등도 확인되며, 조기말의 여서도패총에서는 아제수식을 비롯하여 조골제 수식과 장식골각기가 새로운 기종으로 나타난다.

조기의 이러한 골각기 조성은 조기 말로 추정되는 여서도패총 단계가 되면 약간의 변화가 일어나는데, 기종과 수량이 풍부해지고 결합식조침이 증가하는 양상을 보인다. 뿐만 아니라 앞 단계에서는 보이지 않던 역T자형조침과 여서도형작살이 출현하고 외기식 침부를 갖는 결합식조침이 새로운 형식으로 사용된다.

이밖에 지역은 다르지만, 서포항 1, 2기의 작살, 세형자돌구, 골도, 골창, 골촉, 아겸, 아제수식 등의 기종구성과 영월 공기2굴 출토 분리식 다기형작살도 조기 단계의 골각기 조성으로 볼 수 있다. 특히 서포항 1, 2기의 작살 형식과 골창, 골촉, 아겸의 존재는 남부 해안지역 골각기 조성과 구분되는 지역색으로 생각되지만, 어로구 중심으로 기종이 구성되어 있다는 점에서 유사한 면도 있다.

이상의 조기 골각기는 조침과 작살을 중심으로 한 어로구가 큰 비중을 차지하며, 첨두기류와 비형골기 등 생활도구의 비율은 낮았다고 생각된다. 조사의 한계인지 유적 성격상에 의한 것인지 면면한 검토가 필요하다.

전기의 골각기는 결합식조침, 침형작살, 여서도형작살, 회전식작살, 세형자돌구, 첨두기, 비형골기, 골침, 골도, 아겸, 아도, 빗창, 장신구 등이 있다. 기종조성에서 조기와 별다른 변화를 보이지 않으며, 어로구의 비중이 높고 생활도구의 양이 적은 편이다. 전기에는 조기에서 보이는 않는 채집, 농경구로 알려진 아겸, 뒤지개, 아도 등이 궁산, 가도, 노래섬유적에서 출토되고 있는데, 남해안지역에서는 현재까지 출토되지 않는 기종이다. 이들 기종을 농경구로 볼 수 있다면, 남해안지역에서 출토되지 않는 현상은 아마 석제품을 농경구로 이용했을 가능성이 있다. 빗창은 여서도패총의 예로 보아 조기 말에 출현하지만, 노래섬, 까치산, 동삼동패총 3차 조사 자료로 보아 전기에 암초성패류 채취구로 성행하며, 이후 말기까지 존속한다.

조침과 작살은 앞 단계에 이어 주류를 이루는 기종이다. 조기말에 서남해안을 중심으로 유행하는 여서도형작살 역시 가거도 출토 사례로 보아 여전히 사용된다. 결합식조침의 침부는 조기 단계에는 미늘이 내기형 Ia류가 주류를 이루는데 비해 외기형 Ib류가 전기에 새로운 형식으로 출현하여 성행한다. 그리고 회전식 작살도 조기에 비해 양적으로 증가한다.

노래섬 가지구와 가도에서 출토된 결합식조침의 축과 침부, 회전형 분리식작살은 남해안의 특징적인 형식으로 서해안지역의 어로구에 기본적으로 결합식조침이 보이지 않는 것으로 보아 이들 자료는 남해안 어로구와 관련이 있는 것으로 추정된다. 이러한 사실은 서해안지역에 영선동식토기문화가 유입되는 것과 같은 맥락에서 볼 수 있다.

중기 단계는 기본적으로 앞 시기와 같은 기종구성을 보이지만, 서해안과 동해안지역과 달리 기종구성이 다양하고 양적으로 급증하는 양상을 보인다. 동삼동패총을 중심으로 남해안에서 집중적으로 출토하는 회전형 분리식작살, 역자식, 사두식, 침형 고정식작살, 역T자형조침, 결합식조침, 세형자돌구는 전후 시기보다 형식적으로 다양할 뿐만 아니라 양적으로도 높은 점유율을 보인다. 특히 작살의 다양성은 중기단계에 어로 기술이 발달되었음을 보여 주는 사례로 볼 수 있다.

전기에 서남해안지역에서 유행하는 여서도형작살은 이 시기에는 보이지 않는다. 가거도패총의 말기층에서 보이는 것을 전기문화층에서 이동된 것으로 볼 수 있다면, 여서도형작살은 전기 이후에는 사라지는 것으로 추정된다. 측면결합식 조침과 동삼동 5층에서 출토된 서포항형 작살은 동북해안지역 어로문화의 영향으로 이시기에 새로운 형식으로 출현한 것으로 보인다.

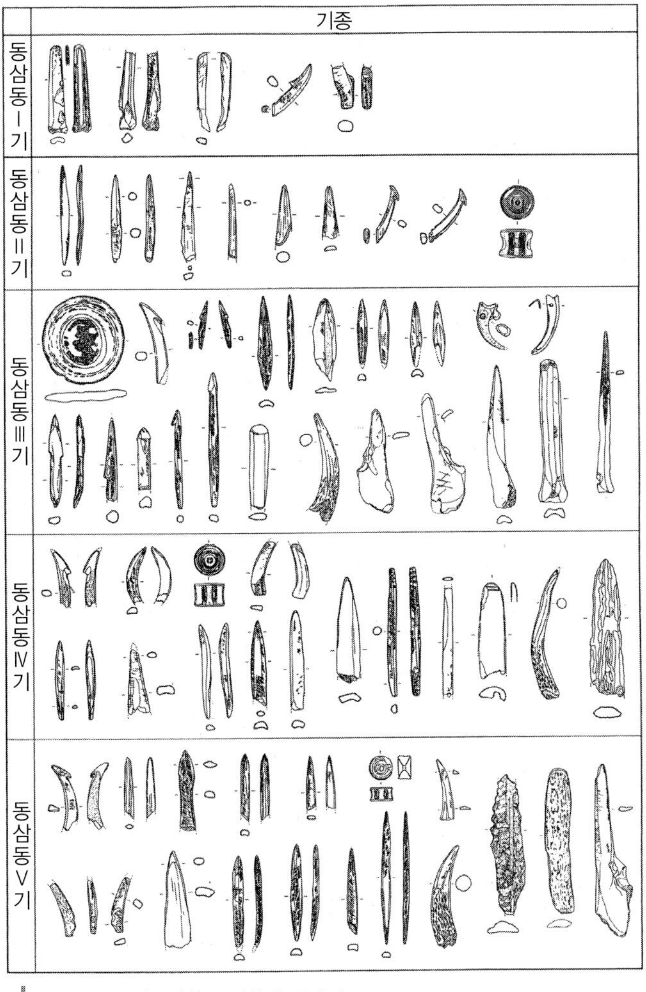

그밖에 비형골기와 중수·중족골, 척골, 경골, 녹각제로 만든 첨두기류도 양적으로 증가할 뿐만 아니라 정형화된 모습을 보여 준다. 이러한 사실은 첨두기가 생활도구로서 주류를 이루면서 사용 목적에 맞게 첨두기구가 기능 분화되었음을 반영한다. 한편 독수리(매)의 발톱과 멧돼지의 견치를 이용한 수식과 고래뼈를 가공한 원판형골기와 이형골기는 이전 시기에서는 보이지 않는 기종이다.

중기 단계의 골각기 다양성과 양적인 증가는 동삼동패총 부산박물관 조사구역에

그림 23_동삼동패총 문화층별 골각기〈축적부동〉

서 출토된 골각기의 시기별 출토 양상에서도 찾아 볼 수 있다(그림 23). 분석결과에 따르면 전체 시기 중 중기문화층에서 60%를 차지하는 현상을 보이고, 이후 후기와 말기문화층에서는 출토량이 감소하는 경향을 보인다(하인수 2009a).

동삼동패총에서 나타나는 중기 단계의 골각기 급증 양상과 기종의 다양성은 여러 가지 면에서 중요한 의미를 내포하고 있다고 생각된다. 물론 이러한 양상이 남해안 전 지역에서 나타나는 동일한 현상으로 간주할 수 있는지 여부는 좀 더 검토가 필요하지만, 이를 적극적으로 해석한다면 중기 단계에 골각기가 급증하고 다양한 기종구성을 보이는 것은 즐문토기 사회가 이전과 달리 생업구조와 생계양식에서 다변화되는 현상과 관련이 있을 것으로 생각된다(하인수 2009b).

동시기로 추정되는 서포항 3, 4기층에서 출토되는 동물형 골우와 입상, 인면상 골기, 장식골각기, 분리식 다기형작살, 서포항형 작살, 골촉 등은 남부 해안지역과 다른 이 지역의 특징적인 기종이다.

후·말기의 골각기는 관련 자료가 부족하여 그 양상이 불투명한 점도 없지 않으나 기본적으로 중기 이후의 기종 조성을 그대로 유지하며, 생업도구로써 높은 비중을 차지한다. 동삼동패총의 예로 본다면 중기에 비해 그 양이 감소하는 경향은 있지만, 첨두기와 어로구의 비율이 높은 편이다. 침형, 사두형 고정식작살, 분리식 회전형작살, 세형자돌구, 빗창 등의 어로구는 형태적으로 큰 변화없이 계승되나 조침은 이전과 다른 양상을 보인다. 특히 정면결합식의 IV류 침부는 구평리, 하모리유적 등 후기유적에서 출토예가 많은 것으로 보아 후기에 성행하는 것으로 추정된다. 첨두기류와 비형골기, 장신구는 중기에 이어 지속적으로 사용된다.

동시기의 서해안과 동해안, 내륙지역의 골각기 양상은 자료가 부족하여 전반적인 양상은 알 수 없으나 전체적으로 남해안에 비해 유적의 규모와 관계없이 기종구성이 단순하고 출토량이 적은 경향을 보인다. 이러한 현상이 유적조사에 따른 일시적인 것인지 혹은 생업환경의 변화에 따른 사회적 현상과 관련이 있는지 앞으로 검토가 필요하다.

2) 골각기의 지역성

앞에서도 언급한 바와 같이 골각기는 유적의 성격과 소재의 물리적 한계로 지역적 편차가 많기 때문에 현 시점에서 골각기의 지역적 양상을 구체적으로 살펴보는데 어려움이 있지만 신석기 지역문화의 동태와 생업환경을 이해한다는 측면에서 간단하게 언급해두고자 한다.

골각기는 토기나 석기와 마찬가지로 지역 혹은 집단의 문화적 배경과 생업환경, 생계 방식 등에 따라 다양한 양상을 보인다. 도구체계라는 큰 틀에서 본다면 지역을 초월하여 공통성도 보이지만, 세부적으로는 지역 공동체 내에서의 점유 현상과 사용빈도, 특정 형식의 존속 여부 등에서 지역적 특색을 갖는다. 그런 의미에서 한반도 골각기는 분포양상에 따라 크게 남해안, 서해안, 동해안, 내륙지역의 4개 권역으로 나눌 수 있을 것이다. 이들 권역의 골각기가 어떠한 지역성을 보이고 변천해 가는지는 앞으로 연구되어야 할 과제지만, 여기서는 현재 조사된 자료를 중심으로 나타나는 지역성 양상과 특징에 대해서 간단히 언급해두고자 한다.

남해안지역의 골각기는 기본적으로 서해안 및 동해안지역과 동일한 양상을 보이지만, 기종구성과 특정 기종에서 차별화되는 지역색을 보인다. 대부분의 골각기는 생산용구인 결합식조침과 작살, 세형자돌구 등 어로구에 집중되어 있고 생업도구와 첨두기, 비형골기 등의 생활용구가 타지역에 비해 활발하게 제작되고 폭 넓게 사용되었던 것으로 보인다.

특히 결합식조침, 회전형 분리식작살, 여서도형작살은 타지역에서 거의 출토되지 않는 남해안지역의 특징적인 어로구라고 할 수 있다. 이에 반해 동해안과 서해안에서 보이는 수렵구나 농경구는 거의 보이지 않는다.

한편 외래계문화가 유입되면서 새로운 형식의 골각기가 출현하여 생업에 사용되기도 하는데, 대표적인 것이 서포항형 분리식작살, 역'T'자형조침, 상노대도패총에서 출토된 하면결합식조침이다. 이들 형식은 남해안지역에서 거의 보이지 않으며 주변지역에서 발달하고 성행한 어로구인데, 회전식작살은 동해 북부지역, 역'T'자형조침은 발해만 연안지역, 하면결합식조침은 일본 서북구주지역과 관련성을 갖는 것으로 추정된다. 그러나 출토량이 적고 분포양상이 산발적인 점을 미루어 본다면 그다지 성행하지 않았거나 제한적으로 사용된 것으로 보인다.

남해안의 골각기는 아직 자료가 부족하고 그 성격이 불투명한 점도 없지 않으나 현상을 그대로 이해한다면 재지의 어로체계와 도구를 바탕으로 주변지역의 어로문화를 수용하면서 전개해 갔던 것으로 생각된다. 특히 다양한 어로구의 발달은 타지역 골각기 문화와 구별되는 남해안의 특징적인 것이라고 할 수 있다.

그것은 내만과 다도해로 구성된 지리적 조건과 환경적 요인이 배경으로 작용했기 때문이라 생각된다. 그리고 조기부터 해양을 주요 생업무대로 활동한 이 지역 즐문토기인의 생활과 생계방식도 타지역 골각기문화와 차별화하는 동인이 되었을 것으로 보인다.

서해안지역의 골각기는 관련 유적과 출토량이 적어 전체적인 골각기의 양상과 특징이 불투명하다. 기본적인 도구 조성은 고정식작살, 결합식조침 등의 어로구, 괭이(뒤지개), 아겸, 아도 등의 채집 농경구, 첨두기류 등의 생활용구, 장신구로 구성되어 있지만 남해안에 비해 종류가 단순하고 다양성이 부족하다. 그러나 멧돼지 견치를 가공한 아겸, 아도, 녹각제 괭이 등의 채집·농경과 관련된 도구 비중이 타지역에 비해 높으며, 고남리와 궁산패총에서 출토되는 단식조침과 사슴의 중수골, 척골, 녹각 선단 일부를 뾰족하게 가공하여 송곳 형태로 만든 첨두기

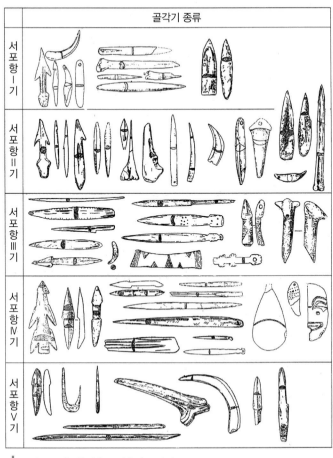

골각기 종류

서포항 I 기
서포항 II 기
서포항 III 기
서포항 IV 기
서포항 V 기

그림 24_서포항패총 문화층별 골각기〈축척부동〉

류는 남해안지역에서 거의 출토되지 않는 형식이다.

이에 반해 결합식조침, 작살, 세형자돌구 등 어로구와 첨두기류의 종류와 양이 상대적으로 남해안과 동해안지역에 비해 극히 적은 특징을 보여 준다. 일부 결합식조침과 작살이 노래섬과 가도 등에서 출토되고 있지만 전술한 바와 같이 이들 도구는 재지계가 아니고 남해안 골각기문화의 영향으로 출현한 것이다. 어로구의 비율이 현저히 적고 특히 분리식 작살류가 거의 보이지 않는 것은 유적 조사의 부재도 있겠지만, 어로환경과 방식의 차이가 일차적인 원인으로 작용했을 것으로 추정된다. 서해안지역이 남해안과 달리 마제석기로 만든 어로구의 비중이 높은 것과의 관련성도 검토해 볼 필요가 있다.

동해안지역의 골각기 역시 서해안과 마찬가지로 조사 사례가 적어 그 양상이 불투명한 편이지만 서포항유적 출토 골각기(그림 24)를 통해 어느 정도 그 일면을 엿볼 수 있다.

기종은 수렵, 어로, 채집·농경과 관련된 생업도구와 첨두기 포함한 식기, 골침, 침통 등의 생활용구, 장신구 및 의례구로 구성된다.

골각기의 종류와 기종조성은 기본적으로 남해안지역과 유사하나 기종별 점유 형태와 형식적인 특징에서 지역색을 보인다. 분리식 다기형작살과 회전형작살, 단식조침, 홀리개 등의 어로구와 동물형 골우와 인물형 입상, 인면형골기, 장식골기 등의 의례구, 골촉 및 골창의 존재는 다른 지역 골각기와 뚜렷이 구분되는 특징이라고 할 수 있다.

특히 양기(역자)형 작살과 서포항형 분리식작살, 단식조침은 동해 북부 해안지역의 특징적인 어로구로 발달하며 출토량도 많다. 이와 더불어 골우 등의 의례구와 골촉, 골창도 타 문화권에서 볼 수 없는 것이다. 그러나 결합식조침와 역T자형조침, 세형자돌구, 분리식 유선형작살 등 남해안지역의 어로구와 빗창, 비형골기는 거의 보이지 않는다.

동해 북부 해안지역의 골각기는 서포항 3기를 중심으로 시기별 기종구성과 형식적인 차이도 있지만 전체적으로 본다면 기종조성과 형식적인 측면에서 남해안 및 서해안과 명확히 구별되는 독특한 지역성을 보여 준다.

내륙지역은 공기2굴, 꽃병굴, 상시3그늘, 금굴, 점말용굴유적 출토품을 통해 볼 때 타 지역과 마찬가지로 침형작살, 다기형작살, 단식조침, 세형자돌구, 첨두기, 골침, 아겸, 장신구 등의 어로구와 생활용구 중심의 기종조성을 보인다. 대부분 동굴유적에서 출토되고 관련 유적이 적어 상대적으로 해안지역에 비해 양이 적고 기종이 제한되어 있다. 그러나 소재가 수렵과 어로를 통해 쉽게 획득될 수 있고 가공도 용이하기 때문에 일상용구와 생업도구로도 널리 이용되었을 것으로 생각된다.

현 상황을 그대로 이해한다면, 사용 영역별 기종이 단순한 편이고 어로구보다 첨두기나 골침 등 생활도구의 비중이 높은 양상을 보인다. 물론 일부 유적에서 작살 등 어로구가 출토되고 있으나 그 양은 매우 적다. 이러한 양상은 해안지역과 다른 생업환경에 기인하는 것으로 이해할 수 있을 것이다.

이상에서 지역별 골각기의 양상과 특징에 대해 개략적으로 살펴보았는데, 공통성도 있지만 시기와 지역에 따라 기종조성과 형식적인 차별성도 간취된다. 이러한 차별성은 지역 문화의 배경과 생업환경에 따른 생산활동 방식과 생계유형이 지역적으로 상호 다르게 전개된데 기인하는 것으로 추정된다.

5. 맺음말

이상에서 한반도 신석기시대 골각기에 대해 기존 연구 성과와 최근 발굴 자료를 정리하여 개략적으로 살펴보았다. 그러나 관련 자료의 부족으로 일부 골각기에 대해서는 피상적으로 다룰 수 밖에 없었고 논지 전개 역시 무리가 있음을 자인하지 않을 수 없다. 이러한 점들은 차후 수정 보완하여 다시 검토하고자 한다.

신석기시대 골각기는 도구체계 속에서 중요한 축을 이루고 있을 뿐만 아니라 생업영역과 일상생활 속에서 차지하는 비중이 매우 높음에도 불구하고 그동안 충분한 연구가 이루어지지 않아 시기별 변천과정과 지역적 특색 등 문화적 실체가 불투명한 실정이라 할 수 있다. 이러한 점은 앞으로 구체적이고 지속적인 연구를 통해 논의되고 해결해야 할 과제라고 생각된다.

앞서 언급한 바와 같이 특정 시기를 중심으로 골각기의 조성과 기종의 변화가 간취되고, 지역성도 보인다는 점에서 앞으로 이에 대한 구체적인 검토가 뒤따라야 하며, 골각기 문화의 출현과 전개 양상을 구체적으로 이해하기 위해 주변지역과의 비교 검토도 요구된다. 뿐만 아니라 골각기의 도구체계를 분명히 하기 위해, 연구자 간에 혼선을 보이는 분류체계와 용어 개념에 대한 연구도 진행되어야 할 것으로 생각된다.

참고 문헌

甲元眞之 編, 1998, 『環東中國沿岸地域の先史文化』, 下田印刷.

甲元眞之, 1997, 「黃渤海沿岸地域の先史時代漁撈文化」, 『先史學 · 考古學論究 II』, 龍田考古會.

甲元眞之, 1999, 「環東中國海の先史漁撈文化」, 『文化部論叢』65, 熊本大學文學會.

江坂輝彌 · 渡邊誠, 1988, 『裝身具と骨製漁撈具の知識』, 東京美術.

경남고고학연구소, 2006, 『늑도패총 IV』A지구 패총.

경남발전연구원 역사문화센터, 2009, 『부산 죽림동유적』.

고고학 및 민속학연구소, 1957, 『궁산원시유적발굴보고서』, 과학원출판사.

고고학연구실, 1957, 「청진 농포리 원시유적발굴보고」, 『문화유산』1957-4.

국립광주박물관, 1989 · 1990, 『돌산 송도』 I · II.

국립광주박물관, 2006, 『신안 가거도패총』.

국립광주박물관, 2009, 『안도패총』.

국립김해박물관, 2008, 『비봉리』.

국립김해박물관, 2012, 『비봉리』Ⅱ.

국립문화재연구소, 2002, 『소연평도패총』.

국립문화재연구소, 2003, 『연평 모이도패총』.

국립문화재연구소, 2005, 『대연평도 까치산패총』.

국립문화재연구소, 2012, 『한국고고학전문사전 신석기시대편』.

국립중앙박물관, 2002~2004, 『東三洞貝塚Ⅰ~Ⅲ』.

국립중앙박물관 · 국립춘천박물관, 2013, 『영월 공기2굴 · 꽃병굴 동굴유적』.

국립진주박물관, 1989, 『욕지도』.

국립진주박물관, 1993, 『연대도』Ⅰ.

국립진주박물관, 1999, 『목도패총』.

金建洙, 2007, 「韓半島における新石器時代の銛について」, 『列島の考古學Ⅱ』, 渡邊誠先生古稀記念論文集.

김건수, 1998, 「우리나라 골각기의 분석적 연구」, 『호남고고학보』8, 호남고고학회.

김건수, 1999, 『한국 원시고대의 어로문화』, 학연문화사.

김건수 · 이순엽, 1999, 「여수 거문도와 순죽도의 신석기시대 패총」, 『순천대학교박물관지』창간호.

김아관, 1993, 「한국 신석기시대의 골각기연구」, 한양대학교 석사학위논문.

김용간, 1990, 『조선고고학전서 ―원시편』, 과학백과사전종합출판사.

김용간 · 서국태, 1972, 「서포항 원시유적 발굴보고」, 『고고민속논문집』4집.

김원용, 1982, 「한국 선사시대의 신상에 대하여」, 『역사학보』94 · 95.

김은영, 2010, 「러시아 연해주와 주변지역 신석기시대 전기 토기의 편년과 동태」, 『고문화』제76집.

金子浩昌, 2002, 「韓國新石器時代 貝塚과 漁撈活動」, 『한국 신석기시대의 환경과 생업』, 동국대학교 매장문화재연구소.

金子浩昌 · 忍澤成視, 1986, 『骨角器の硏究繩文編Ⅰ · Ⅱ』, 慶友社.

金子浩昌 外, 1981, 「김해수가리패총 출토 골각패제품 및 동물유체」, 『김해수가리패총』Ⅰ, 부산대박물관.

김재윤, 2009, 「서포항 유적의 신석기시대 편년 재고」, 『한국고고학보』71, 한국고고학회.

김충배, 2002, 「신석기시대 낚시바늘 연구」, 한양대학교 석사학위논문.

단국대학교박물관, 1993, 『사천 구평리유적』.

大竹憲治, 1989, 『骨角器』, ニューサイエンス社.

데.엘.브로디안스키 저(정석배 역), 1996, 『연해주의 고고학』, 학연문화사.

渡邊誠, 1985, 「西北九州の繩文時代漁撈文化」, 『列島の文化史』2.

渡邊誠, 1993, 『繩文時代の知識』, 東京美術.

도유호 · 황기덕, 1957, 『궁산원시유적발굴보고』.

동국대학교매장문화재연구소, 2007, 『울산세죽유적Ⅰ』.

목포대학교 박물관, 2007, 『완도 여서도패총』.

목포대학교 박물관, 2012, 『광양 오사리 돈탁패총』.

박종진, 1991, 「한반도 선사시대 골각기 연구」, 경희대학교 석사학위논문.

박호석·안승모, 2001, 『한국의 농기구』, 어문각.

복천박물관, 2011, 『선사고대의패총 – 특별전 도록』.

부산대박물관, 1981, 『김해수가리패총』Ⅰ.

부산대학교 박물관, 1965, 『농소리패총발굴조사보고서』.

부산대학교 박물관, 1994, 『청도 오진리 암음유적』.

부산박물관, 1996, 『범방패총』Ⅱ.

부산박물관, 2007, 『동삼동패총정화지역 발굴조사보고서』.

사회과학원력사연구소, 1979, 『조선전사 1 – 원시편』, 과학백과사전출판사.

사회과학원력사연구소, 1991, 『원시사 – 조선전사 개정판』, 과학백과사전종합출판사.

서국태, 1986, 『조선의 신석기시대』, 사회과학출판사.

서울대박물관, 1988, 『오이도패총』.

손보기, 1982, 『상노대도의 선사시대 살림』, 수서원.

송은숙, 1991, 「한국남해안지역 신석기문화에 대한 고찰」, 서울대학교 석사학위논문.

연세대학교 박물관, 2009, 『영월 연당 피난굴(쌍굴)유적』.

연세대학교 박물관, 2009, 『제천 점말동굴유적 종합보고서』.

원광대박물관 외, 2002, 『노래섬Ⅰ』.

이상규, 2013a, 「신석기시대 골제 자돌구에 관한 연구」, 부산대학교 석사학위논문.

이상규, 2013b, 「신석기시대 골제 자돌구의 제작과 용도」, 『영남고고학』65호, 영남고고학회.

이영덕, 2006a, 「서·남해안 신석기시대의 어로구와 어로방법」, 『신석기시대의 어로문화』, 동삼동패총전시관.

이영덕, 2006b, 「신석기시대 잠수작살의 가능성」, 『한국신석기연구』11, 한국신석기학회.

이향숙, 1987, 「한국 선사시대 간뼈·조가비 연모의 연구」, 연세대학교 석사학위논문.

임상택, 2006, 『한국 중서부지역 빗살무늬토기문화 연구』, 서울대학교 박사학위논문.

長崎縣縢峰町教育委員會, 1989, 『佐賀貝塚』.

장명수, 1991, 「신석기시대 어구의 형식분류와 편년 연구」, 중앙대학교 석사학위논문.

제주대박물관, 1988, 『북촌리유적』.

제주문화예술재단, 2006, 『제주 하모리유적』.

中尾篤志, 2005, 「鯨骨製アワビオコシの擴散とその背景」, 『西海考古』, 西海考古同好會.

최득준, 2012, 「한반도 신석기시대 결합식조침에 대한 연구」, 부산대학교 석사학위논문.

최몽룡·이헌종·강인욱, 2003, 『시베리아의 선사고고학』, 주류성.

최삼용, 2000, 「서부유럽의 후기구석기시대 뼈연모」, 『한국구석기학보』2, 한국구석기학회.

최삼용, 2005, 「신석기시대 뼈연모 제작기술 연구」, 『한국신석기연구』10, 한국신석기학회.

최종혁, 2001, 「생산활동에서 본 한반도 신석기문화」, 『한국신석기연구』2, 한국신석기학회.

충남대박물관, 2001, 『가도패총』.

하인수, 2006a, 「동남해안지역의 신석기시대 어로구」, 『신석기시대의 어로문화』, 동삼동패총 전시관.

하인수, 2006b, 「신석기시대 골각기의 양상」, 『한국신석기연구』11, 한국신석기학회.

하인수, 2009a, 「남해안지역 중기 즐문토기 사회의 동향」, 『한국상고사학보』66, 한국상고사학회.

하인수, 2009b, 「신석기시대 남해안지역의 골각기문화에 대한 고찰」, 『고문화』제73집.

하인수, 2010, 「범방유적의 석기검토」, 『부산대 고고학과 창립20주년기념논문집』.

한국문물연구원, 2012, 『울산 황성동 신석기유적』.

한국문화재조사연구기관협회, 2010, 『한국의 조개더미(貝塚) 유적』.

한양대박물관, 1990~98, 『안면도 고남리패총 2~8차』.

한영희 · 임학종, 1991, 「연대도 조개더미 단애부 II」, 『한국고고학보』26, 한국고고학회.

戶澤充則編, 1994, 『繩文時代硏究事典』, 東京堂出版.

홍현선, 1987, 「상시3바위그늘의문화연구」, 연세대학교 석사학위논문.

황용혼, 1984, 「예술과 신앙」, 『한국사론』12, 국사편찬위원회.

橫山將三朗, 1933, 「釜山府絶影島東三洞貝塚報告」, 『史前學雜誌』5-4.

04

삼한 · 삼국시대의 골각기

최종혁 부경문물연구원 / 이영덕 호남문화재연구원

1. 머리말

동물의 뼈를 비롯해 뿔 · 이빨 등을 소재로 제작한 도구를 골각기로 부르고 있으며, 조가비를 이용해 제작한 도구 역시 큰 범주에서 골각기에 포함되고 있는 실정이다. 골각기는 구석기시대부터 사용되어 왔으나, 우리나라에서는 출토양이 적고 형태적으로 정형화되지 않은 것이 대부분인 반면, 신석기시대부터 정형화된 골각기가 많이 출토하고 있으며 종류도 다양해져 철기시대까지 계속해서 사용됨으로써 선사 · 역사시대에의 생활에 없어서는 안 될 도구이다. 우리나라는 토양이 산성이 강해 유기물질인 동물 뼈나 인골 등은 잔존할 가능성이 희박하지만, 알칼리성 띠는 패총 · 동굴유적이나 공기가 밀폐된 저습지유적과 같은 곳에서는 양호한 상태로 잔존하는 경우가 많다.

골각기는 돌과 나무와 같이 인류가 탄생하면서부터 지금까지 사용되는 도구로 인류 생활에 큰 역할을 한 것은 틀림없지만, 골각기의 연구는 미미한 실정이다. 또 골각기의 연구는 토기나 석기와 같이 그 자체의 연구보다는 생업을 비롯한 연구주제의 분석도구로 이용되는 경우가 많다. 그러나 최근 들어 패총이나 저습지유적의 발굴이 많아짐에 따라 골각기를 비롯해 자연유체의 출토양이 증가하고 그에 대한 관심과 중요도가 높아져 심도 있는 연구가 기대되는 실정이다.

따라서 본문에서는 삼한 · 삼국시대의 골각기에 대해 소개하고자 한다. 단, 조가비로 제작한 도구는 제외하였으며, 대상 유적 역시 제한을 두었다. 삼한 · 삼국시대의 골각기는 선사시대와 비교해 출토하는 유적 성격이 다양하여 패총과 동굴을 제외하고도 저습지 · 고분 · 주거지 등지에서도 많이 출토되고 있으나, 본문에서는 생활유적(패총 · 저습지 · 주거지)을 중심으로 살펴보았다.

2. 골각기의 소재와 종류

삼한 · 삼국시대는 선사시대와 달리 철이라는 새로운 소재가 출현하여 철기가 본격적으로 사용되어 생활전반에 많은 영향을 끼치는 시기이다. 그러나 골각기는 사용방법이 다양화되면서 계속 사용된다. 즉, 선사시대와 같이 도구 자체로 사용되는 경우와 철기와 결합되어 사용되는 경우로 대별 된다. 그러면 골각기의 소재와 종류에 대하여 살펴보도록 하자.

1) 골각기의 소재

골각기는 글자 그대로 동물의 뼈와 뿔로 만든 도구로 그 재료는 동물의 뼈와 뿔을 비롯해 이빨 등이 사용된다. 동물은 주로 수렵과 어로, 사육에 의해서 획득된다. 이러한 생업활동은 주로 고기와 골수 등 먹거리 확보가 중심이다. 즉, 생업활동을 통해 먹거리를 확보한 후, 나머지 잔해(뿔 · 뼈 · 이빨 등)를 이용해 골각기의 소재로 이용하게 된다. 물론 먹거리가 목적이 아닌 생업활동도 동물 종류에서 알 수 있다.

삼한 · 삼국시대에 골각기 소재로 주로 이용되는 동물을 유적 출토에서 살펴보면, 사슴 · 고라니 · 멧돼지 · 소 · 강치 · 고래류 · 족제비 · 상어 · 가오리 등이 있다. 그 중 주체를 점하는 동물은 사슴科 동물로 선사시대와 같은 양상이다. 이와 같이 사슴과 동물은 우리나라에서 시기와 관계없이 골각기 소재로 가장 많이 사용된다.

골각기 소재로 사용되는 부위는 어느 정도 정해져 있어 사슴과는 뿔을 비롯해 견갑골 · 척골 · 경골 · 중수골 · 중족골 등이 있으며, 고라니는 사슴과 동물 중 유일하게 견치를 가지고 있어 견치를 사용하는 경우도 있다. 멧돼지의 경우도 사슴과 동물과 비슷하며 고라니와 같이 견치를 사용하는 경우가 많다. 소는 삼국시대부터 주로 확인되는데 주로 늑골이나 관골을 사용한다. 그 외 강치 · 족제비 · 상어는 이빨(견치), 가오리는 꼬리뼈, 고래는 늑골이나 척추 등이 사용된다.

2) 골각기 종류

골각기 종류로는 용도에 따라 분류하면, 생산용구·생활용구·비실용구로 크게 구분되는데 생산용구에는 화살촉·창·칼·줌통 등의 수렵구과 무기, 작살·찌르개(자돌구)·빗창 등의 어로구, 뒤지개·괭이 등의 채집·농경구가 있으며, 생활용구에는 망치와 쐐기·바늘·송곳·첨두기·刀子柄 등의 가공구, 비실용구로는 머리장식(뒤꽂이와 빗)·수식 등 치레걸이로 대표되는 장신구와 복골·각골 등의 의례구가 있다.[01]

표 1_삼한·삼국시대 골각기 종류와 소재

		종류	소재(동물)	부위
생산용구	수렵구·무기	화살촉, 검, 줌통, 명적	사슴科, 멧돼지, 소(?)	중수골, 중족골, 늑골
	어로구	낚시, 작살, 찌르개(자돌구), 빗창	사슴科, 멧돼지, 고래, 가오리	중수골, 중족골, 뿔, 늑골, 꼬리뼈
	채집·농경구	괭이, 뒤지개, 낫, 박자형녹각제품	사슴科	뿔
생활용구	가공구	쐐기, 바늘, 침, 송곳, 첨두기, 도자병	사슴科, 멧돼지, 가오리	뿔, 중수골, 중족골, 척골
		이형 골각기	사슴科	뿔, 중수골, 중족골
비실용구	장신구	머리장식(뒤꽂이·빗), 수식 등	개, 멧돼지, 강치, 상어, 사슴科	이빨, 척추, 늑골
	의례구	복골, 각골	사슴科, 멧돼지, 소	뿔, 견갑골, 관골

3. 기종과 특징

1) 수렵구·무기류

(1) 화살촉

촉은 보통 유경식과 무경식이 있다. 삼한·삼국시대의 촉은 대부분 유경식이다.

삼한시대 촉의 크기는 6~13cm 정도로 다양하며 슴베의 길이나 무게 등 속성이 달라 포획대상의 차이 또는 무기로 사용되었을 가능성도 배제할 수 없다. 소재는 사슴뿔을 비롯해 중수골과 중족골을 주로 사용하였으며, 해남 군곡리패총에서는 어골을 이용한 것이 1점 있다.

삼국시대 촉의 크기는 6~16cm 정도로 다양하며 평면형태도 세장한 삼각추형, 사각추

---

01 그 외 고분에서 출토되는 골각기로는 화살·활고자·고달과 오늬·무기 장식구 등의 무기류와 안교장식·안교손잡이·재갈 등의 마구 부속구 등이 있고, 멧돼지 견치를 이용한 팔찌 등도 있다.

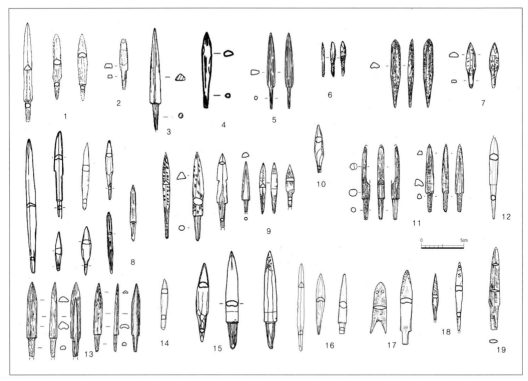

그림 1_골촉 (1 : 군산 남전, 2 : 나주 수문, 3 : 보선 조성리, 4 : 순천 좌야, 5 : 인천 운남동B1, 6 : 제주 종달리, 7 : 인천 운남동A, 8 : 해남 군곡리, 9 : 경산 임당동, 10 : 김해 부원동, 11 : 부산 고촌리, 12 : 부산 분절, 13 : 창원 신방리, 14 : 양상 다방리, 15 : 부산 동래, 16 : 부산 낙민동, 17 : 김해 봉황동, 18 : 김해 회현리, 19 : 부산 조도)

형, 유엽형, 이단유엽형 등이 있다. 소재는 사슴 중수골이나 중족골을 이용한 것이 대부분이다.

(2) 검

검은 길이가 15cm 내외로 양날을 가지고 있다. 전체적인 형태는 유경식 마제석검과 유사하며, 검신 중앙의 단면은 마름모 형태를 이루고 있다. 주로 삼한시대에 많이 출토하며, 특히 사천 늑도유적에서 많이 출토하

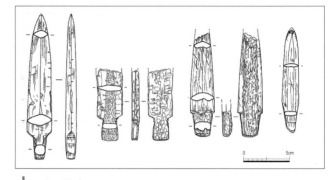

그림 2_골검 (사천 늑도패총)

였다. 소재는 주로 고래 늑골이나
사슴뿔이 주로 사용된다.[02]

(3) 줌통

줌통은 활채 중앙에 있는 손잡
이 부분으로 동시에 화살이 걸리
는 부분이다. 경산 임당저습지 유
적에서 출토 예가 있다.

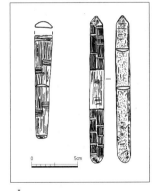

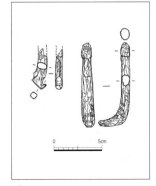

그림 3_줌통 (경산 임당동)　　그림 4_낚시바늘 (늑도)

2) 어로구

(1) 낚시 바늘

낚시 바늘은 늑도유적에서 출
토된 2점이 있는데 한 점은 편으
로 신석기시대 결합식 조침으로
판단된다. 다른 한 점은 단식조침
이다.

(2) 작살

작살은 사용할 때 銛頭가 병에
서 분리되는 回轉式離頭銛과 銛頭
가 병에서 분리되지 않는 고정식
이 있다.

회전식이두섬은 銛頭·中柄·
柄·索繩·浮袋로 구성된다.[03]

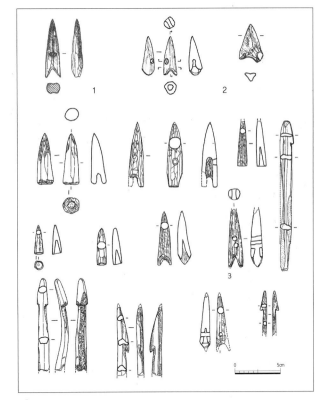

그림 5_작살 (1 : 늑도주거지(부산대) 2 : 늑도패총 A지구(경고연)
3 : 늑도패총(경고연))

02　검에 대해서는 일부 연구자는 창으로 보는 견해도 있는데 본문에서는 형태나 크기 등을 고려해 검으로
　　분류하였다.

03　김건수는 위와 같이 구성된다고 하고 중병과 부대는 생략되는 경우가 많다고 하였다. 김건수, 1998,
　　「우리나라 骨角器의 分析的인 硏究」, 『湖南考古學報』제8집.

형태는 전체적으로 삼각형을 나타내며 미부는 무경식이며 몸통 아랫부분에는 구멍이 있는 것과 홈이 있는 것이 있다. 또 미부는 제비꼬리처럼 된 것과 직선으로 마무리된 것이 있다. 길이는 다양하지만, 5~6cm 정도가 대부분이다.

고정식은 銛頭·柄·素繩으로 구성된다. 형태는 길고 선단부에 미늘이 있다. 미부는 완형이 적어 정확한 양상은 알 수 없으나, 직선적으로 마무리한 것과 비스듬하게 짜른 것 등이 있다. 이러한 양상은 병부와의 결합방식의 차이에서 나타나는 현상으로 파악된다. 소재는 고정식 작살의 길이가 10cm를 넘는 것도 많이 출토하는 것으로 보아 대부분 사슴과의 중수·중족골을 이용한 것으로 판단되며, 부산 동래패총·진해 용원패총·해남 군곡리패총에서는 가오리의 꼬리뼈로 제작된 작살도 확인된다.

(3) 찌르개[04]

찌르개는 자돌구와 혼용되어 분류되는 경우도 많고, 그 사용방법에 있어서도 불분명하지만 해안유적에서 많이 출토하는 것에서 대부분 어로구로 판단된다. 즉, 작살과 같이 첨두와 병으로 구성되는 것에서 작살과 같은 성격의 도구로 판단되며, 찌르개는 작살보다 작은 동물이나 어류가 포획대상이며, 수심이 상대적으로 얕은 곳에서 사용하였을 가능성이 많은 도구이다.

찌르개의 형태는 길고 앞부분을 예리하게 갈아 날카로우며, 뒷부분은 골간의 끝부분이 남아있는 것으로 보아 별 다른 조정은 하지 않은 것이 많다. 길이는 5~18cm 정도로 다양하다. 따라서 길이에 따라 이용방법이 달랐을 가능성을 배제할 수 없다.

소재는 10cm 이상의 것이 많은 것으로 보아 사슴이나 (멧)돼지의 중수·중족골을 이용한 것으로 판단된다.

한편, 사슴의 척골을 이용한 찌르개도 있는데 이 것은 형태가 위에서 설명한 것과는 다르다. 척골의 근위부는 그대로 두고 원위부를 갈아 날카롭게 만든 것으로 어로구로 사용하기에는 부적절하며, 송곳과 같은 역할을 하였을 것으로 판단된다.

(4) 빗창

암초에 부착해 서식하는 패류(전복·굴 등)를 채취할 때 사용하는 도구로 현대 해녀들이

---

04 찌르개는 형태적으로 자돌구와 유사해 분류에 있어 어려운 점이 많다. 따라서 본문에서의 찌르개는 자돌구를 포함한 것이다.

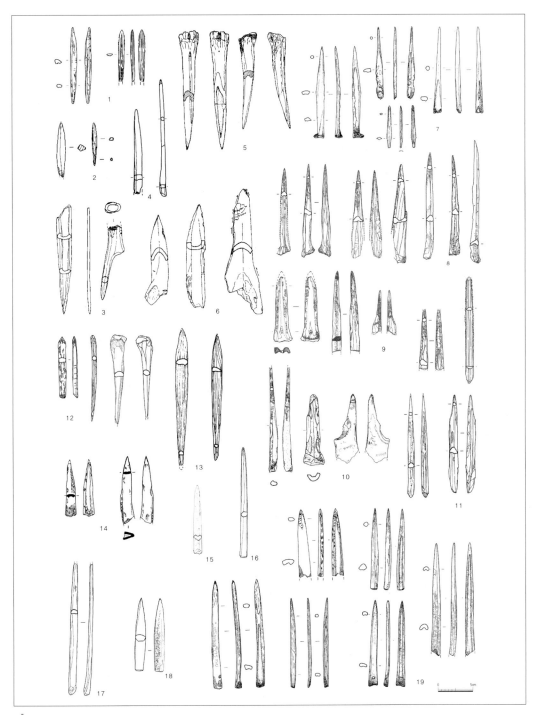

그림 6_찌르개 (1 : 인천 운남동, 2 : 보성 조성리, 3 : 보성 금평, 4 : 해남 군곡리, 5 : 제주 곽지, 6 : 제주 종달리, 7 : 늑도진입로(동아세아), 8 : 늑도패총(경고연), 9 : 늑도주거지(부산대), 10 : 늑도패총(부산대), 11 : 늑도패 총A지구(경고연), 12 : 경산 임당동, 13 : 부산 동래, 14 : 창원 가음정동, 15 : 부산 낙민동, 16 : 양산 다방 리, 17 : 김해 회현리, 18 : 김해 봉황동, 19 : 창원 신방리)

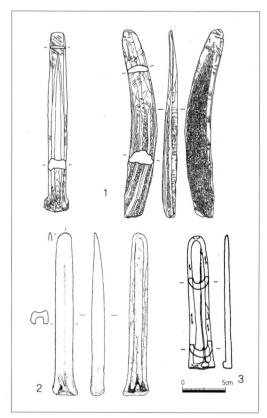

그림 7_빗창 (1 : 늑도패총, 2 : 늑도진입로, 3 : 제주
종달리)

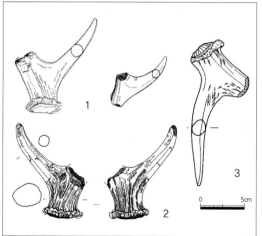

그림 8_뒤지개 (1 : 동래 낙민동, 2 : 창원 신방리, 3 :
해남 군곡리패총)

사용하는 철제 빗창과 같은 용도의 도구
로 판단된다.

　형태는 'ㄑ'형을 나타내는 것과 구두 주
격과 같은 형태로 분류된다. 소재는 대부
분 사슴뿔을 이용하였다.

3) 채집 · 농경구

(1) 뒤지개

　뒤지개는 굴봉으로도 불리며 괭이와 구분이 애매하다. 자연적으로 떨어진 사슴뿔을
이용하여 사슴뿔의 주각에 붙어 있는 지각을 이용하여 제작한 것으로 주각의 대부분은
잘라버리고 완성한다. 용도는 땅 속을 뒤지거나 뿌리식물을 파낼 때 또는 땅에 구멍을 내
어 씨앗을 뿌리거나 심을 때 사용한 것으로 판단된다.

(2) 괭이

　괭이는 지면을 파거나 고르는데 사용하는 것으로 삼한시대 늑도유적에서 확인되는 것
은 신석기시대와 달리 철제 괭이를 끼워 사용하는 손잡이로 추정된다. 소재는 사슴뿔이다.

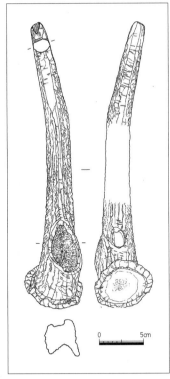

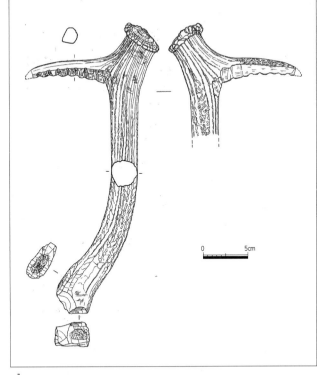

| 그림 9_괭이 (늑도패총) | 그림 10_낫 (늑도패총)

(3) 낫

사천 늑도유적에서만 확인되는데 자연적으로 떨어진 사슴뿔을 이용하여 사슴뿔의 주
각에 붙어 있는 제1지각을 이용하여 제작한 것으로
한쪽 면은 깎아 날을 만들고 반대 면은 편평하게 조정
해 'V'자 형으로 날을 서게 하였다.

(4) 박자형녹각제품

해남 군곡리유적에서만 출토되었는데 사슴 각좌
부분에서 주각과 제1지각이 갈라지는 부분에 방형의
구멍을 뚫어 만든 것으로 주각과 제1지각은 잘라서
마무리 하였다. 즉, 망치와 같은 형태로 두드리는 면
은 각좌부분으로 자연적으로 떨어진 뿔을 사용한 것

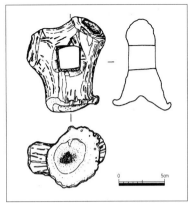

| 그림 11_박자형녹각제품 (해남 군곡리)

으로 판단된다. 중앙부에 있는 방형의 구멍에 자루를 끼워 사용했을 것으로 판단되며, 사용용도는 견과류의 껍질을 벗길 때 사용되었을 것으로 보고 있다.[05]

4) 가공구

(1) 쐐기

동물의 사지골로 추정되는 것을 이용해 현대의 쐐기와 같은 형태를 나타내는 것으로 해남 군곡리유적에서만 출토되었다.

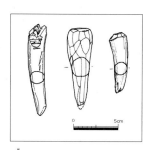

그림 12_쐐기 (해남 군곡리)

(2) 첨두기

첨두기는 넓은 의미로 한쪽(선단부)이 뾰족하게 가공된 것을 말하며, 골각기 중 종류가 많고 출토양도 많다. 또한 용도 구분이 어려운 도구 중 하나로 송곳·침·바늘 등으로 구분된다.

먼저, 송곳과 같은 형태의 것으로, 골각기의 한쪽 면을 뾰족하게 만들고 반대쪽은 자연면을 그대로 두고 이용한 것으로 바른 것·휘어진 것 등이 있고, 길이는 10cm 정도의 것부터 20cm가 넘는 것이 있는 등 다양하다. 소재로는 주로 사슴의 뿔과 사지골을 이용하였다. 어로구의 찌르개 중 사슴의 척골로 만든 것도 송곳과 같은 역할을 했을 것으로 추정된다.

침과 같은 형태의 것으로, 골각기의 선단부는 날카롭게 가공하였으며 전체를 마연한 것이 대부분이나, 끝부분은 뼈의 골간부가 남아 있는 경우도 있다. 송곳보다는 신부가 얇고 짧다. 길이는 다양하며 보통 7~17cm 정도의 것이 많다. 삼국시대에는 20cm를 넘는 큰 것도 출토된다.

바늘과 같은 형태의 것으로, 침과 같은 형태의 것이지만, 두정부에 구멍이나 홈이 있는 것으로 침과 비교해 길이는 짧고 얇다. 길이는 10cm 이하가 대부분이다. 한편, 경산 임당저습지유적(삼국시대)에서는 바늘이 15점 출토하였는데 삼한시대와는 달리, 10cm 이하의 작은 바늘과 20cm를 넘는 큰 바늘로 구분된다. 또 신부의 단면이 원형인 것과 사각형인 것으로 분류되며, 원형은 바늘귀가 1개인 경우가 많고 사각형인 경우에는 바늘귀가 2개인 경우가 많다.[06]

---

05 김건수, 주3)의 전게서.
06 동해 송정동고분군에서는 녹각제 방추차가 출토되어 골각제의 바늘과 방추차가 삼국시대에 존재했음을 알 수 있다.

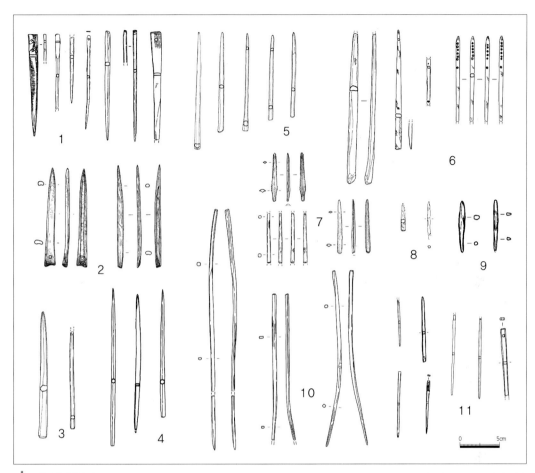

그림 13_첨두기 (1 : 경산 임당동, 2 : 창원 신방리, 3 : 양산 다방리, 4 : 부산 동래, 5 : 동래 낙민동, 6 : 김해 회현
리, 7 : 늑도 진입로, 8 : 군산 여방리 남전, 9 : 순천 좌야, 10 : 인천 운남동, 11 : 해남 군곡리)

침과 바늘의 소재는 사슴과의 중수·중족골을 비롯해 경골·척골 등과 멧돼지의 비골
이 주로 사용되며, 어류의 등지느러미[07]를 이용한 것도 있다.

(3) 도자병

철도자의 손잡이로 제작된 것으로 삼한·삼국시대 골각기 중 가장 많은 출토양을 나
타내는 기종 중 하나이다. 특히 남해안지역의 모든 패총에서 출토한다. 그러나 철도자와

---

07 어류의 등지느러미는 근위단에 구멍이 있어 바늘로 분류하는 경우가 있는데, 등지느러미의 돌출된 부분을
마연하여 바늘과 같은 형태로 제작한 것이 있어 분류 시 주의를 요한다.

결합되어 나타나는 경우는 드물다.

철도자는 주로 자르고 깎고 베기 등 일상생활에 널리 사용되는 만능 도구로 사용되었기 때문에 많은 출토양을 나타내며 철도자가 없이 출토하는 것은 골각기의 사용한계를 보이는 것으로 판단된다. 즉, 철기는 재사용이 가능하지만 골각기는 철기만큼 재사용은 불가능하기 때문이다.

소재는 대부분 사슴뿔의 주각이나 지각을 이용하여 제작된 것이며, 선단부는 깎아내어 다듬고 적당한 크기로 잘라내어 표면은 매끈하게 마연하였다. 또한 표면에 평행각선을 새긴 것과 각을 만든 것들이 있는데 이에 대해서는 정확한 의견은 없지만, 소지자의 신분을 나타낸다는 의견과 미끄럼 방지를 위한 실용적인 성격이라는 의견이 있다. 그리고 병의 중앙부분이나 끝부분에 구멍이 있는 것이 있고, 끝부분에 홈을 만든 것과 가공하지 않아 뿔의 형태를 그대로 나타내는 것 등이 있다. 길이는 10cm 전후부터 20cm 미만으로 다양하다.

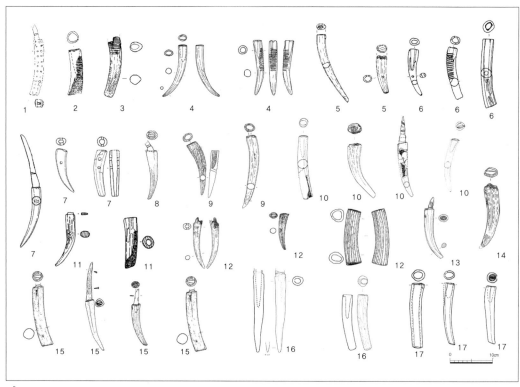

┃그림 14_도자병 (1 : 군산 남전, 2 : 보성 금평, 3 : 순천 좌야, 4 : 인천 운남동B1, 5 : 제주 종달리, 6 : 해남 군곡리, 7 : 경산 임당동, 8 : 김해 봉황동, 9 : 사천 늑도, 10 : 부산 낙민동, 11 : 창원 용원, 12 : 창원 신방리 13 : 부산 북정, 14 : 창원 가음정동, 15 : 부산 고촌리, 16 : 부산 분절, 17 : 부산 동래)

한편, 삼국시대에는 삼한시대와는 달리 결합식이 처음으로 출토하며, 병부의 표면을 장식하거나 양쪽 끝보다 손잡이 부분을 낮게 만들어 단을 만드는 등 장식이 많아지는 것이 특징이다. 결합식은 뿔을 세로로 분할하여 도자의 뿌리부분을 넣고 결합하는 것으로 뿌리부분이 들어갈 자리를 파낸 것도 있다. 또 마산 웅천패총에서는 뿔 두 개를 삽입해서 만든 것도 출토되었다. 결합방법은 끈과 같은 것을 이용해 결박하는 경우와 못(철 또는 나무)과 같은 것으로 결합하는 것으로 분류된다.

가공구로는 출토양이 적거나 용도를 알 수 없는 것이 많아 기종으로 분류는 힘들지만 여기서 간단히 소개하면 다음과 같다.

해남 군곡리유적에서 길이 4~7cm 정도의 막대와 같은 형태에 0.2cm 정도의 구멍이 0.5~0.8cm 간격으로 뚫려져 있는 골각기가 2점 출토되었다.

사천 늑도유적에서는 고래의 척추 판을 이용하여 사용한 골각기도 있다.

해남 군곡리패총과 부산 낙민동패총에서 'Y'자형 도구가 출토되었는데 2점 전부 사슴뿔의 주각에서 지각이 뻗어 벌어지는 곳을 이용해 제작되었으며, 낙민동패총 출토품은 하단에 구멍이 2열 배치되어있다. 길이는 7~10cm 정도이다.

삼국시대에는 막대형 골각기로 불리는 것으로 칼의 손잡이나 칼집과 같은 형태를 나타내지만, 손잡이로는 두께가 얇고 칼이 삽입되는 부분이 없어 정확한 용도는 알 수 없다. 표면에는 단을 만들거나 홈이 있는 등 장식적인 요소가 많이 표현되어 있다. 경산 임당저습지유적과 김해 봉황대유적에서 출토되었으며, 잔존길이는 10cm 전후가 대부분이지만, 더 길었을 것으로 판단된다.

경산 임당저습지유적에서는 노루 뿔로 제작된 'Y'자형 도구가 출토되었다. 길이는 11~13cm 정도이며, 표면은 마연되어 있다. 또 군산 남전패총에서도 'Y'자형 도구가 출토되었다. 삼한시대 것과는 조금 다른 형태를 나타낸다. 또 마름모 형태로 중앙에 구멍이 두 개 뚫려져 있는 것도 있다. 길이는 5cm 전후이다. 용도가 불명확한 두 골각기에 대해서는 출토예의 증가를 기다려 판단하여야 할 것이다.

5) 장신구

(1) 머리장식

머리장식과 관련된 것으로는 뒤꽂이와 같은 형태와 빗과 같은 형태로 분류된다.

뒤꽂이는 첨두기와 같은 것과 빗살이 두 개로 구성된 것으로 구분할 수 있다. 그러나

대부분 빗살부분이나 끝부분이 파손되어
있어 정확한 형태는 알 수 없다. 소재는
녹각이나 수골을 이용하였다.

빗은 뿔이나 뼈의 표면을 얇게 떼어
내어 표면 전체를 정리한 후, 예리한 도
구를 이용해 4~8개 정도의 빗살을 만든
것이다. 남해안 일대에서 대부분 출토하
며 해남 군곡리패총에서 출토한 빗은 공
주 무녕왕릉에서 출토한 금제 빗과 유사

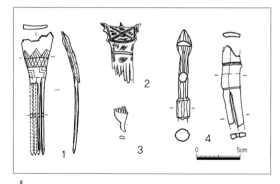

그림 15_머리장식 (1 : 해남 군곡리, 2 : 경산 임당동, 3.
김해 봉황대, 4 : 부산 동래패총)

한 형태이다. 소재는 뿔이나 수골을 이용하였다. 한편, 삼국시대에는 삼한시대와 유사한
형태를 나타내고 있지만, 빗살이 없는 부분에 문양이 장식되는 등 전체적으로 장식성이
풍부해지는 특징이 있다.

(2) 수식

수식은 짐승의 이빨·뿔·뼈
등을 비롯해 소형동물의 하악
골, 조류의 발톱, 패각 등에 구멍
을 뚫어 신체 일부에 장식한 것
으로 신석기시대부터 출토된다.

삼한시대에는 주로 동물의
견치에 구멍을 뚫어 수식으로
사용한 것이 대부분이며 소형동
물의 하악골과 조류 뼈를 사용
한 것도 있다. 신석기시대와 비
교하면 종류가 단순한 편이다.
주로 이용되는 동물로는 고라

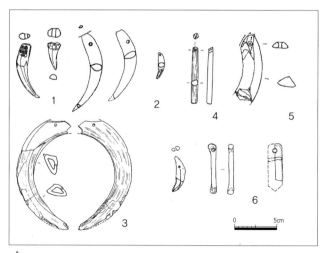

그림 16_수식 (1 : 경산 임당동, 2 : 김해 부원동, 3 : 부산 고촌리,
4 : 사천 늑도(경고연), 5 : 제주 종달리, 6 : 해남 군곡리)

니·개·너구리·수달 등이 있으며, 마산 용원패총에서는 강치의 음경골 근위단에 구멍
을 뚫어 수식으로 사용한 것이 2점 출토되었다.[08]

---

08 본 글에서는 패류를 제외했기 때문에 장신구의 종류가 적지만, 패류를 포함하면 삼한시대에도 다양한
장신구가 있다.

삼국시대에도 삼한시대와 같이 동물의 이빨에 구멍을 뚫어 수식으로 사용한 것이 대부분이다. 동물 종류는 삼한시대보다 단순해 주로 고라니의 견치가 이용되며, 멧돼지·상어 등이 있다. 또 경산 임당저습지유적에서는 녹각으로 동물 견치 모양을 만든 것도 출토되었다.

한편, 삼국시대에는 골제로 만든 장신구가 고분에서 부장품으로 많이 출토되었다. 그 종류를 간단히 살펴보면, 안교·재갈 등 마구의 부속품이나, 무기류에 부착되는 장식구 등이 있으며, 활·활고자를 비롯해 고달과 오늬와 같이 활과 화살과 관련된 골기도 많으며, 마산 웅천패총에서는 명적도 출토되었다. 또 골제 갑옷이 서울 몽촌토성에서 출토되는 등 전투와 관련된 도구의 부속품이나 장식품으로 골기가 많아지는 특징을 알 수 있다. 그 외에도 나주 복암리 3호분에서는 골제관옥이, 경산 임당동고분군과 대구 화원성산고분군에서도 막대형 골기에 동심원·사격자문 등이 시문된 장식품도 출토되었다.

6) 의례구

(1) 복골

복골은 동물 뼈에 구멍을 내어 불에 달군 도구로 지져서 생긴 흔적을 보고 점을 쳤던 것으로 알려져 있고, 그 시작은 중국에서는 신석기시대부터 확인되지만, 우리나라에서는 철기시대부터 확인된다. 복골은 유자복골과 무자복골이 있는데 우리나라에서는 전부 무자복골이다.

소재는 대부분 사슴科나 멧돼지의 견갑골을 이용하지만, 김해 부원동유적[09]과 부산 조도패총에서는 사슴뿔이, 동래 낙민동패총에서는 소 견갑골을 사용한 예도 있다. 삼국시대에도 유사하나, 소의 늑골

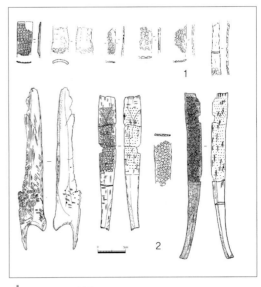

┃ 그림 17-1_복골 (1 : 군산 남전, 2 : 경산 임당동)

---

09 김해 부원동유적의 복골 중 1점은 사슴뿔로 보고되어 있는데 사진으로 보아 늑골일 가능성도 배제할 수 없다.

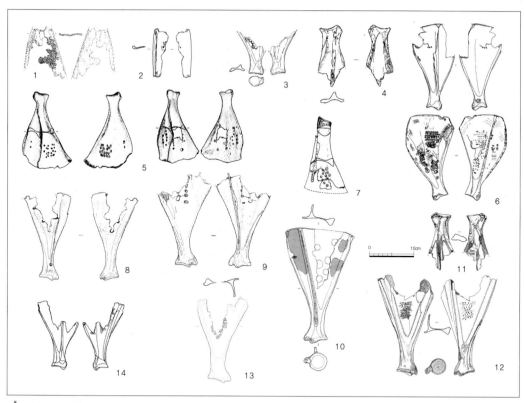

그림 17-2_복골 (1 : 군산 남전, 2 : 나주 수문, 3 : 인천 운남동A, 4 : 순천 좌야, 5 : 해남 군곡리, 6 : 경산 임당동, 7 : 김해 부원동, 8 : 김해 회현리, 9 : 김해 봉황동, 10 : 사천 늑도, 11 : 창원 신방리, 12 : 부산 고촌리, 13 : 부산 분절, 14 : 부산 동래)

이나 관골이 사용되는 예가 경산 임당저습지유적과 군산 남전패총에서 확인된다.

제작은 대부분 사슴과 멧돼지의 견갑골을 사용하며 사슴의 경우에는 견갑극이 직선적으로 경부까지 뻗어있기 때문에 견봉부터 깎아 편평하게 만든 후 사용하였고 멧돼지의 경우는 견갑극이 약하고 견봉이 없어 그대로 사용하는 경우가 많다. 또 견갑골의 側緣은 두껍게 올라와 있기 때문에 사슴은 대부분 깎아서 사용하며 멧돼지의 경우는 그냥 사용하는 경우도 있다.[10] 소의 늑골인 경우는 별다른 가공 없이 반으로 잘라 내부의 해면질을 갈아 평편하게 한 후 사용하였다.

---

10 필자가 늑도패총의 동물유체를 실견한 결과, 유적에서 출토하는 사슴科의 견갑골은 대부분 극과 측연 등이 정리되어 있었다.

(2) 각골

각골은 사슴뿔의 표면을 마연하여 여러 줄의 홈을 낸 것으로 기존에 복골과 같은 주술구로 알려져 왔으나 최근에 홈이 난 곳을 문질러 소리를 내는 악기(찰음악기)로 보는 견해도 있다. 그러나 도자병에도 각골과 같이 홈이 있는 경우도 있고, 출토 유적도 해안지역의 패총유적과 함께 내륙의 저습지유적에서도 확인되어 지역적인 차이도 보이지 않아 정확한 용도는 알 수 없는 실정이다.

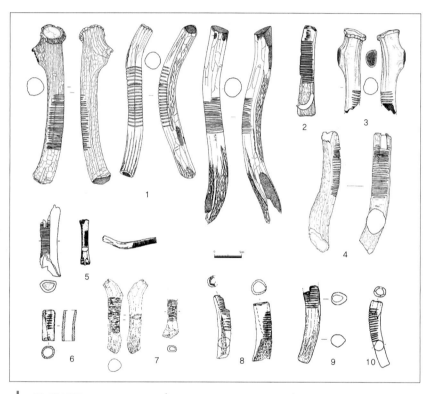

▌그림 18_각골 (1 : 부산 고촌리, 2 : 경산 임당동, 3 : 창원 신방리, 4 : 양산 다방리, 5 : 부산 조도, 6 : 제주 곽지리, 7 : 군산 남전, 8 : 보성 금평, 9 : 순천 좌야, 10 : 해남 군곡리)

4. 삼한·삼국시대 골각기 특징

삼한·삼국시대에는 본격적인 금속기, 특히 철기의 도입으로 생활에 있어 많은 부분이 앞 시기와는 다른 도구조성을 보이고 있다. 즉 철기의 도입으로 인해 인류 출현과 함께한 석기·목기·골각기는 앞 시기와는 다른 양상을 보인다. 석기는 기종이 변하며 비중 또한 감소한다. 목기의 경우는 잔존하는 경우가 적어 정확한 양상은 알 수 없지만, 저습지 발굴 등으로 보아 앞 시기보다는 다양하게 사용된 것으로 추정된다. 한편 골각기는 기종과 사용용도에 있어 앞 시기와는 다른 양상을 보여 주목된다. 여기서는 삼한·삼국시대 골각기 특징을 앞 시기와 비교하면서 살펴보고자 한다.

먼저, 우리나라 선사시대에는 구석기시대의 골각기 출토가 적으며, 청동기시대는 패총과 저습지 유적이 많이 확인되지 않아 정확한 양상은 알 수 없다. 그러나 신석기시대에는 많은 골각기가 출토되어 그 양상을 파악할 수 있다. 신석기시대 골각기는 생산용구인 수렵·어로구를 비롯해 채집·농경구와 생활용구인 가공구·이형골기, 비실용구인 장신구와 의례구로 추정되는 人面 또는 動物形 골기가 있다.

삼한시대 역시 골각기 종류는 생산용구를 비롯해 생활용구와 비실용구가 있다.

생산용구에 있어서 수렵구는 창은 없어지고 화살촉이 선사시대와 비교해 다양하며 정형화 된다. 또 길이나 무게에서 차이를 보이는 것이 많아 포획대상의 차이 또는 무기로 사용되었을 것으로 판단된다. 또 선사시대에는 확인되지 않았던 검(무기)이 확인된다. 어로구의 경우는 형태가 직선적인 작살과 찌르개·빗창 등은 신석기시대의 어로구와 형태가 유사하며, 형태가 곡선인 낚시의 경우는 사천 늑도유적에서 2점 출토되었으나, 1점은 편으로 확실하지 않지만 신석기시대의 것으로 추정된다. 채집·농경구의 경우는 선사시대와 종류나 형태는 유사하다. 골각기의 소재는 사슴科 동물과 멧돼지 등이 주체를 점하며 어골이나 소 등이 새롭게 사용된다.

생활용구는 쐐기·바늘·침·송곳·첨두기 등으로 선사시대의 종류와 형태가 유사하지만, 정형화된 느낌이다. 또 선사시대에는 확인되지 않았던 도자병이 출토되며 그 양도 많다. 생활용구에서 새롭게 출현하는 기종(도자병 등)은 골각이 단독적으로 이용되는 것보다 철기와 결합되어 도구의 한 부분을 차지하는 경우가 많다.

비실용구 중, 장신구는 선사시대와 유사하지만, 장식성이 풍부해지고 빗이 새롭게 출현한다. 의례구의 경우 생산과 생활용구에 비해 선사시대와 차이점을 많이 나타낸다. 먼저, 종류에 있어서도 복골과 각골(?)이 처음 출현하며 복골의 경우는 그 양도 많다. 복골의 경우는 대부분 사슴科의 견갑골을 이용하는데 견갑극과 견갑골의 側緣을 정리해 사용한 것이 대부분이다. 각골은 복골과 같이 의례구로 보는 견해, 찰음악기의 일종으로 보는 견해, 도자병에도 각골과 같은 형태의 것이 있어 정확한 성격은 단언하기 힘들다.

이와 같이 삼한시대 골각기는 철기가 도입되는 시기로 선사시대부터 사용되었던 수렵·어로구를 비롯해 가공구로 계속 사용되지만, 형태가 좀 더 정형화되며, 종류가 다양해지는 경향을 알 수 있다. 그러나 낚시 바늘과 같이 곡선적인 형태의 것은 철기로 대체되는 양상을 보인다. 한편, 새롭게 출현하는 기종, 즉 도자병과 같은 경우는 철기와 결합하여 부속품으로 사용되는 경우가 많다.

삼국시대는 삼한시대와 비교해 철기가 본격적으로 사용되는 시기로 삼한시대와는 큰 맥은 같이하지만, 어로구는 대부분 소멸한다.

생산용구에 있어서는 화살촉의 경우 철촉의 출토량 만큼 상당량이 출토되고 있으며, 그 형태도 다양해지며 종류도 많은 편이다. 이러한 양상은 용도에 있어 철촉과 분리해서 사용했을 가능성도 있으며 삼국시대라는 사회에서 철촉이 그 수요를 충족하지 못해 골촉이 대신 사용되었을 가능성도 배제할 수 없다. 또 줌통이나 명적 등 활과 관련된 부속품이 많이 출토하는 특징을 보이고 있다. 또 본문에서는 다루지 않았지만, 고분군에서 출토하는 골각기 종류는 활채를 비롯해 고자·고달·오늬 등 활과 관련된 부속품이 많이 있으며, 철제 무기류의 장식품, 안교·안교 손잡이와 부속구·재갈 등 마구의 부속품으로 골각기가 다량 출토하고 있다. 결국, 삼국시대의 생산용구는 어로구나 채집·농경구는 사라지고 대부분 무기류와 관련된 골각기가 많은 것이 특징이다.

생활용구는 삼한시대와 같이 골침이나 바늘 등이 있으며, 그 성격을 알 수 없는 'Y'자형도구를 비롯해 이형 골각기·막대형 골각기 등의 가공구가 있다. 철기의 부속품으로 삼한시대에 처음 출토한 도자병은 삼한시대보다 다양해 결합식이 나타나며 끈으로 결박하는 것과 못과 같은 도구를 이용해 고정하는 것이 있다. 또 전체적으로 단을 만들거나 표면을 매끈하게 갈고 문양을 새긴 것 등 장식성이 삼한시대와 비교해 풍부해지는 것이 특징이다.

비실용구 중, 장신구의 종류와 형태는 삼한시대와 유사하나, 장식성이 풍부해지고 정형화된다. 동물 이빨을 이용한 목걸이는 선사시대부터 계속된 전통으로 주로 고라니와 멧돼지의 견치와 상어 이빨 등을 이용해 제작하며, 삼국시대에는 사슴뿔을 이용한 경우도 있다. 또 멧돼지 견치를 이용한 팔찌와 동심원이나 집선문·삼각집선문 등으로 장식된 장식구 골각기가 고분에서 주로 출토한다. 한편, 나주 복암리 3호분의 4호 옹관묘에서는 경식에 관옥형태의 골각제품이 출토하였다. 의례구도 삼한시대의 복골과 각골이 있으며, 그 형태도 유사하다. 단, 복골에 있어 사슴이나 (멧)돼지의 견갑골 이외에도 소의 늑골·관골 등도 사용된다.

이와 같이 삼국시대는 철기가 본격적으로 사용되는 시기로 도구조성에 있어서도 큰 변화를 보인다. 골각기 역시 삼한시대와 같이 형태가 직선적인 것, 즉 화살촉·바늘·침 등은 변화 발전되어 계속 사용된다. 그러나 작살이나 찌르개 등 어로구의 경우는 대부분 소멸한다. 화살촉이나 바늘·침과 같은 골각기는 철기로 대체가 가능하지만, 사용용도의 분리나 수요 등의 이유로 계속 제작 사용된 것으로 판단된다. 한편, 그 용도나 성격을 알 수 없는 장식품과 같은 골각기가 증가하는 특징을 보이고 있다. 그리고 위에서 예를 들은 골각기 이외에는 철기와 결합되어 부속품 또는 장식품으로서 사용되는 경우가 대부분이다.

5. 맺음말

골각기는 인류가 탄생한 이후 지속적으로 사용해온 도구의 하나이지만, 우리나라 토질이 산성으로 인해 그 잔존 상태가 불량하고 출토예도 빈약하다. 따라서 골각기의 연구는 다른 도구의 연구에 비해 부족함이 많은 편이다. 따라서 본 글도 우리나라 선사시대부터 삼국시대까지 골각기 집성의 일환으로 작성하게 되었다.

삼한·삼국시대는 우리나라에서 철기가 도입되어 제작·사용하는 시기로 선사시대와 비교해 도구조성에 있어 큰 변화를 보이는 시기이기도 하다. 즉, 석기·골각기·목기의 사용용도와 빈도가 차이를 보여 석기의 경우는 극히 한정된 부분에서만 사용된다. 골각기와 목기의 경우는 출토 예가 적어 정확한 양상을 파악하기에는 무리가 따르지만, 최근 저습지 유적의 조사 증가를 비롯해 패총유적 조사의 정밀화, 동물고고학의 활성화 등으로 어느 정도의 성격을 파악할 수 있게 되었다.

삼한·삼국시대의 골각기는 첫째 화살촉이나 바늘·침을 비롯해 동물이빨을 이용한 장신구 등과 같이 선사시대부터 계속 이어져온 전통적인 것이 있으며, 둘째 도자병을 비롯해 활과 마구의 부속품이나 철기의 장식품 등과 같이 철기의 도입과 제작·사용으로 도구조성의 변화에 의해 나타나는 것이 있다. 마지막으로 복골이나 각골 등 의례구로 새로운 목적으로 사용되는 것으로 분류된다. 물론 전통적인 것에서도 형태가 다양화되면서 정형화되는 등 변화가 보이며, 삼한시대와 삼국시대에 있어서도 어로구가 삼국시대에는 대부분 소멸하거나, 장식성이 풍부해지는 변화를 보이고 있다. 또 삼국시대에는 전통적인 것과 의례구나 장식품을 제외하면 철기의 부속품이나 장식품으로 사용되는 경우가 대부분이다. 한편, 골각기의 소재로는 선사시대와 비교해 큰 변화 없이 대부분 사슴科 동물과 (멧)돼지의 골각을 이용한 것이며, 장신구의 경우도 고라니나 멧돼지의 견치를 이용한 것과 상어나 소형 식육목의 이빨을 이용한 것으로 대동소이하다. 그러나 삼한·삼국시대 특히 삼국시대에는 소를 이용한 골각기도 다수 출토한다.

이상, 삼한·삼국시대의 골각기에 대해 살펴보았다. 이 시기의 골각기를 선사시대와 비교하면 철기의 제작과 사용으로 변화를 보인다. 즉, 생산용구에 있어 화살촉은 다양화 되며, 정형화되는 반면, 어로구는 삼국시대에는 대부분 소멸해 다른 양상을 보이고 있다. 이는 당시 사회 양상을 잘 보여주는 자료로 판단된다. 또 복골과 같은 의례구를 비롯해 철기의 장식품과 부속품, 성격과 용도를 알 수 없는 골각기로 보아 철기로 대체할 수 없는 부분에 대해서는 지속적으로 골각기의 사용이 있었던 것으로 판단되며, 기본적인 양상은 동일한 것으로 판단된다. 마지막으로 본 글에서는 고분에서 출토한 골각기를 다루지 못해 좀 더 다양한 양상을 파악하지 못한 점이 남는다.

참고 문헌

(사)경남고고학연구소, 2003, 『勒島貝塚』.
(사)경남고고학연구소, 2006, 『勒島貝塚Ⅱ～Ⅴ』.
경남문화재연구원, 2012, 『부산 분절패총』.
국립광주박물관, 2010, 『나주 장동리 수문패총』.
국립전주박물관, 2013, 『군산 여방리 남전패총』.
국립제주박물관, 2006, 『제주 종달리유적Ⅰ』.
국립중앙박물관, 1976, 『朝島貝塚』.
국립중앙박물관, 1992, 『固城貝塚』.
국립중앙박물관, 1993, 『淸堂洞 –양산 다방리패총 발굴조사보고–』.
국립중앙박물관, 1998, 『東萊樂民洞貝塚』.
金子浩昌·忍澤成視, 『骨角器の研究Ⅰ』. 慶友社.
김건수, 1994, 「원삼국시대 패총의 자연유물 연구(2)」, 『한국상고사학보』17.
김건수, 1998, 「우리나라 골각기의 분석적인 연구」, 『호남고고학보』8.
김건수, 1999, 『한국 원시고대의 어로문화』, 학연문화사.
동아대학교박물관, 1981, 『金海府院洞遺蹟』.
동아대학교박물관, 1984, 『上老大島 附:東萊福泉洞古墳』, 固城東外洞貝塚.

동아대학교박물관, 1996, 『鎭海龍院遺蹟』.

동아대학교박물관, 2005, 『泗川勒島CⅠ』.

(재)동아문화연구원, 2006, 『泗川勒島 進入路 開設區間內 文化遺蹟 發掘調査 報告書』.

동아세아문화재연구원, 2009, 『昌原 新方里 低濕遺蹟』.

동아세아문화재연구원, 2010, 『釜山 古村里 生産遺蹟(上)(下)』.

목포대학교박물관, 1987, 『해남 군곡리패총Ⅰ』.

목포대학교박물관, 1988, 『해남 군곡리패총Ⅱ』.

목포대학교박물관, 1989, 『해남 군곡리패총Ⅲ』.

부산광역시립박물관 복천분관, 1997, 『釜山의 三韓時代 遺蹟과 遺物Ⅰ-東萊貝塚-』.

부산대학교 인문대학 고고학과, 2002, 『金海 會峴里貝塚』.

부산대학교박물관, 1989, 『勒島住居址』.

부산대학교박물관, 1998, 『金海鳳凰臺遺蹟』.

부산대학교박물관, 2004, 『勒島貝塚과 墳墓群』.

부산수산대학교박물관, 1993, 『北亭貝塚』.

순천대학교박물관, 2003, 『보성 조성리유적』.

(재)영남문화재연구원, 2008, 『慶山 林堂洞 低濕池遺蹟Ⅰ~Ⅲ』.

유병일, 2007, 「삼한·삼국시대의 골각기」, 『선사·고대의 골각기』 제11회 복천박물관 학술세미나 발표요지.

전남대학교박물관, 1998, 『보성 금평유적』.

전남문화재연구원, 2011, 『순천 좌야·송산유적』.

전북대학교박물관, 1998, 「여방리 남전A유적」, 『西海岸高速道路建設區間(舒川-群山間)文化遺蹟發掘調査 報告書』.

제주대학교박물관, 1997, 『제주 곽지패총』.

제주대학교박물관, 1997, 『제주 종달리패총』.

제주대학교박물관, 2006, 『종달리유적(2, 3지구)』.

중앙문화재연구원, 2004, 『東萊 樂民洞 133-2番地 建物新築敷地內 東萊 樂民洞 貝塚』.

창원문화재연구소, 1994, 『昌原加音丁洞遺蹟 -창원 가음정동패총 발굴조사보고-』.

창원문화재연구소, 1994, 『昌原加音丁洞遺蹟 -창원 성산패총 수습조사보고-』.

한국고고환경연구소, 2011, 『인천 운남동 패총』.

1. 신석기 · 청동기시대 골각기

1. 위치 : 울산광역시 남구 황성동 665번지 일원

2. 조사 : 한국문물연구원(2010년)

3. 성격 : 패총, 포함층

4. 시대 : 신석기시대 조 · 전기

5. 유구 및 유물

   - 유구 : 수혈, 집석유구, 노지군

   - 유물 : 융기문토기, 지두문토기, 영선동식토기, 주구형토기, 석부, 갈판, 지석, 고석, 마제작살, 타제작
     살 등

6. 골각기 : 작살, 첨두기, 자돌구, 장신구 등

7. 문헌 : 한국문물연구원, 2012, 『울산 황성동 신석기유적』.

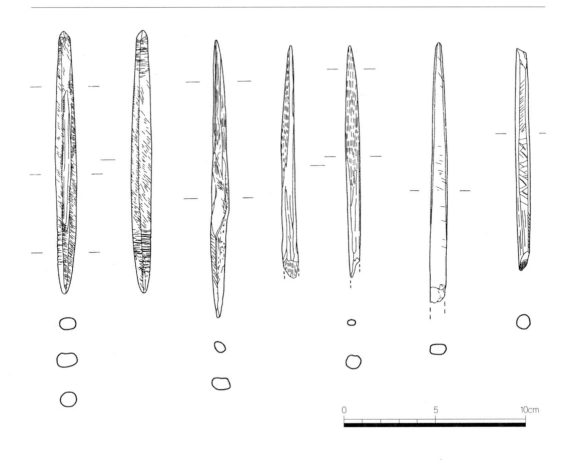

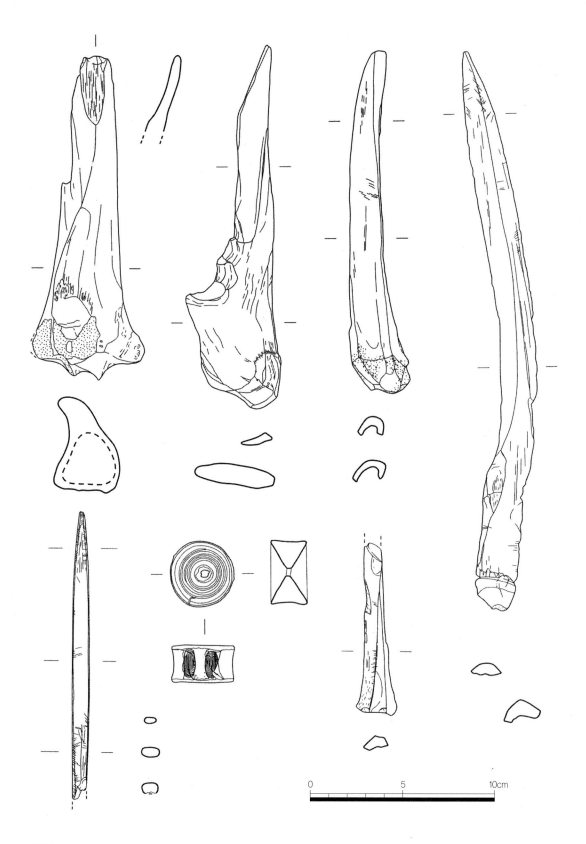

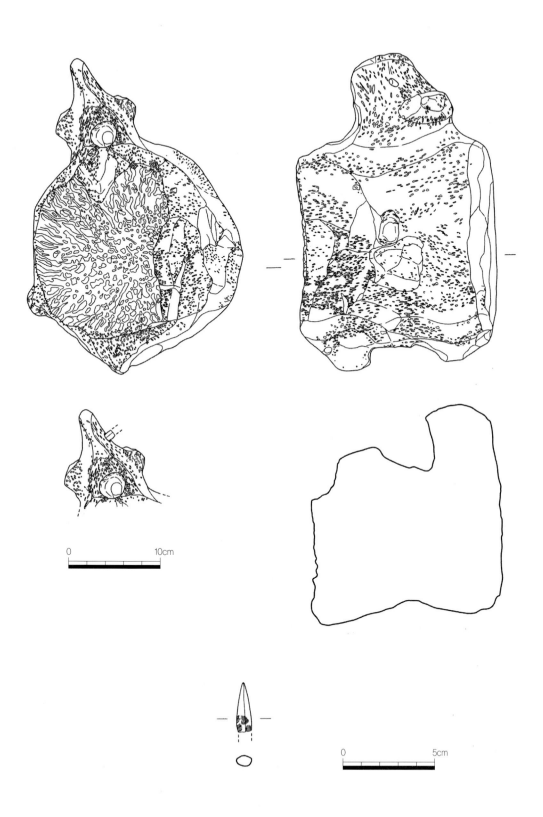

0   10cm

0   5cm

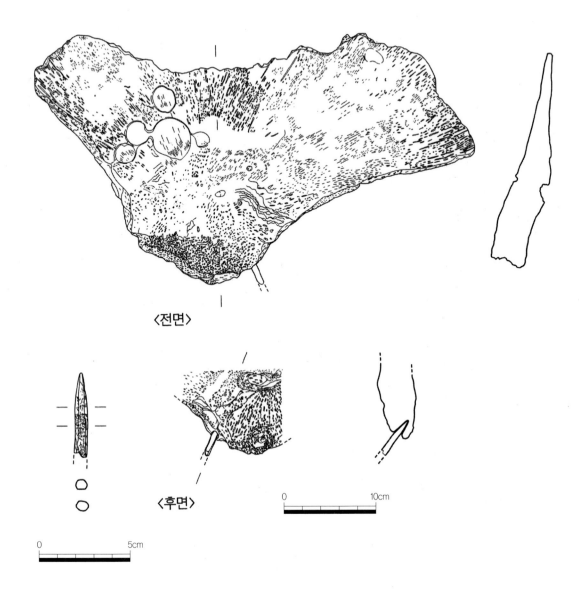

〈전면〉

〈후면〉

0   5cm

0   10cm

경상도 세죽유적(細竹遺蹟)

1. 위치 : 울산광역시 남구 황성동 6611~700번지 일원

2. 조사 : 동국대학교 매장문화재연구소(2000년)

3. 성격 : 패총, 포함층

4. 시대 : 신석기시대 조기

5. 유구 및 유물
   – 유구 : 도토리 저장혈 18기
   – 유물 : 융기문토기, 자돌문토기, 두립문토기, 압날문토기, 석부, 찰절석기, 결합식 조침, 타제석부, 타
     제석촉, 마제석창(작살), 토우, 패천 등

6. 골각기 : 결합식조침, 첨두기

7. 문헌 : 동국대학교 매장문화재연구소, 2007, 『울산 세죽유적(Ⅰ)』.

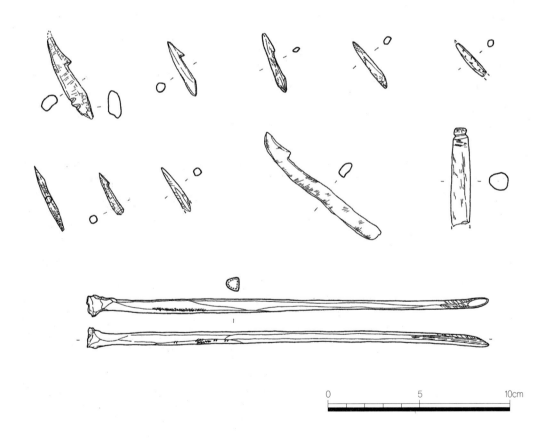

경상도 수가리패총(水佳里貝塚)

1. 위치 : 부산광역시 강서구 범방동 가동

2. 조사 : 부산대학교 박물관(1978년, 1979년)

3. 성격 : 패총

4. 시대 : 신석기시대 전기~말기

5. 유구 및 유물

  – 유구 : 노지

  – 유물 : 영선동식토기, 수가리1~3식토기, 지석, 갈돌, 갈판, 패천, 이전, 마제석부, 석착, 흑요석제 석
      촉, 어망추, 방추차

6. 골각기 : 첨두기, 비형골각기 등

7. 문헌 : 부산대학교박물관, 1981, 『김해수가리패총 (Ⅰ)』.

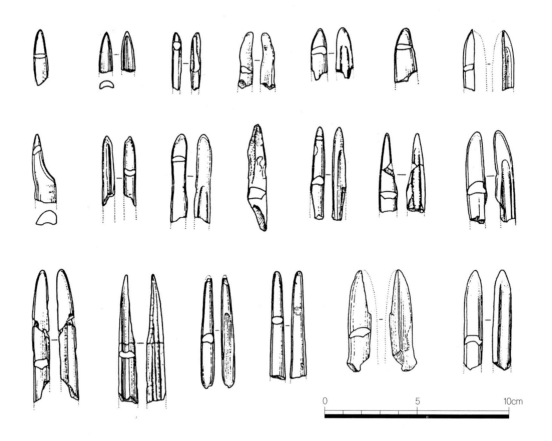

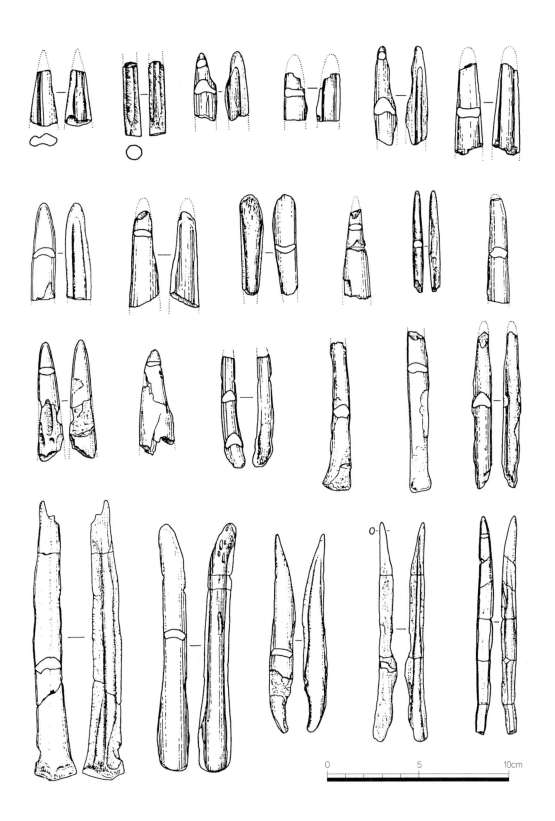

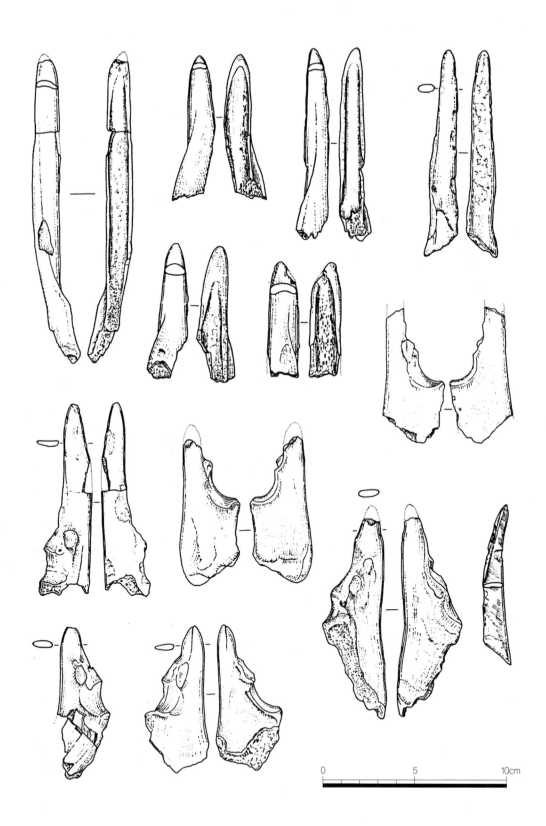

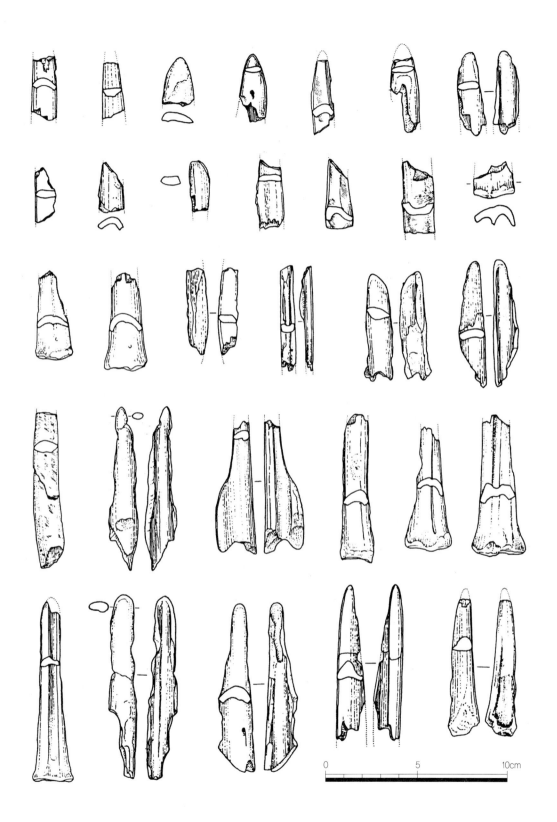

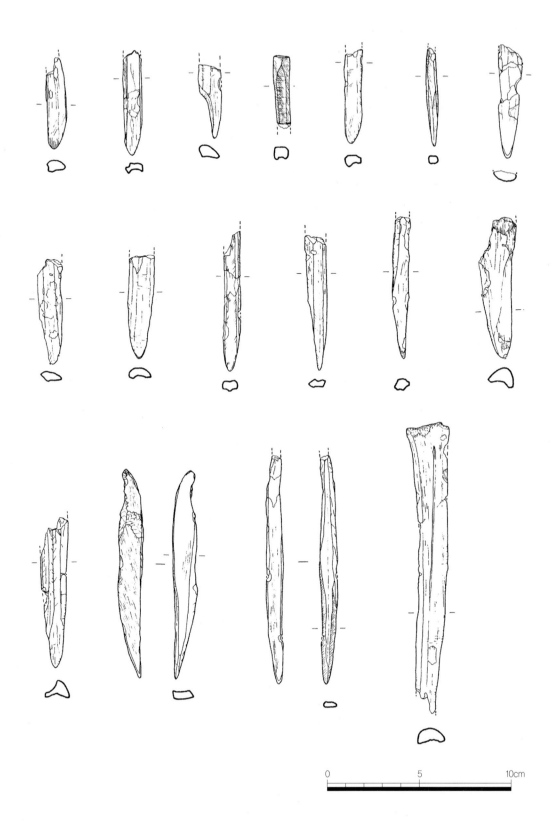

경상도　농소리패총(農所里貝塚)

1. 위치 : 경상남도 김해시 주촌면 농소리 113–4번지 일원

2. 조사 : 부산대학교 박물관(1964년)

3. 성격 : 패총, 포함층

4. 시대 : 신석기시대 말기

5. 유구 및 유물

　– 유물 : 타제석기, 지석, 석봉, 이중구연토기, 단사선문토기, 파수부토기 등

6. 골각기 : 결합식조침 침부, 미제품

7. 문헌 : 부산대학교 박물관, 1965, 『농소리패총발굴조사보고서』.

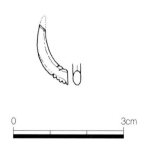

0　　　　　　　　3cm

상노대도유적(上老大島遺蹟)

1. 위치 : 경상남도 통영시 욕지면 노대리

2. 조사 : 동아대학교 · 연세대학교 박물관(1978년)

3. 성격 : 패총, 포함층

4. 시대 : 신석기시대 조기~말기

5. 유구 및 유물

　– 유물 : 타제석부, 인부마연석부, 갈돌, 갈판, 지석, 융기문토기, 영선동식토기, 수가리 l 식토기, 이중
　　　구연토기, 조몽토기, 패천, 결합식작살, 흑요석제석기, 긁개, 장신구 등

6. 골각기 : 결합식조침, 골침, 자돌구, 첨두기, 작살, 장신구 등

7. 문헌 : 손보기, 1982, 『상노대도 선사시대 살림』, 수서원.

　　　동아대학교 박물관, 1984, 『상노대도』.

　　　이향숙, 1987, 「한국선사시대 간 뼈 · 조가비 연모의 연구」, 연세대학교 사학과 대학원 석사논문.

　　　이동주, 1992, 「남해 도서지방의 선사문화 자료(1)」, 『고고역사학지』8, 동아대학교박물관.

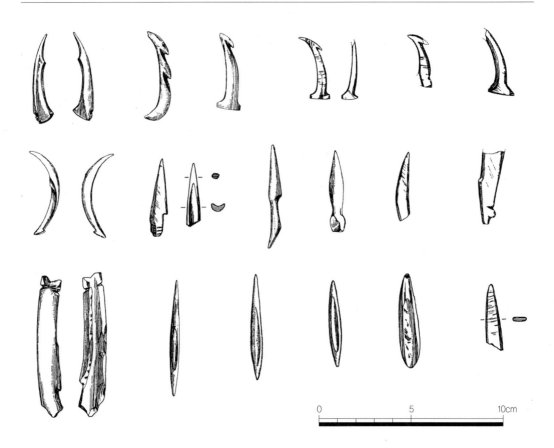

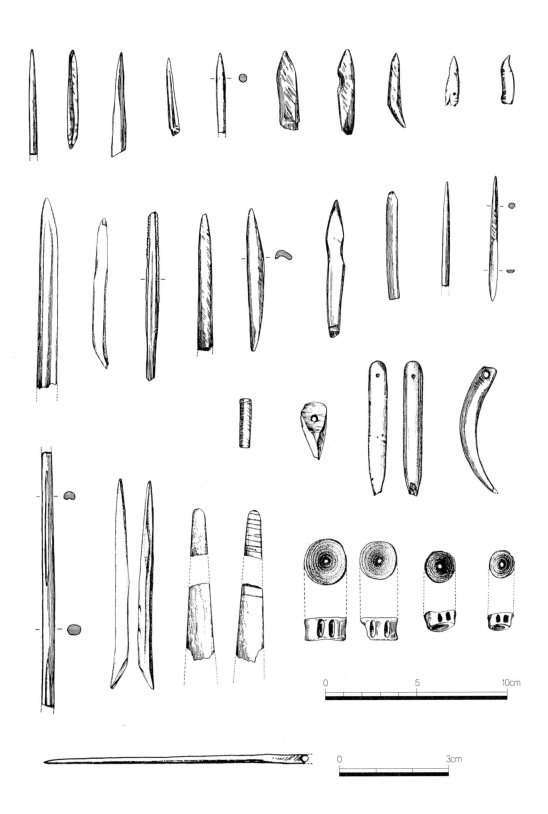

0   5   10cm

0   3cm

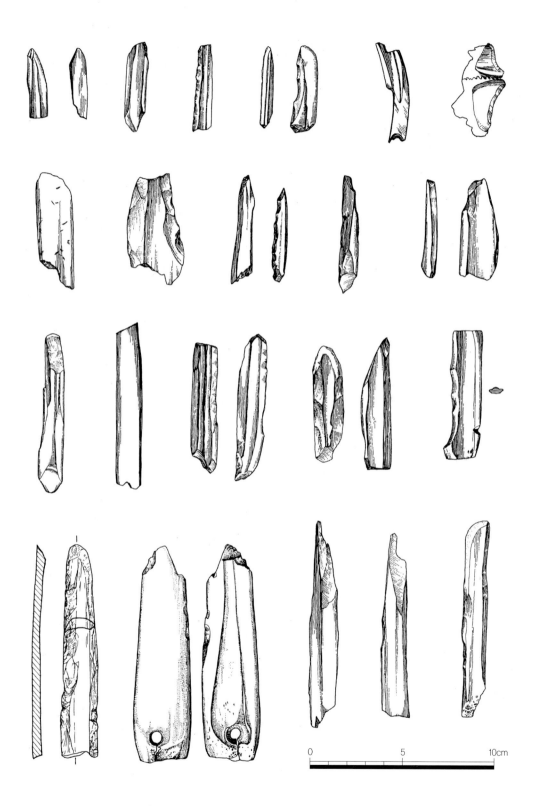

경상도   오진리 바위그늘유적(梧津里 岩陰遺蹟)

1. 위치 : 경상북도 청도군 운문면 오진리 산 72-1

2. 조사 : 부산대학교 박물관(1993년)

3. 성격 : 바위그늘, 포함층

4. 시대 : 신석기~청동기시대

5. 유구 및 유물

   – 유물 : 융기문토기, 영선동식토기, 수가리식토기, 이중구연토기, 침선문토기, 패천, 어망추, 지석, 타
         제ㆍ마제석부, 석촉, 고석, 박편석기 등

    – 유구 : 주거지, 노지

6. 골각기 : 첨두기, 작살 등

7. 문헌 : 부산대학교 박물관, 1994, 『청도 오진리 암음유적』.

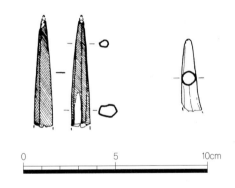

경상도 안골동유적(安骨洞遺蹟)

1. 위치 : 경상남도 창원시 진해구 안골동 788

2. 조사 : 창원대학교 박물관(1998년)

3. 성격 : 패총

4. 시대 : 신석기시대 말기

5. 유구 및 유물

   － 유물 : 이중구연토기, 단사선문토기 토제 장신구, 패천, 석부, 고석, 지석 등

6. 골각기 : 첨두기 등

7. 문헌 : 창원대학교 박물관, 1999, 『신항만부지 안골일대 유적 시굴조사보고』.

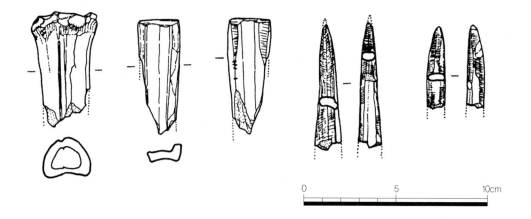

경상도 황성동 267유적(隍城洞 267遺蹟)

1. 위치 : 경상북도 경주시 황성동 267

2. 조사 : 동국대학교 경주캠퍼스 박물관(1996년)

3. 성격 : 포함층

4. 시대 : 신석기시대 전기

5. 유구 및 유물

 – 유물 : 자돌 · 압인횡주어골문토기 등 영선동식토기, 타제석부, 갈판

6. 골각기 : 물소 치아

7. 문헌 : 동국대학교 경주캠퍼스 박물관, 2002, 『경주 황성동 267유적』.

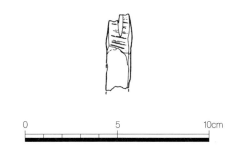

```
0          5          10cm
```

경상도 구평리유적(舊坪里遺蹟)

1. 위치 : 경상남도 사천시 서포면 구평리

2. 조사 : 단국대학교 박물관(1967년)

3. 성격 : 패총

4. 시대 : 신석기시대 후 · 말기

5. 유구 및 유물

   – 유물 : 이중구연토기, 고배형토기, 단사선문토기, 패천, 석착, 지석, 박편 등

6. 골각기 : 골침, 결합식조침

7. 문헌 : 단국대학교 박물관, 1993, 『사천 구평리유적』.

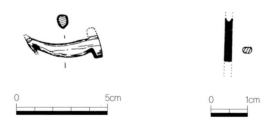

경상도 죽림동유적(竹林洞遺蹟)

1. 위치 : 부산시 강서구 죽림동 753

2. 조사 : 경남발전연구원 역사문화센타(2007년)

3. 성격 : 포함층

4. 시대 : 신석기시대 조기

5. 유구 및 유물

　－ 유물 : 융기문토기, 결합식조침, 단도마연토기, 지두문토기, 결합식조침, 박편석기

6. 골각기 : 작살

7. 문헌 : 경남발전연구원 역사문화센타, 2009, 『부산 죽림동유적』.

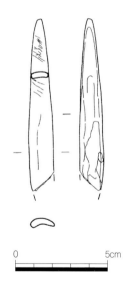

0　　　　　　　5cm

경상도 늑도패총(勒島貝塚)

1. 위치 : 경상남도 사천시 늑도동 28-4

2. 조사 : 경남고고학연구소(1998~2001년)

3. 성격 : 패총

4. 시대 : 신석기시대 조기~말기

5. 유구 및 유물

 – 유물 : 융기문토기, 수가리Ⅰ·Ⅱ식토기, 봉계리식토기, 이중구연토기, 타제석부, 인부마연석부, 석
 착, 지석, 흑요석 박편, 옥제 수식

 – 유구 : 집석유구, 노지

6. 골각기 : 결합식조침 침부?

7. 문헌 : 경남고고학연구소, 2006,『늑도패총 Ⅳ A지구』패총.

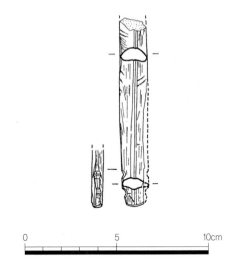

경상도 비봉리유적(飛鳳里遺蹟)

1. 위치 : 경상남도 창녕군 부곡면 비봉리 44

2. 조사 : 국립김해박물관(2004, 2010년)

3. 성격 : 패총, 포함층

4. 시대 : 신석기시대 조기~말기

5. 유구 및 유물

   – 유물 : 융기문토기, 영선동식토기, 수가리Ⅰ식 토기, 이중구연토기, 선각문토기, 타제·마제석부, 어
          망추, 결합식조침, 갈판, 갈돌, 고석, 지석, 통나무배, 노, 망태기, 목기, 도토리 등.

   – 유구 : 저장공, 노지, 주거지, 수혈 등

6. 골각기 : 골침, 결합식조침, 첨두기 등

7. 문헌 : 국립김해박물관, 2008, 『비봉리』.

        국립김해박물관, 2012, 『비봉리』Ⅱ.

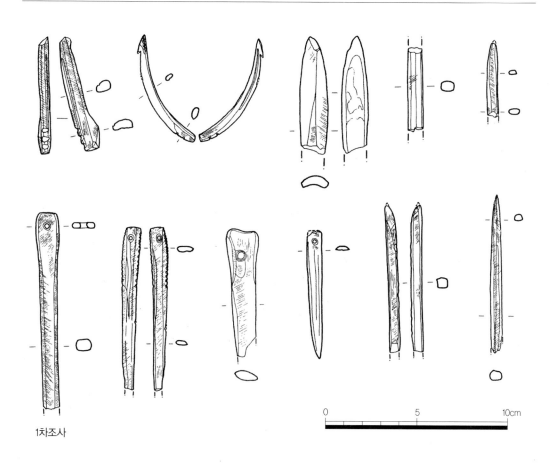

1차조사

0   5   10cm

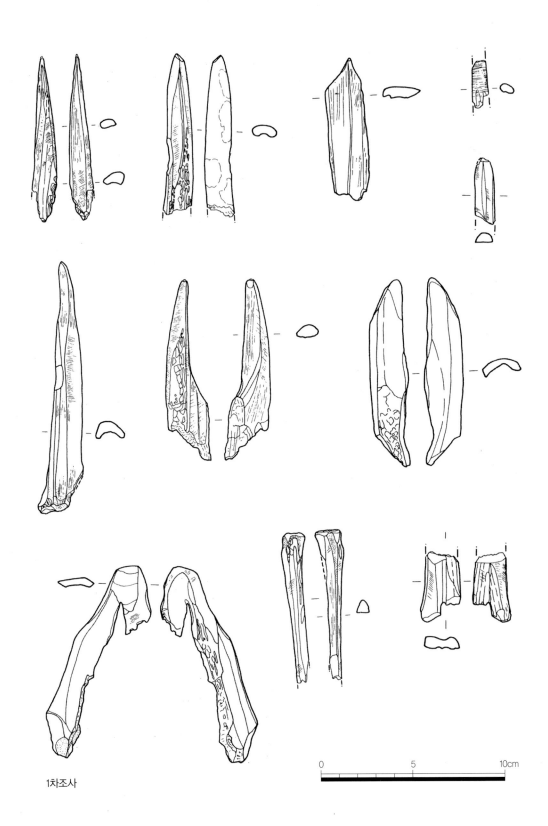

1차조사

0   5   10cm

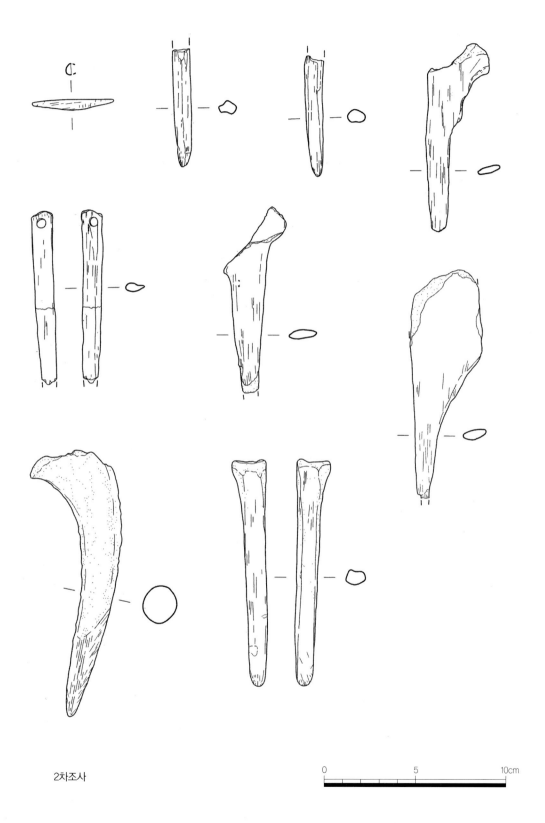

경상도 목도패총(牧島貝塚)

1. 위치 : 경상남도 하동군 하동읍 목도리 산33-1

2. 조사 : 국립진주박물관(1996년)

3. 성격 : 패총, 주거지

4. 시대 : 신석기시대 전기~후기

5. 유구 및 유물

  – 유물 : 융기문토기, 영선동식토기, 수가리Ⅱ식토기, 봉계리식토기, 타제·마제석부, 석착, 고석, 갈판,
      석추, 지석, 석도 등.

  – 유구 : 노지, 주거지, 수혈, 주혈군

6. 골각기 : 첨두기, 작살 등

7. 문헌 : 국립진주박물관, 1999, 『목도패총』.

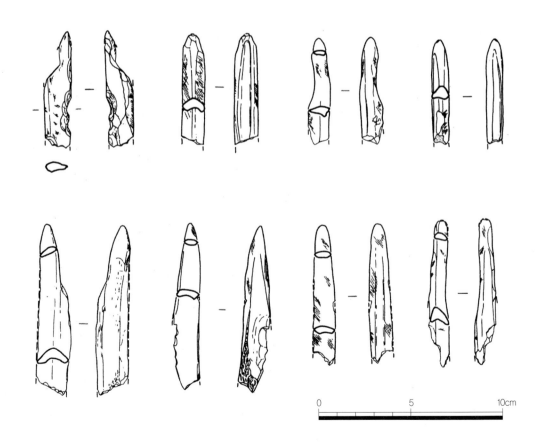

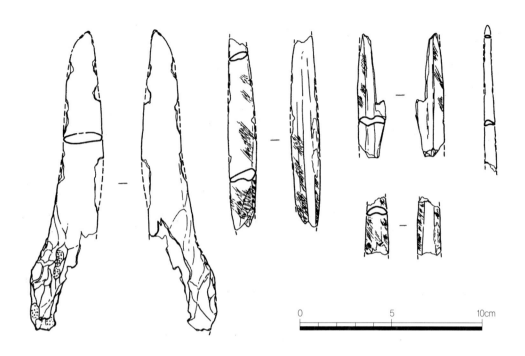

0   5   10cm

경상도 욕지도유적(欲知島遺蹟)

1. 위치 : 경상남도 통영군 욕지면 동항리 528 · 529

2. 조사 : 국립진주박물관(1988 · 1989년)

3. 성격 : 패총, 주거지

4. 시대 : 신석기시대 조기〜말기

5. 유구 및 유물

　- 유물 : 융기문토기, 영선동식토기, 수가리Ⅱ식토기, 봉계리식토기, 이중구연토기, 타제 · 마제석부, 결
　　　　　합식조침, 흑요석제석기, 긁개, 어망추, 지석, 석착, 고석, 갈판, 갈돌, 패천, 멧돼지모양 토우 등

　- 유구 : 분묘, 적설시설, 주혈군

6. 골각기 : 세형자돌구, 첨두기, 결합식조침, 역T자형조침, 장신구 등

7. 문헌 : 국립진주박물관, 1989, 『욕지도』.

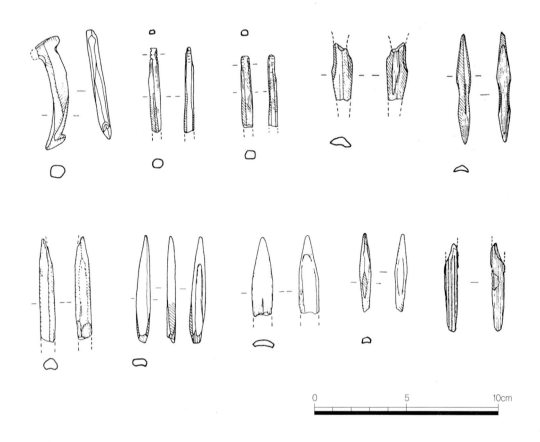

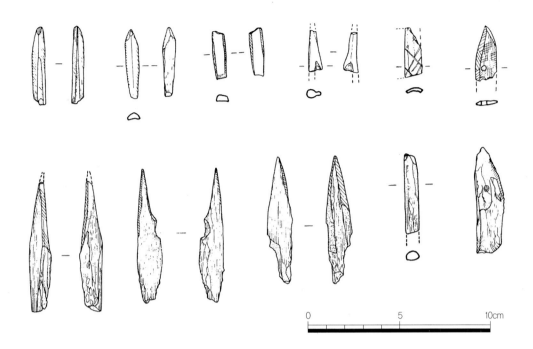

경상도 범방패총(凡方貝塚)

1. 위치 : 부산광역시 강서구 범방동 197

2. 조사 : 부산박물관(1991년)

3. 성격 : 패총

4. 시대 : 신석기시대 조기~말기

5. 유구 및 유물

  – 유물 : 융기문토기, 영선동식토기, 수가리식토기, 이중구연토기, 타제 · 마제석부, 석착, 석촉, 석창, 결
        합식조침, 갈돌, 갈판, 고석, 대석, 지석, 석도, 어망추, 흑요석제 석기, 패천, 토우편, 토제원판

  – 유구 : 토광묘, 노지, 집석유구

6. 골각기 : 자돌구, 첨두기, 결합식조침, 작살, 뒤꽂이, 장식골각기 등

7. 문헌 : 부산박물관, 1996, 『범방패총』 II .

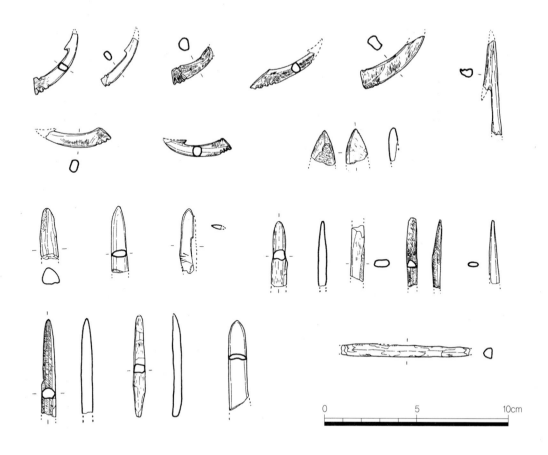

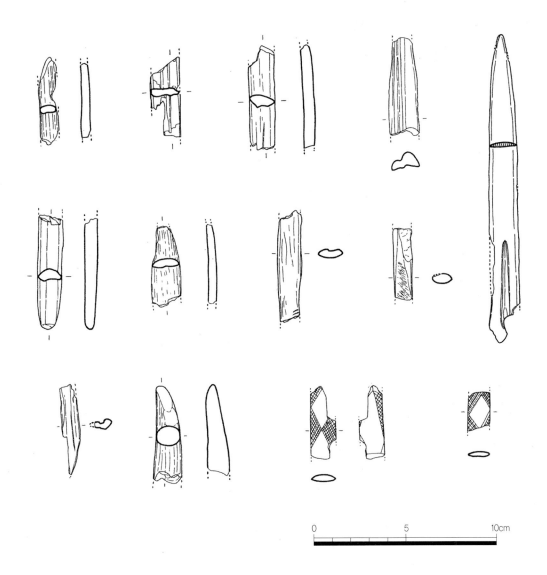

경상도 연대도유적(煙臺島遺蹟)

1. 위치 : 경상남도 통영군 신양면 연곡리 24

2. 조사 : 국립진주박물관(1988~1992년)

3. 성격 : 패총, 분묘

4. 시대 : 신석기시대 조기~후기

5. 유구 및 유물

   – 유물 : 융기문토기, 영선동식토기, 수가리식Ⅰ·Ⅱ토기, 조몽토기, 타제·마제석부, 석착, 석촉, 석제
      작살, 결합식조침, 석시, 갈돌, 갈판, 고석, 대석, 지석, 어망추, 흑요석제 석촉, 패천, 관옥, 환옥

   – 유구 : 토광묘, 수혈, 주혈

6. 골각기 : 자돌구, 비형골기, 첨두기, 골침, 결합식조침, 작살, 수식, 발찌, 뒤꽂이 등

7. 문헌 : 국립진주박물관, 1993, 『연대도』Ⅰ.

   한영희·임학종, 1991, 「연대도 조개더미 단애부Ⅱ」『한국고고학보』26.

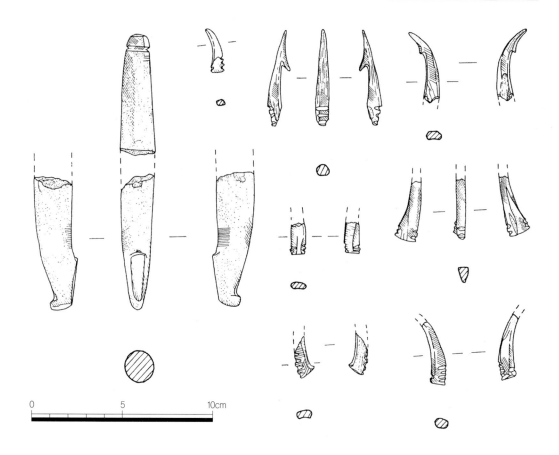

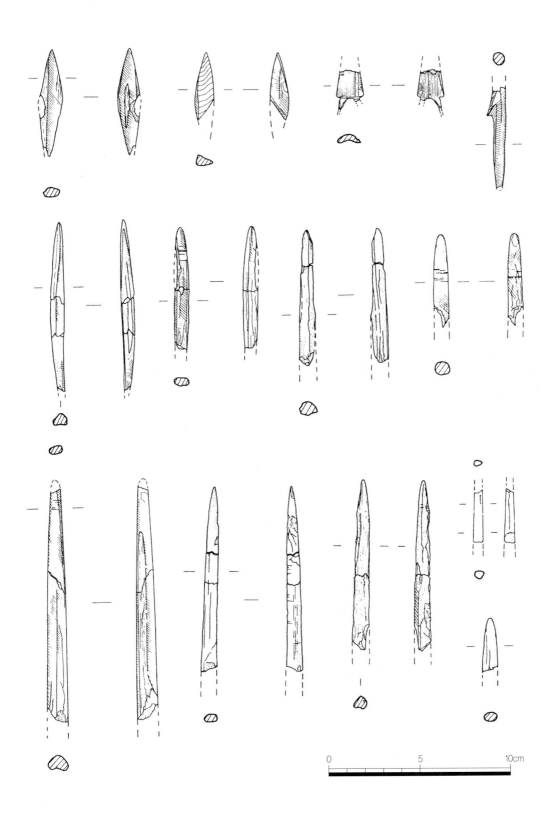

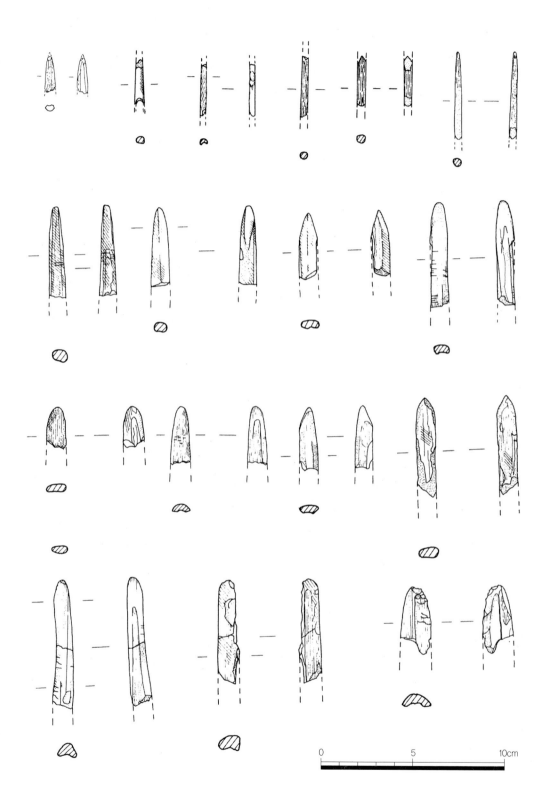

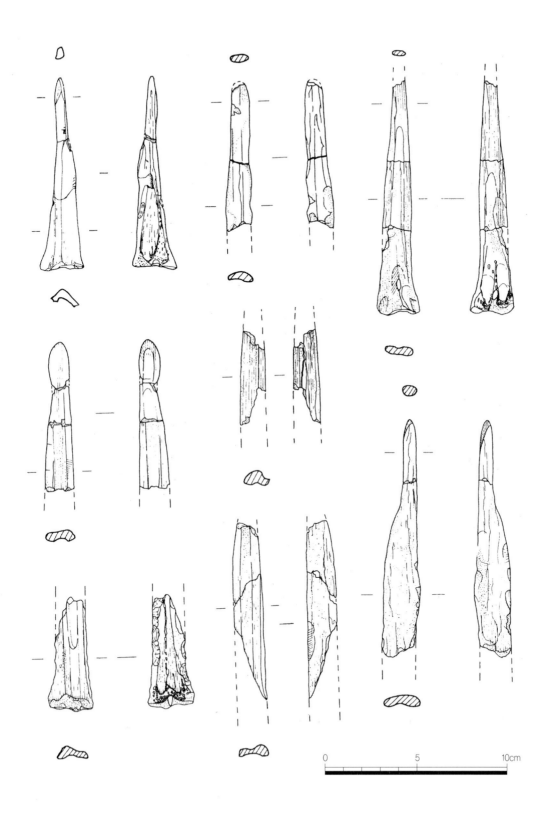

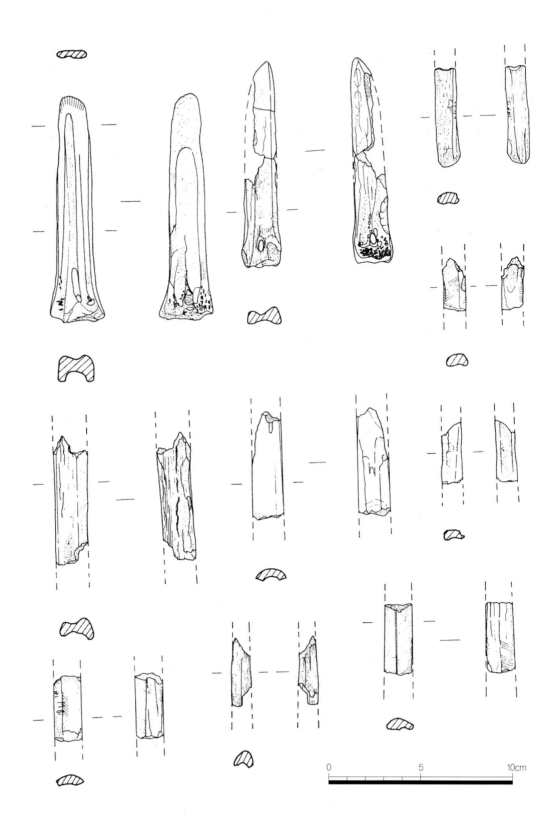

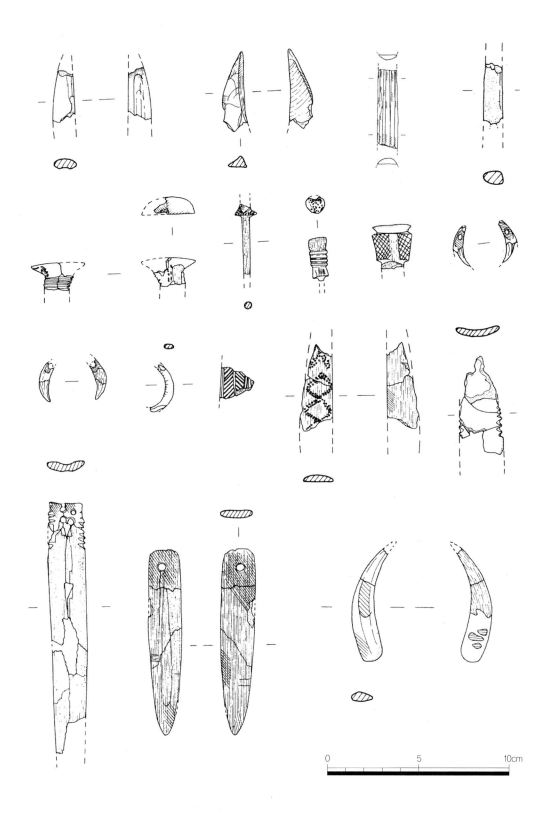

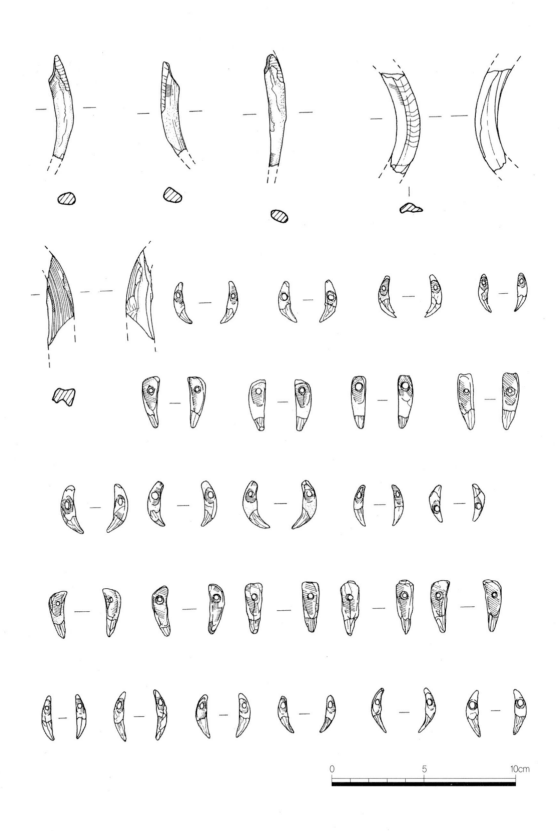

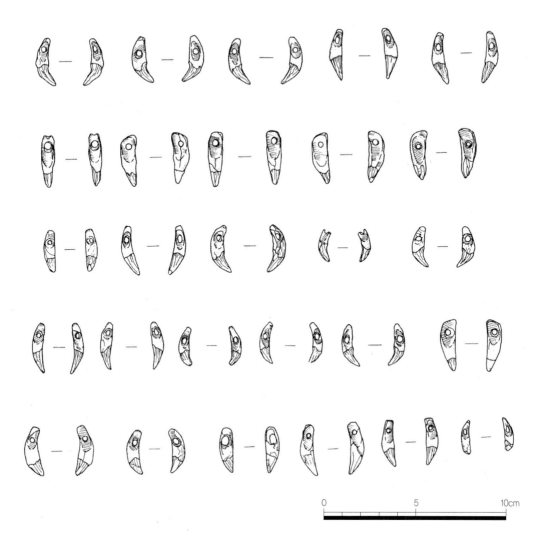

경상도 동삼동패총(東三洞貝塚)

1. 위치 : 부산광역시 영도구 동삼동 750

2. 조사 : 橫山長三郎 · 及川民次郎(1930, 1932년), More, A · Sample, LL(1963, 1964년), 국립중앙박물관
   (1969〜1971년), 복천박물관(1999년)

3. 성격 : 패총, 분묘, 주거지

4. 시대 : 신석기시대 조기〜말기

5. 유구 및 유물

   – 유물 : 융기문토기, 영선동식토기, 수가리식 I · II 토기, 봉계리식토기, 이중구연토기, 조몽토기, 타
   제 · 마제석부, 석착, 석촉, 석제작살, 결합식조침, 갈돌, 갈판, 고석, 대석, 지석, 어망추, 흑요
   석제 석촉, 석제장신구, 패주, 패천, 결상이식, 이전, 토우

   – 유구 : 옹관묘, 주거지, 수혈, 노지, 주혈

6. 골각기 : 자돌구, 첨두기, 비형골기, 첨두기, 골침, 작살, 역T자형조침, 결합식조침, 원판형골기, 수식,
   뒤꽂이, 빗창, 골도 등

7. 문헌 : 橫山長三郎, 1933, 「釜山府絕影島 東三洞貝塚調査報告」, 『史前學雜誌』5–4.

   及川民次郎, 1933, 「南朝鮮牧ノ島東三洞貝塚」, 『考古學』4–5.

   Sample, L.L. Tongsamdong, 1974, 「A Contribution to Korea Neolitic Culture History」,
   『Artic Anthropology』XI–2.

   국립중앙박물관, 2002–2005, 『동삼동패총』 I 〜IV.

   부산박물관, 2007, 『동삼동패총정화지역발굴조사보고서』.

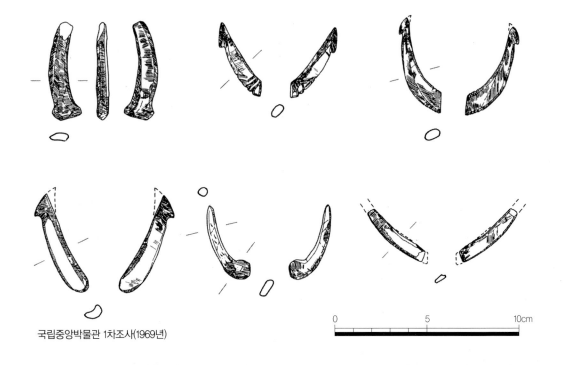

0   5   10cm

국립중앙박물관 1차조사(1969년)

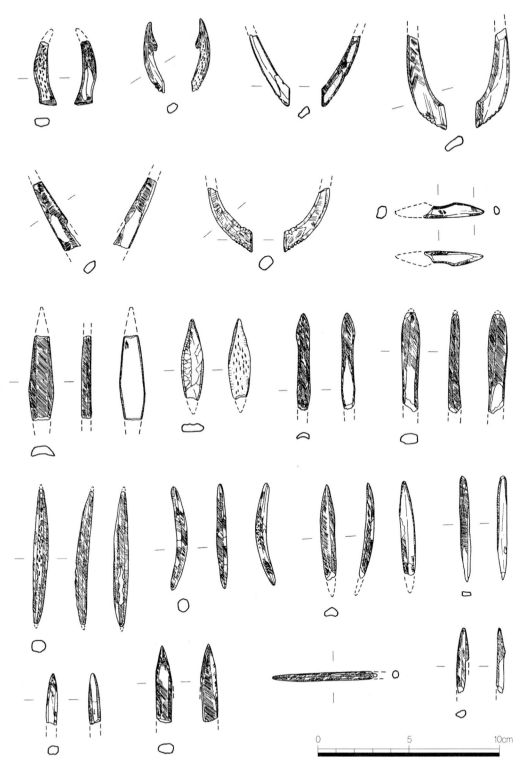

국립중앙박물관 1차조사(1969년)

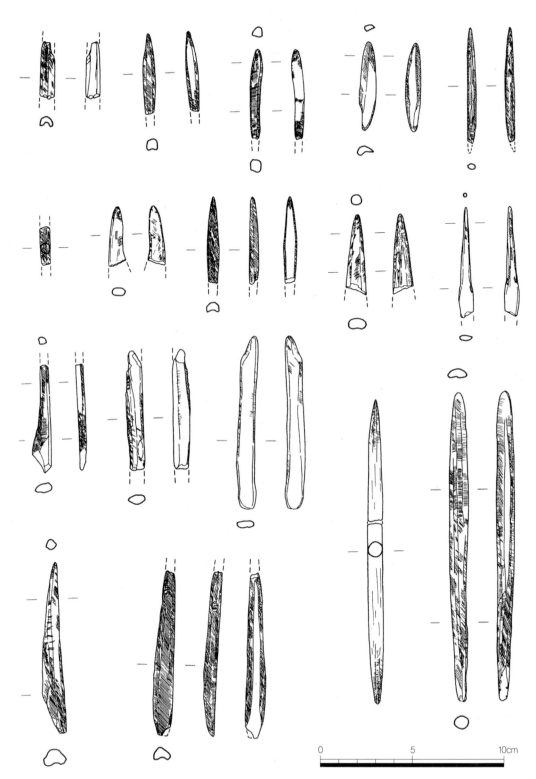

국립중앙박물관 1차조사(1969년)

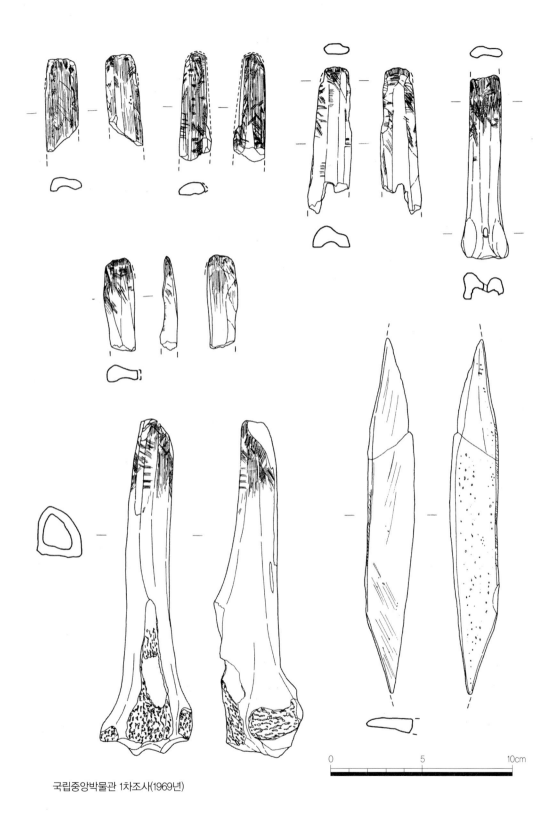

국립중앙박물관 1차조사(1969년)

0 5 10cm

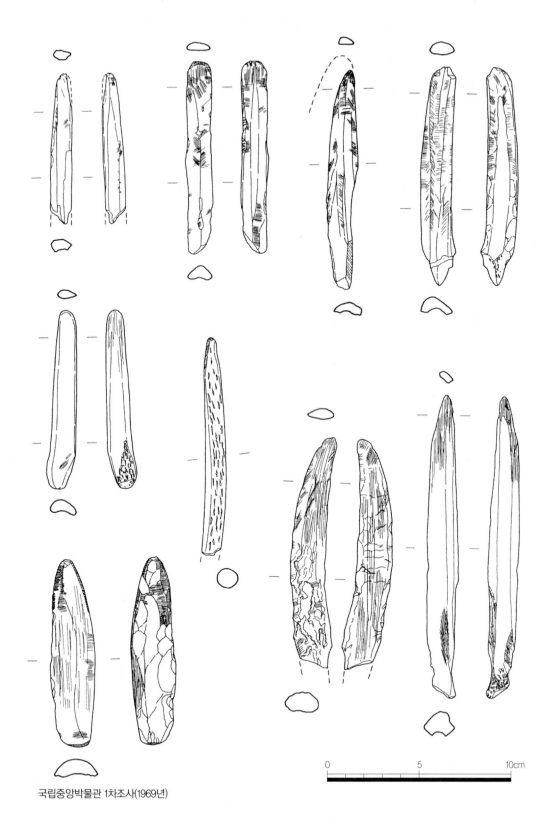

국립중앙박물관 1차조사(1969년)

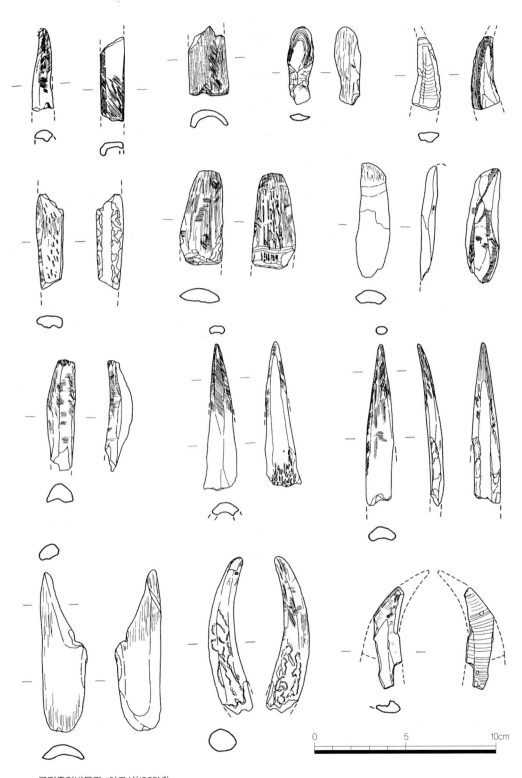

국립중앙박물관 1차조사(1969년)

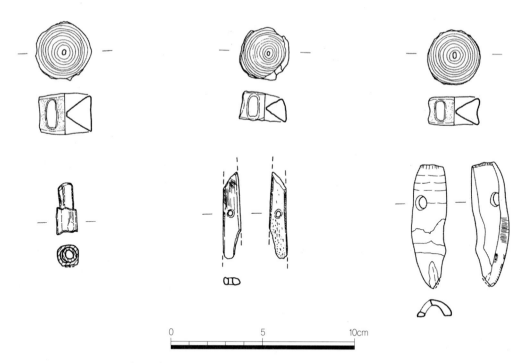

국립중앙박물관 1차조사(1969년)

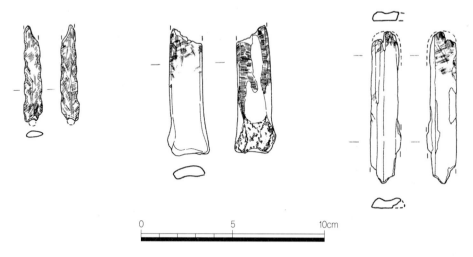

국립중앙박물관 2차조사(1970년)

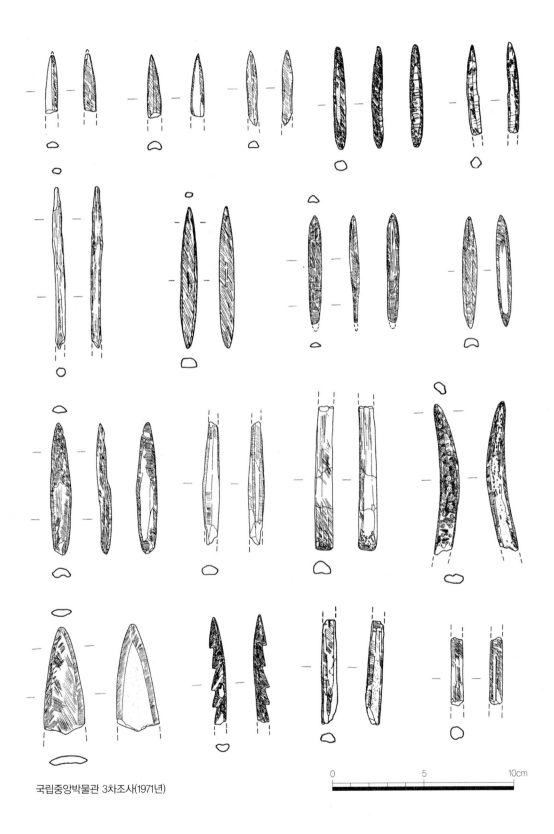

국립중앙박물관 3차조사(1971년)

0   5   10cm

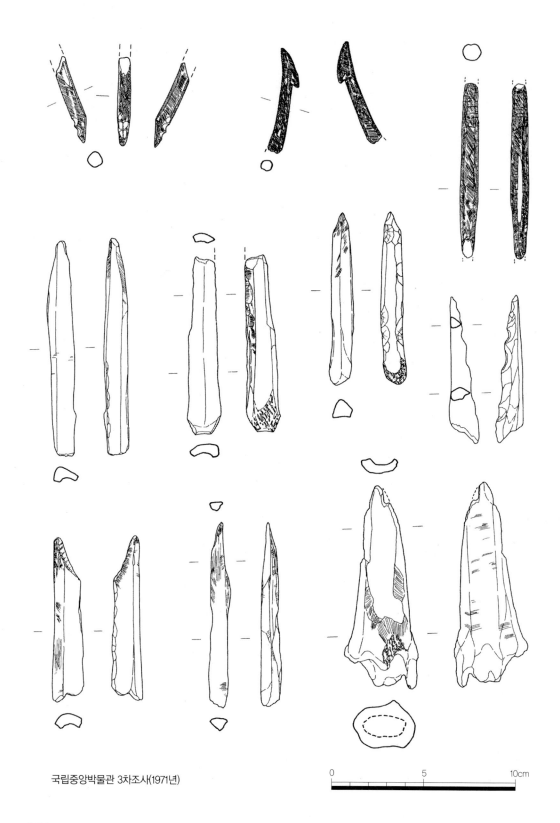

국립중앙박물관 3차조사(1971년)

0　　　　　5　　　　10cm

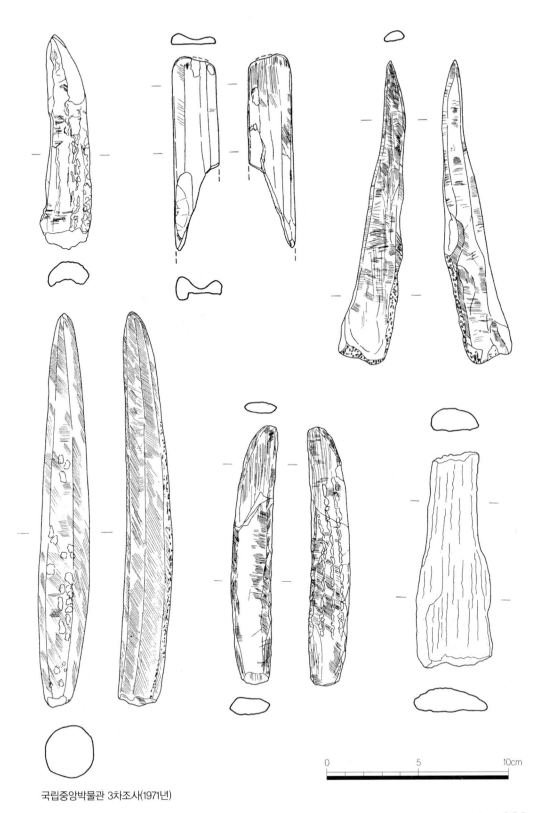

국립중앙박물관 3차조사(1971년)

0　　　　　　5　　　　　　10cm

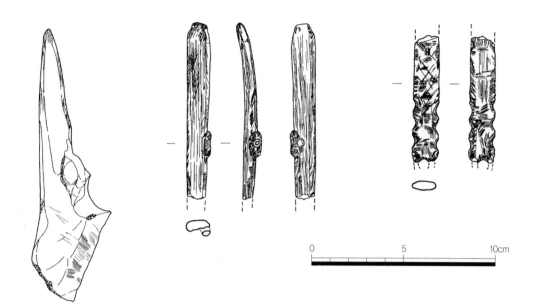

국립중앙박물관 3차조사(1971년)

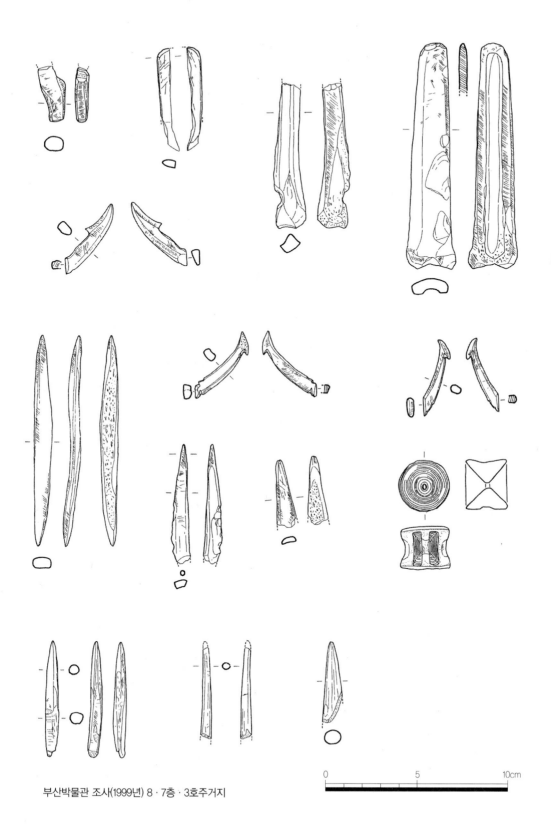

부산박물관 조사(1999년) 8 · 7층 · 3호주거지

0   5   10cm

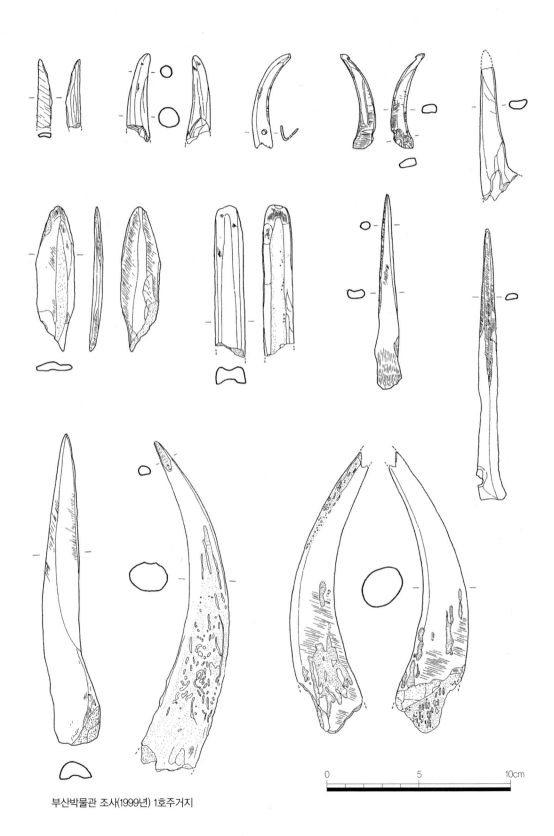

부산박물관 조사(1999년) 1호주거지

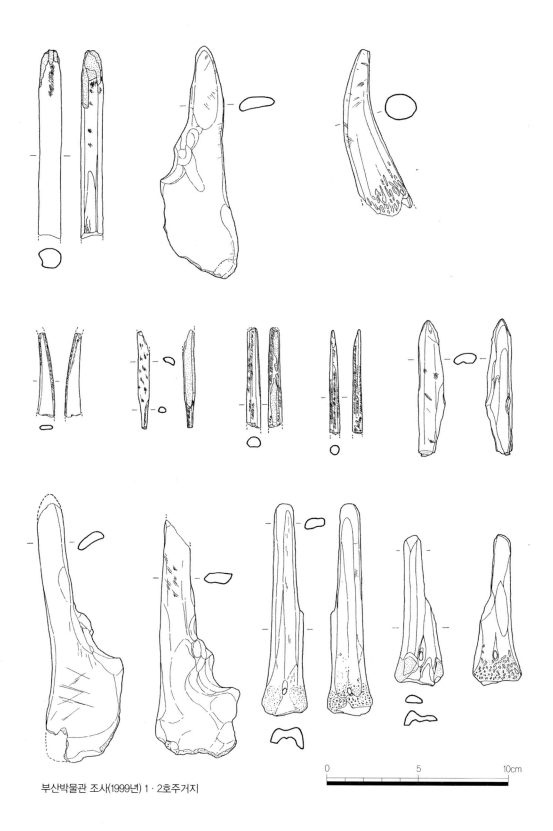

부산박물관 조사(1999년) 1·2호주거지

0   5   10cm

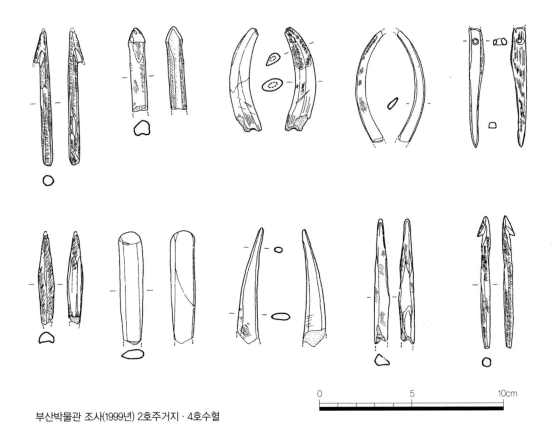

부산박물관 조사(1999년) 2호주거지 · 4호수혈

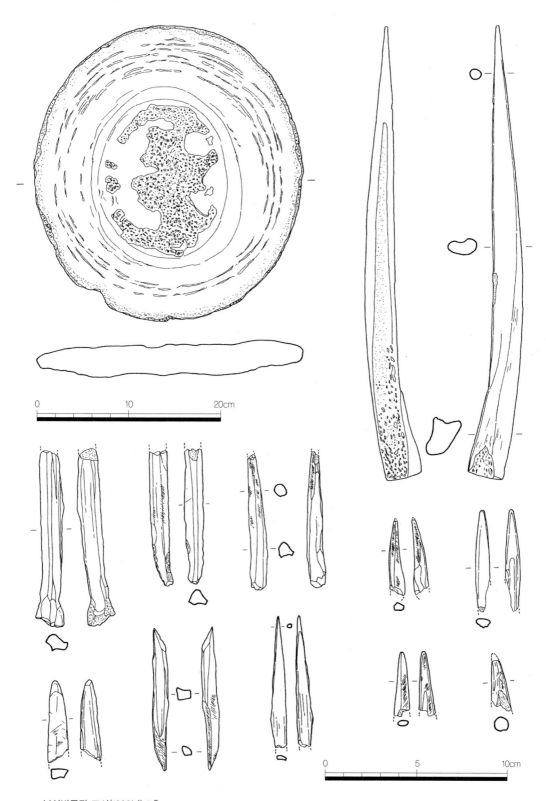

부산박물관 조사(1999년) 5층

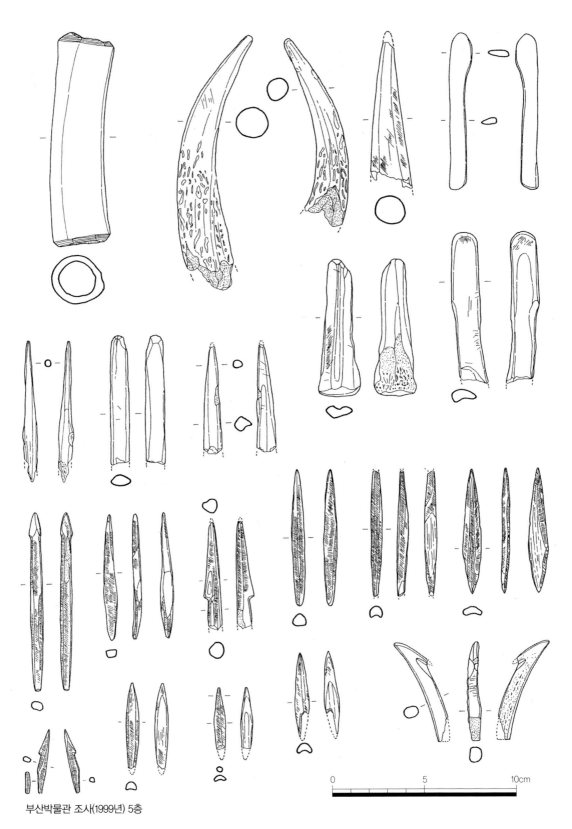

부산박물관 조사(1999년) 5층

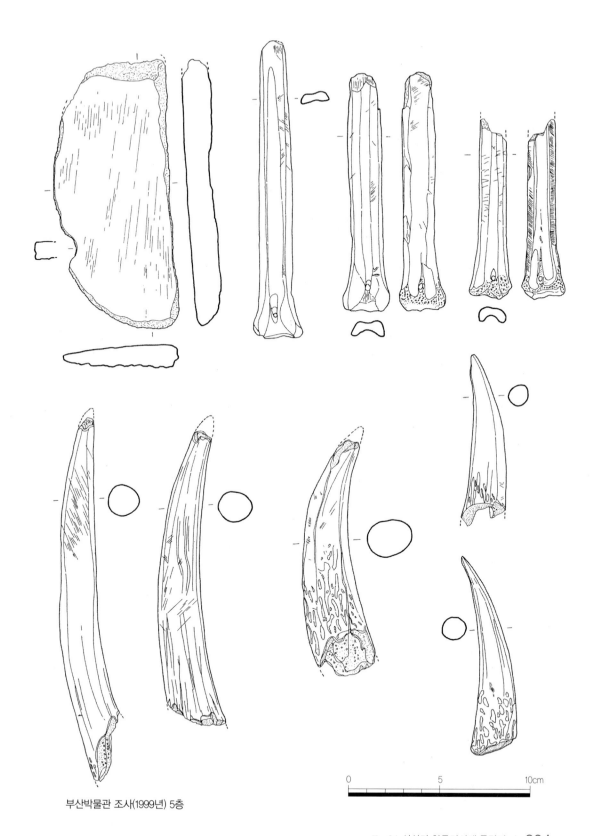

부산박물관 조사(1999년) 5층

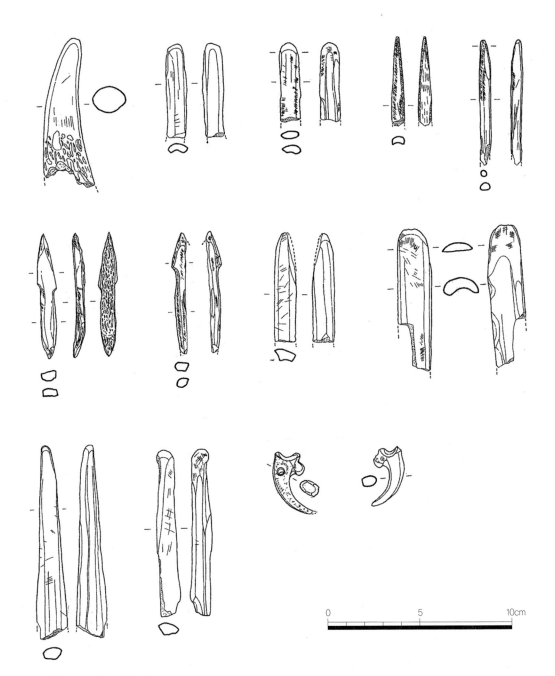

부산박물관 조사(1999년) 5층

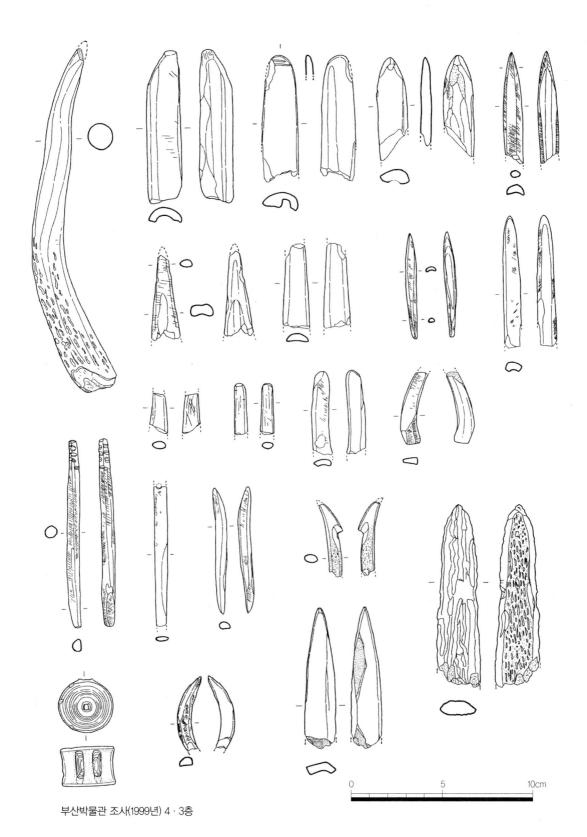

부산박물관 조사(1999년) 4 · 3층

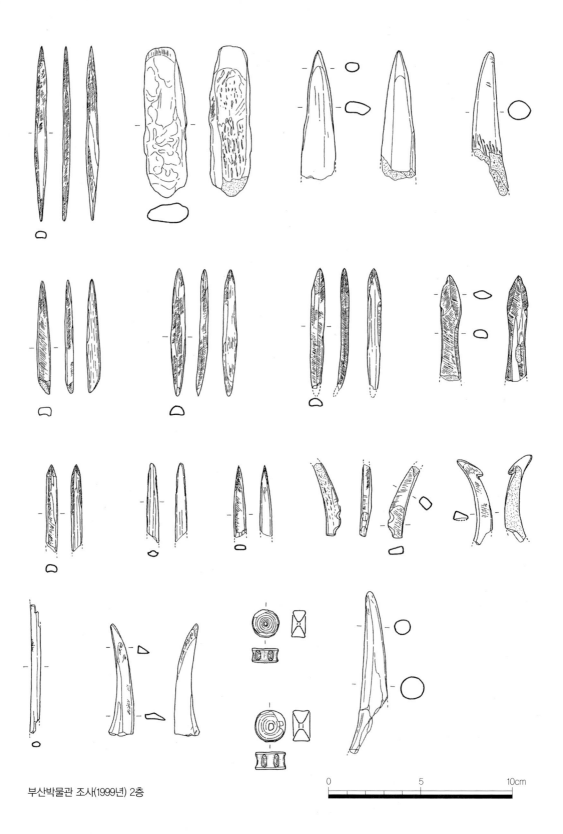

부산박물관 조사(1999년) 2층

0   5   10cm

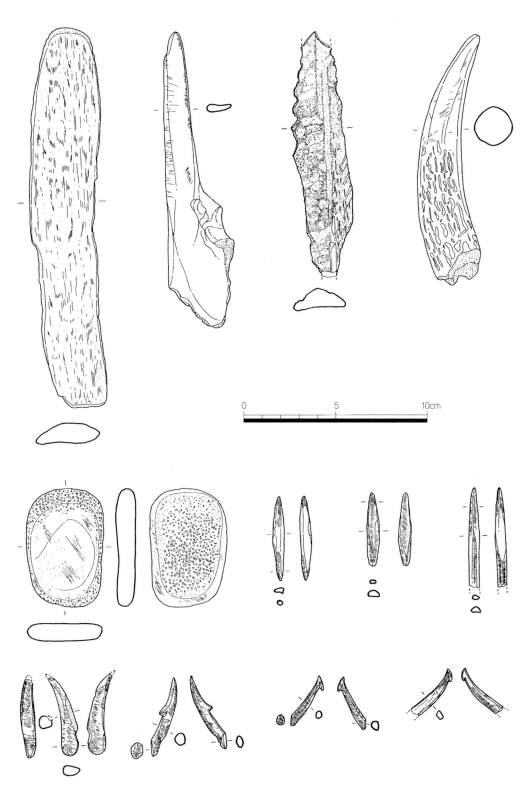

부산박물관 조사(1999년) 2층 · 교란층

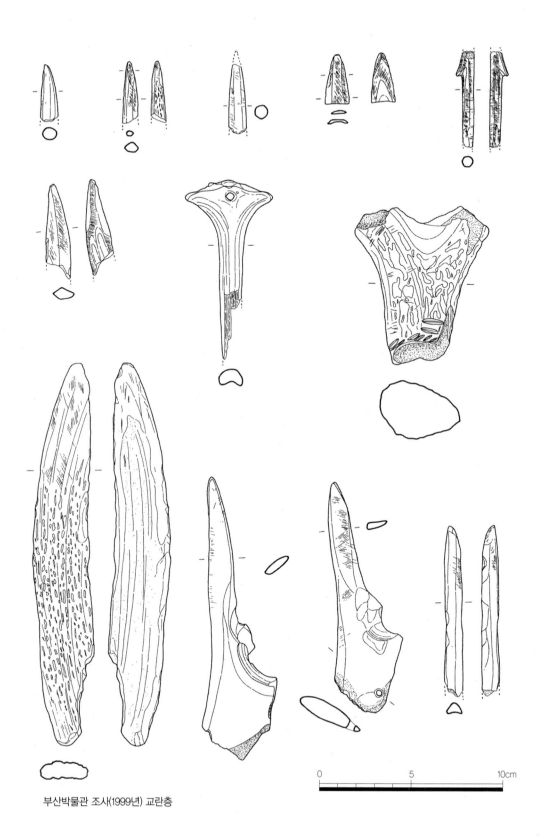

부산박물관 조사(1999년) 교란층

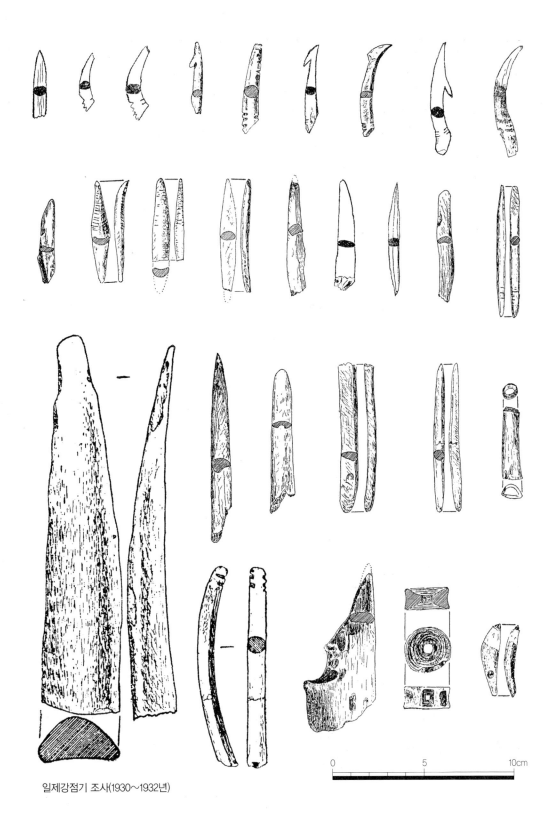

일제강점기 조사(1930~1932년)

0   5   10cm

전라도 오사리 돈탁패총

1. 위치 : 전라남도 광양시 진월면 오사리 돈탁마을 일원
2. 조사 : 목포대학교박물관(2011년)
3. 성격 : 패총
4. 시대 : 신석기시대
5. 유구 및 유물
    – 유물 : 빗살무늬토기, 석기, 골각기, 장신구 등
6. 골각기 : 시문구, 삿바늘, 작살 등
7. 문헌 : 목포대학교박물관, 2012, 『광양 오사리 돈탁패총』

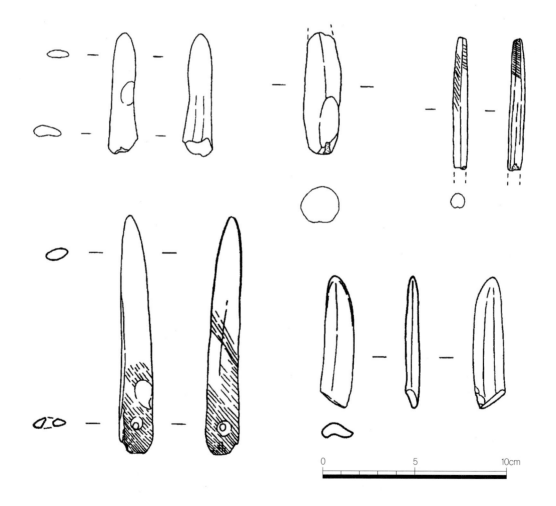

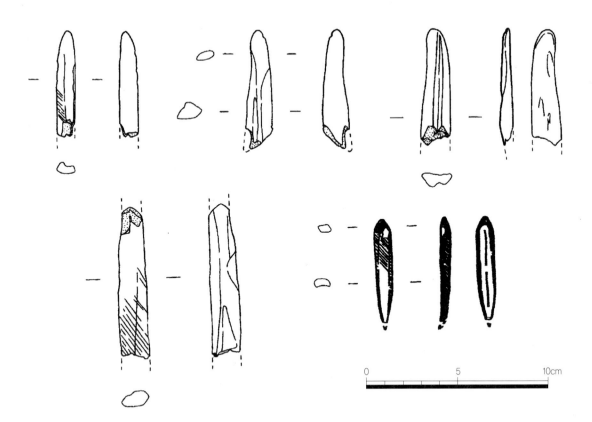

전라도 노래섬패총

1. 위치 : 전라북도 군산시 오식도동 노래섬 일원

2. 조사 : 원광대학교 마한 · 백제문화연구소(1996년)

3. 성격 : 패총

4. 시대 : 신석기~삼국시대

5. 유구 및 유물

  – 유구 : 야외노지, 주거지

  – 유물 : 빗살무늬토기, 무문토기, 붉은간토기, 토제품, 석기, 장신구, 골각기 등

6. 골각기 : 자돌구(?)

7. 문헌 : 최완규 · 김종문 · 이영덕, 2002, 『노래섬Ⅰ』, 원광대학교 마한 · 백제문화연구소, 원광대학교박물관.

   김충배, 2002, 『신석기시대 낚시바늘 연구』, 한양대학교 석사학위논문.

   이영덕, 2009, 「서해남부해안지역의 신석기문화」, 『한반도 신석기시대 지역문화론』, 동삼동패총전시관.

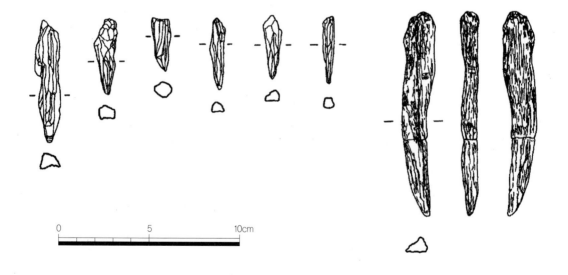

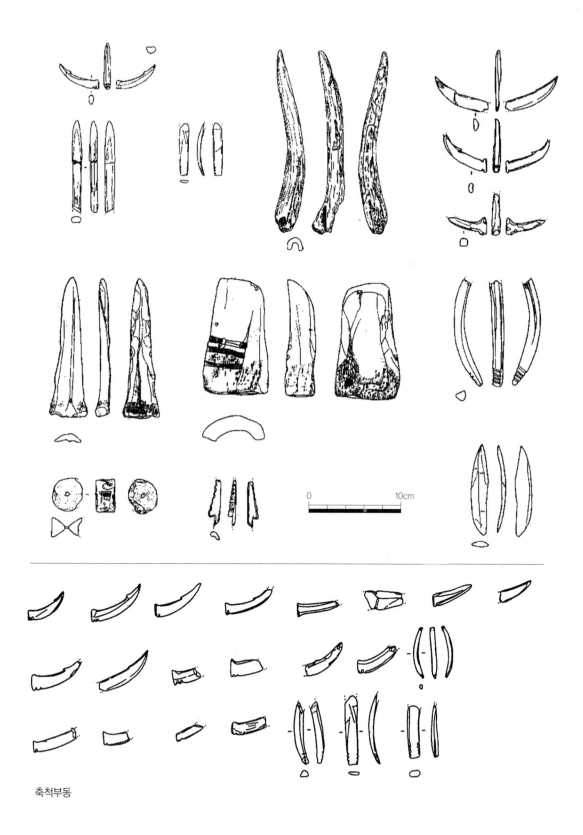

축척부동

전라도　비응도패총

1. 위치 : 군산시 비응도동 비응도 산28번지와 29-2번지 일원

2. 조사 : 전북대학교박물관(1993~1994년)

3. 성격 : 패총

4. 시대 : 신석기~청동기시대

5. 유구 및 유물

　　- 유구 : 야외노지

　　- 유물 : 빗살무늬토기, 무문토기, 붉은간토기, 원형점토대토기, 석기, 골각기 등

6. 골각기 : 골각기(?)

7. 문헌 : 전북대학교박물관 · 목포대학교박물관, 2002, 『비응도 · 가도 · 오식도패총』.

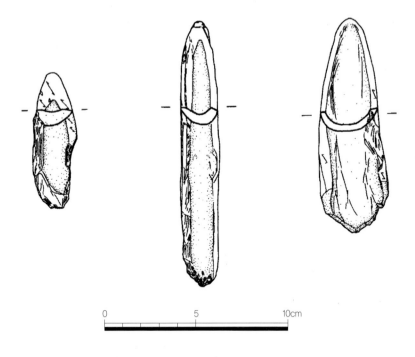

전라도 가도패총

1. 위치 : 전라북도 군산시 오식도동 가도 일원

2. 조사 : 충남대학교박물관(1993 · 1994년)

3. 성격 : 패총

4. 시대 : 신석기~삼국시대

5. 유구 및 유물

  - 유구 : 야외노지, 주거지 등

  - 유물 : 빗살무늬토기, 무문토기, 붉은간토기, 석기, 그물추, 방추차, 골각기 등

6. 골각기 : 결합식낚시바늘 · 축부, 자돌구, 낫모양골각기 등

7. 문헌 : 충남대학교박물관, 2001, 『가도패총』

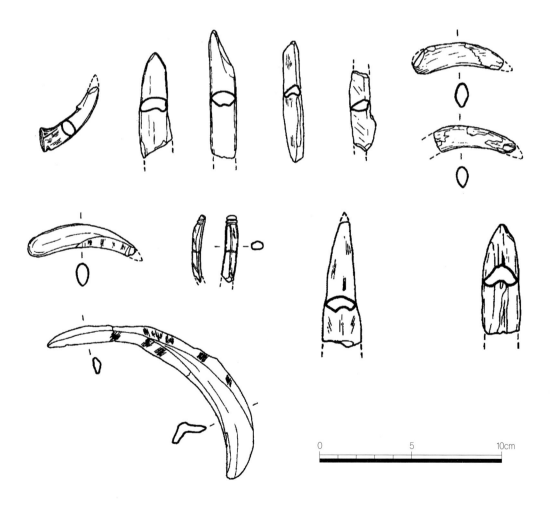

1. 위치 : 전라남도 여수시 남면 안도리 1313-1

2. 조사 : 국립광주박물관(2007년)

3. 성격 : 패총, 분묘

4. 시대 : 신석기시대 조기~말기

5. 유구 및 유물

　　- 유물 : 융기문토기, 영선동식토기, 수가리식Ⅱ토기, 이중구연토기, 조몽토기, 타제·마제석부, 석착,
　　　　　　석제작살, 결합식조침, 석시, 갈판, 고석, 지석, 어망추, 흑요석제 석기, 패천, 결상이식

　　- 유구 : 토광묘, 노지, 집석유구, 수혈

6. 골각기 : 세형자돌구, 비형골기, 결합식조침, 작살, 첨두기, 장신구 등

7. 문헌 : 국립광주박물관, 2009, 『안도패총』

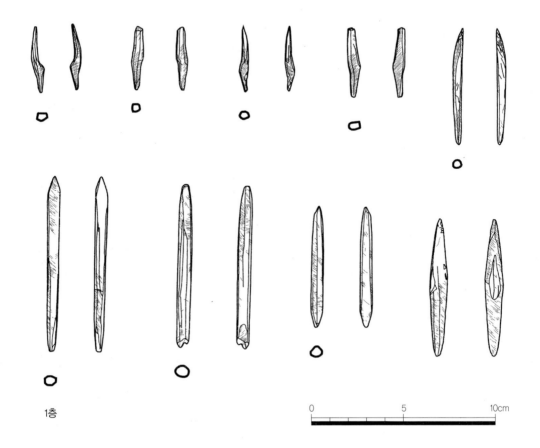

1층

0　　　　　　5　　　　　　10cm

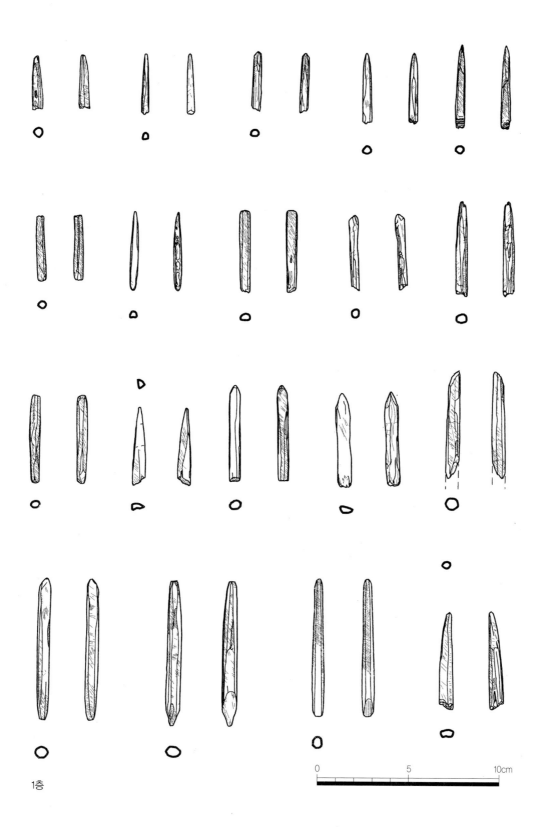

1층

0   5   10cm

II - 01 신석기·청동기시대 골각기 ㅣ 245

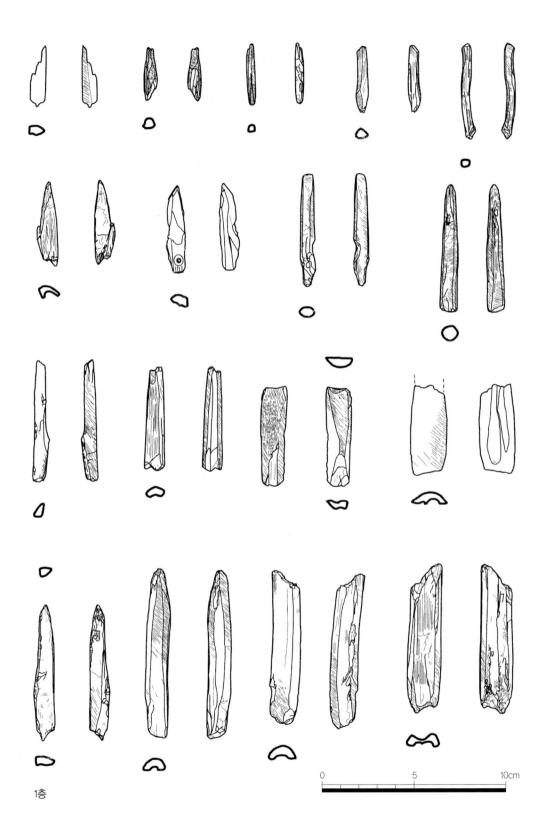

1층

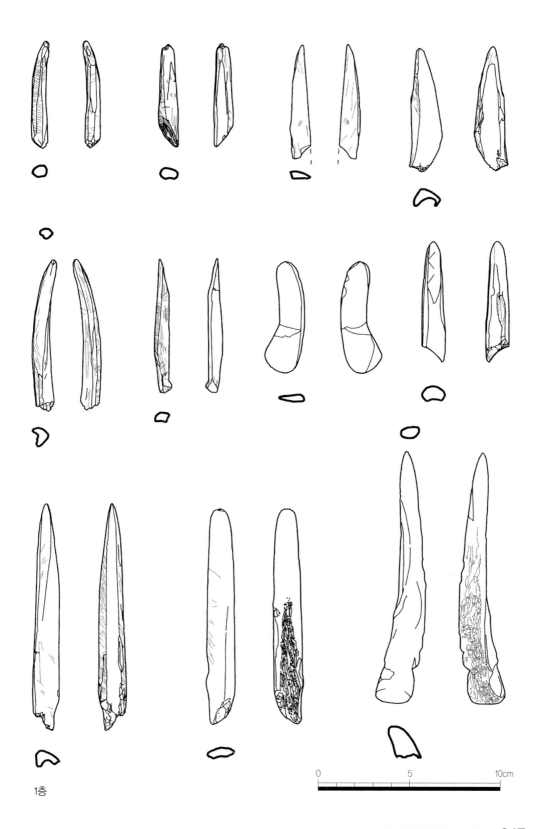

1층

0   5   10cm

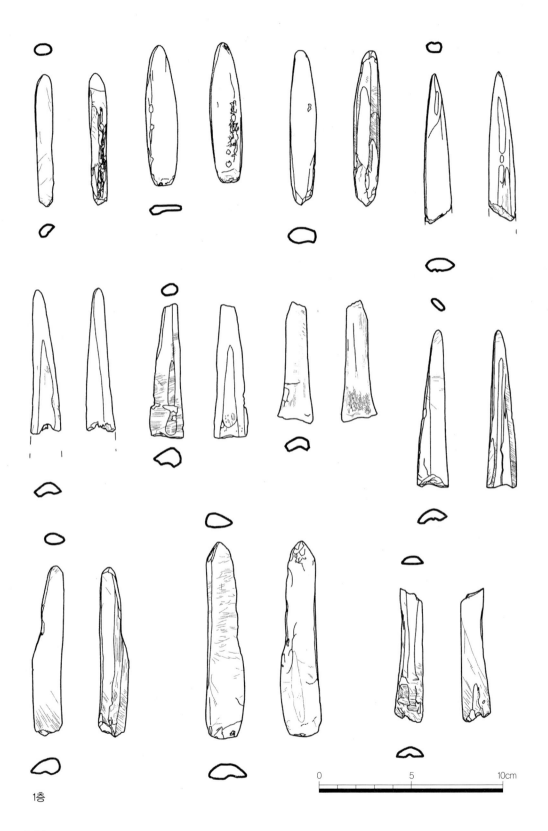

1층

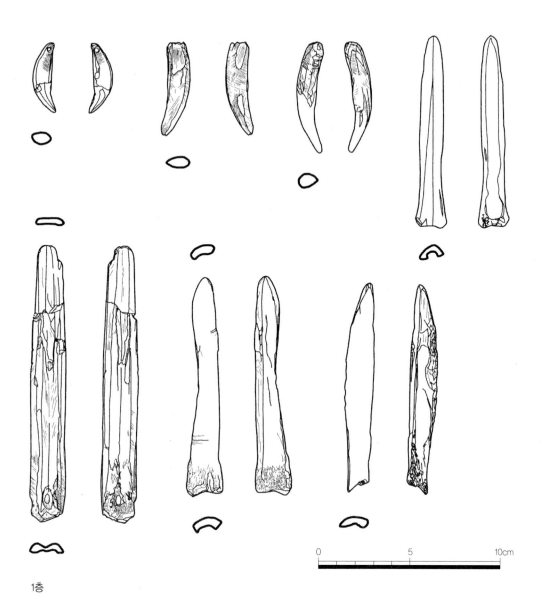

1층

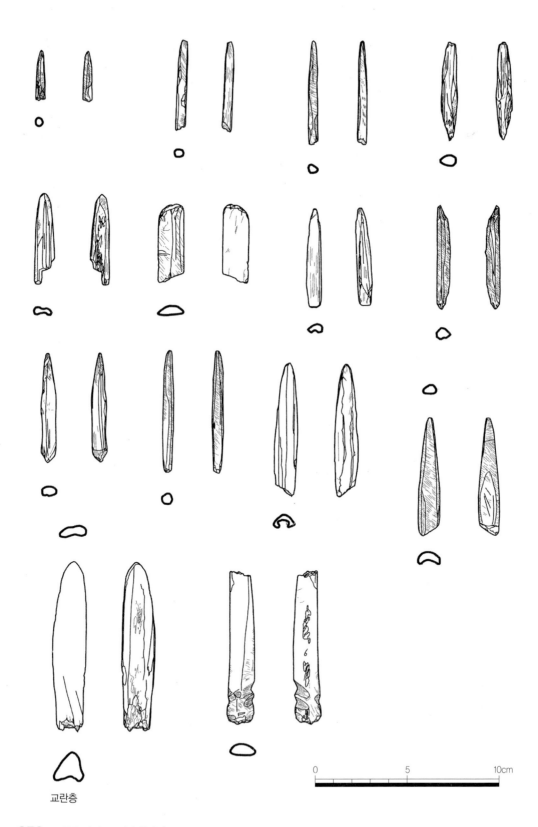

교란층

0   5   10cm

전라도 송도유적(松島遺蹟)

1. 위치 : 전라남도 여수시 남면 안도리 1313-1

2. 조사 : 국립광주박물관(1989 · 1990년)

3. 성격 : 패총, 주거지

4. 시대 : 신석기시대 조기~말기

5. 유구 및 유물

   - 유물 : 융기문토기, 영선동식토기, 이중구연토기, 단사선문토기, 마제 · 타제석부, 갈돌, 갈판, 흑요석
         제 석기, 지석, 결합식조침, 패천, 패제품 등

   - 유구 : 주거지

6. 골각기 : 첨두기, 결합식조침, 작살, 장식골각기 등

7. 문헌 : 국립광주박물관, 1989 · 1990, 『돌산 송도』Ⅰ · Ⅱ.

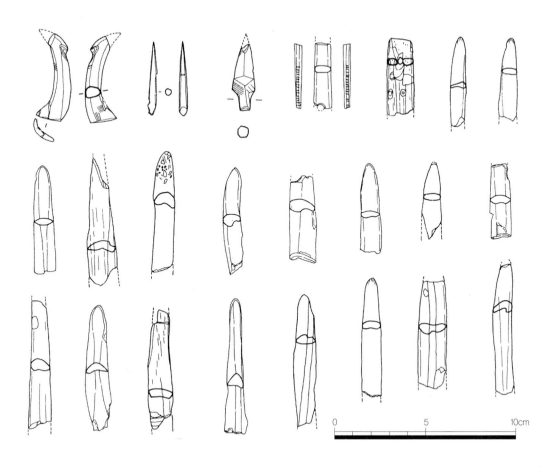

전라도 여서도패총(麗瑞島貝塚)

1. 위치 : 전라남도 완도군 청산면 여서리

2. 조사 : 목포대학교 박물관(2005년)

3. 성격 : 패총

4. 시대 : 신석기시대 조기~전기

5. 유구 및 유물

   – 유물 : 융기문토기, 영선동식토기, 구순각목토기, 찍개, 타제·마제석부, 결합식조침, 지석, 대석, 고
   석, 패천, 장신구, 분석

6. 골각기 : 자돌구, 비형골기, 결합식조침, 고정식작살, 회전식작살, 역T자형조침, 골침, 첨두기, 장신구,
   장식골각기 등

7. 문헌 : 목포대학교 박물관, 2007, 『완도 여서도패총』

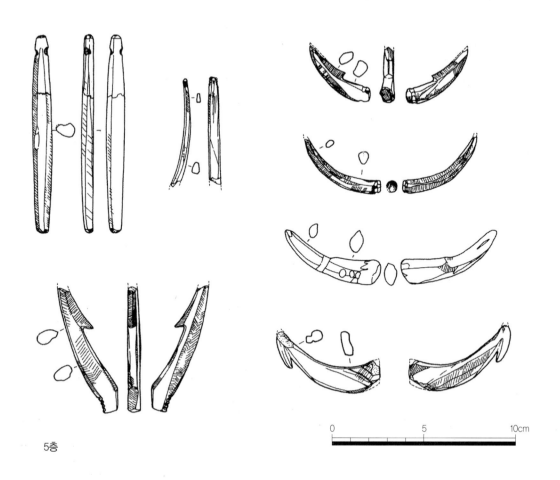

5층

0   5   10cm

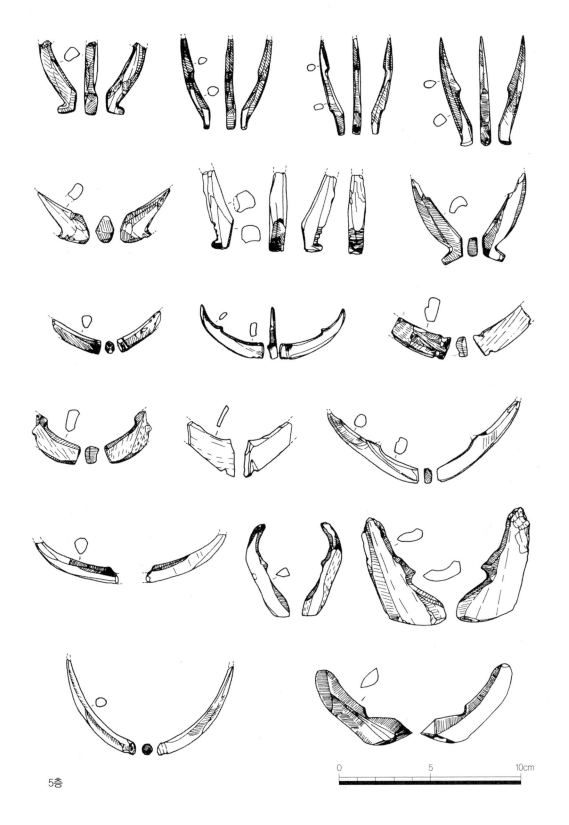

5층

0   5   10cm

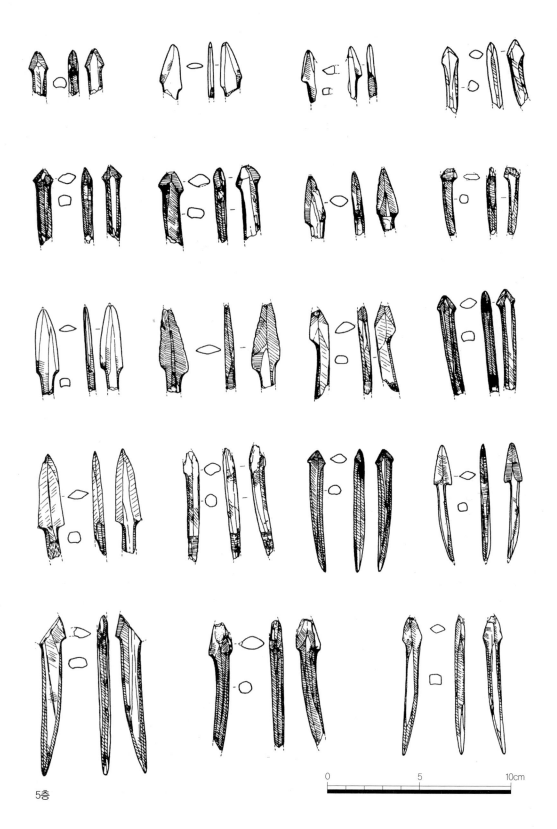

5층

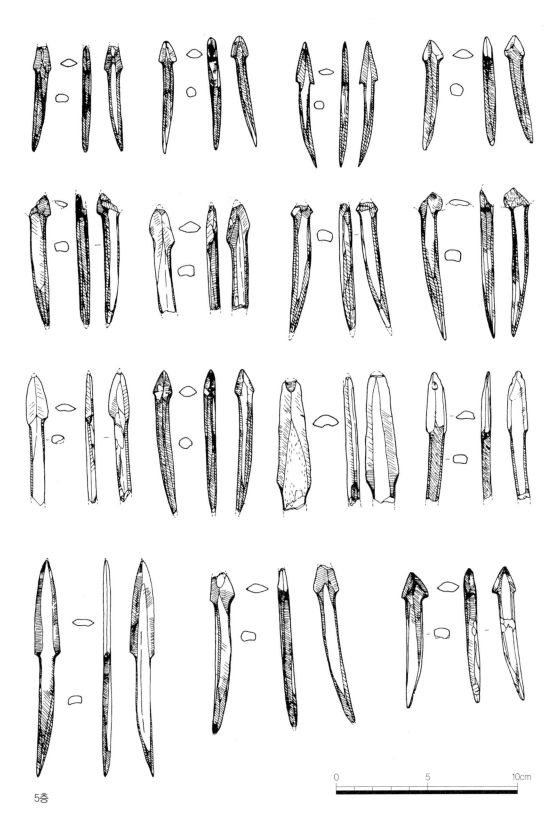

5층

0   5   10cm

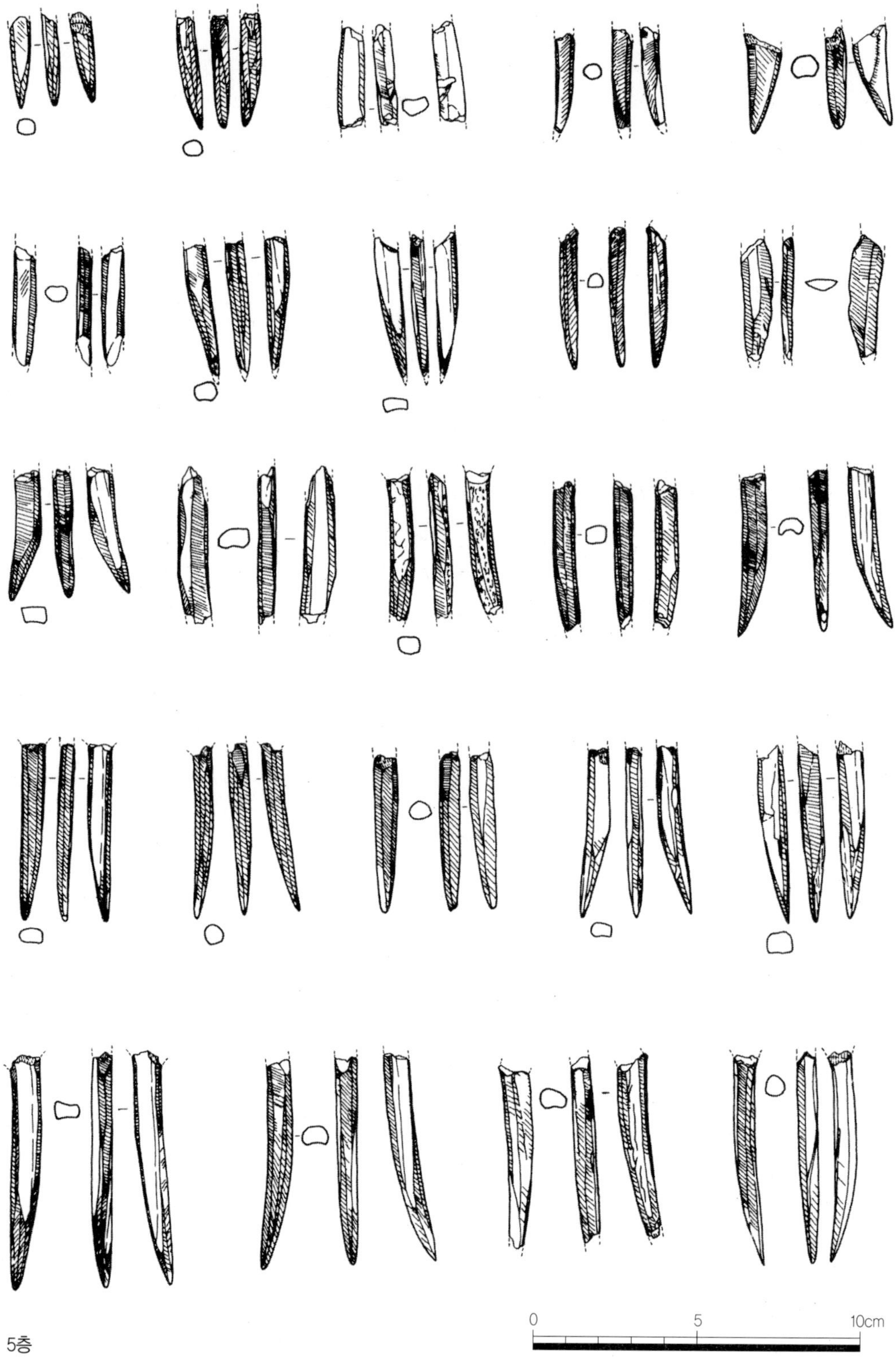

5층

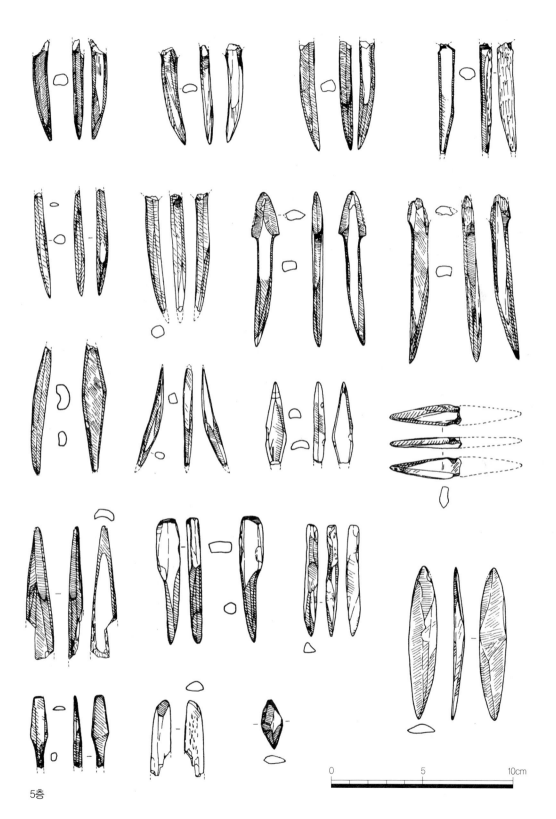

5층

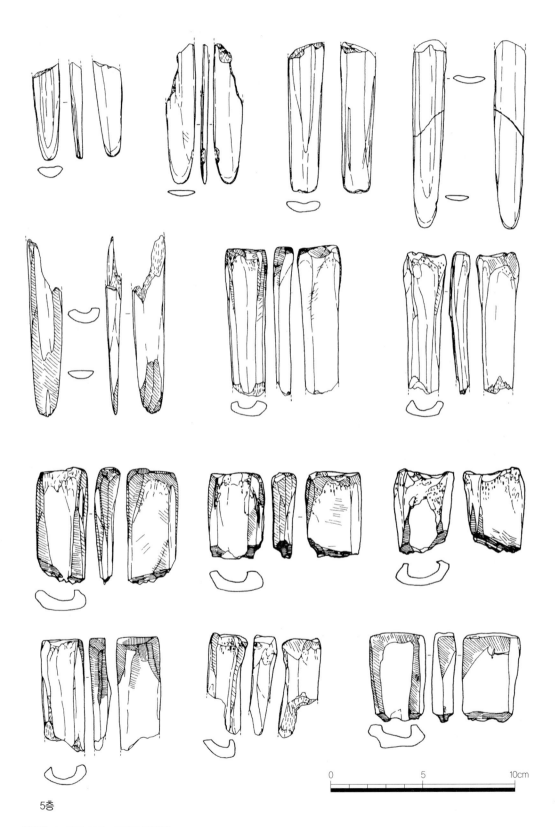

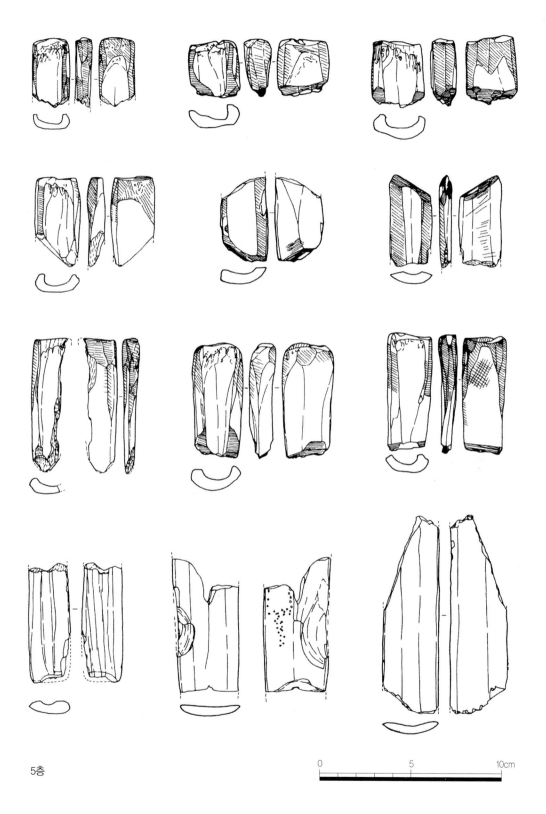

0   5   10cm

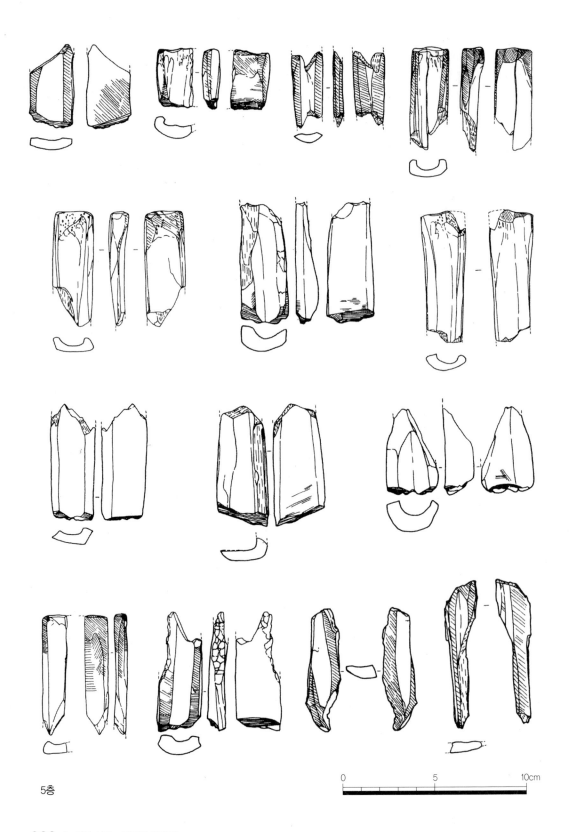

5층

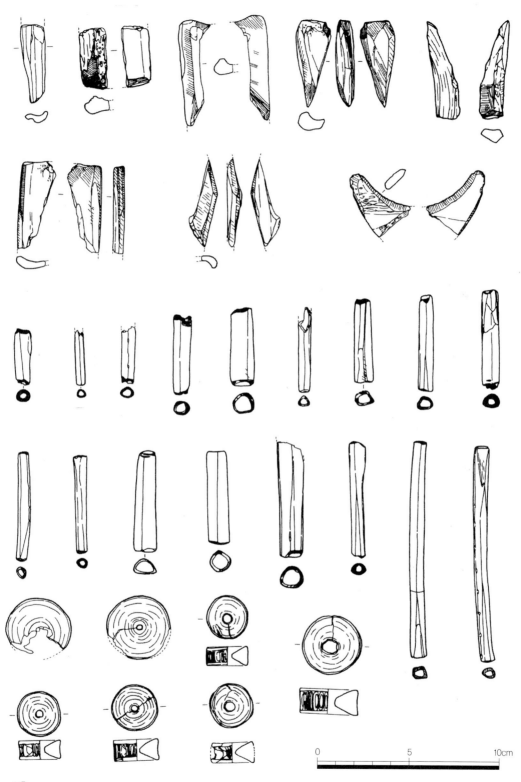

5층

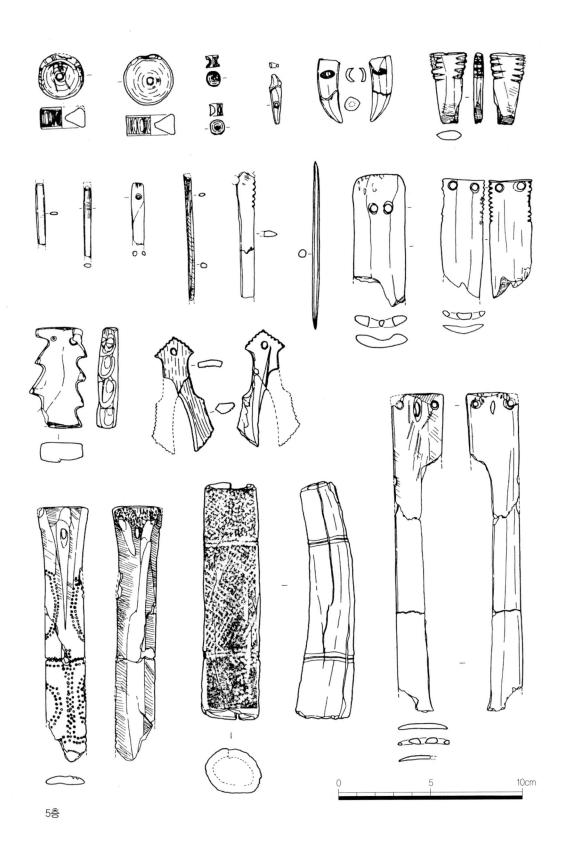

5층

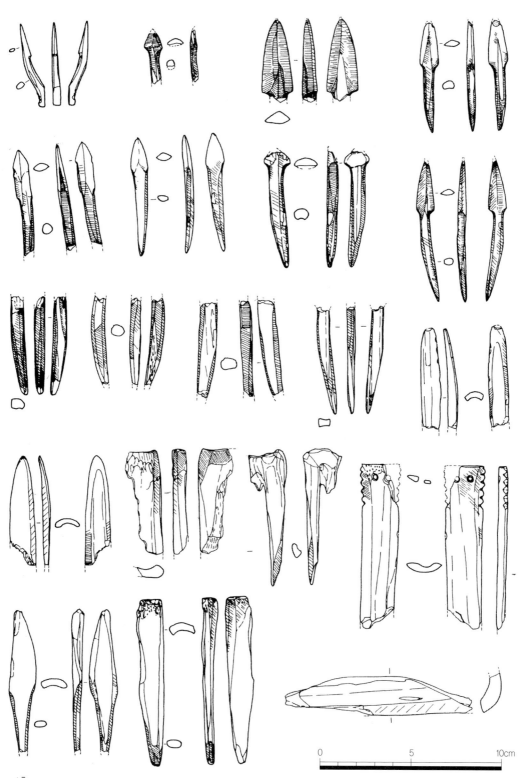

4층

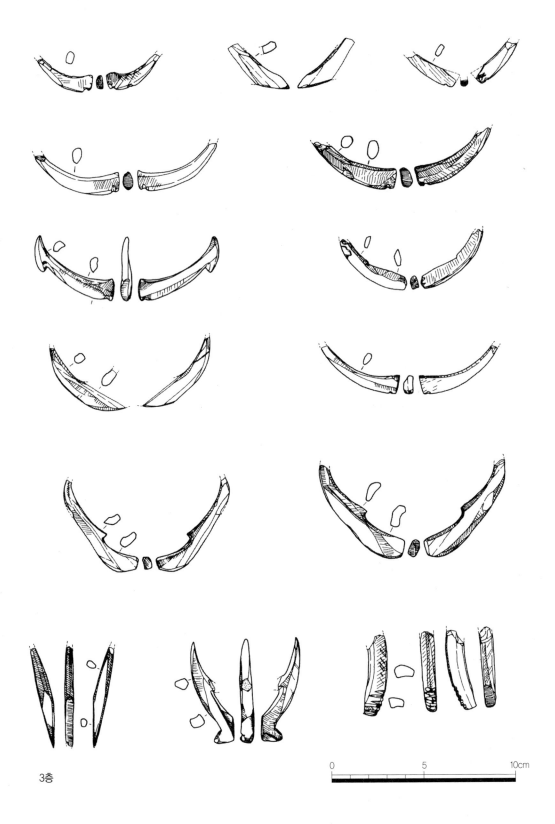

3층

0   5   10cm

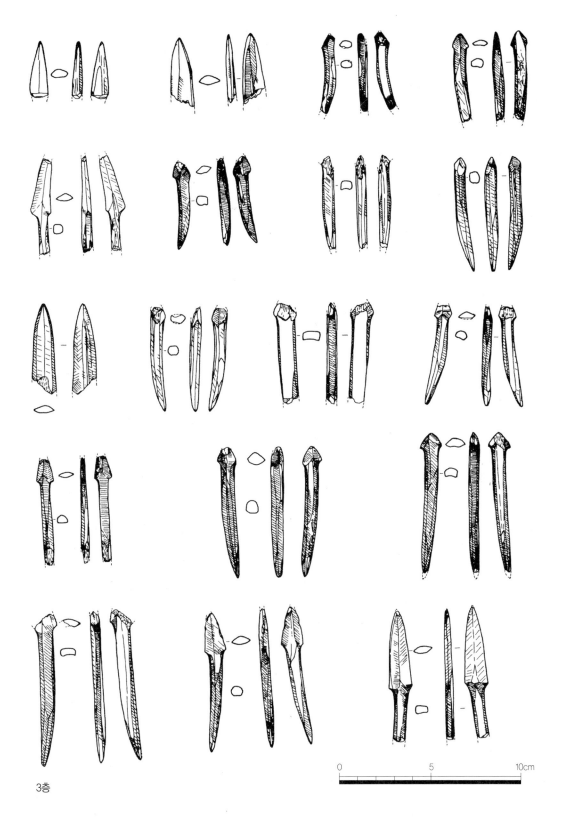

3층

0   5   10cm

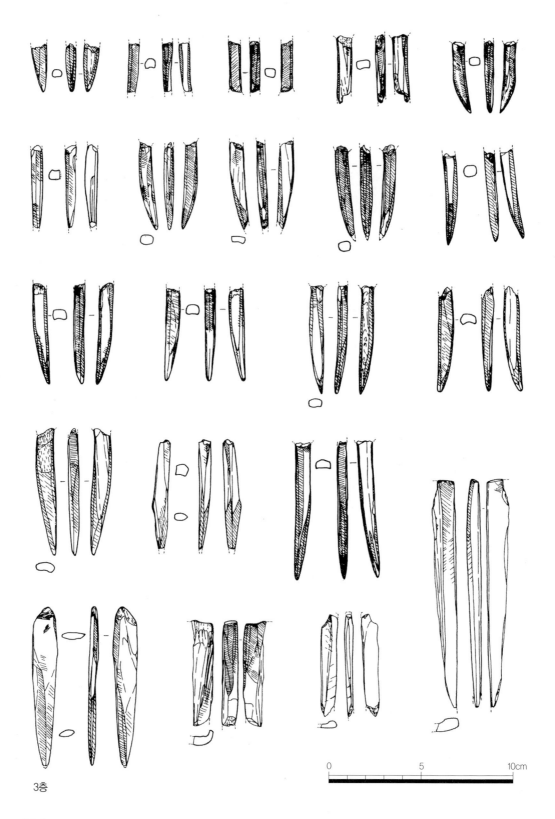

3층

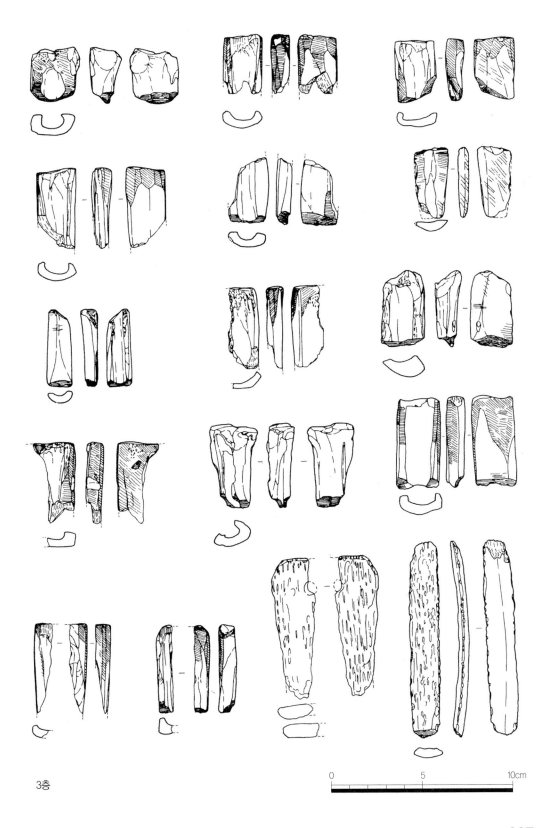

3층

0   5   10cm

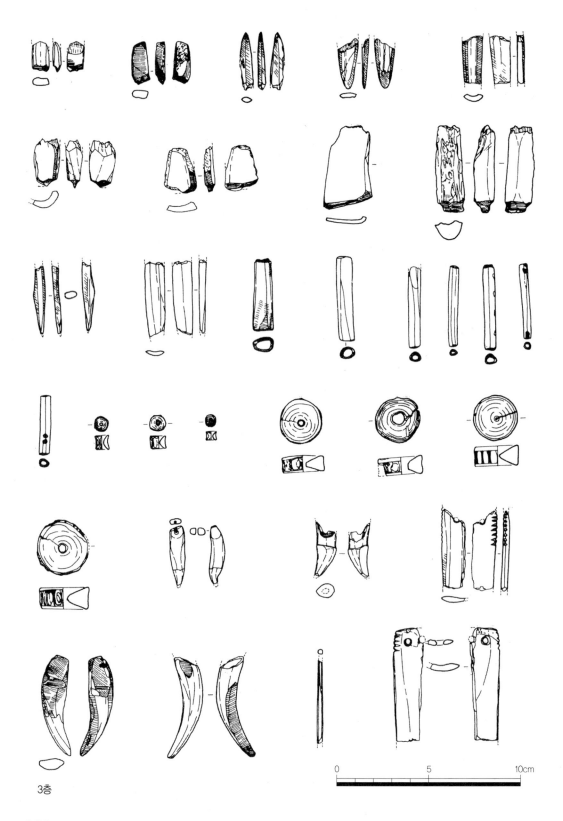

3층

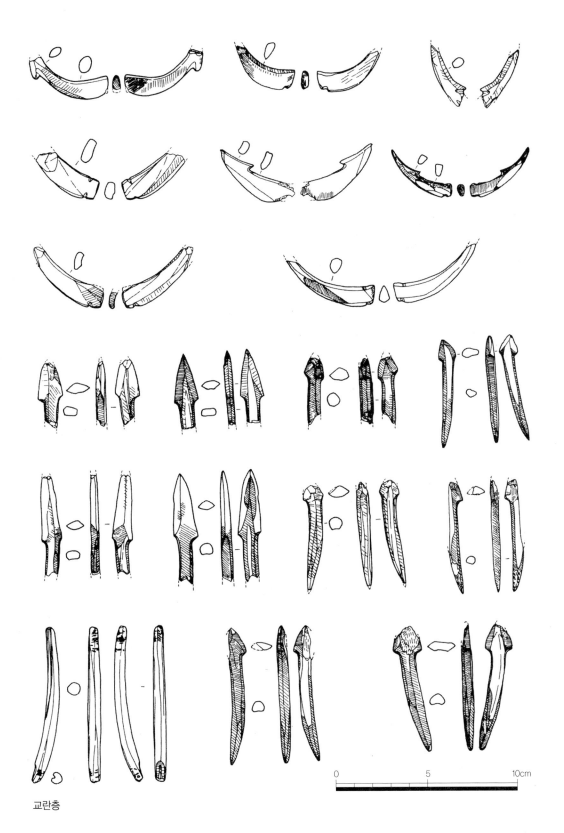

교란층

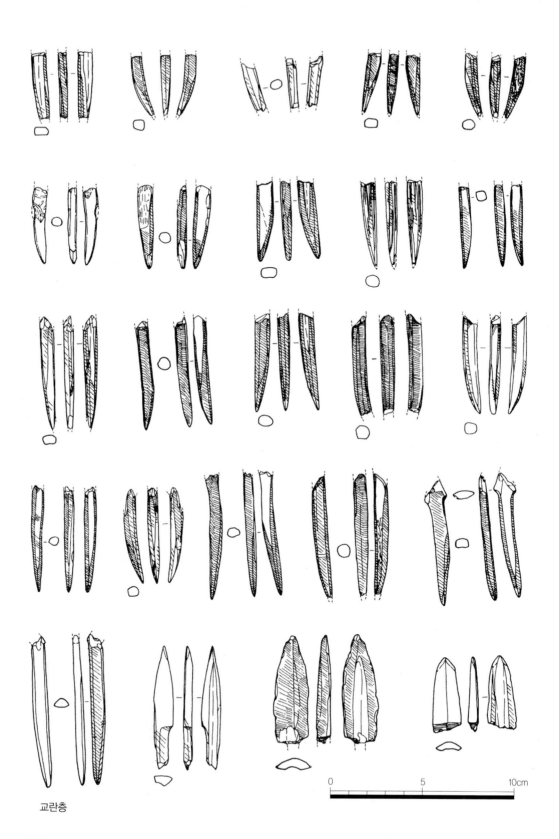

교란층

0　　　　　　　　5　　　　　　　　10cm

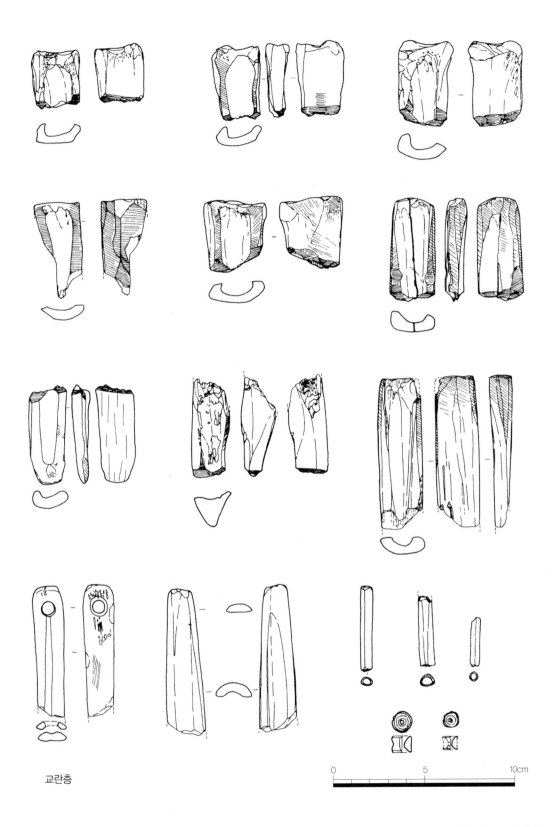

교란층

0 0 5 10cm

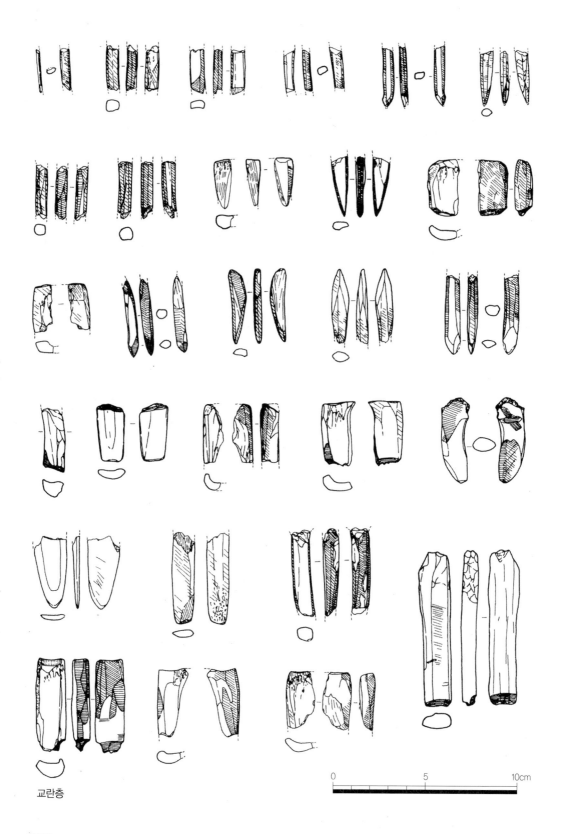

교란층

0 0 5 10cm

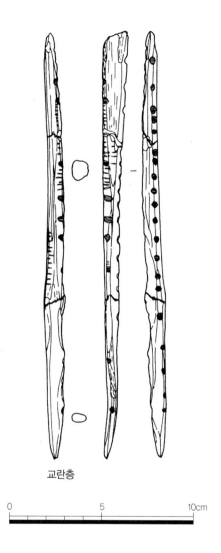

교란층

0   5   10cm

전라도 　가거도패총(可居島貝塚)

1. 위치 : 전라남도 신안군 흑산면 가거도리 산4
2. 조사 : 국립광주박물관(2005년)
3. 성격 : 패총
4. 시대 : 신석기시대 전기~말기
5. 유구 및 유물
  - 유물 : 융기문토기, 영선동식토기, 봉계리식토기, 이중구연토기, 갈돌, 갈판, 마제·타제석부, 결합식
　　　　 조침, 지석, 패천 등.
6. 골각기 : 결합식조침, 고정식 작살, 첨두기장신구 등
7. 문헌 : 국립광주박물관, 2006, 『신안 가거도패총』.

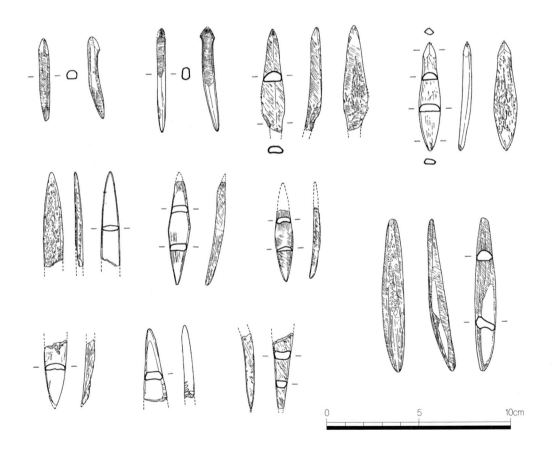

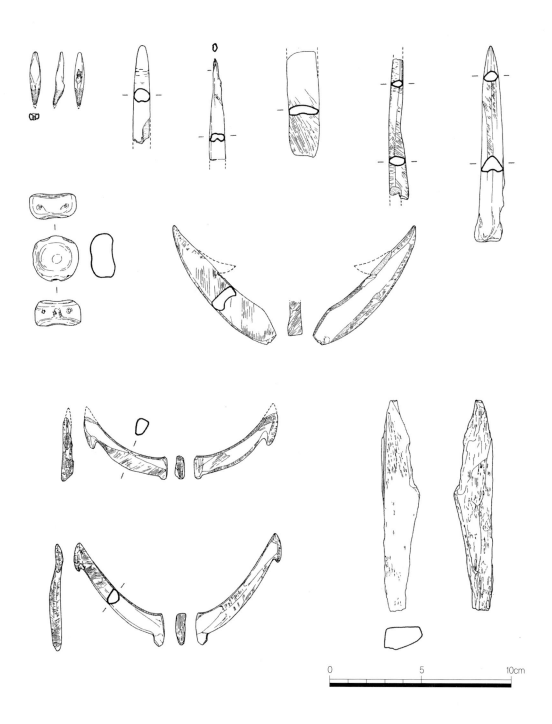

0   5   10cm

충청도 대죽리패총

1. 위치 : 충청남도 서산시 대산면 대죽리 산 108번지 일원

2. 조사 : 충청매장문화재연구원(1997년)

3. 성격 : 패총

4. 시대 : 신석기시대

5. 유구 및 유물

   – 유구 : 야외노지 등

   – 유물 : 빗살무늬토기, 석기, 방추차, 토우, 골각기 등

6. 골각기 : 장신구(?)

7. 문헌 : 충청매장문화재연구원, 2000, 『서산 대죽리패총』

0   5   10cm

충청도 안면도 고남리패총

1. 위치 : 충청남도 태안군 고남면 고남리 1499, 1504, 1538, 1580번지 일원

2. 조사 : 한양대학교박물관(1983년, 1988~1997년)

3. 성격 : 패총

4. 시대 : 신석기~청동기시대

5. 유구 및 유물

 - 유구 : 야외노지, 주거지, 수혈, 석렬유구 등

 - 유물 : 빗살무늬토기, 석기, 무문토기, 붉은간토기, 토제품, 장신구, 골각기 등

6. 골각기 : 송곳, 화살촉, 바늘, 낚시바늘, 찌르개, 칼 등

7. 문헌 : 한양대학교 박물관, 1990 · 1993 · 1995 · 1997 · 1998, 『안면도고남리패총(2차, 3 · 4차, 5 · 6차, 7차, 8차)』.

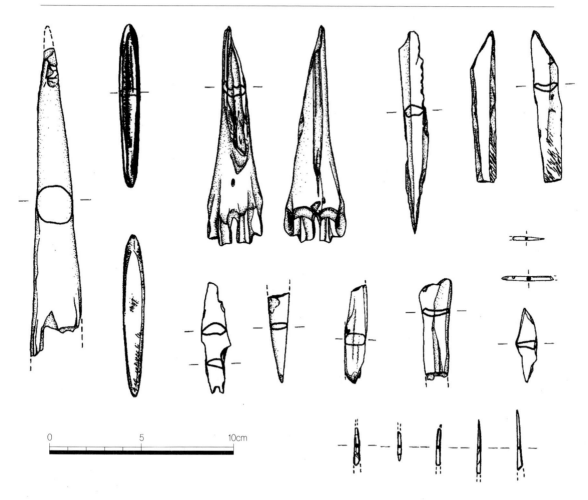

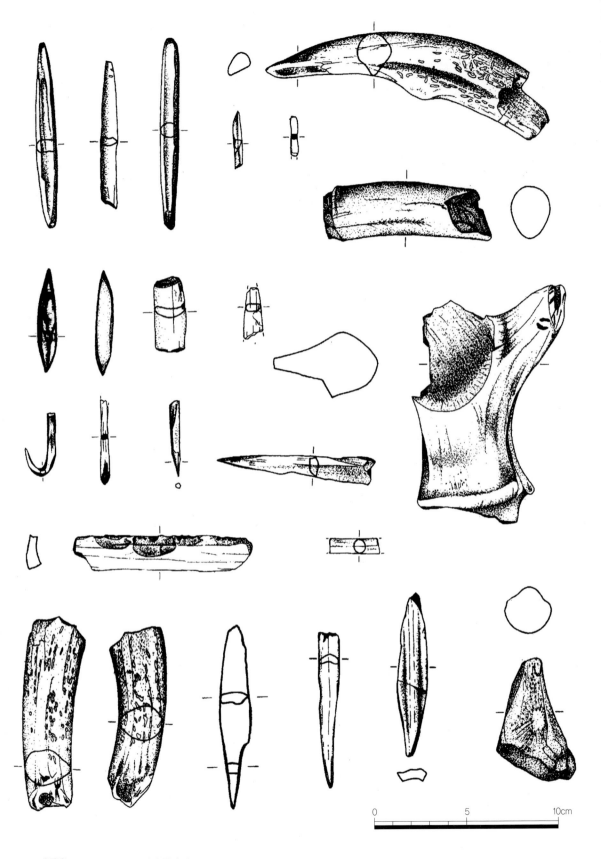

0   5   10cm

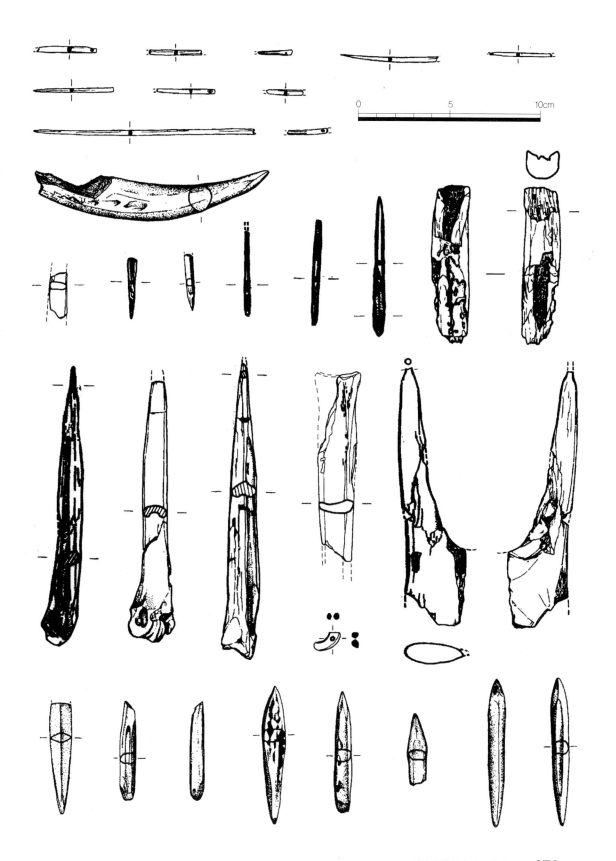

충청도 소송리패총

1. 위치 : 충청남도 보령시 염포면 소송리 산3번지 일원

2. 조사 : 한국문화재보호재단(1988년)

3. 성격 : 패총

4. 시대 : 청동기시대

5. 유구 및 유물

 – 유물 : 무문토기, 석기, 골각기 등

6. 골각기 : 골기

7. 문헌 : 한국문화재보호재단, 2000, 『서해안고속도로(염포~웅천)건설구간내 문화유적 발굴조사보고서』

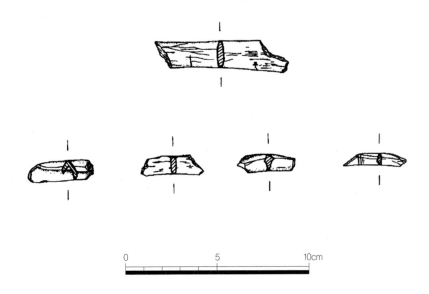

충청도   상시 3바위그늘유적(上時 3岩陰遺蹟)

1. 위치 : 충청북도 단양군 매포읍 상시리

2. 조사 : 연세대학교 박물관(1981년)

3. 성격 : 바위그늘, 포함층

4. 시대 : 후기구석기~신석기시대

5. 유구 및 유물

   – 유물 : 융기문토기, 침선문토기, 토제방추차, 패천, 패제수식, 고석, 지석, 갈돌, 갈판, 타제석부, 인부
           마연석부, 석촉 등

6. 골각기 : 골침, 자돌구, 장신구 등

7. 문헌 : 홍현선, 1987, 「상시 3바위그늘의 문화연구」, 연세대학교 사학과 대학원 석사논문.

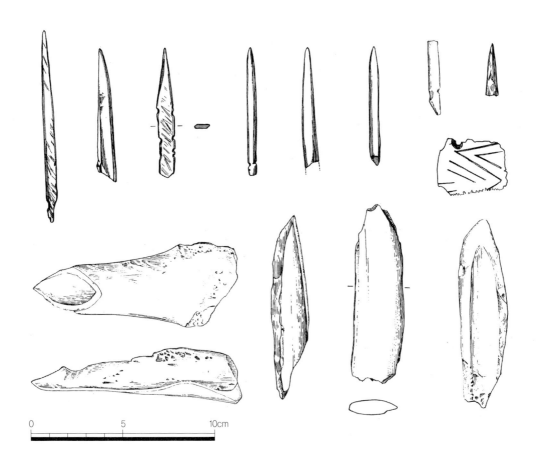

충청도　금굴유적(金窟遺蹟)

1. 위치 : 충청북도 단양군 단양읍 도담리

2. 조사 : 연세대학교 박물관(1983년)

3. 성격 : 바위그늘, 포함층

4. 시대 : 구석기~청동기시대

5. 유구 및 유물

　 – 유물 : 침선문토기, 패제장신구, 패천, 어망추, 찍개, 고석

　 – 유구 : 노지

6. 골각기 : 골침, 세형자돌구, 첨두기 등

7. 문헌 : 손보기, 1984, 「단양 도담리지구 유적발굴조사보고」, 『충주댐수몰지구문화 유적발굴조사종합
　　　　보고서』(1), 충청북도.

　　　　이향숙, 1987, 「한국선사시대 간 뼈 · 조가비 연모의 연구」, 연세대학교 사학과 대학원 석사논문.

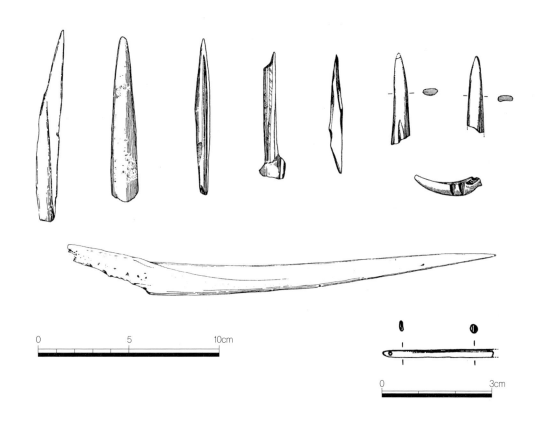

충청도 점말용굴유적

1. 위치 : 충청북도 제천시 송학면 포전리 산68-1번지

2. 조사 : 연세대학교 박물관(1973~1980년)

3. 성격 : 주거지, 포함층

4. 시대 : 구석기~신석기시대

5. 유구 및 유물

　－ 유물 : 침선문토기, 압날문토기, 패천

6. 골각기 : 아겸, 자돌구, 골침 등

7. 문헌 : 연세대학교 박물관, 2009, 『제천 점말동굴유적 종합보고서』.

　　　　이향숙, 1987, 「한국선사시대 간 뼈ㆍ조가비 연모의 연구」, 연세대학교 사학과 대학원 석사논문.

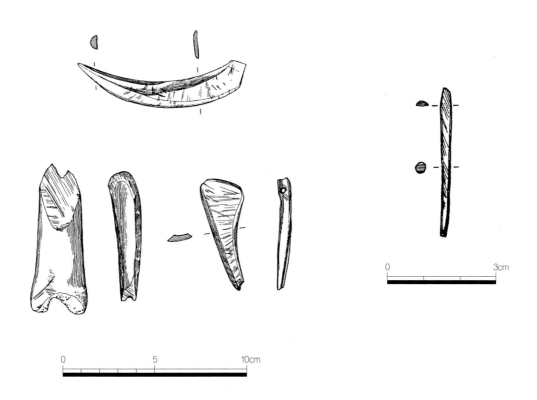

1. 위치 : 인천광역시 옹진군 연평면 연평리 186-4번지 일원

2. 조사 : 국립문화재연구소(2003년)

3. 성격 : 패총

4. 시대 : 신석기시대

5. 유구 및 유물

　－ 유구 : 야외노지, 주거지 등

　－ 유물 : 빗살무늬토기, 석기, 어망추, 방추차, 골각기 등

6. 골각기 : 시문구, 꾸미개, 골침류 등

7. 문헌 : 국립문화재연구소, 2005, 『대연평도 까치산패총』.

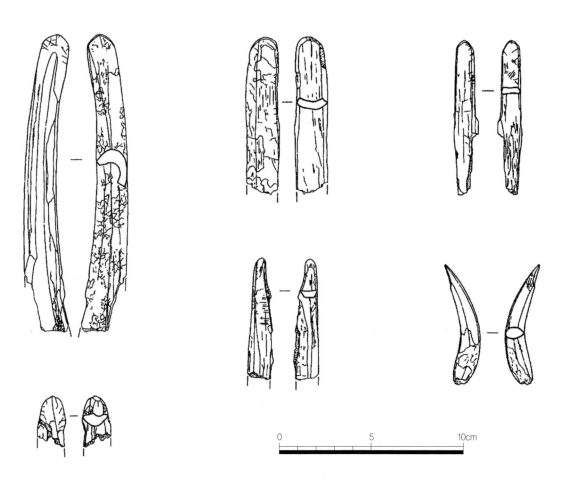

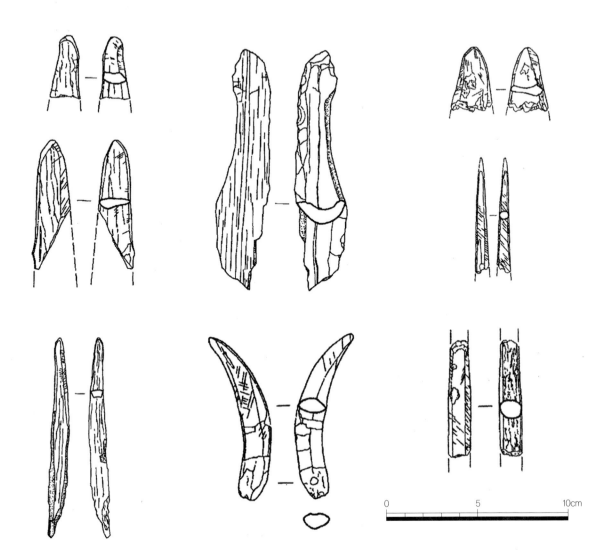

1. 위치 : 인천광역시 옹진군 연평면 연평리 1010번지 일원

2. 조사 : 국립문화재연구소(2000년)

3. 성격 : 패총

4. 시대 : 신석기시대

5. 유구 및 유물

　 – 유물 : 빗살무늬토기, 석기, 어망추, 골각기 등

6. 골각기 : 자돌구, 용도불명 등

7. 문헌 : 국립문화재연구소, 2002, 『소연평도 패총』

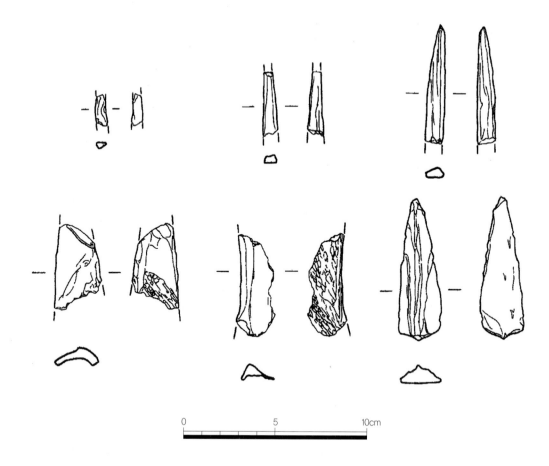

경기도 모이도패총

1. 위치 : 인천광역시 옹진군 연평면 연평리 산15번지 일원

2. 조사 : 국립문화재연구소(2002년)

3. 성격 : 패총

4. 시대 : 신석기시대

5. 유구 및 유물

   - 유구 : 야외노지, 주거지 등

   - 유물 : 빗살무늬토기, 석기, 어망추, 방추차, 골각기 등

6. 골각기 : 자돌구, 시문구, 꾸미개, 골침류 등

7. 문헌 : 국립문화재연구소, 2003, 『연평 모이도 패총』

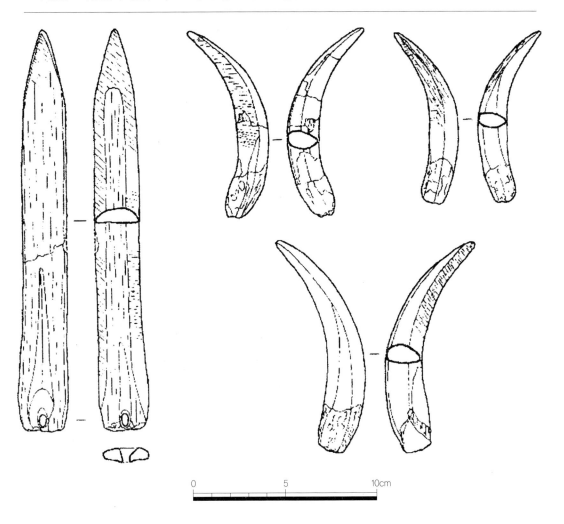

0   5   10cm

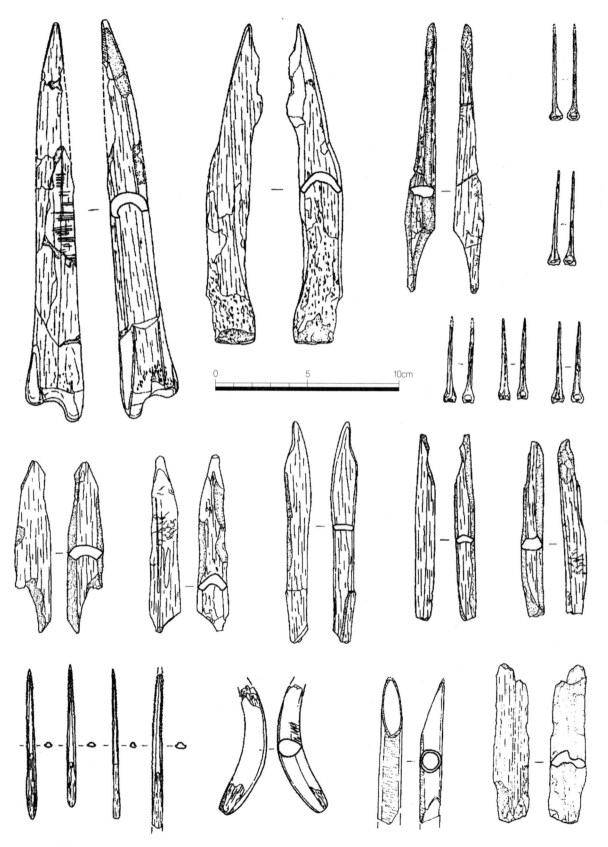

경기도 오이도 신포동패총

1. 위치 : 경기도 시흥시 정왕동 오이도 일원

2. 조사 : 서울대학교 박물관(1988년)

3. 성격 : 패총

4. 시대 : 신석기, 삼국시대

5. 유구 및 유물

　 – 유구 : 야외노지 등

　 – 유물 : 빗살무늬토기, 석기, 골각기 등

6. 골각기 : 골촉

7. 문헌 : 서울대학교박물관, 1988, 『오이도패총—신포동A, B패총발굴조사보고—』.

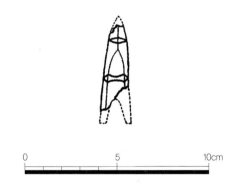

0　　　　　5　　　　10cm

강원도 피난굴유적(쌍굴遺蹟)

1. 위치 : 강원도 영월군 남면 연당2리 산322-2

2. 조사 : 연세대학교 박물관(2004년)

3. 성격 : 동굴, 주거지

4. 시대 : 구석기～청동기시대

5. 유구 및 유물

 - 유물 : 침선문토기, 마제석부, 석착, 석촉, 마제석창, 긁개, 박편, 어망추, 갈돌, 갈판, 지석, 방추차, 패
천, 패제장신구, 패제품, 인골

 - 유구 : 노지

6. 골각기 : 골침, 조침, 첨두기, 장신구 등

7. 문헌 : 연세대학교 박물관, 2009, 『영월 연당 피난굴(쌍굴)유적』.

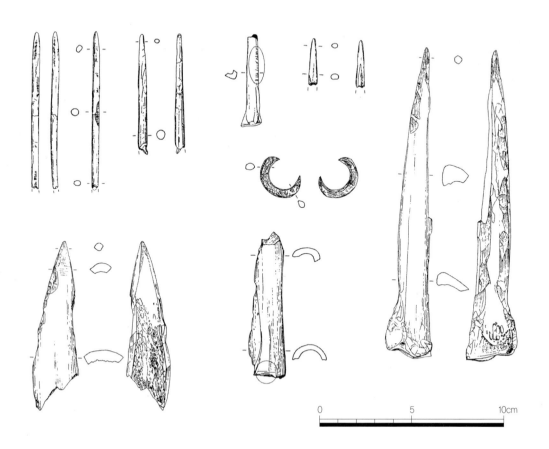

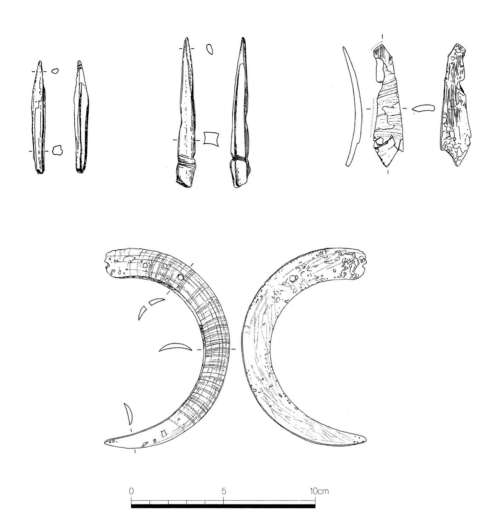

0   5   10cm

강원도 영월 공기2굴 동굴유적(寧越 恭基2窟 洞窟遺蹟)

1. 위치 : 강원도 영월군 북면 공기리 굴앞마을 산 93
2. 조사 : 국립춘천박물관(2008년)
3. 성격 : 동굴
4. 시대 : 신석기시대~청동기시대, 조선시대
5. 유구 및 유물
   - 유물 : 융기문토기, 침선문토기, 마제석촉, 타제석부, 방추차, 어망추, 갈돌, 갈판, 발화석, 석착, 지석, 석환, 패제품, 무문토기, 단도마연토기, 철촉 등
6. 골각기 : 작살, 골침, 첨두기, 장신구 등
7. 문헌 : 국립중앙박물관 · 국립춘천박물관, 2013, 『영월 공기2굴 · 꽃병굴 동굴유적』.

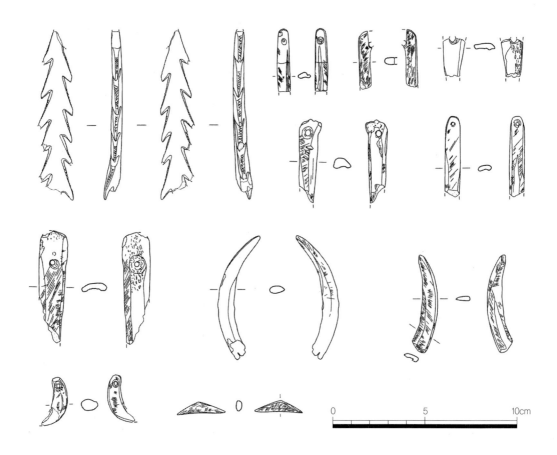

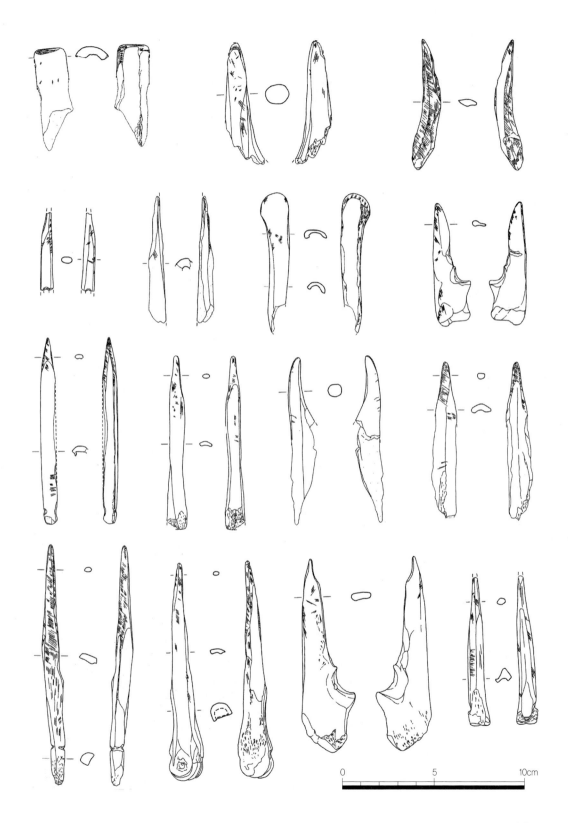

강원도 영월 꽃병굴 동굴유적(寧越 꽃甁窟 洞窟遺蹟)

1. 위치 : 강원도 영월군 북면 연덕2리 산 48

2. 조사 : 국립춘천박물관(2009년)

3. 성격 : 동굴

4. 시대 : 신석기시대

5. 유구 및 유물

   - 유물 : 침선문토기, 마제석촉, 패천, 패도

6. 골각기 : 골침, 장신구

7. 문헌 : 국립중앙박물관 · 국립춘천박물관, 2013, 『영월 공기2굴 · 꽃병굴 동굴유적』.

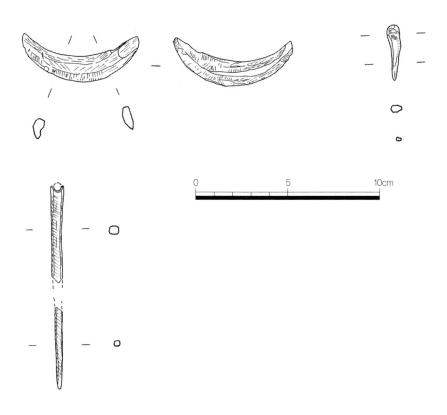

제주도 북촌리 바위그늘 유적

1. 위치 : 제주특별자치시 북제주군 조천읍 북촌리 275번지 일원
2. 조사 : 제주대학교박물관(1986년)
3. 성격 : 바위그늘
4. 시대 : 신석기~삼국시대
5. 유구 및 유물
   – 유물 : 빗살무늬토기, 공열문토기, 회청색 경질토기, 우각형파수, 골각기 등
6. 골각기 : 예새 등
7. 문헌 : 제주대학교박물관, 1988, 『북촌리유적』.

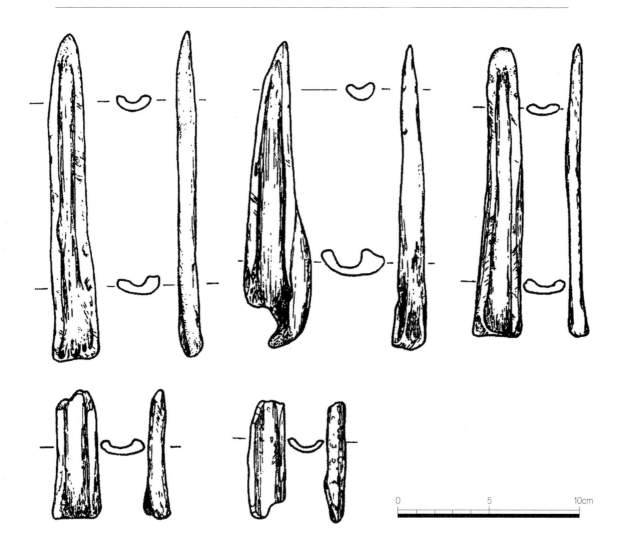

0   5   10cm

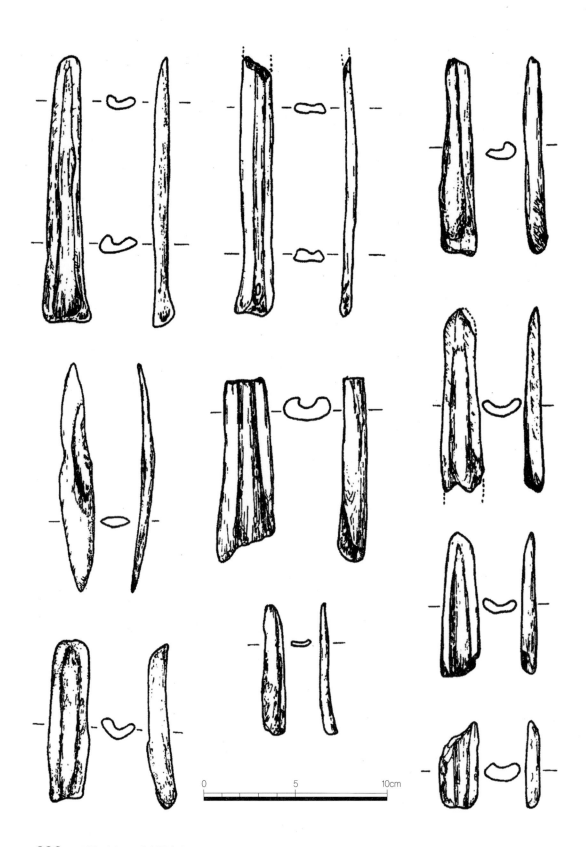

제주도 상모리패총

1. 위치 : 제주특별자치지구 남제주군 대정읍 상모리 71-4번지 일원
2. 조사 : 제주대학교박물관(1988년)
3. 성격 : 패총
4. 시대 : 청동기시대
5. 유구 및 유물
   - 유구 : 야외 화덕시설, 집자리(추정) 등
   - 유물 : 무문토기, 석기, 골각기 등
6. 골각기 : 뼈바늘, 용도미상 등
7. 문헌 : 제주대학교박물관, 1990, 『상모리유적』.

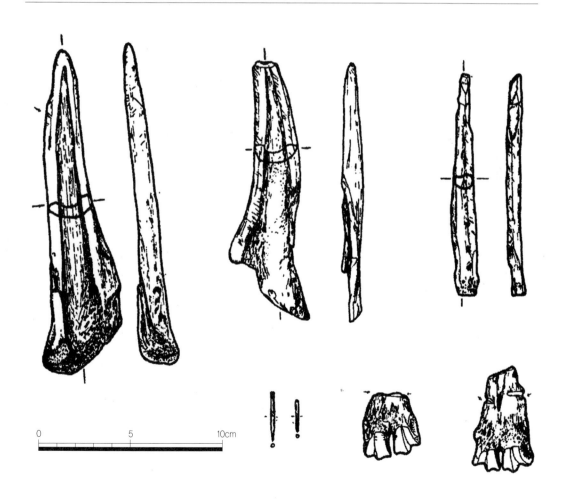

0　　　　　　5　　　　　　10cm

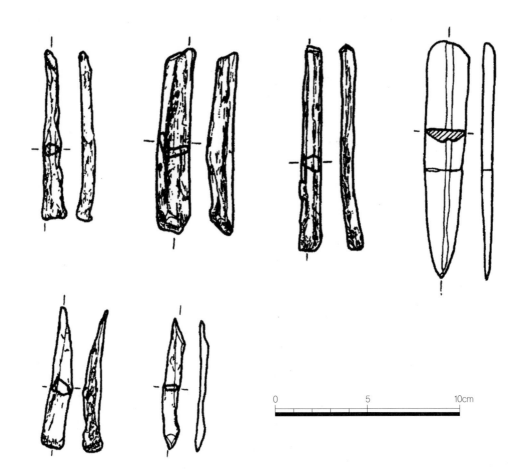

제주도　하모리유적

1. 위치 : 제주특별자치시 남제주군 대정읍 하모리 105번지 일원
2. 조사 : 제주문화예술재단(2005년)
3. 성격 : 생활유적
4. 시대 : 신석기~청동기시대
5. 유구 및 유물
   - 유구 : 집석유구, 소성유구, 수혈 등
   - 유물 : 빗살무늬토기, 타제석기, 골각기, 무문토기 등
6. 골각기 : 빗창, 결합식낚시바늘, 작살 등
7. 문헌 : 제주문화예술재단, 2006, 『제주 하모리유적』.

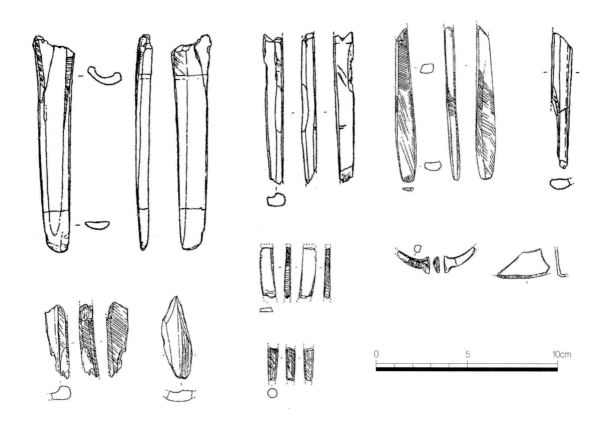

북한 서포항 유적

1. 위치 : 라선특별시(함경북도 웅기군) 굴포리 서포항동 마을 일원

2. 조사 : (1960~1965년)

3. 성격 : 패총

4. 시대 : 구석기~청동기시대

5. 유구 및 유물

  – 유구 : 주거지, 무덤 등

  – 유물 : 빗살무늬토기, 석기, 그물추, 토제품, 장신구, 골각기 등

6. 골각기 : 창끝, 작살, 삿바늘, 찔개살, 송곳, 장신구, 괭이, 활촉, 홀리게, 바늘, 예새, 칼, 낚시, 숟가락,
      그물추, 바늘통, 구슬 등

7. 문헌 : 김용간 · 서국태, 1972, 「서포항 원시유적 발굴보고」, 『고고민속논문집』4, 사회과학출판사.
      문화재관리국 문화재연구소, 1991, 『북한문화유적발굴개보』.

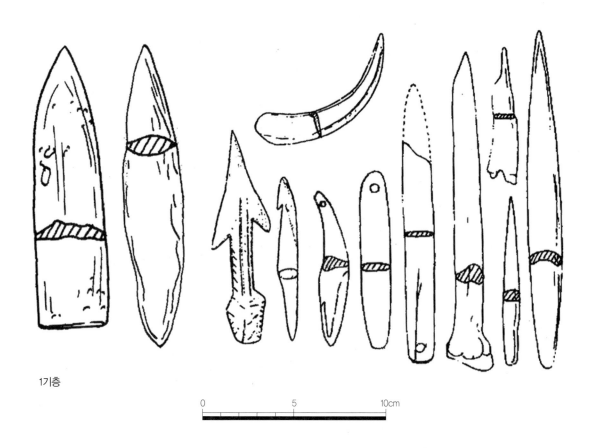

1기층

```
0              5              10cm
```

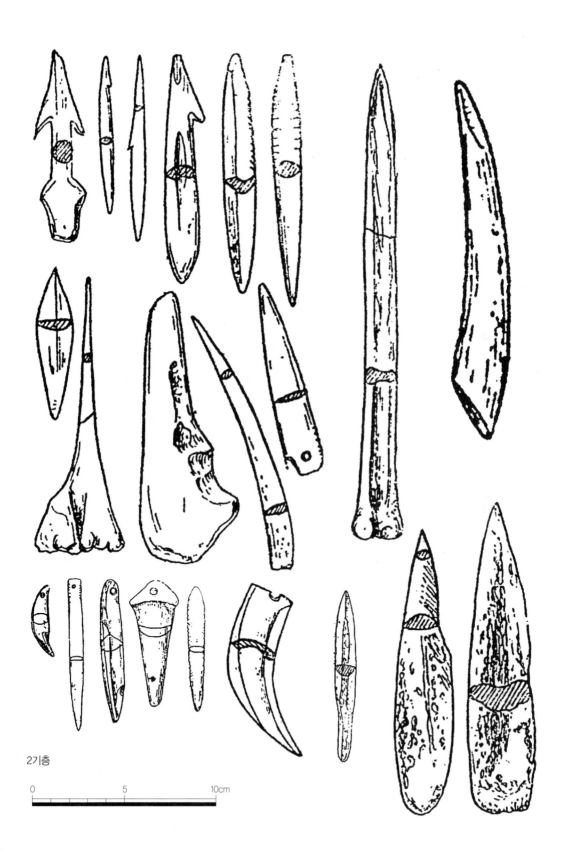

2기층

0   5   10cm

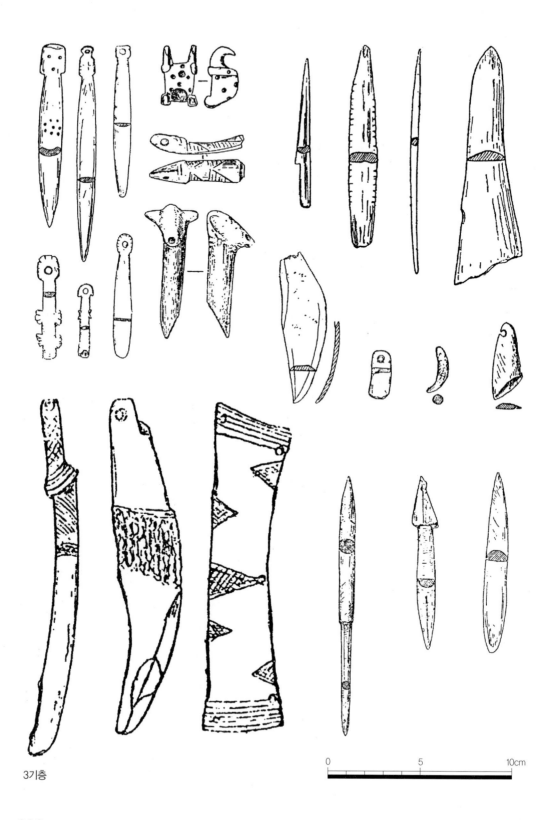

3기층

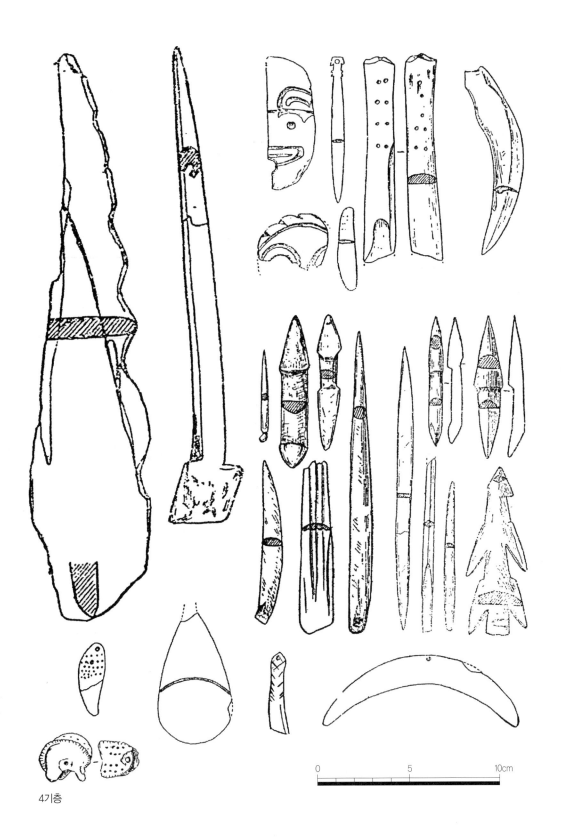

4기층

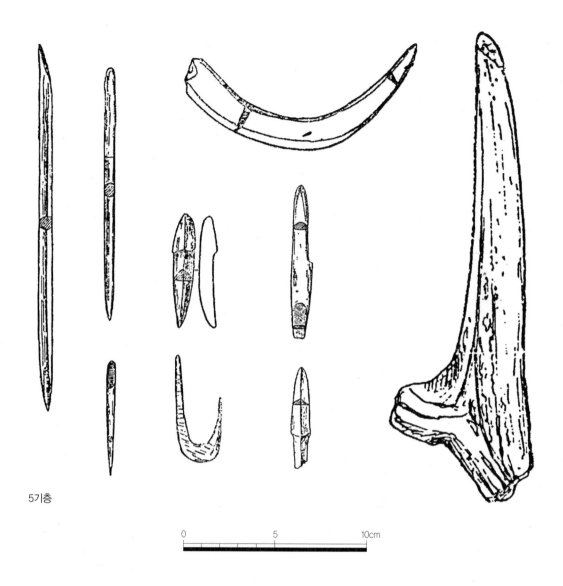

5기층

0   5   10cm

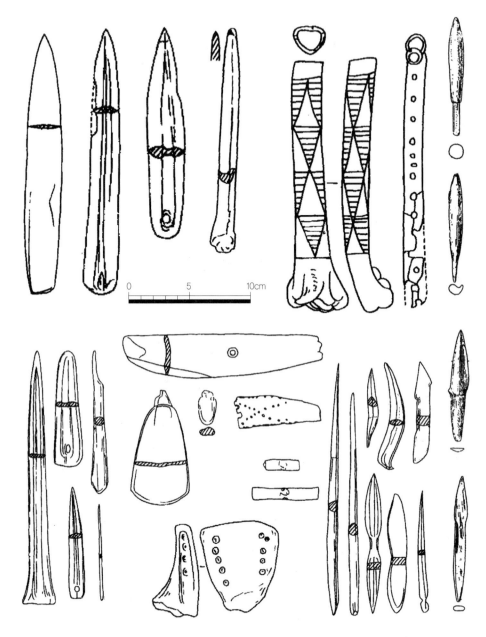

청동기층

1. 위치 : 라선특별시 유현동 초도 일원

2. 조사 : 청진력사박물관(1949년)

3. 성격 : 패총

4. 시대 : 신석기~청동기시대

5. 유구 및 유물

　– 유구 : 주거지, 무덤 등

　– 유물 : 빗살무늬토기, 석기, 청동기, 장신구, 골각기 등

6. 골각기 : 밧돌, 활등, 송곳, 끌, 바늘, 바늘통, 숟가락, 구슬 등

7. 문헌 : 도유호 · 정백운, 1955, 「나진 초도 원시유적 발굴보고」, 『유적발굴보고』1.

　　　　황기덕, 1957, 「함경북도 지방 석기 시대의 유적과 유물」, 『문화유산』1957–1.

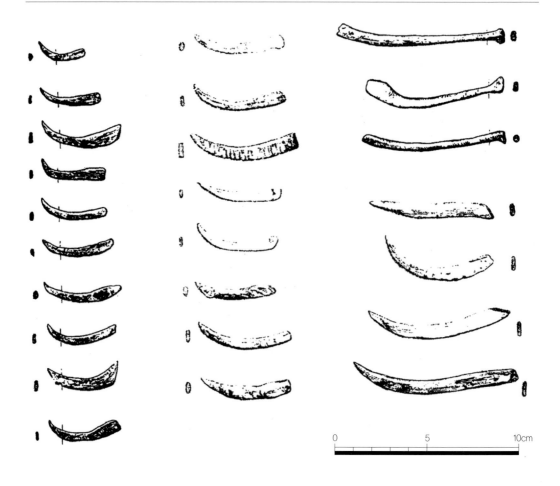

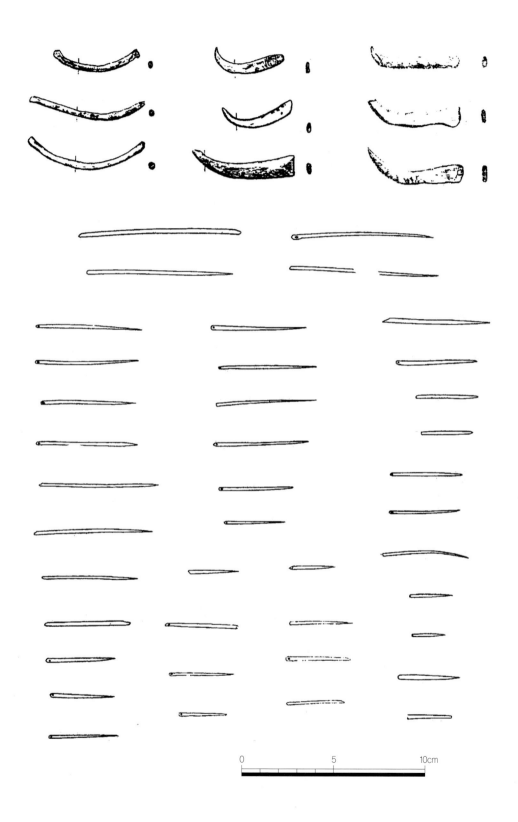

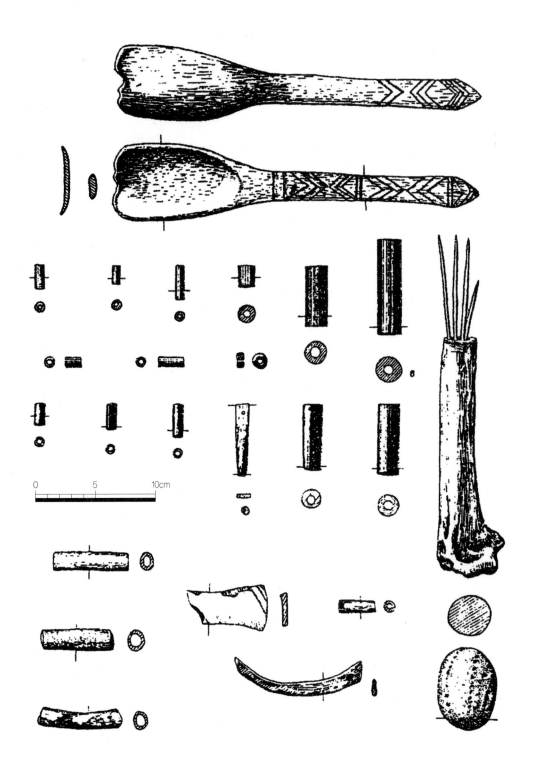

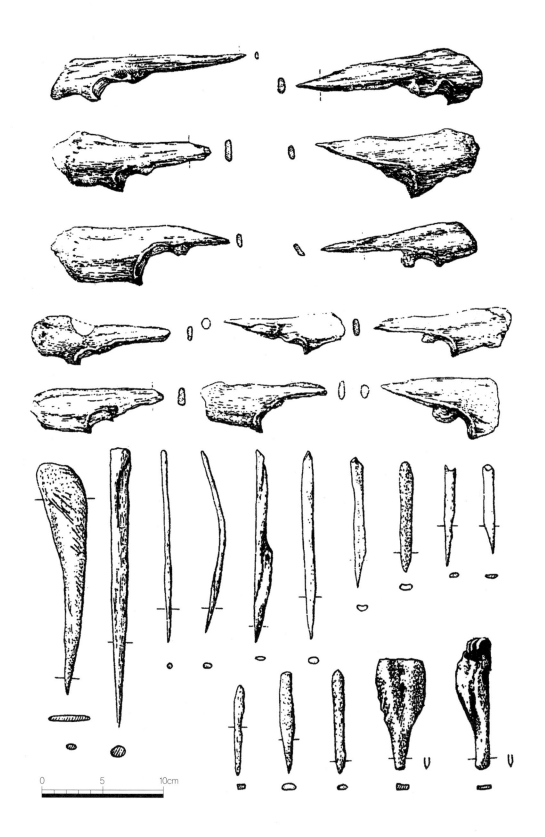

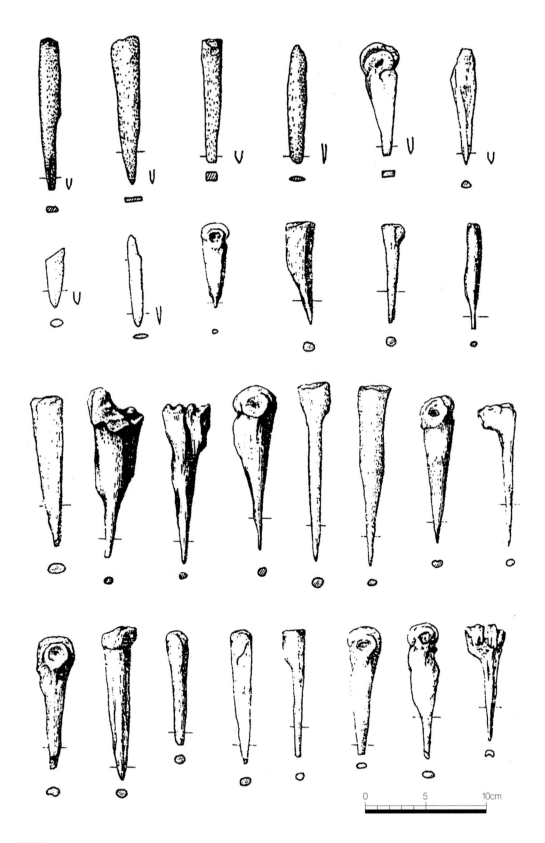

1. 위치 : 함경북도 청진시 송평구역 은정2동(청진시 농포리) 강덕부락 뒤 유판언덕 일원

2. 조사 : 청진력사박물관(1956년)

3. 성격 : 패총

4. 시대 : 신석기시대

5. 유구 및 유물

  - 유물 : 빗살무늬토기, 석기, 그물추, 장신구, 자연유물, 골각기 등

6. 골각기 : 바늘, 송곳, 찔개, 결합식낚시, 삿바늘, 구슬, 시문구, 작살 등

7. 문헌 : 황기덕, 1957, 「함경북도 지방 석기 시대의 유적과 유물」, 『문화유산』1957-1.

        고고학연구실, 1957, 「청진 농포리 원시유적 발굴」, 『문화유산』1957-4.

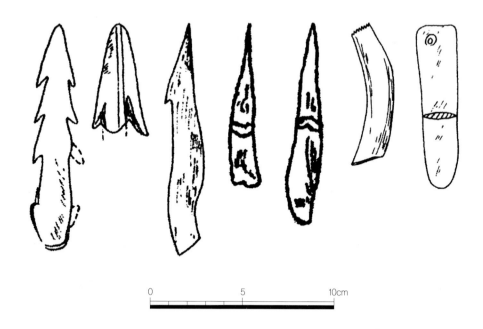

0   5   10cm

1. 위치 : 평안남도 온천군 운하리(룡강군 해운면 궁산리) 일원

2. 조사 : 조선물질문화유물조사보존위원회(1950년)

3. 성격 : 패총

4. 시대 : 신석기시대

5. 유구 및 유물

  – 유구 : 주거지, 수혈유구 등

  – 유물 : 빗살무늬토기, 석기, 그물추, 방추차, 장신구, 자연유물, 골각기 등

6. 골각기 : 송곳, 예새, 괭이, 뒤지개, 시문구, 활촉, 구슬 등

7. 문헌 : 도유호 · 황기덕, 1957, 『궁산원시유적발굴보고』, 과학원출판사.

　　　김용남, 1983, 『궁산문화에 대한 연구』, 과학 · 백과사전출판사.

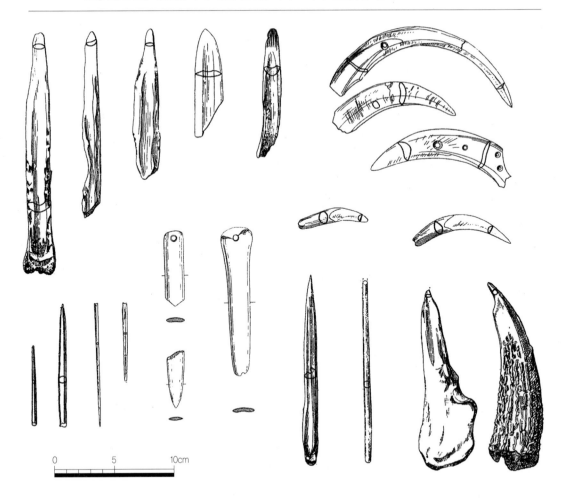

0　　　5　　　10cm

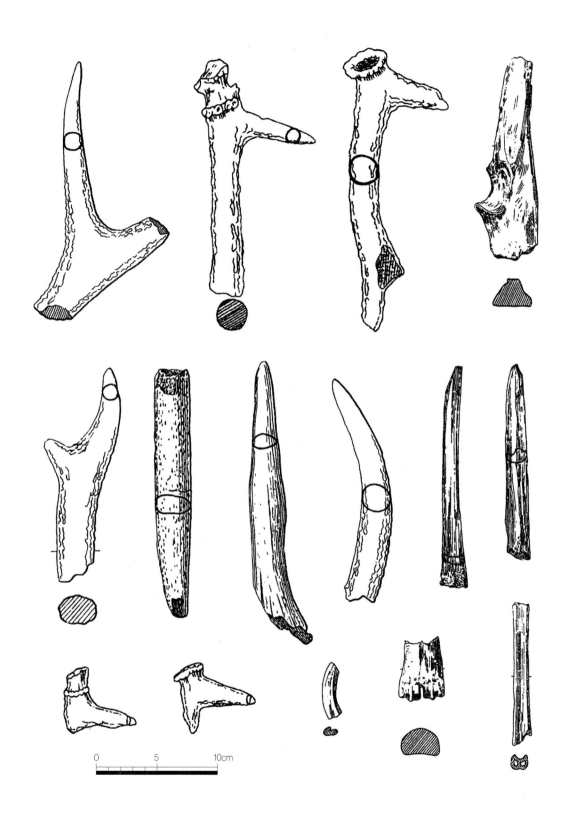

1. 위치 : 황해남도 은천군 학월리 반월동 일원

2. 조사 : 과학원고고학 및 민족학 연구소(1959년)

3. 성격 : 패총

4. 시대 : 신석기시대

5. 유구 및 유물

　– 유물 : 빗살무늬토기, 석기, 골각기 등

6. 골각기 : 송곳, 뚜지개 등

7. 문헌 : 리원근, 1961, 「황해남도 북부지방 유적답사보고」, 『문화유산』61–6.

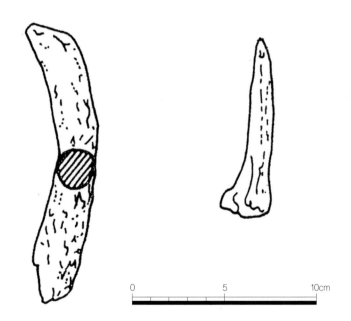

북한 범의구석 유적

1. 위치 : 함경북도 무산군 무산읍 호곡동 일원

2. 조사 : (1959∼1961년)

3. 성격 : 생활유적

4. 시대 : 신석기∼철기시대

5. 유구 및 유물

   – 유구 : 집자리 등

   – 유물 : 빗살무늬토기, 석기, 그물추, 방추차, 장신구, 토제품, 골각기 등

6. 골각기 : 화살촉, 송곳, 바늘, 구슬, 석기수정구, 낚시바늘 등

7. 문헌 : 황기덕, 1960, 『무산읍 범의구석 원시유적 발굴 중간보고』, 과학원출판사.

   황기덕, 1975, 『무산 범의구석유적 발굴보고』, 사회과학출판사.

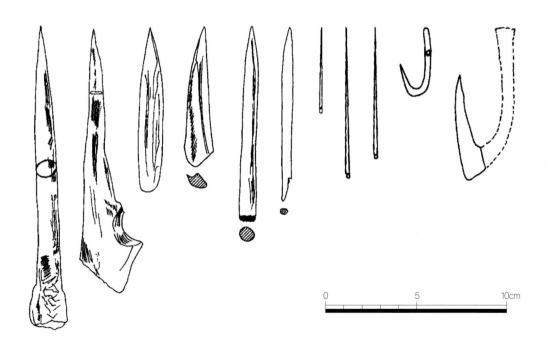

1. 위치 : 평양북도 의주군 의주읍 미송리 일원

2. 조사 : 과학원고고학 및 민속학연구소(1959년)

3. 성격 : 동굴

4. 시대 : 신석기~청동기시대

5. 유구 및 유물

    – 유물 : 석기, 그물추, 장신구, 빗살무늬토기, 무문토기, 골각기 등

6. 골각기 : 송곳 등

7. 문헌 : 김용간, 1963, 「미송리동굴보고」, 『고고학자료집』4, 과학원출판사.

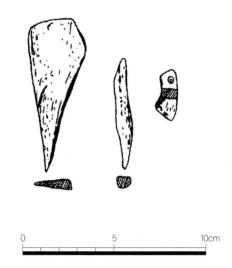

0   5   10cm

1. 위치 : 평양시 상원군 용곡리 일원

2. 조사 : (1980~1981년)

3. 성격 : 동굴

4. 시대 : 구석기~신석기시대

5. 유구 및 유물

 - 유물 : 구석기, 빗살무늬토기, 석기, 발화석, 방추차, 장신구, 자연유물, 골각기 등

6. 골각기 : 송곳, 찌르개살 등

7. 문헌 : 김일성종합대학출판사, 1986, 『룡곡동굴유적』.

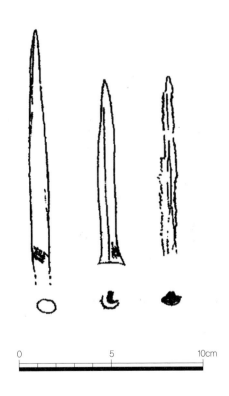

0   5   10cm

1. 위치 : 평양시 북구역 미림리 쉴바위 일원

2. 조사 : 과학원고고학 및 민속학연구소 · 중앙역사박물관(1959년)

3. 성격 : 생활유적

4. 시대 : 청동기시대

5. 유구 및 유물

　－ 유구 : 주거지 등

　－ 유물 : 석기, 토제품, 자연유물, 골각기 등

6. 골각기 : 송곳, 활촉, 바늘 등

7. 문헌 : 고고학연구실, 1960, 「미림 쉴바위 원시유적 정리보고」, 『문화유산』1960－3호, 과학원출판사.

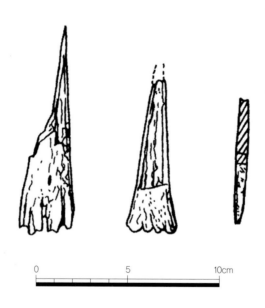

1. 위치 : 함경북도 회령군 회령읍 오동 일원

2. 조사 : 과학원고고학 및 민속학연구소(1954∼1955년)

3. 성격 : 생활유적

4. 시대 : 청동기∼철기시대

5. 유구 및 유물

　　− 유구 : 주거지 등

　　− 유물 : 갈색토기, 마연토기, 석기, 방추차, 장신구, 골각기, 등

6. 골각기 : 활촉, 송곳, 삿바늘, 바늘, 예새, 단검 등

7. 문헌 : 황기덕, 1957, 「두만강유역과 동해안일대의 유적조사」, 『문화유산』1957−6호, 과학원출판사.

　　　　고고학 및 민속학연구소편집실, 1960, 『회령오동원시유적발굴보고』1960−7집, 과학원출판사.

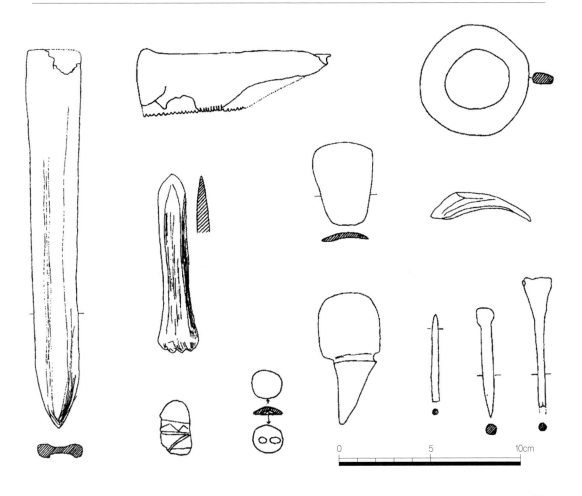

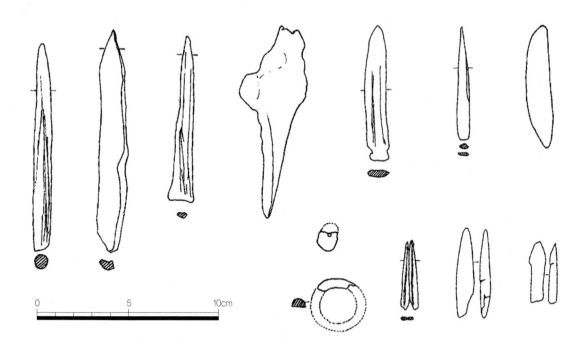

입석리 유적

1. 위치 : 평양시 승호구역 입석리 일원

2. 조사 : (1962년)

3. 성격 : 생활유적

4. 시대 : 청동기시대

5. 유구 및 유물

　 – 유구 : 주거지 등

　 – 유물 : 석기, 가락바퀴, 동물뼈, 팽이형토기, 골각기 등

6. 골각기 : 송곳, 활촉 등

7. 문헌 : 리원근 · 백승규, 1962, 「평양시 승호구역 립석리 원시유적 발굴간략보고」, 『문화유산』1962–4호.

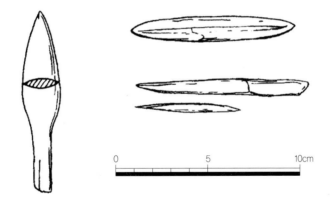

0　　　　　　5　　　　　　10cm

2. 삼한 · 삼국시대 골각기

경상도 　경산 임당동 저습지유적(慶山 林堂洞 低濕池遺蹟)

1. 위치 : 경북 경산시 임당동 522번지 일대
2. 조사 : (재)영남문화재연구원(1995 – 1997년)
3. 성격 : 토성 및 생활유구, 고분군, 저습지 등
4. 시대 : 원삼국~삼국시대
5. 유구 및 유물
   - 유구 : 패총, 주거지, 무덤, 토기소성유구, 鍛冶爐
   - 유물 : 도질토기, 기마형토기, 철기(촉, 도자, 침, 집게, 겸 등), 오수전, 채색토구, 방추차, 어망추, 석
     기, 골각기 등
6. 골각기 : 촉, 복골, 도자병, 각골, 장신구 등
7. 문헌 : (재)영남문화재연구원, 2008,『慶山 林堂洞 低濕池遺蹟Ⅰ～Ⅲ』.

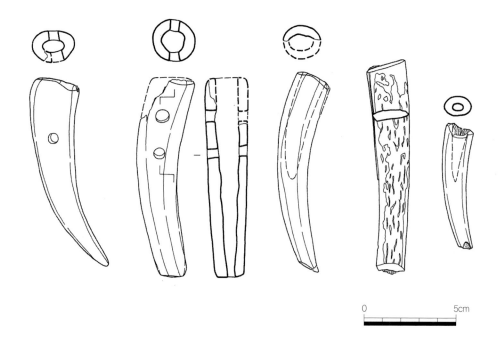

0　　　　　5cm

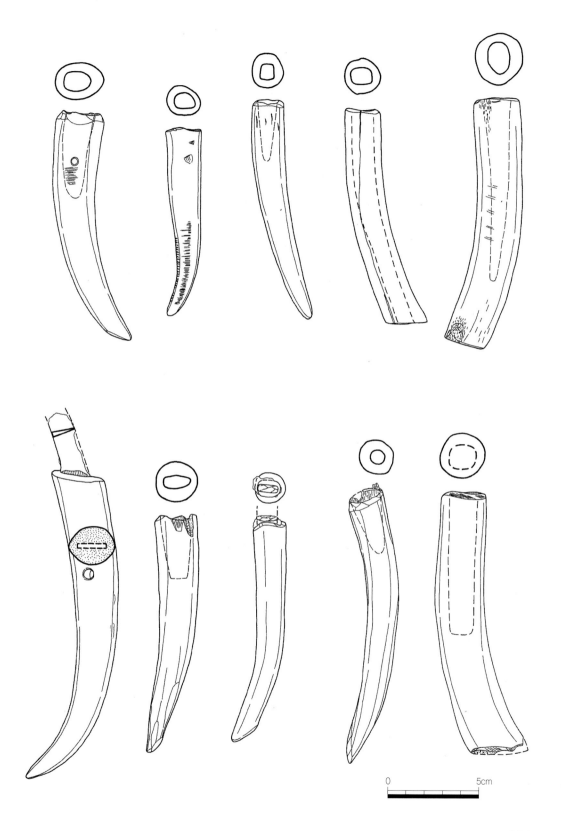

0
5cm

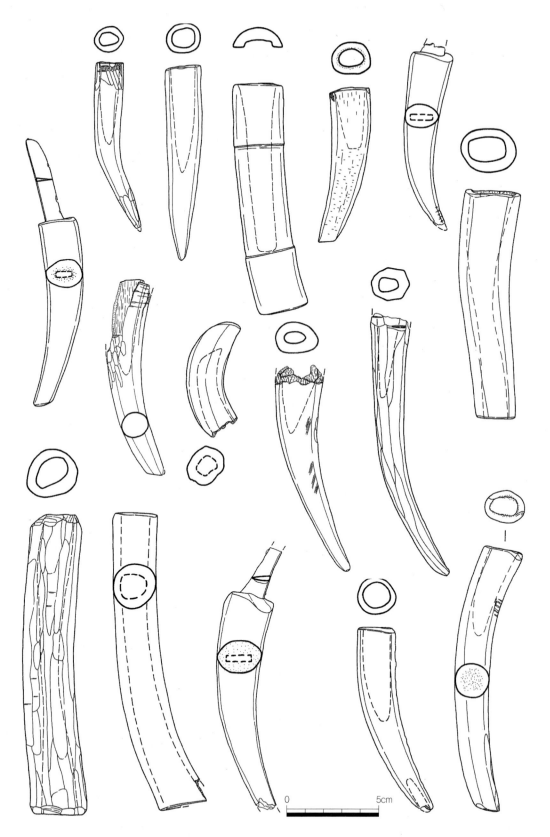

0   5cm

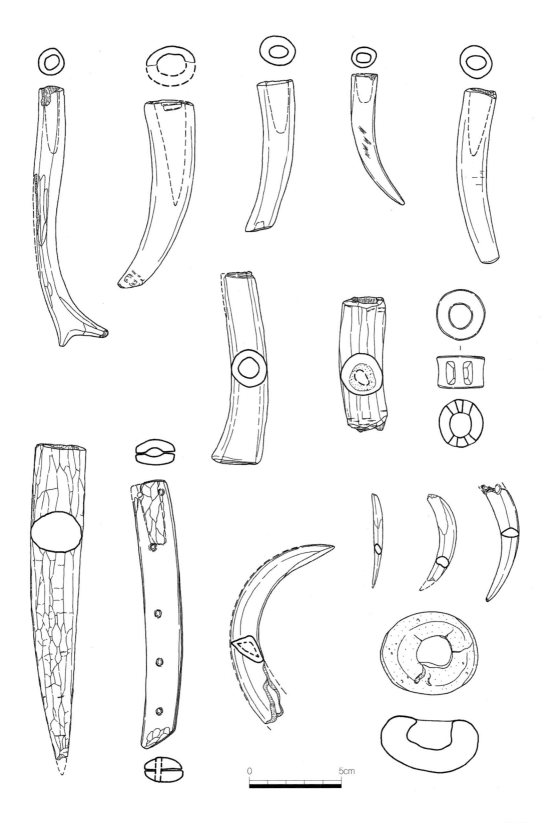

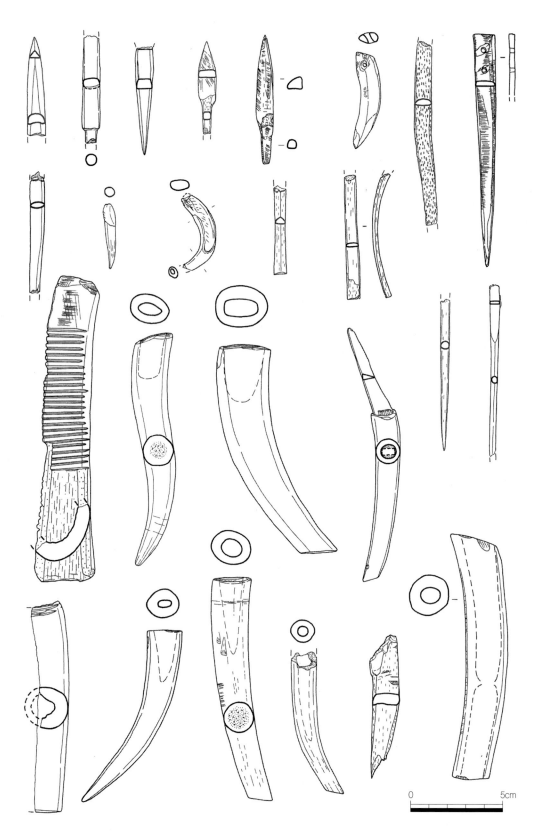

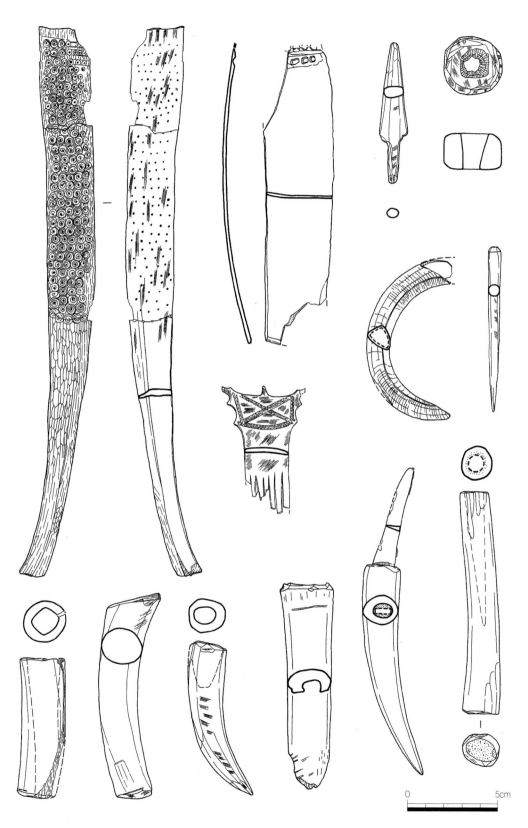

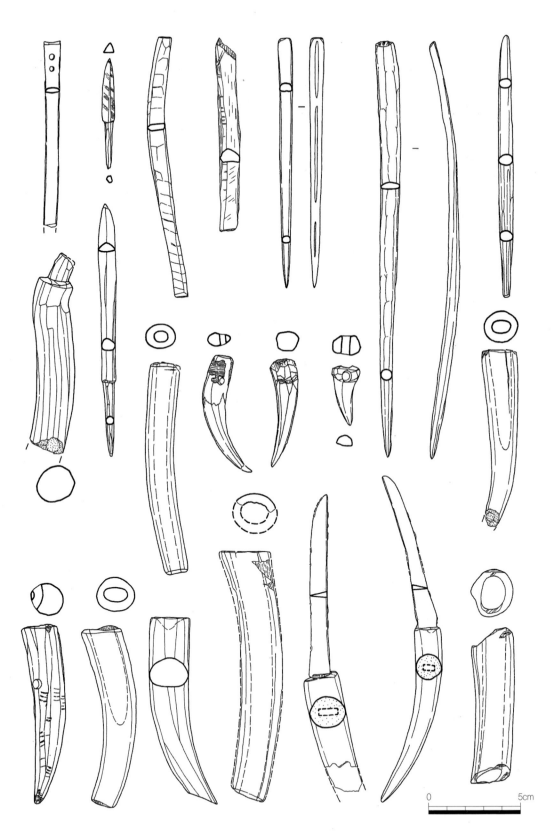

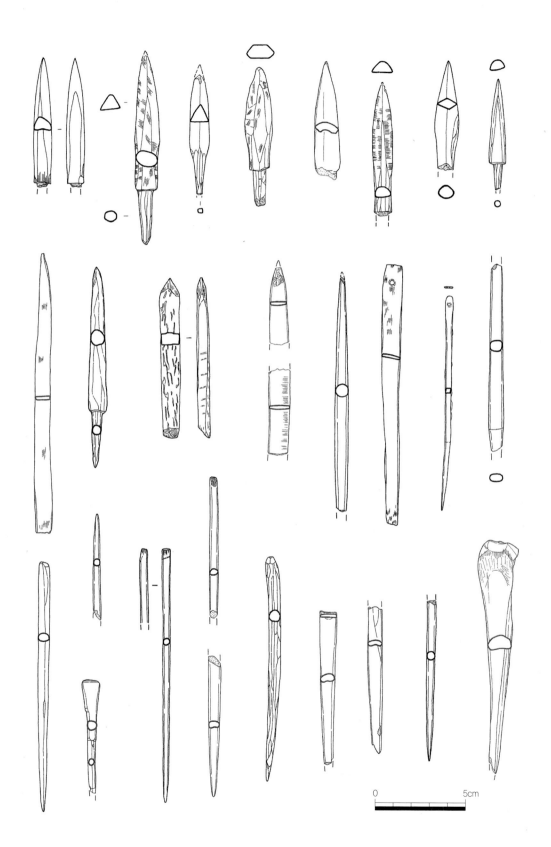

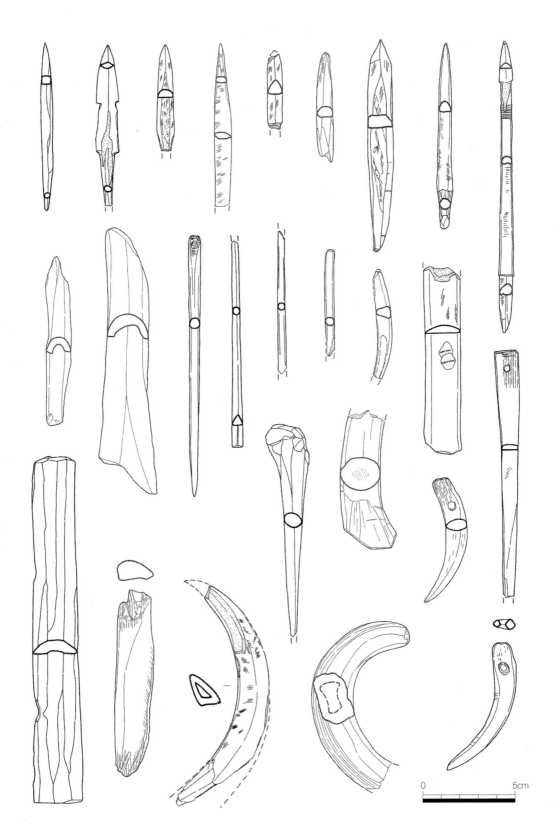

0 5cm

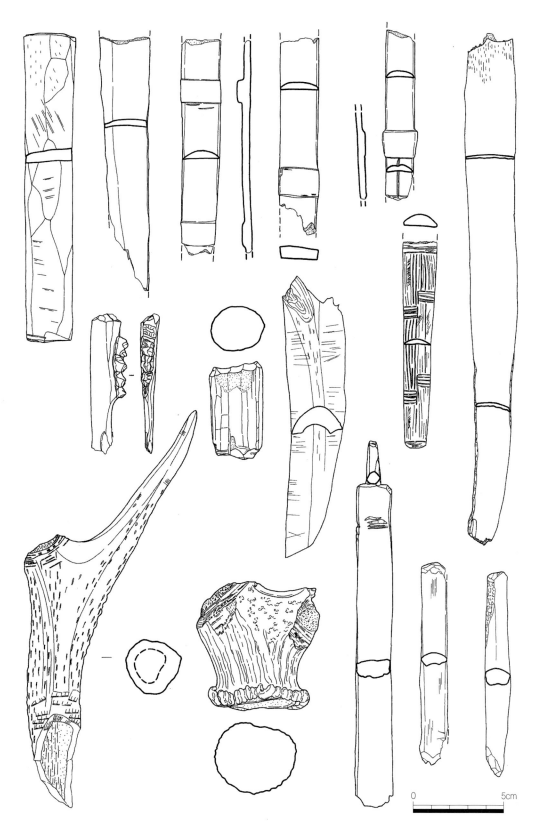

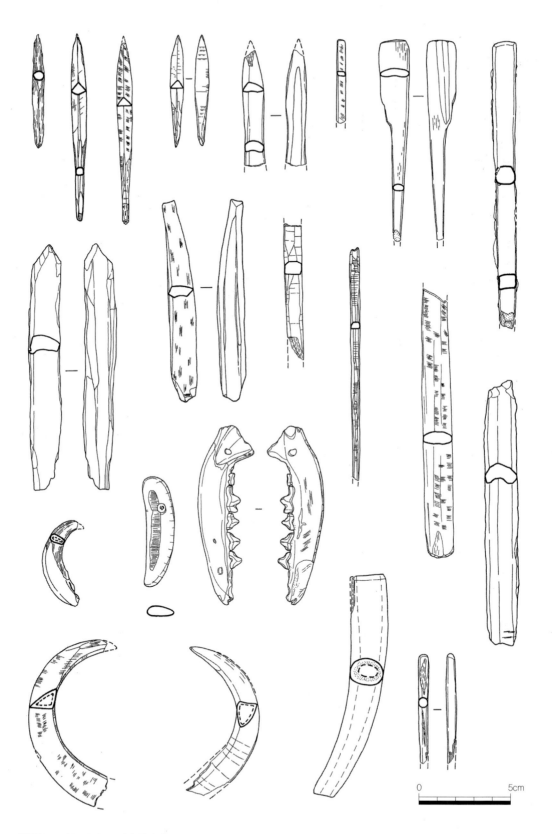

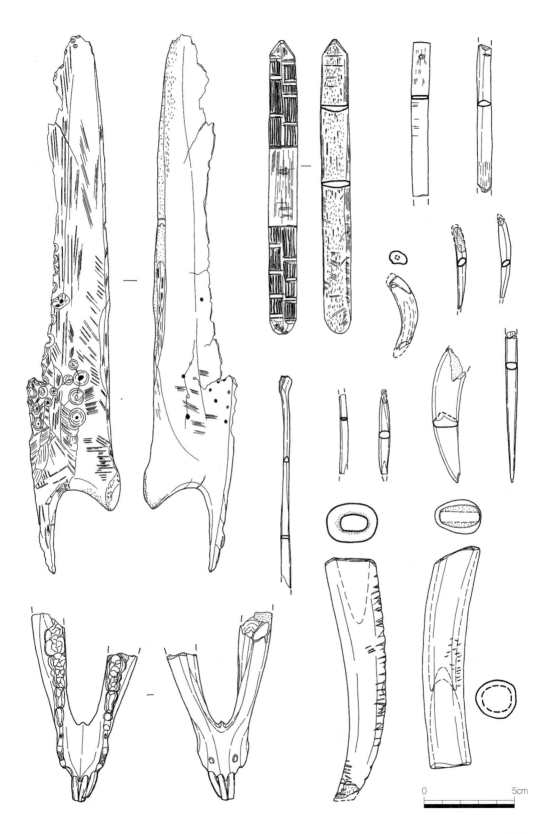

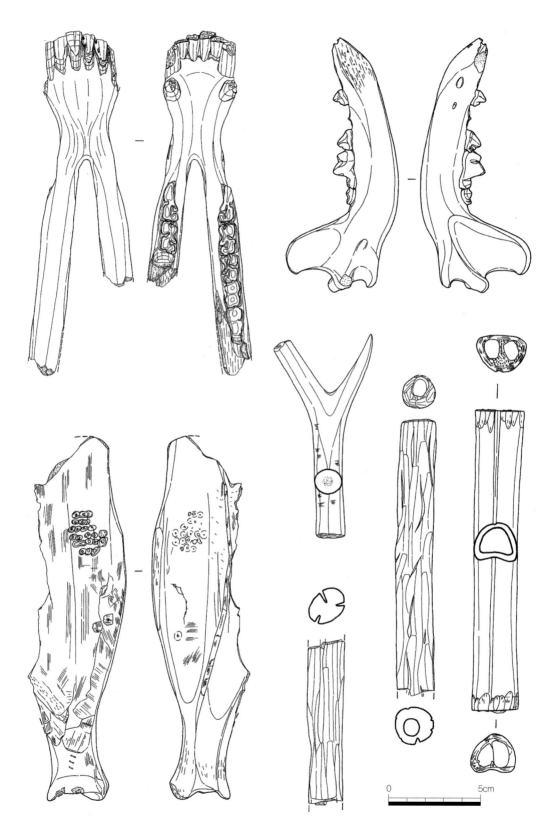

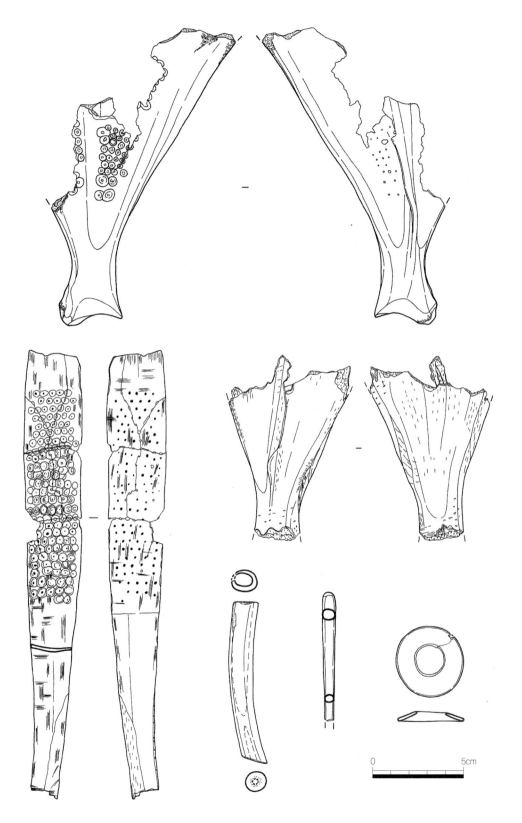

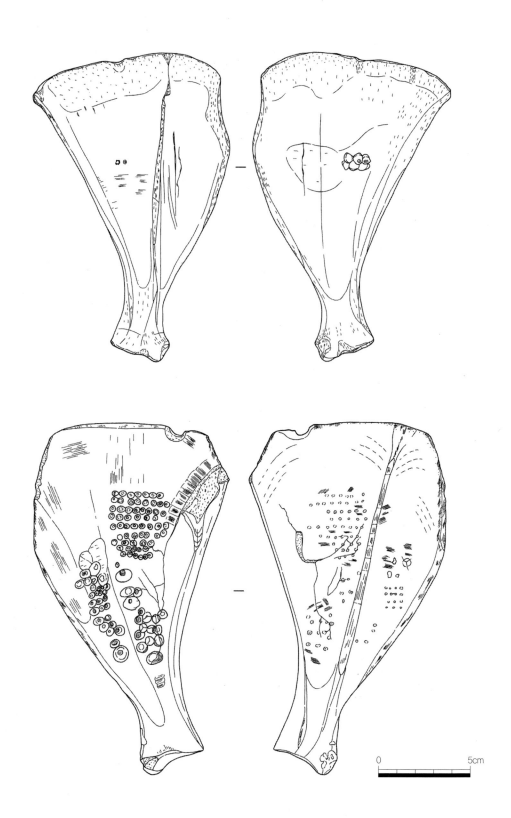

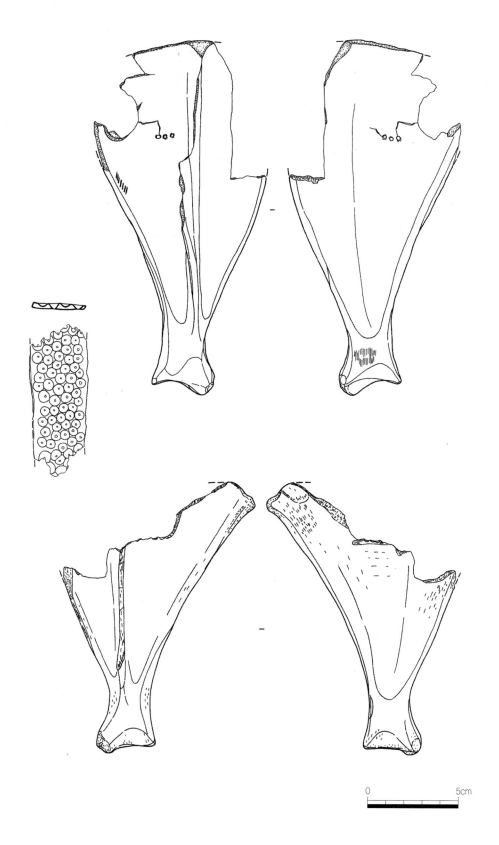

0   5cm

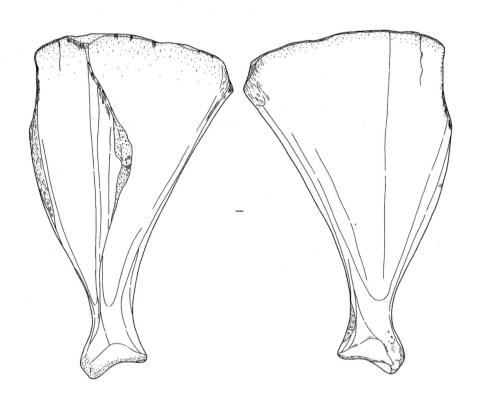

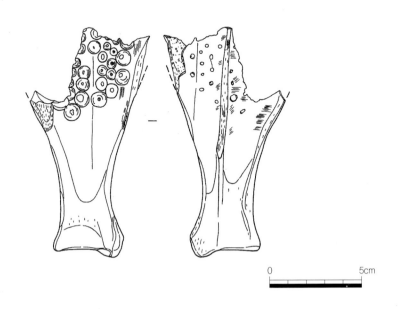

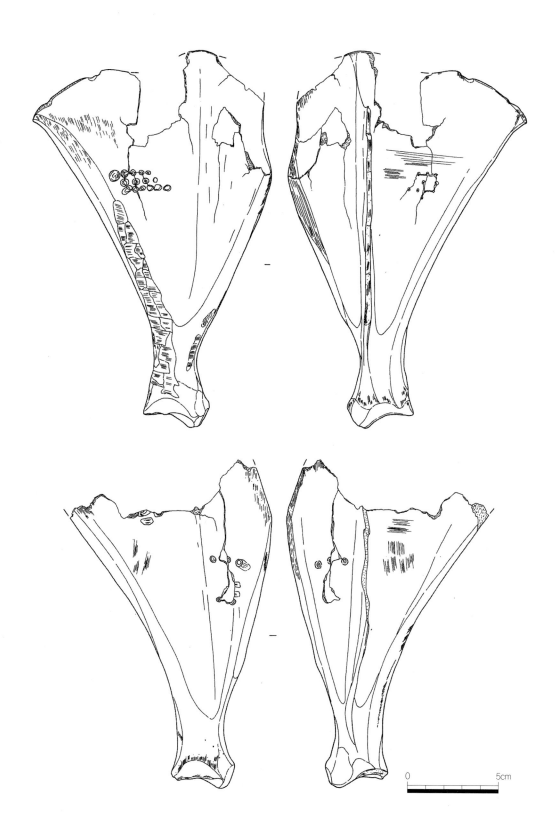

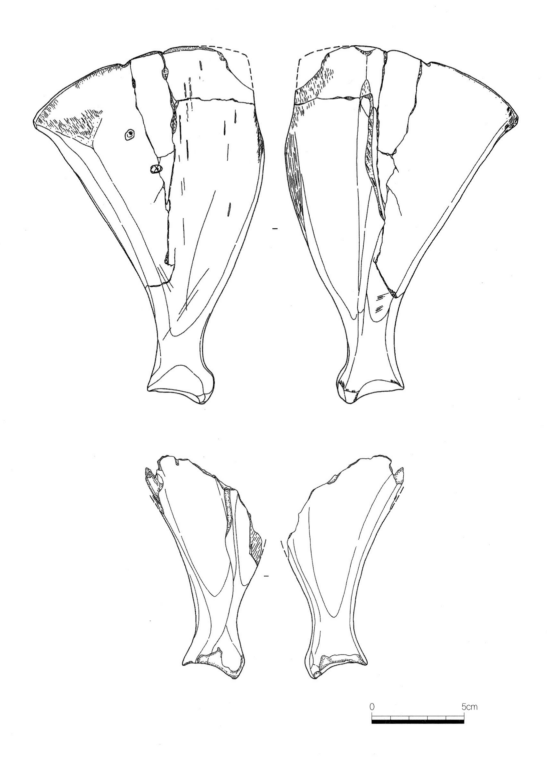

0 5cm

경상도 김해 봉황대유적(金海 鳳凰臺遺蹟)

1. 위치 : 경남 김해시 회현동 봉황대 356–1번지 일대

2. 조사 : 부산대학교박물관(1992, 1993년)

3. 성격 : 패총

4. 시대 : 삼한~삼국시대

5. 유구 및 유물

  – 유구 : 패총, 주거지, 구

  – 유물 : 무문토기, 연질토기, 와질토기, 도질토기, 어망추, 방추차 등

6. 골각기 : 찌르개, 촉, 장신구, 복골, 도자병 등

7. 문헌 : 부산대학교박물관, 1998, 『金海鳳凰臺遺蹟』.

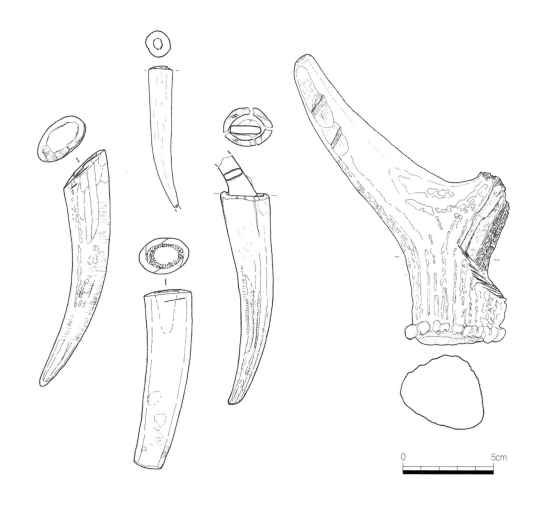

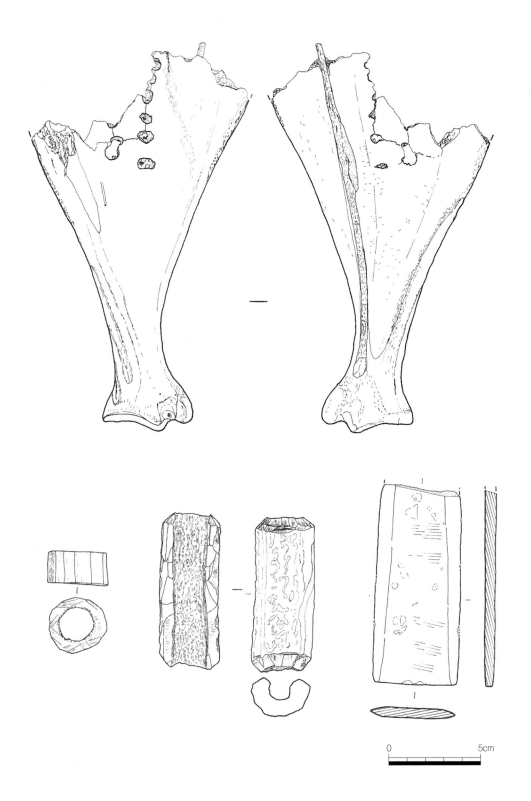

0   5cm

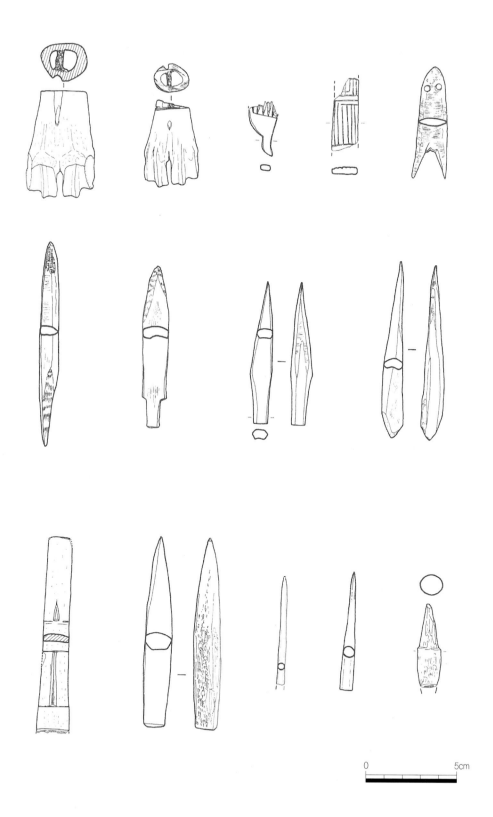

0   5cm

1. 위치 : 경남 김해시 부원2동 636, 643, 684번지

2. 조사 : 동아대학교박물관(1980년)

3. 성격 : 패총, 주거지, 석관묘

4. 시대 : 철기~삼국시대

5. 유구 및 유물

　　– 유구 : 패총, 주거지, 고상가옥, 석관묘

　　– 유물 : 무문토기, 연질토기, 경질토기, 이형토기, 골각기, 어망추, 야요이계토기(彌生系土器), 토우
　　　　　　(말 · 性器 등), 방추차, 철기 등

6. 골각기 : 찌르개, 촉, 장신구, 복골, 도자병 등

7. 문헌 : 동아대학교박물관, 1981, 『金海府院洞遺蹟』.

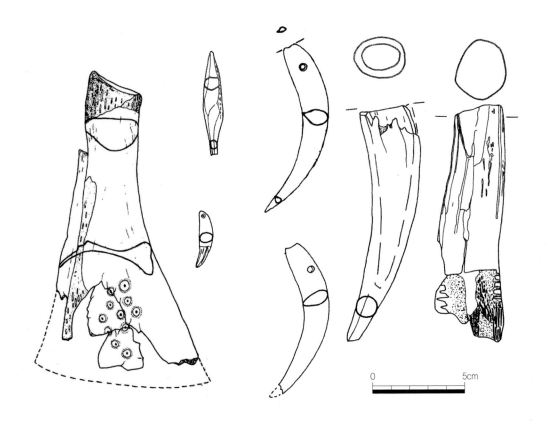

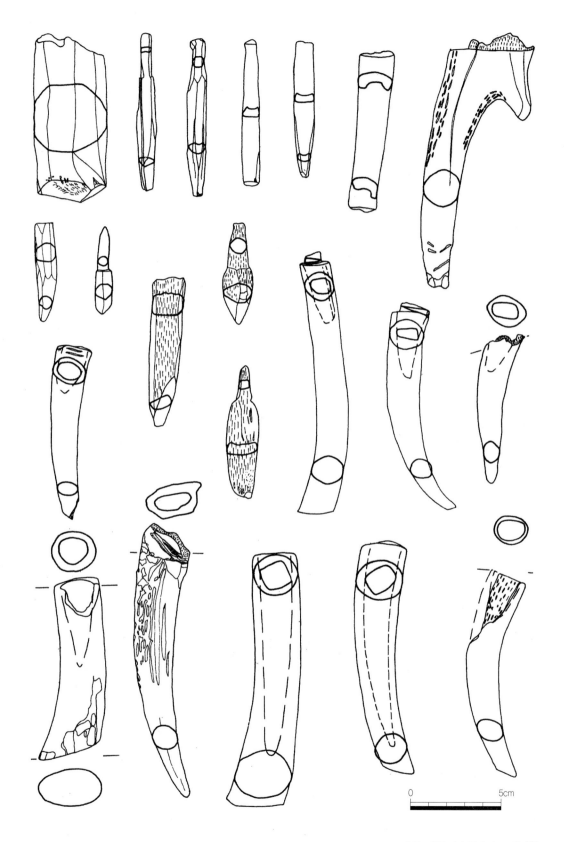

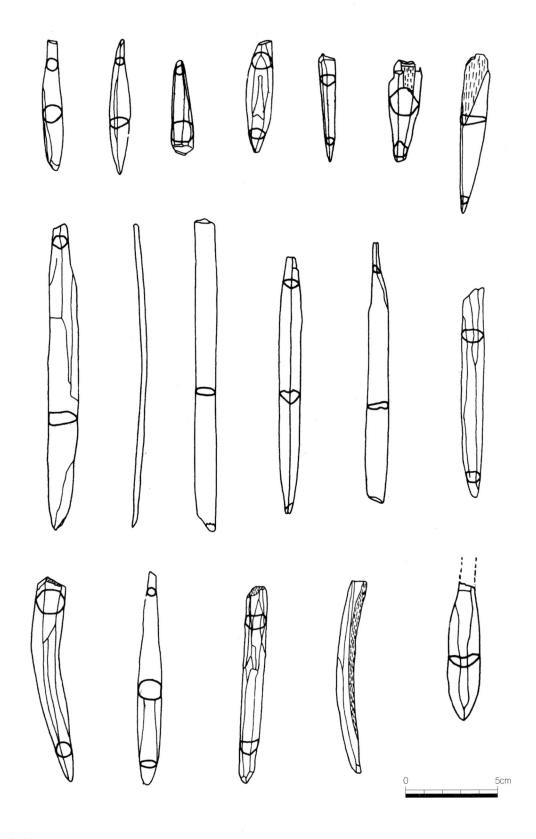

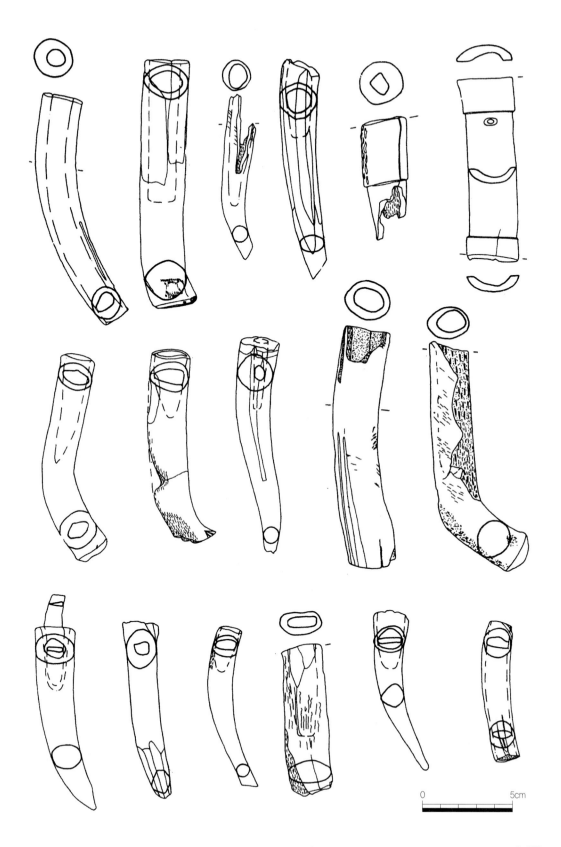

경상도 김해 회현리패총(金海 會峴里貝塚)

1. 위치 : 경남 김해시 봉황동 165-17번지 외 4필지

2. 조사 : 부산대학교 인문대학 고고학과(2002년)

3. 성격 : 패총

4. 시대 : 원삼국~삼국시대

5. 유구 및 유물

　- 유구 : 패총

　- 유물 : 무문토기, 경질토기, 와질토기, 도질토기, 龍文鏡片 등

6. 골각기 : 도자병, 복골, 골촉, 골침, 장신구 등

7. 문헌 : 부산대학교 인문대학 고고학과, 2002, 『金海 會峴里貝塚』.

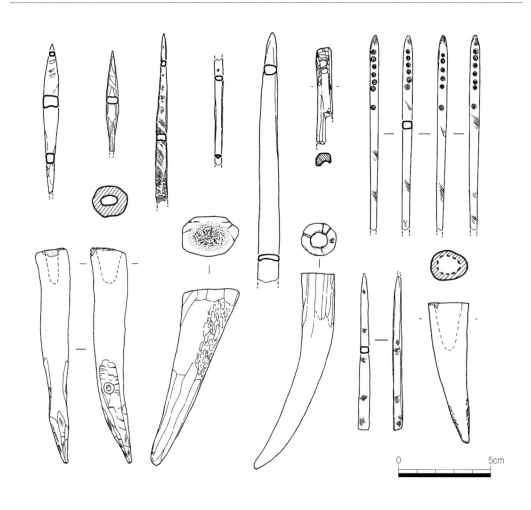

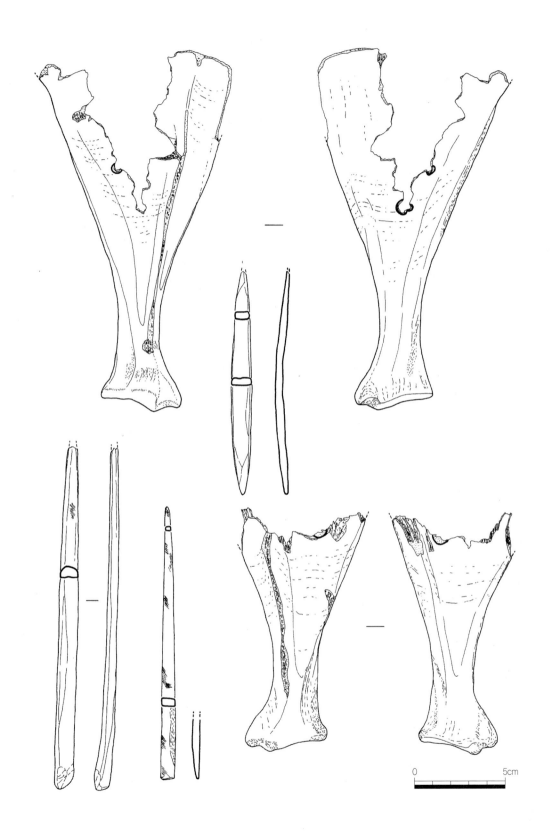

경상도 고성패총(固城貝塚)

1. 위치 : 경남 고성군 고성읍 동외동 245-1, 245-2번지

2. 조사 : 국립중앙박물관(1969, 1970년)

3. 성격 : 패총

4. 시대 : 원삼국~삼국시대

5. 유구 및 유물

  - 유구 : 패총

  - 유물 : 적갈색연질토기, 와질토기, 도질토기, 龍文鏡片 등

6. 골각기 : 도자병 등

7. 문헌 : 국립중앙박물관, 1992, 『固城貝塚』.

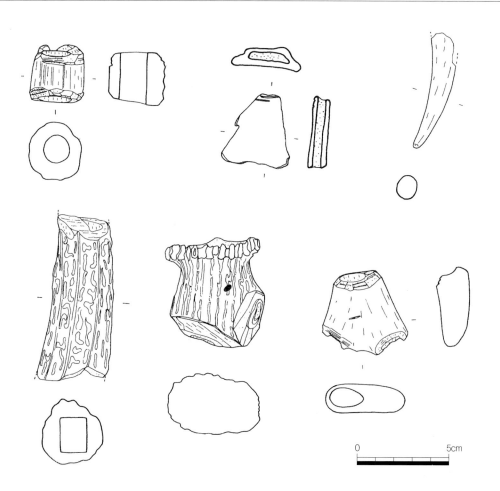

0   5cm

1. 위치 : 경남 고성군 동외동 404번지

2. 조사 : 동아대학교박물관(1974년)

3. 성격 : 패총

4. 시대 : 원삼국시대

5. 유구 및 유물

  – 유구 : 패총, 冶鐵址

  – 유물 : 경질토기, 연질토기, 적색무문토기, 彌生式土器, 漢鏡 片, 劍把頭飾, 廣形銅鉾 등

6. 골각기 : 골촉 등

7. 문헌 : 동아대학교박물관, 1984, 『上老大島』 附:東萊福泉洞古墳, 固城東外洞貝塚.

경상도 부산 고촌리 생산유적(釜山 古村里 生産遺蹟)

1. 위치 : 부산광역시 기장군 철마면 고촌리 157-1번지 일대

2. 조사 : (재)동아세아문화재연구원(2008년)

3. 성격 : 저습지, 생산유적

4. 시대 : 삼국시대, 통일신라시대, 조선시대

5. 유구 및 유물

　　- 유구 : 누자식건물, 지상식건물, 수혈, 공방지, 소성유구, 우물 등

　　- 유물 : 고배, 노형토기, 호, 옹, 기대, 왜계토기, 목태흑적칠기, 골각기, 목기 등

6. 골각기 : 촉, 침, 도자병, 각골, 장신구, 복골 등

7. 문헌 : 동아세아문화재연구원, 2010, 『釜山 古村里 生産遺蹟(上)(下)』

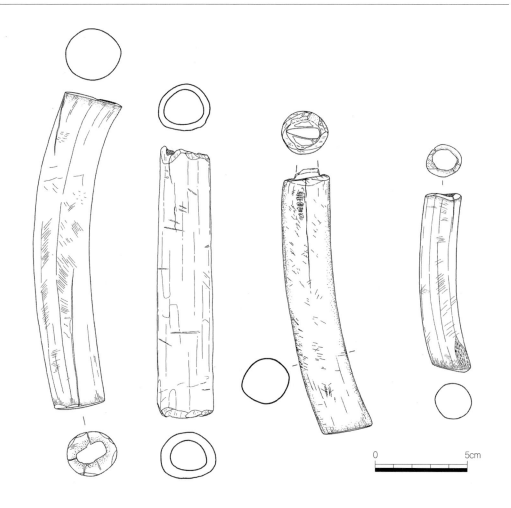

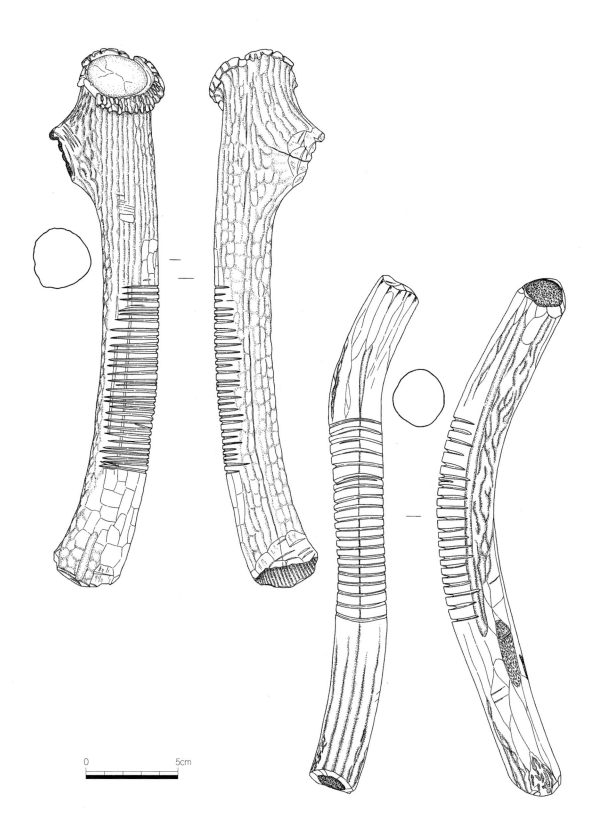

0   5cm

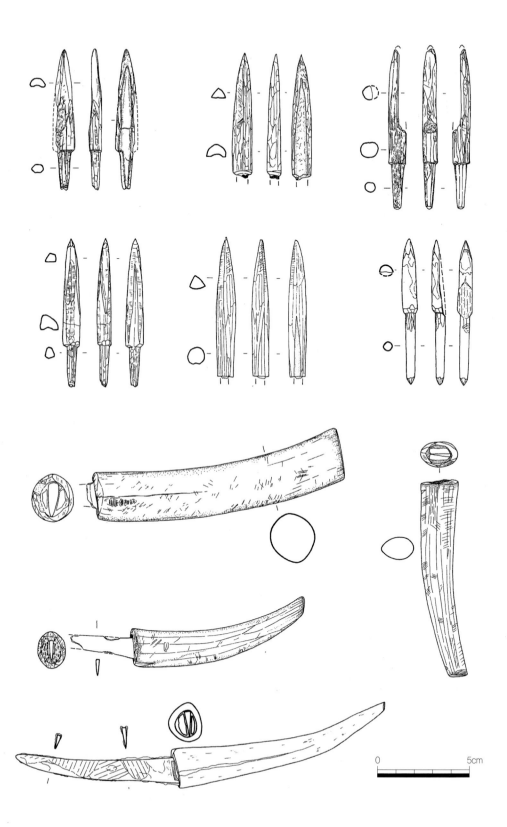

0   5cm

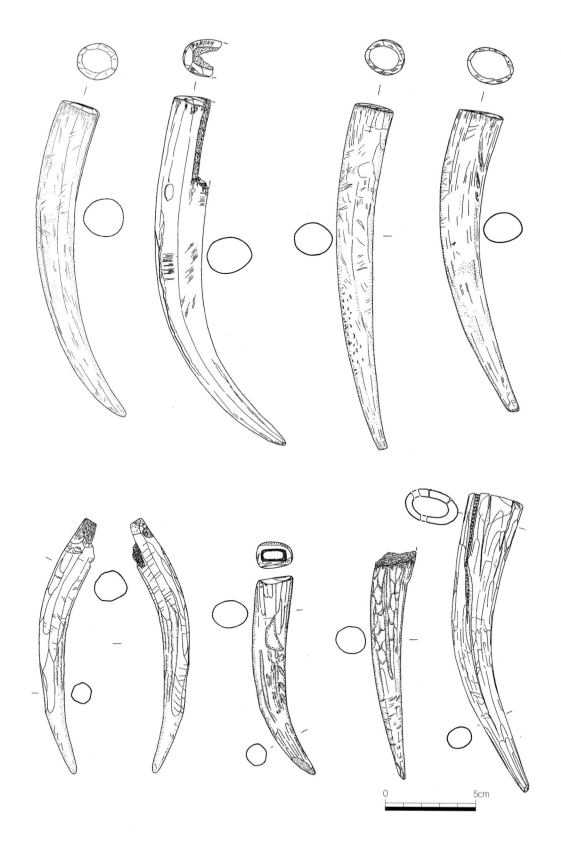

0   5cm

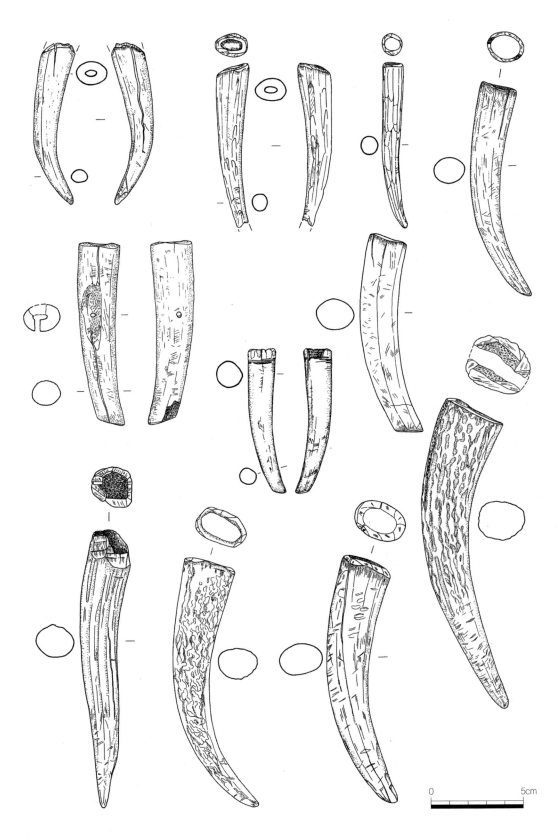

0   5cm

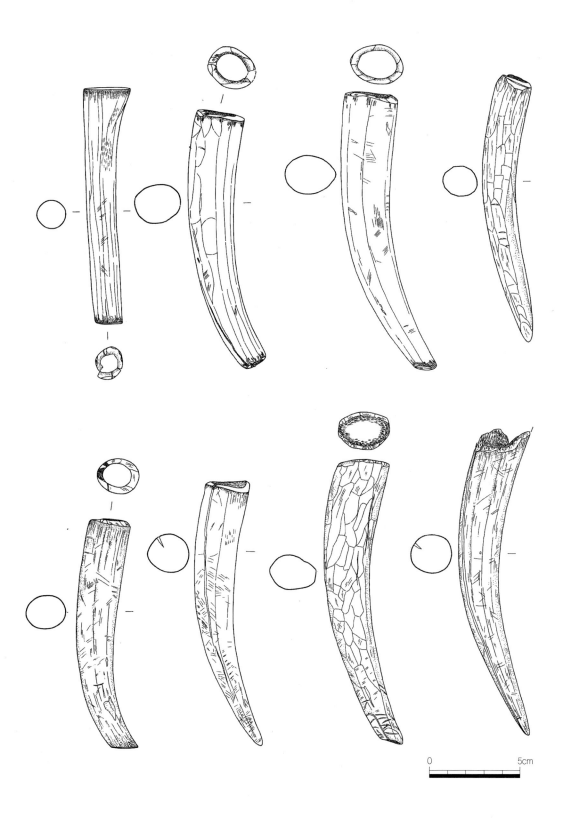

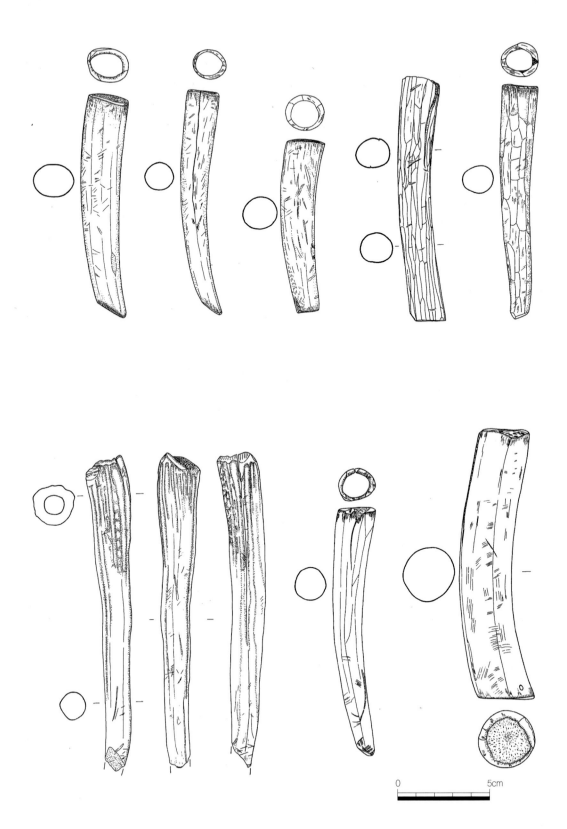

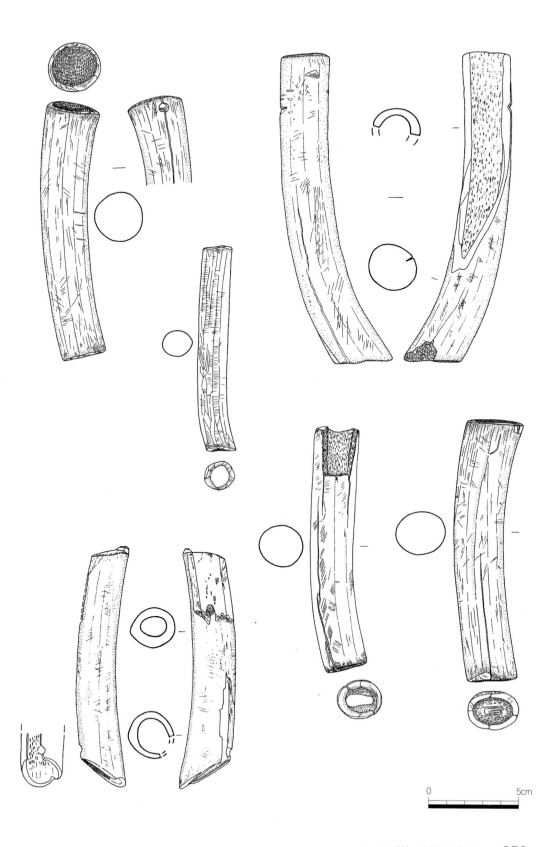

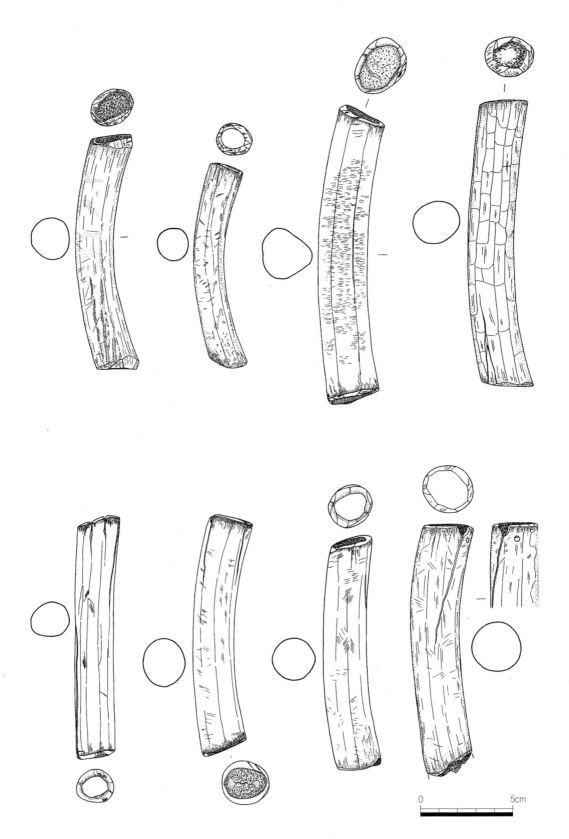

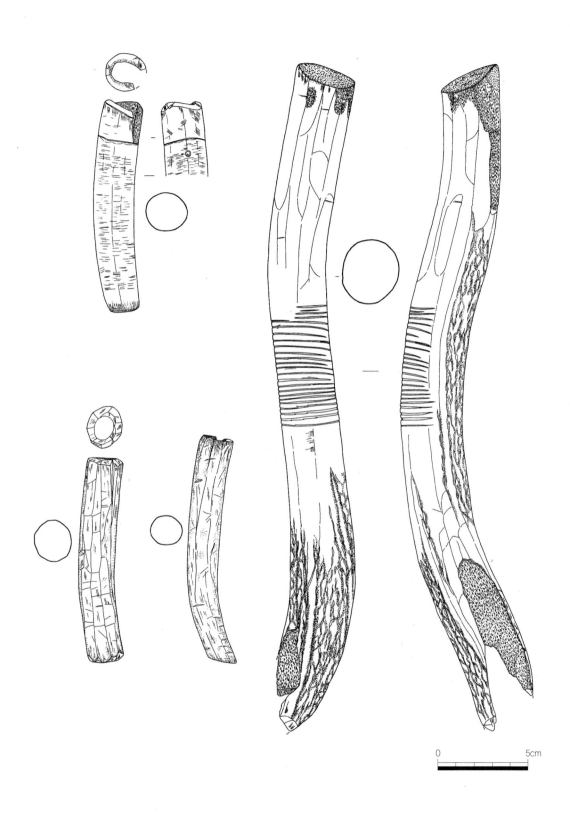

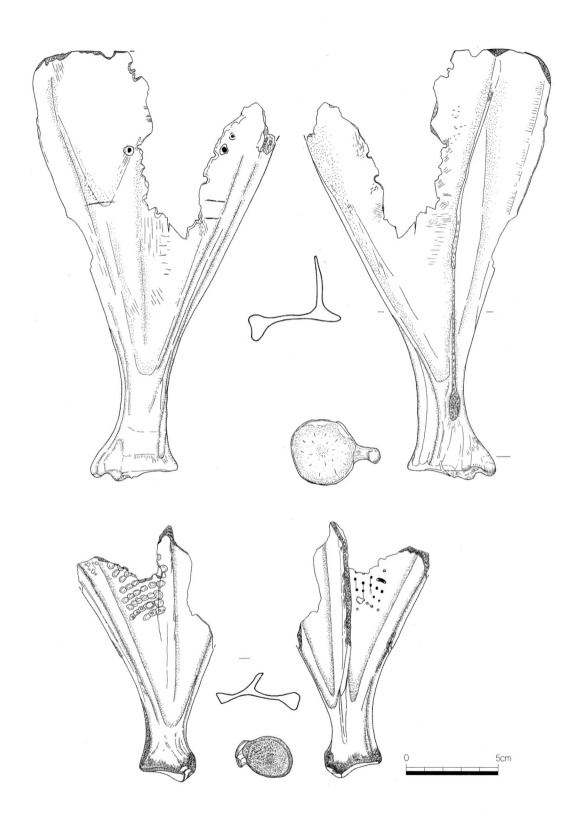

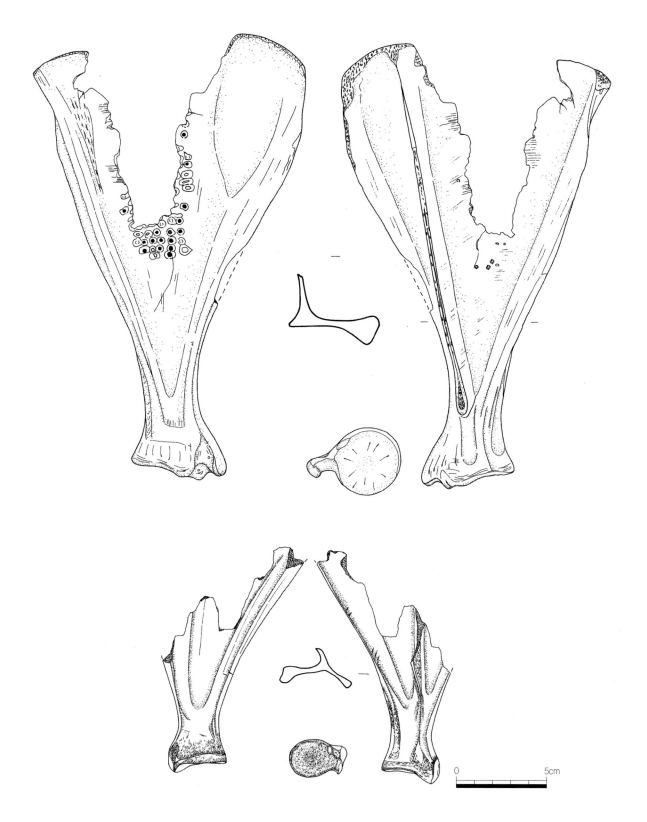

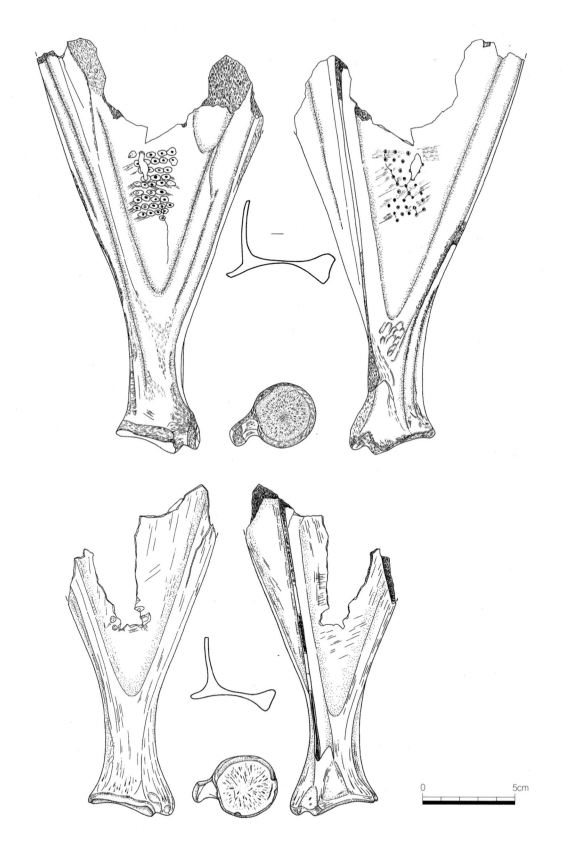

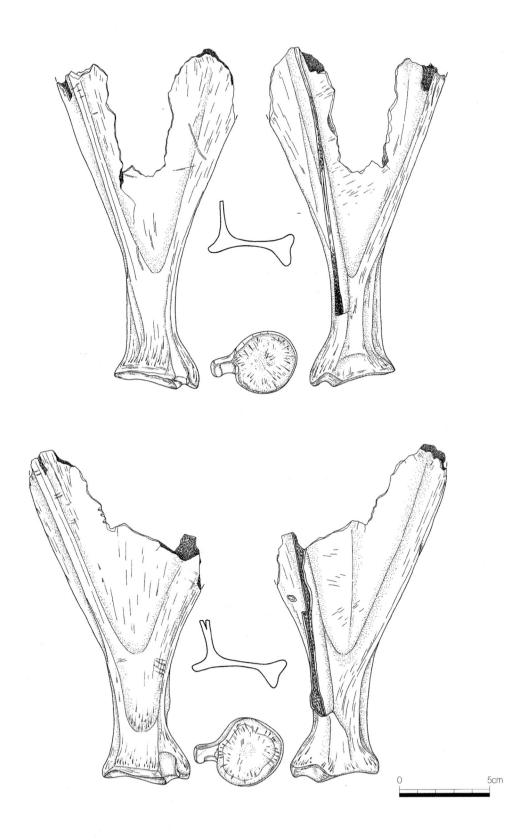

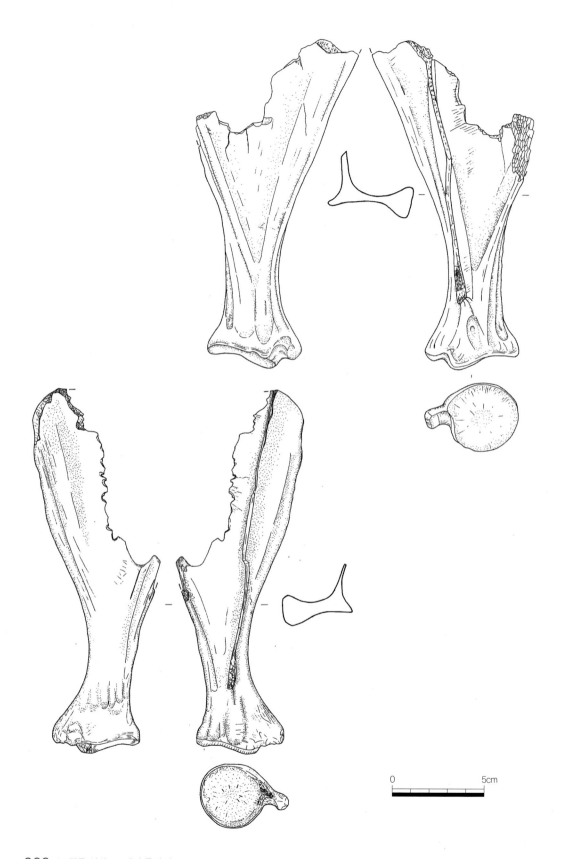

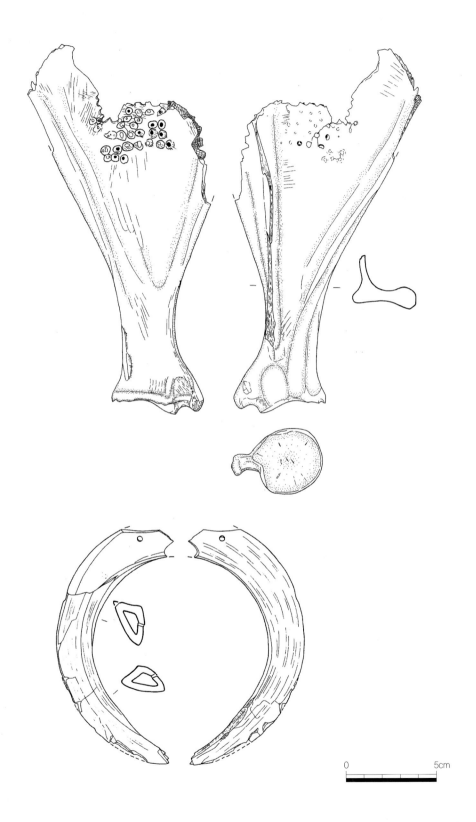

경상도 동래 낙민동패총(東萊 樂民洞貝塚)

1. 위치 : 부산광역시 동래구 낙민동 133-2번지 일대

2. 조사 : 중앙문화재연구원(2002년 11월 21일 - 2003년 1월 9일)

3. 성격 : 패총

4. 시대 : 원삼국시대

5. 유구 및 유물

    - 유구 : 패총

    - 유물 : 옹형토기, 노형토기, 방추차, 석기, 골각기 등

6. 골각기 : 도자병, 침 등

7. 문헌 : 중앙문화재연구원, 2004, 『東萊 樂民洞 貝塚 -東萊 樂民洞 133-2番地 建物新築敷地内-』.

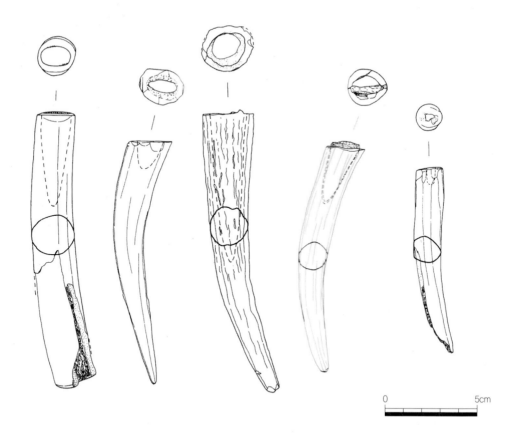

0　　　　　　　5cm

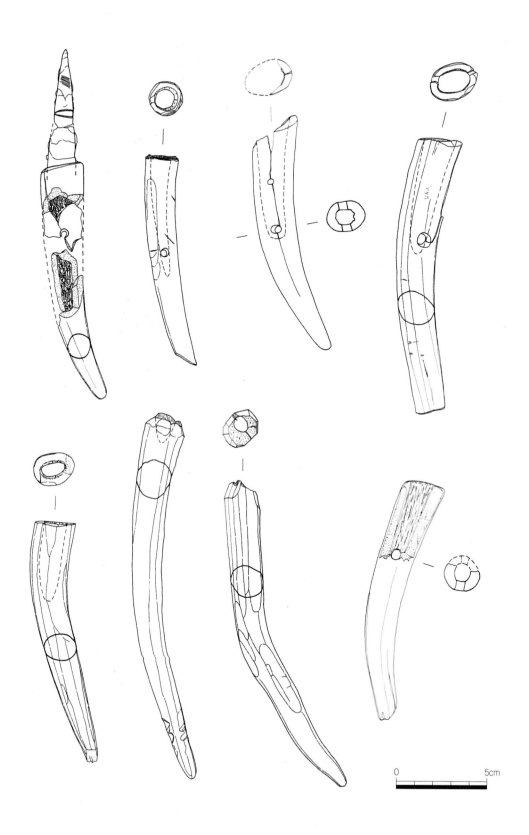

0   5cm

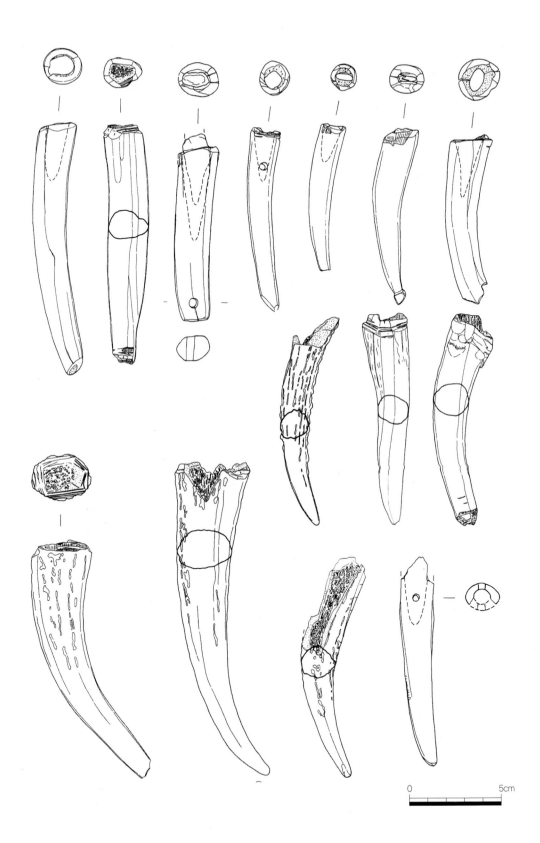

0   5cm

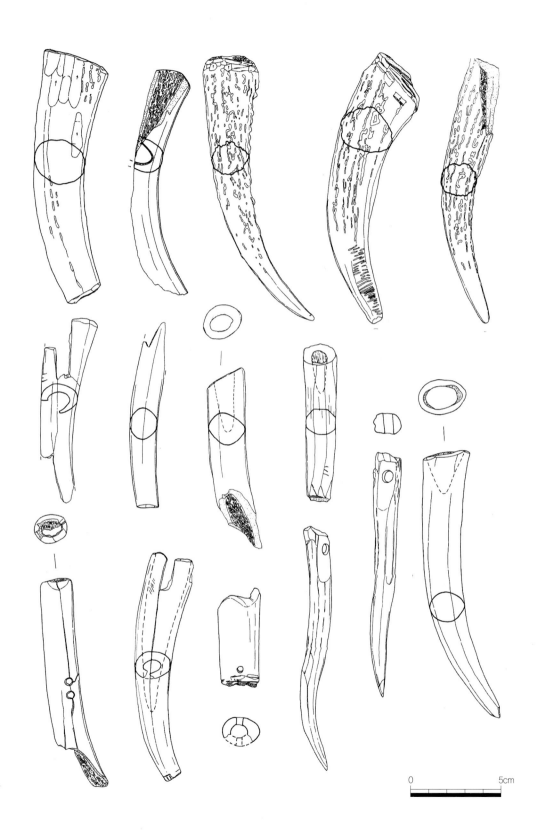

0   5cm

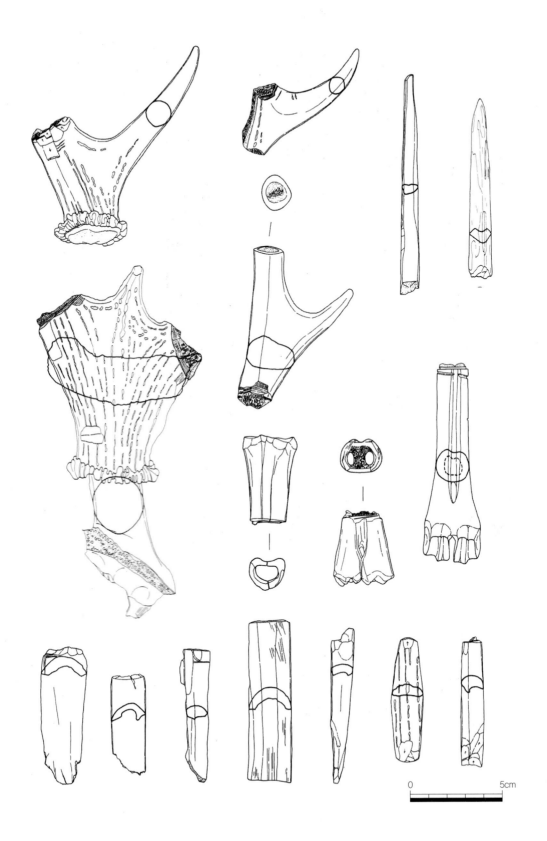

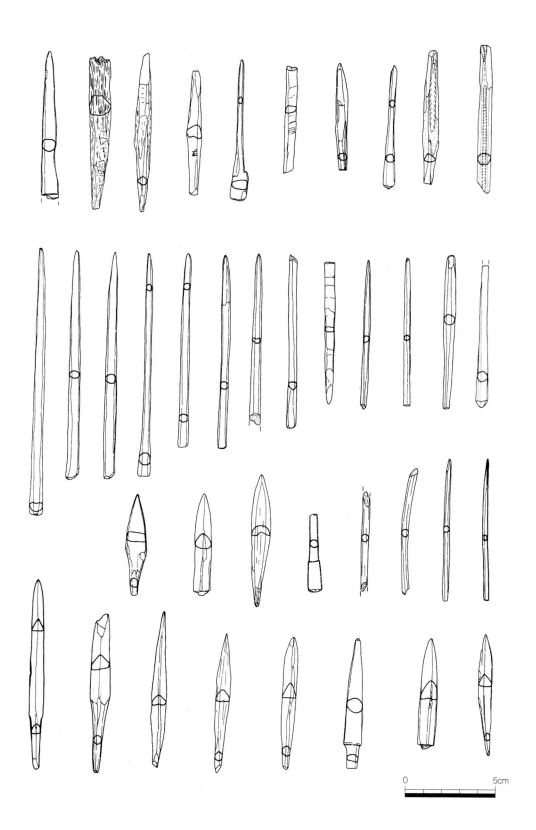

경상도　동래패총(東萊貝塚)

1. 위치 : 부산광역시 동래구 낙민동 100-18, 176~178번지

2. 조사 : 부산광역시립박물관 복천분관(1993년)

3. 성격 : 패총

4. 시대 : 원삼국~삼국시대

5. 유구 및 유물

    – 유구 : 패총

    – 유물 : 연질토기, 와질토기, 도질토기, 日本의 土師器系, 토제품, 철기류 등

6. 골각기 : 도자병, 골촉, 골침, 장신구, 복골 등

7. 문헌 : 부산광역시립박물관 복천분관, 1997,『釜山의 三韓時代 遺蹟과 遺物Ⅰ』–東萊貝塚–.

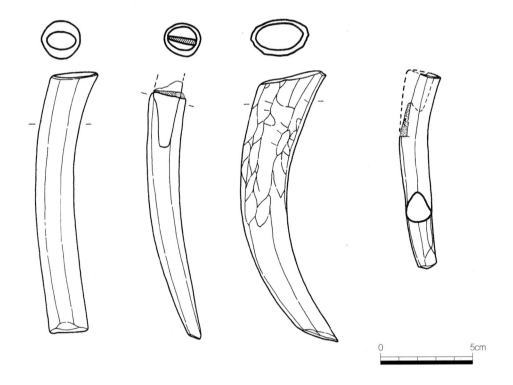

0   5cm

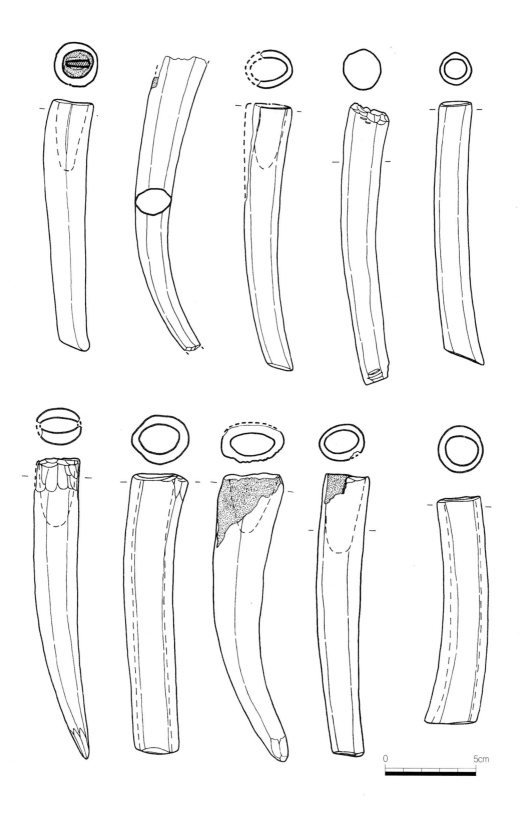

0   5cm

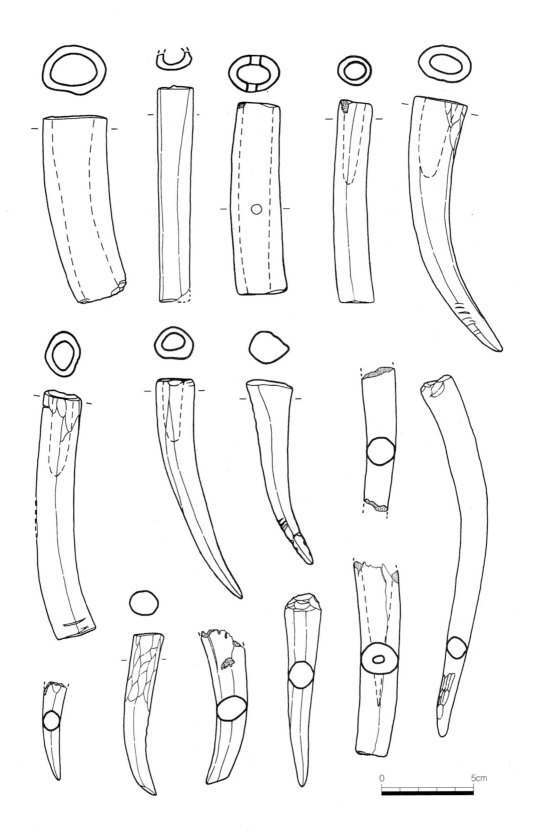

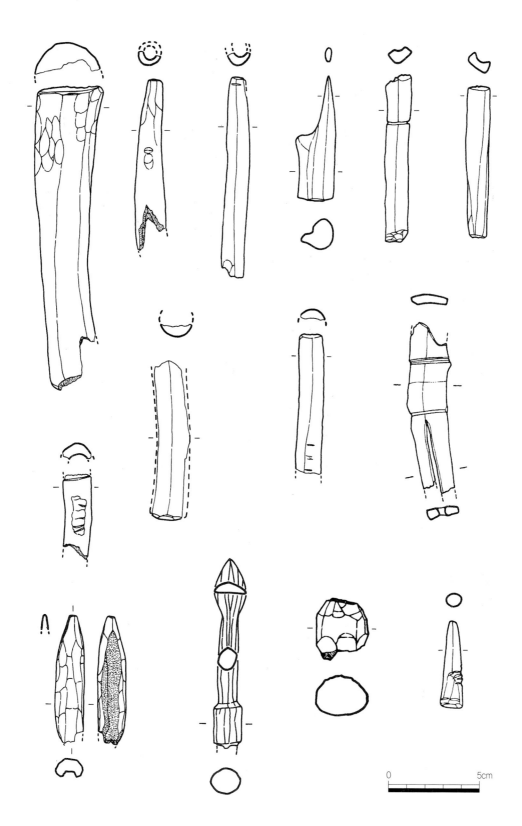

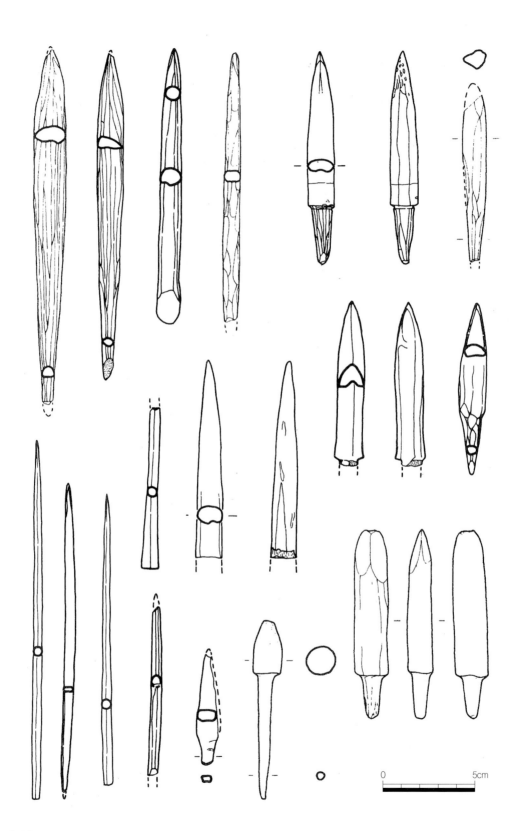

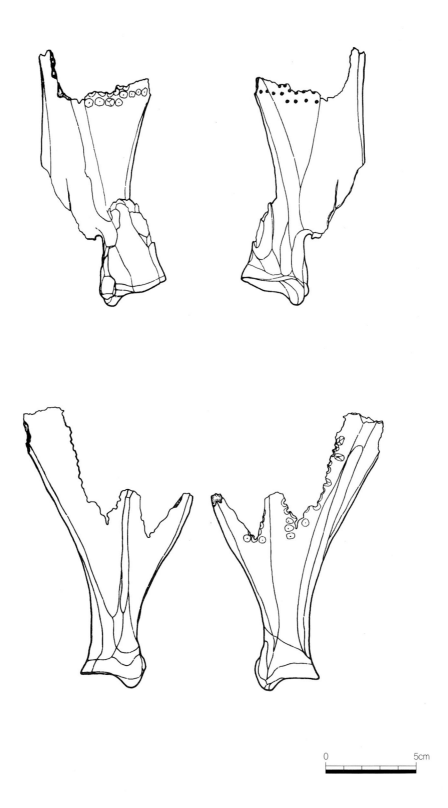

경상도 북정패총(北亭貝塚)

1. 위치 : 부산광역시 강서구 강동동 전1254–7, 전1254–4번지

2. 조사 : 부산수산대학교박물관 (1992년)

3. 성격 : 패총

4. 시대 : 신석기시대, 삼국시대

5. 유구 및 유물

   – 유구 : 패총

   – 유물 : 연질토기, 경질토기, 도질토기, 日本의 土師器系 등

6. 골각기 : 도자병

7. 문헌 : 부산수산대학교박물관, 1993, 『北亭貝塚』.

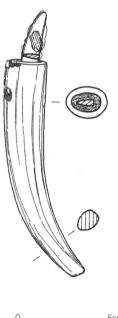

0   5cm

경상도 부산 분절패총(釜山 粉切貝塚)

1. 위치 : 부산광역시 강서구 미음동 1010-1, 1209번지

2. 조사 : (재)경남문화재연구원(2010년)

3. 성격 : 패총

4. 시대 : 삼국시대, 조선시대

5. 유구 및 유물

  – 유구 : 패총, 석실묘, 수혈 등

  – 유물 : 연질토기, 경질토기, 이동식부뚜막, 철기 등

6. 골각기 : 복골, 도자병 등

7. 문헌 : 경남문화재연구원, 2012, 『부산 분절패총』

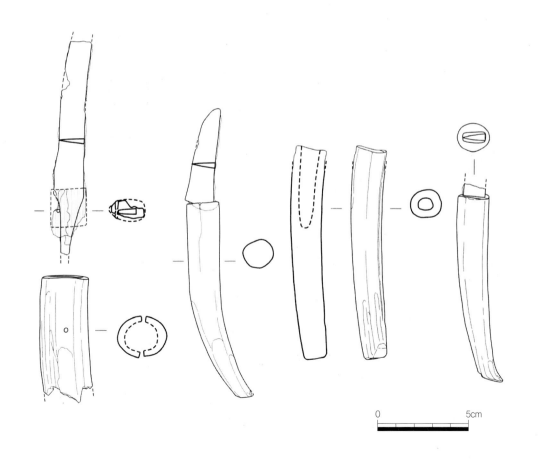

0 5cm

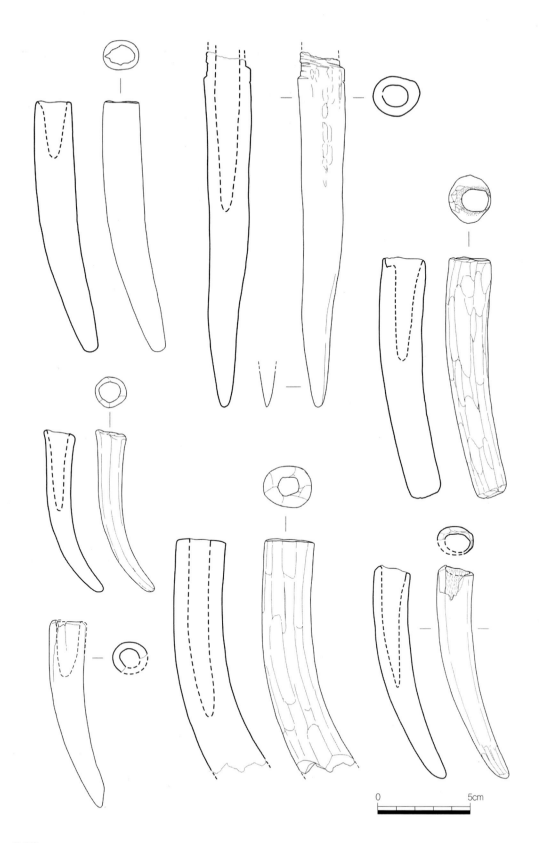

0   5cm

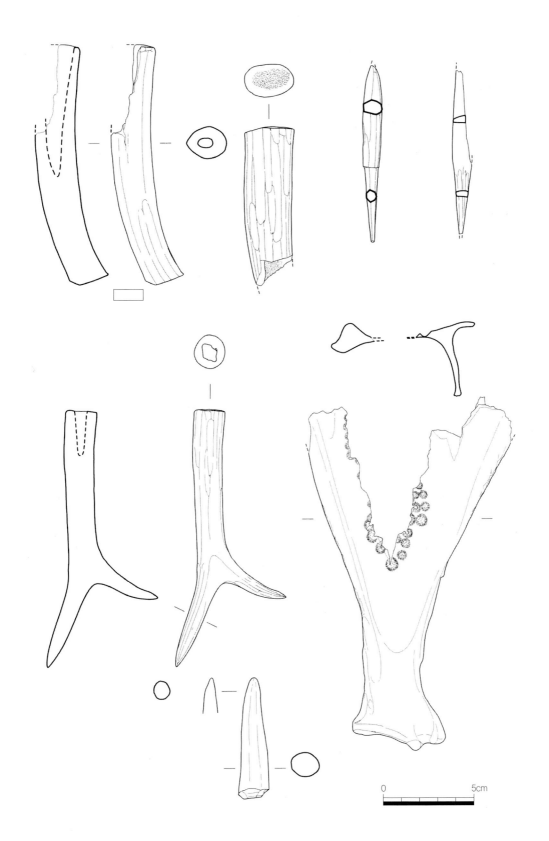

경상도 조도패총(朝島貝塚)

1. 위치 : 부산광역시 영도구 동삼동 하리 일대

2. 조사 : 국립중앙박물관(1973년)

3. 성격 : 패총, 매장유구

4. 시대 : 삼한시대

5. 유구 및 유물

　- 유구 : 패총, 분묘

　- 유물 : 무문토기, 점토대토기, 타날문토기, 석기, 철기 등

6. 골각기 : 도자병, 각골, 첨두기, 골촉 등

7. 문헌 : 국립중앙박물관, 1976, 『朝島貝塚』.

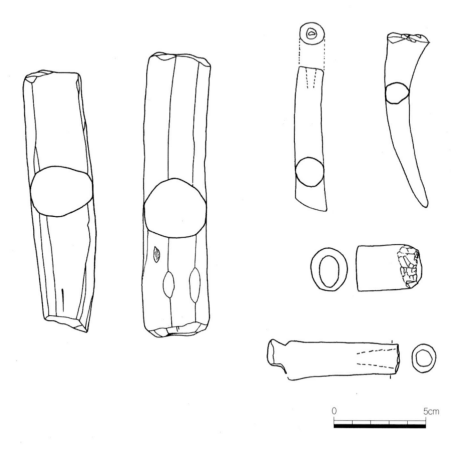

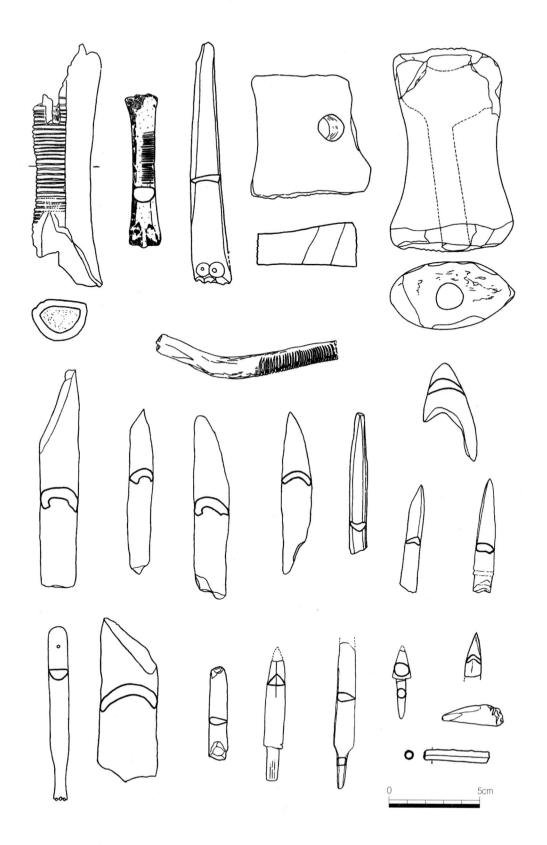

1. 위치 : 경남 사천시 늑도동 33-1번지 일대

2. 조사 : 창원문화재연구소 (1991년)

3. 성격 : 패총, 주거지, 매장유구

4. 시대 : 삼한〜삼국시대

5. 유구 및 유물

　　– 유구 : 패총, 주거지, 분묘

　　– 유물 : 연질토기, 경질토기, 유리구슬, 석기, 철기 등

6. 골각기 : 찌르개, 촉, 도자병, 복골 등

7. 문헌 : (재)동아문화연구원, 2006, 『泗川勒島 進入路 開設區間內 文化遺蹟 發掘調査 報告書』.

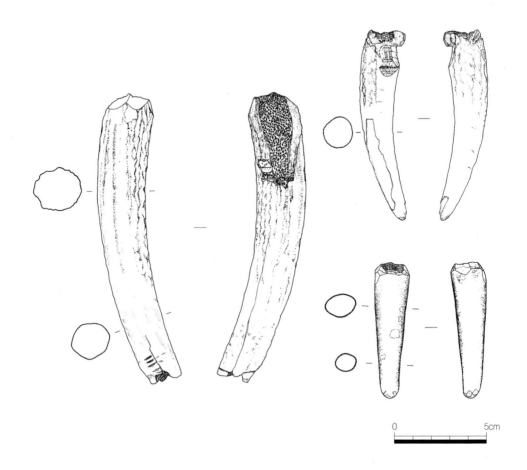

0　　　　　5cm

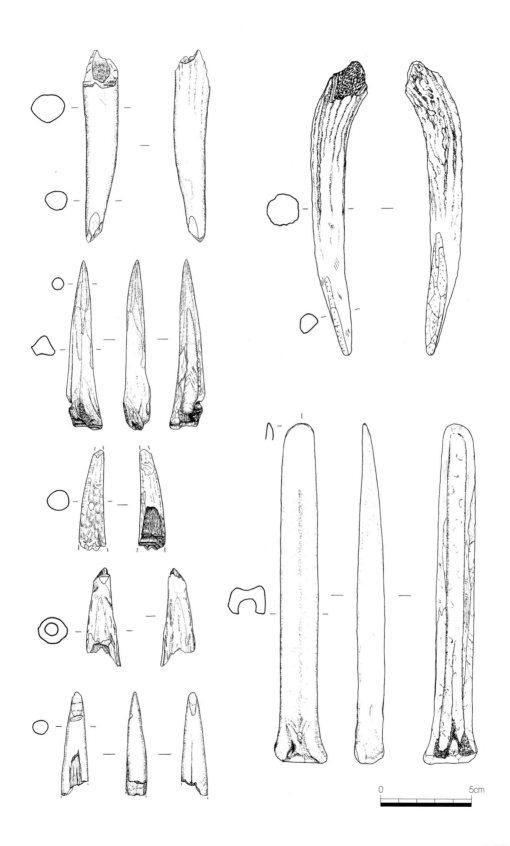

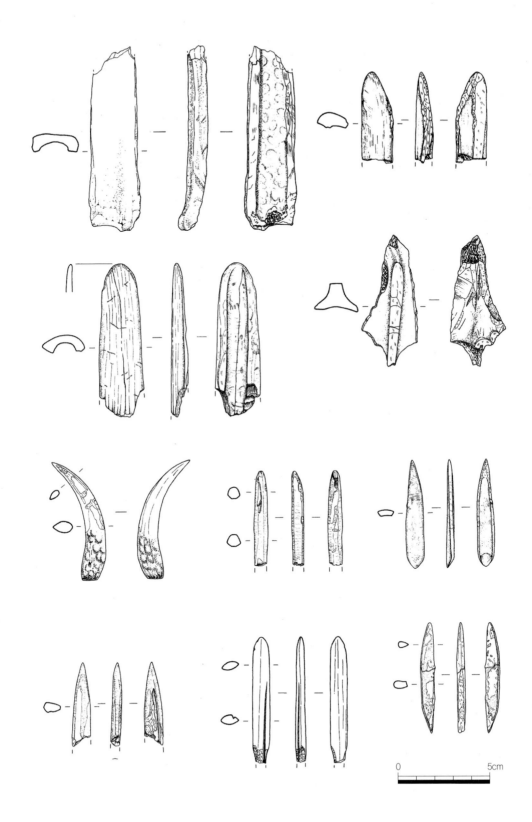

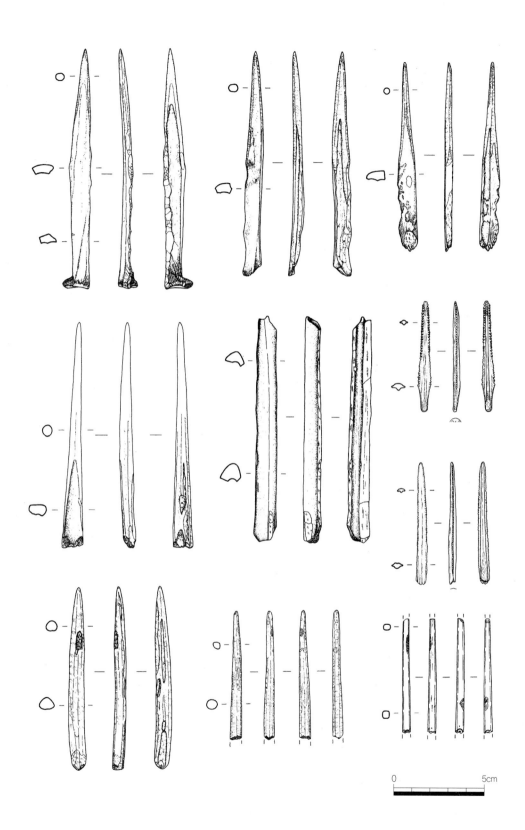

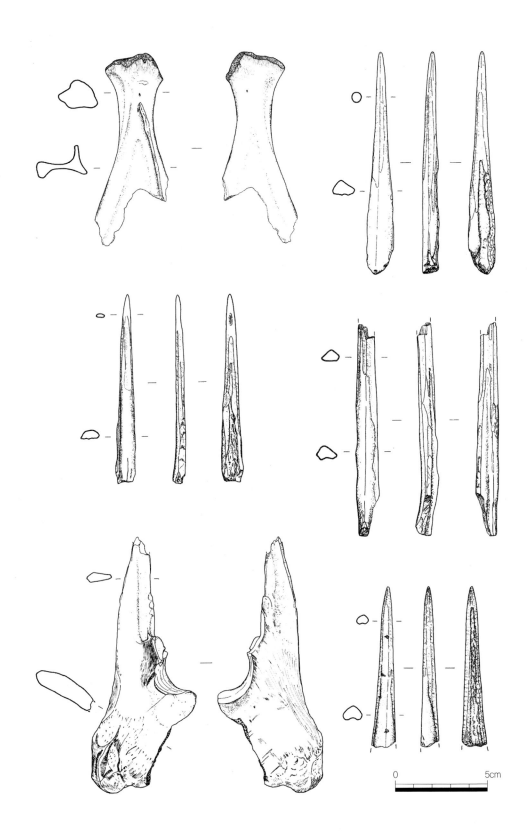

0   5cm

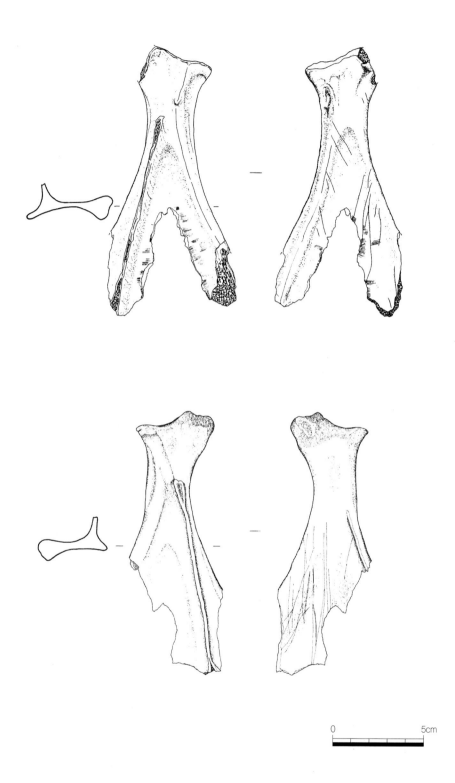

경상도　사천 늑도(泗川 勒島)

1. 위치 : 경남 사천시 늑도동 155번지 일대
2. 조사 : 동아대학교박물관 (1998, 1999, 2000년)
3. 성격 : 패총, 주거지, 분묘
4. 시대 : 삼한시대
5. 유구 및 유물
   - 유구 : 유구 : 패총, 주거지, 분묘 등
   - 유물 : 늑도식토기, 낙랑계토기, 彌生系토기, 석기류, 半兩錢, 五銖錢 등
6. 골각기 : 찌르개, 복골 등
7. 문헌 : 동아대학교박물관, 2005, 『泗川勒島CⅠ』.

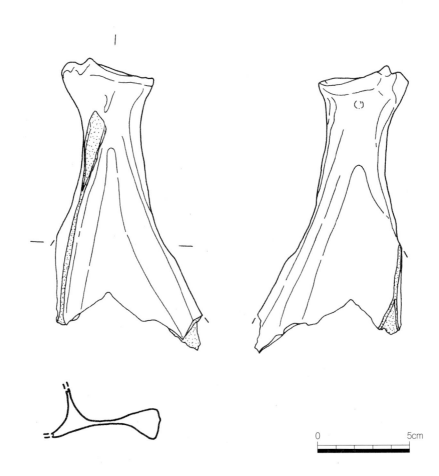

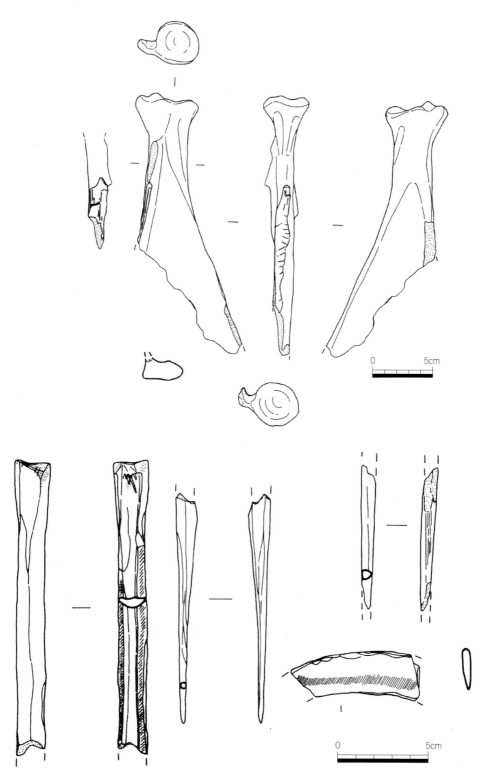

0 5cm

0 5cm

경상도   사천 늑도주거지(泗川 勒島住居址)

1. 위치 : 경남 사천시(삼천포) 늑도동 일대

2. 조사 : 부산대학교박물관 (1985, 1986년)

3. 성격 : 주거지

4. 시대 : 청동기시대~원삼국시대

5. 유구 및 유물

    – 유구 : 주거지

    – 유물 : 무문토기, 늑도식토기, 석기, 철기, 토제품, 탄화미 등

6. 골각기 : 촉, 바늘, 찌르개, 예새 등

7. 문헌 : 부산대학교박물관, 1989, 『勒島住居址』.

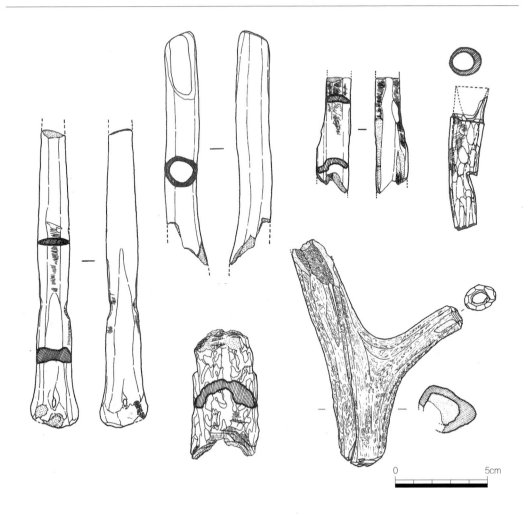

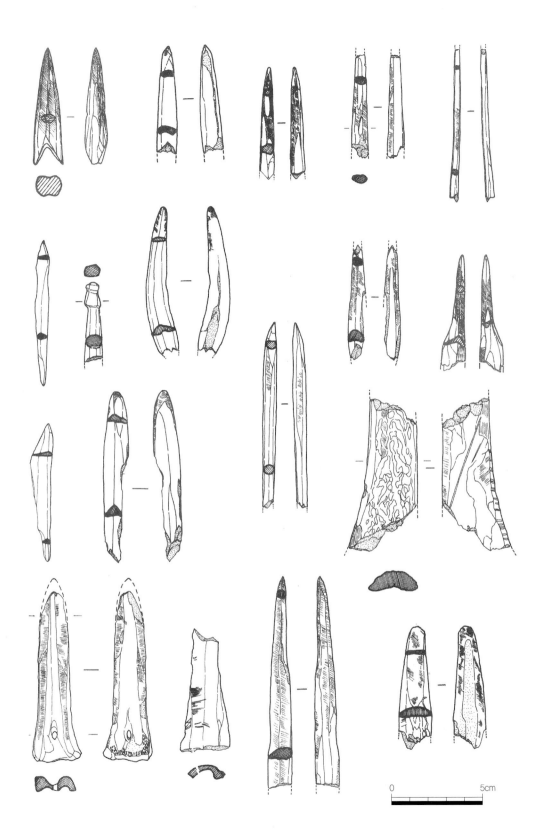

경상도 늑도 패총A지구 주거지군(勒島貝塚 A地區 住居址群)

1. 위치 : 경남 사천시(삼천포) 늑도동 일대

2. 조사 : 경남고고학연구소 (1999년)

3. 성격 : 패총, 주거지

4. 시대 : 신석기시대, 초기철기시대

5. 유구 및 유물

    – 유구 : 패총, 주거지, 무덤, 토기소성유구, 鍛冶爐

    – 유물 : 신석기시대토기, 석기, 彌生系무문토기, 낙랑계토기, 관옥 등

6. 골각기 : 찌르개, 촉, 작살, 복골, 도자병 등

7. 문헌 : (사)경남고고학연구소, 2003, 『勒島貝塚』.

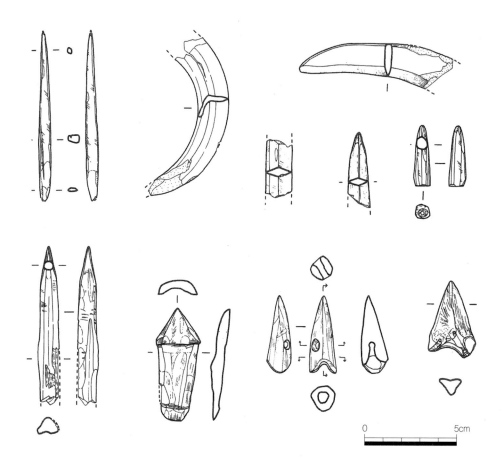

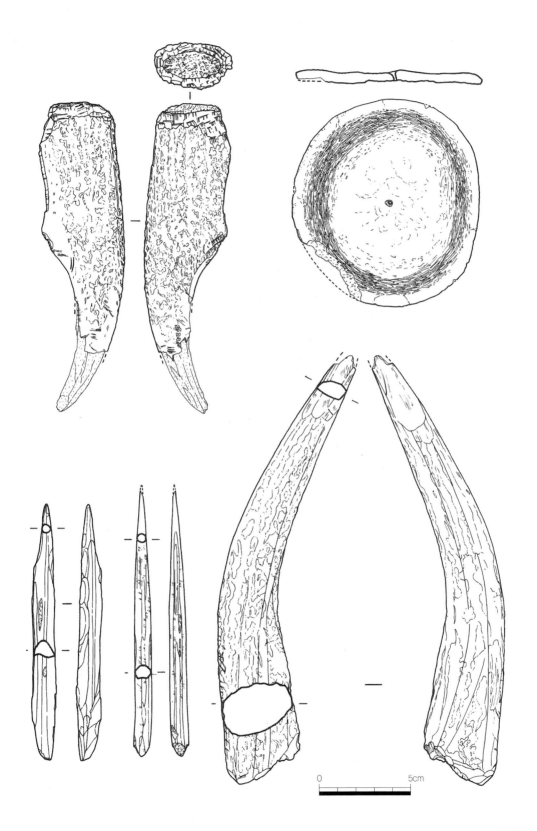

경상도 늑도패총(勒島貝塚)

1. 위치 : 경남 사천시 늑도동 28-4번지 일대

2. 조사 : (사)경남고고학연구소 (1999, 2000, 2001년)

3. 성격 : 패총, 주거지, 무덤

4. 시대 : 신석기시대, 초기철기시대

5. 유구 및 유물

   – 유구 : 패총, 주거지, 무덤, 토기소성유구, 鍛冶爐

   – 유물 : 신석기시대토기, 석기, 彌生系무문토기, 낙랑계토기, 관옥 등

6. 골각기 : 찌르개, 촉, 작살, 복골, 도자병 등

7. 문헌 : (사)경남고고학연구소, 2003, 『勒島貝塚』.

   (사)경남고고학연구소, 2006, 『勒島貝塚Ⅱ~Ⅴ』.

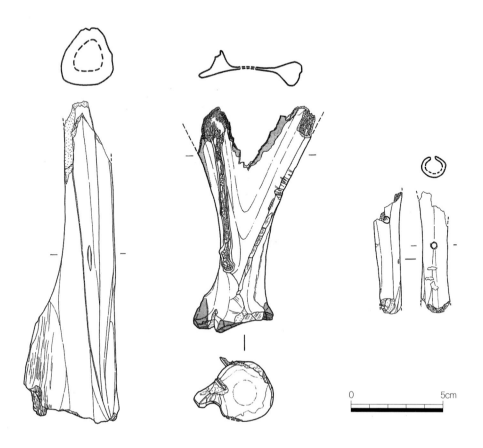

0   5cm

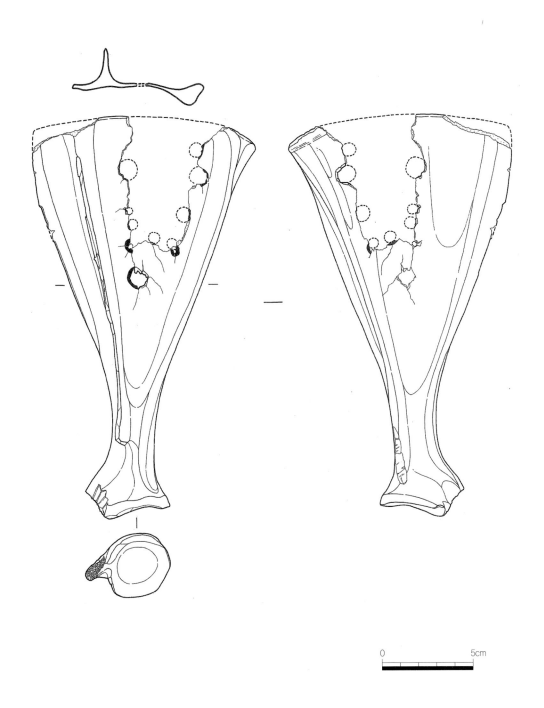

0　　　　　　　5cm

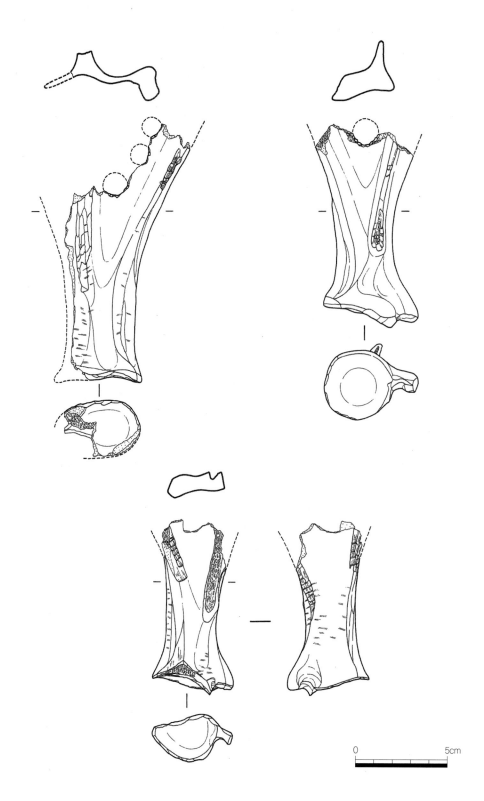

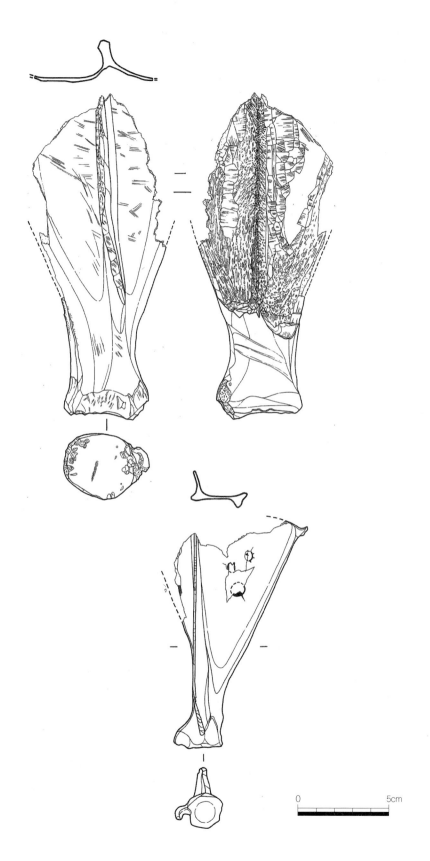

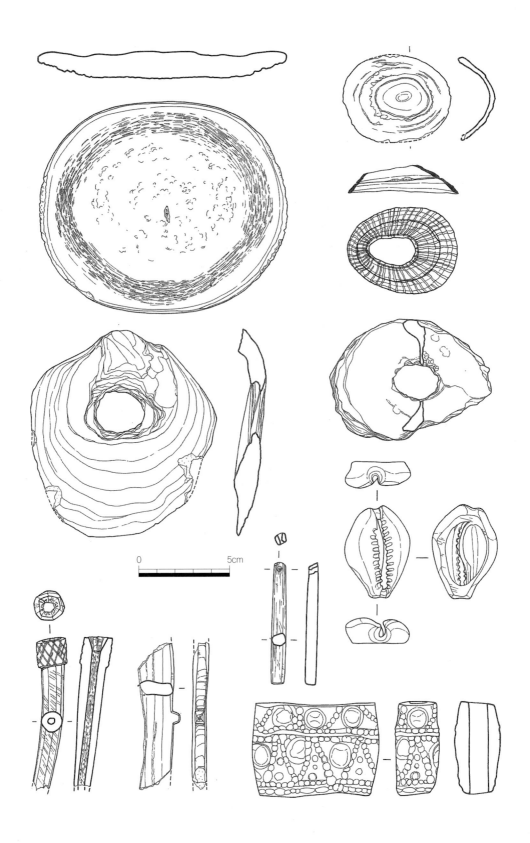

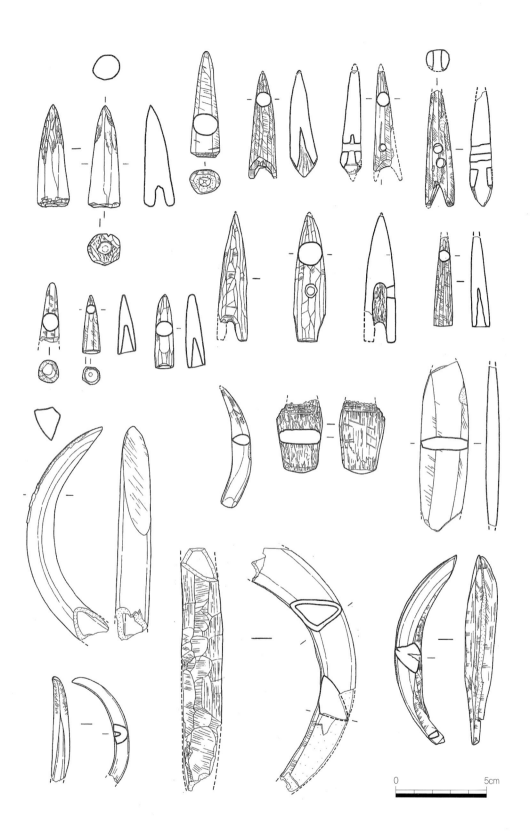

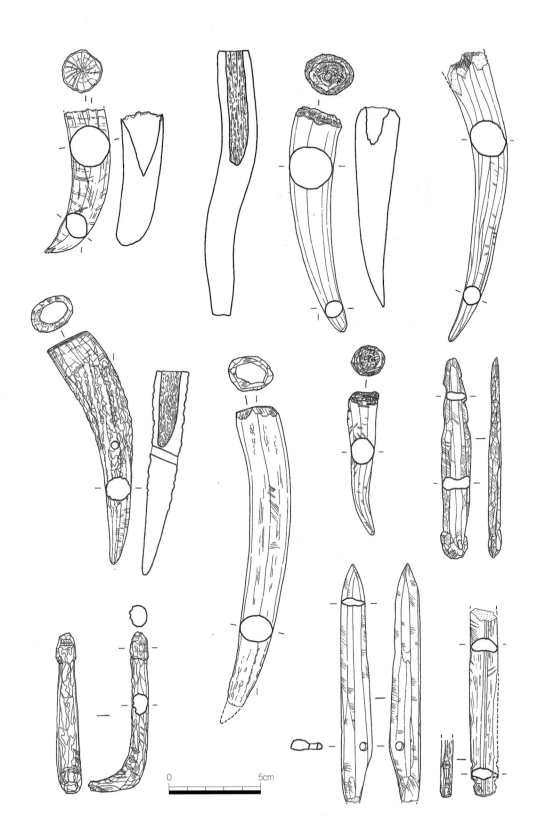

0   5cm

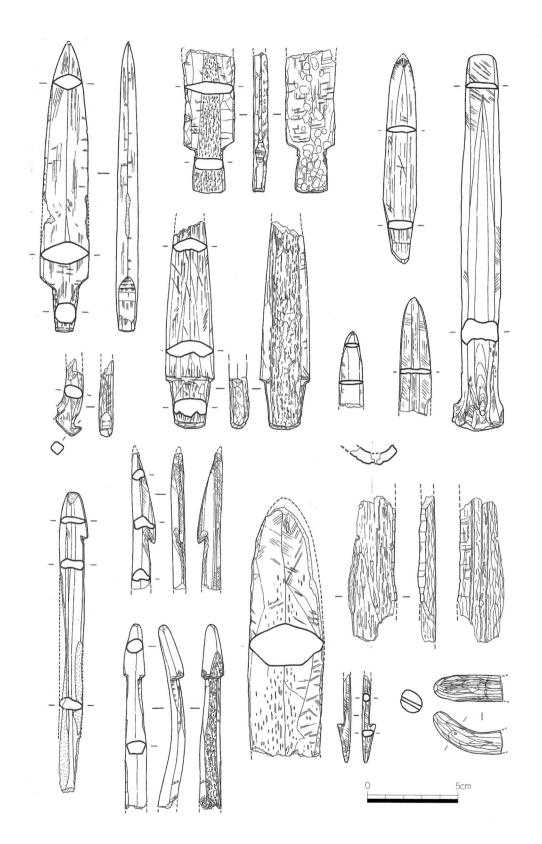

0   5cm

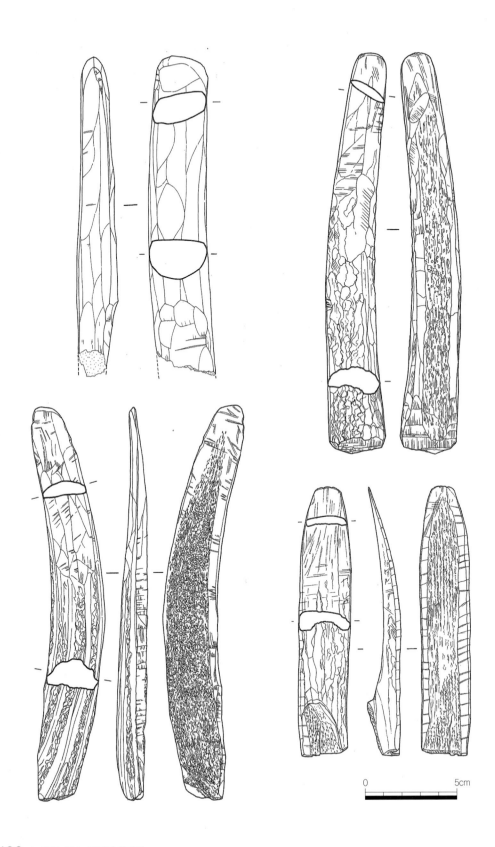

0   5cm

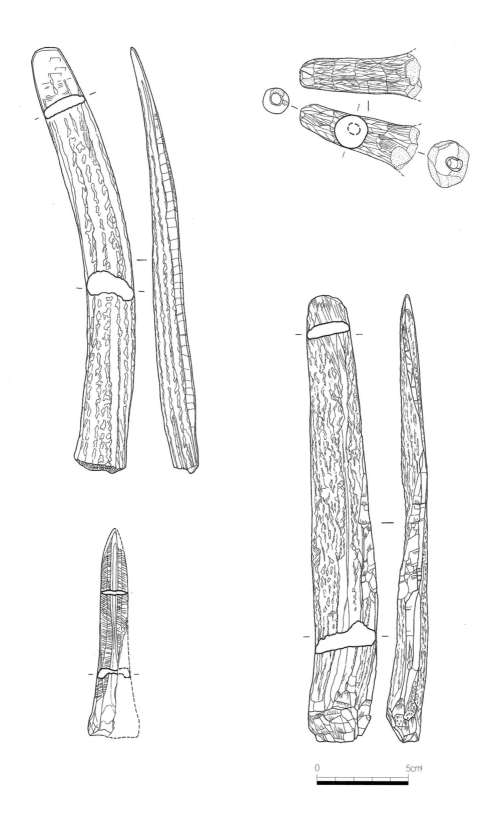

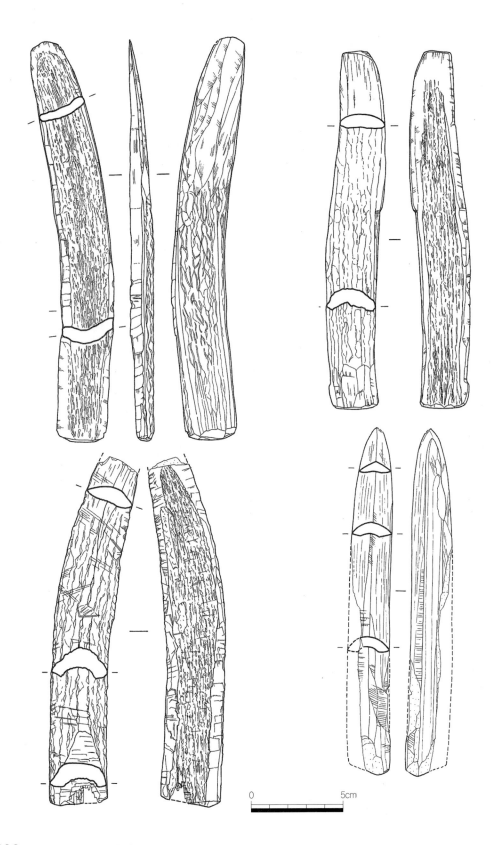

0   5cm

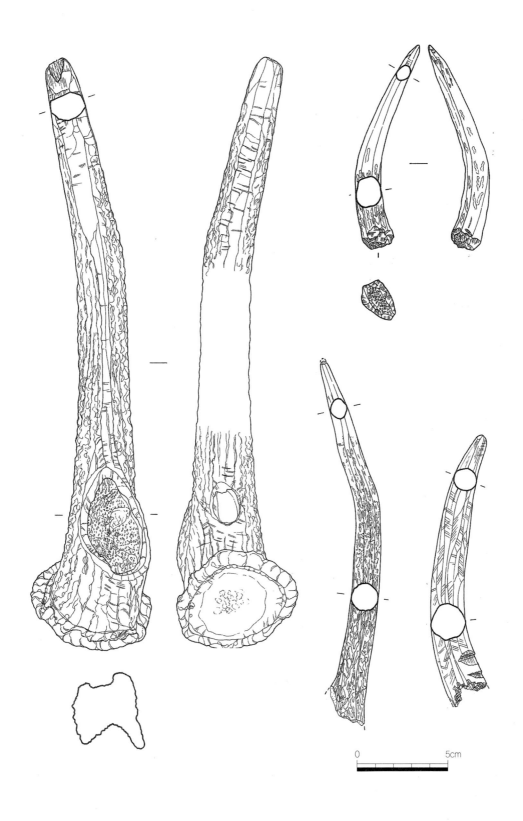

0   5cm

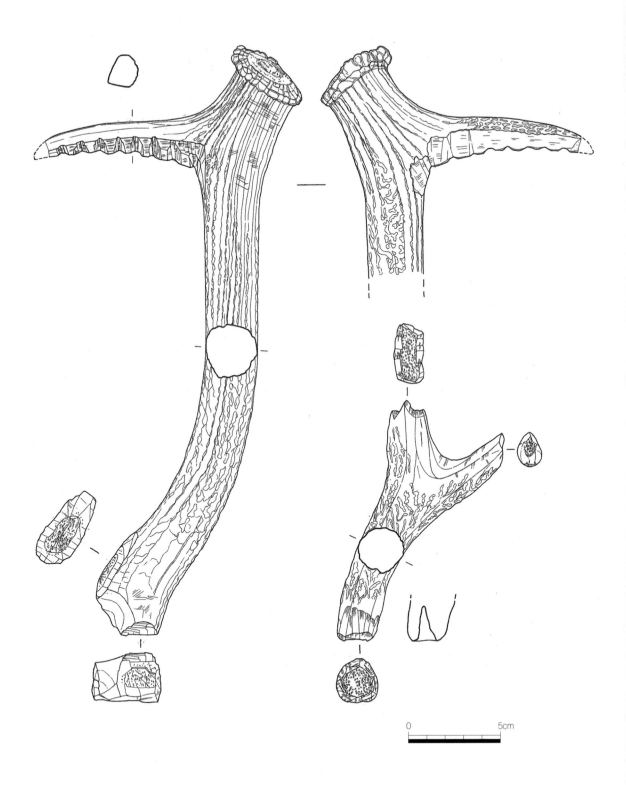

0   5cm

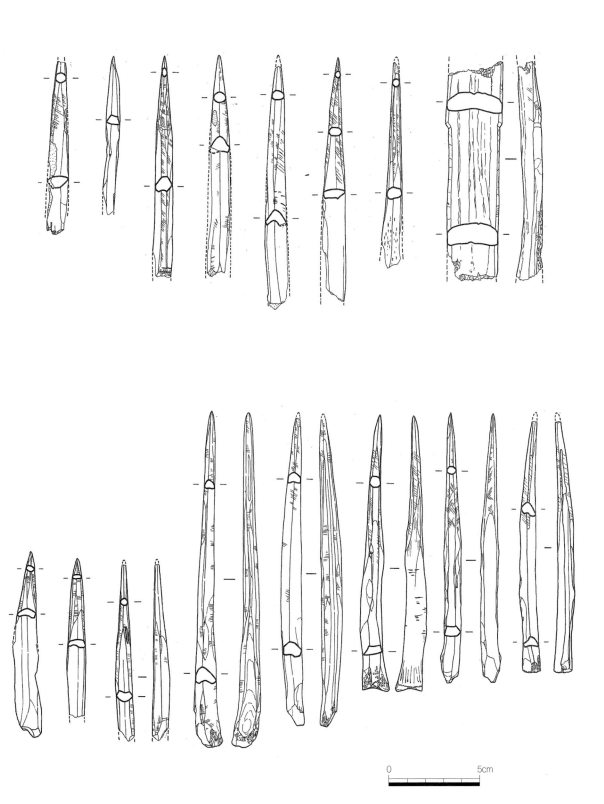

0   5cm

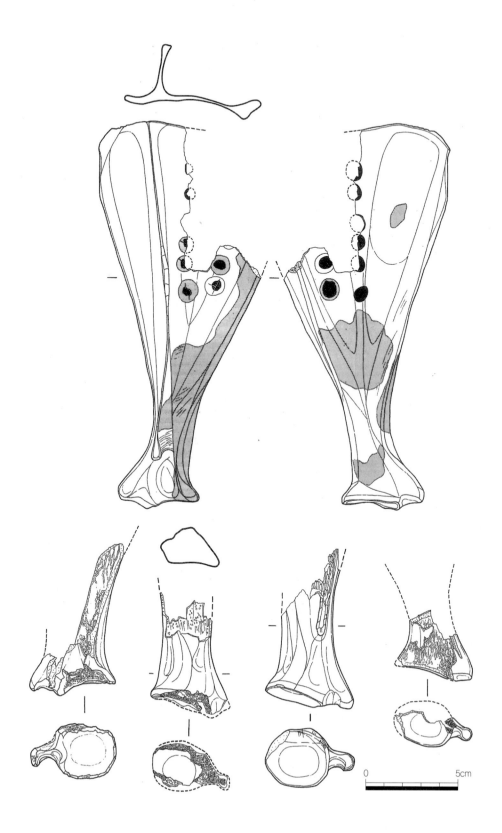

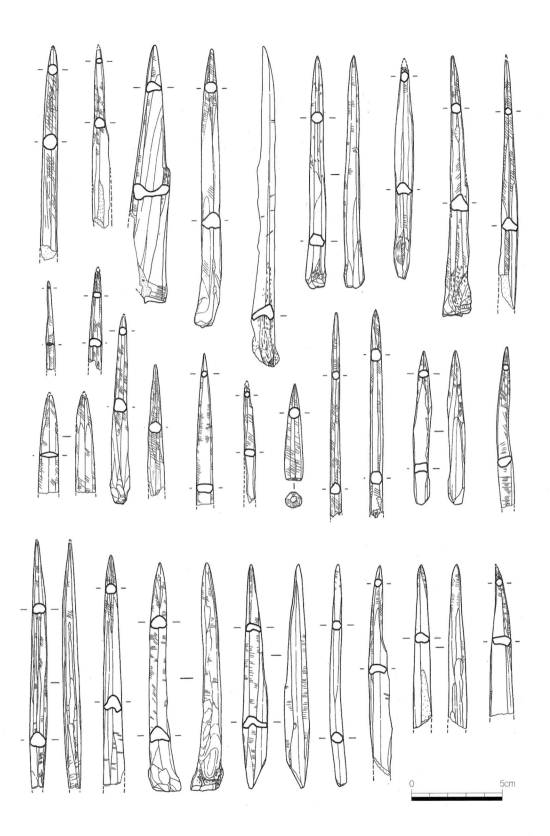

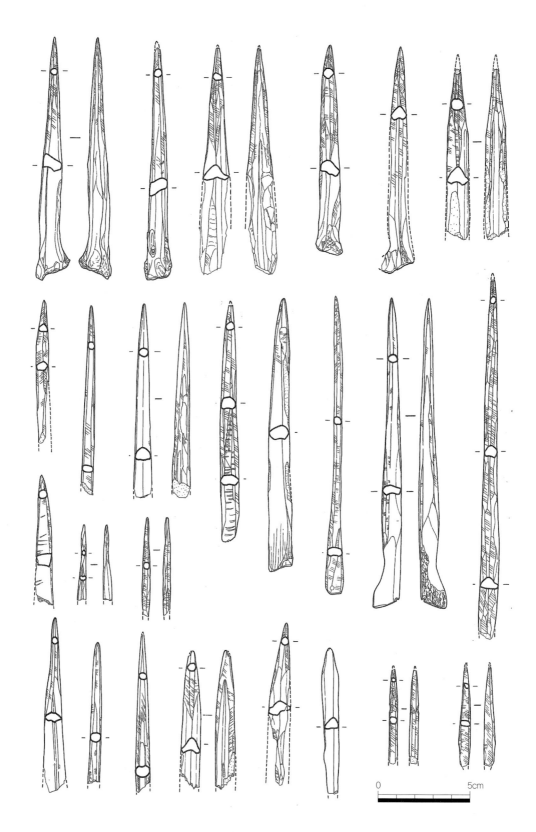

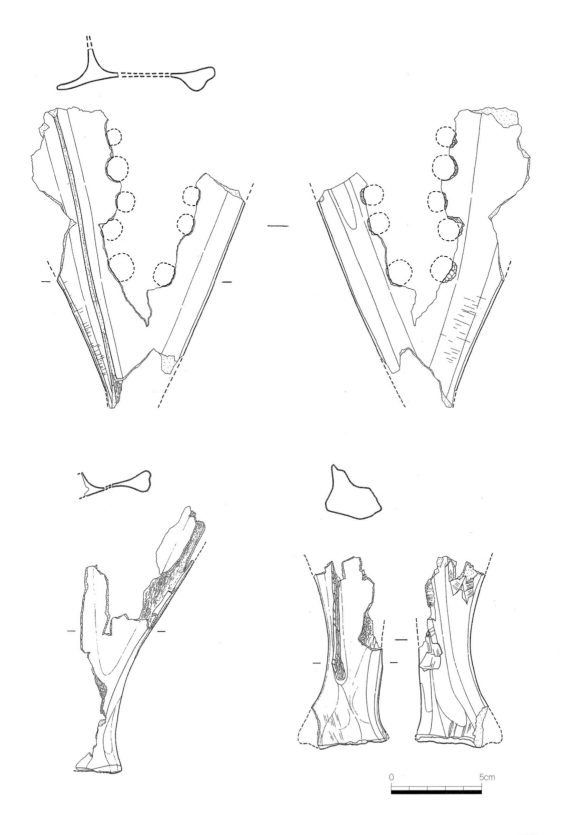

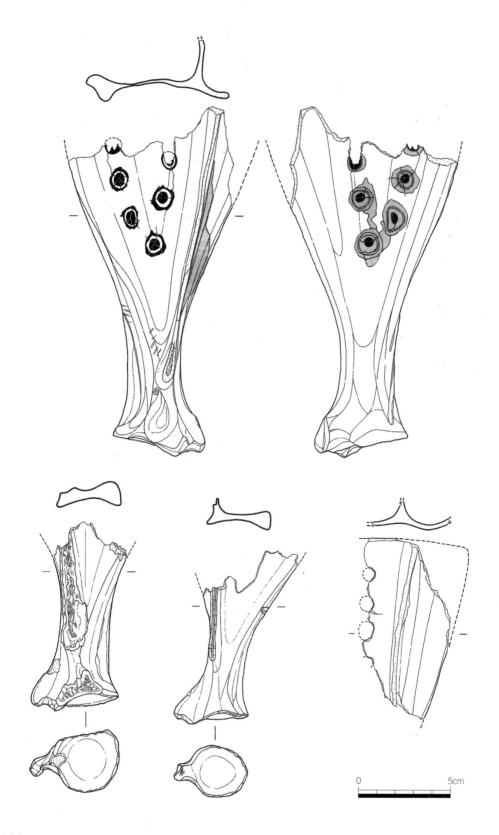

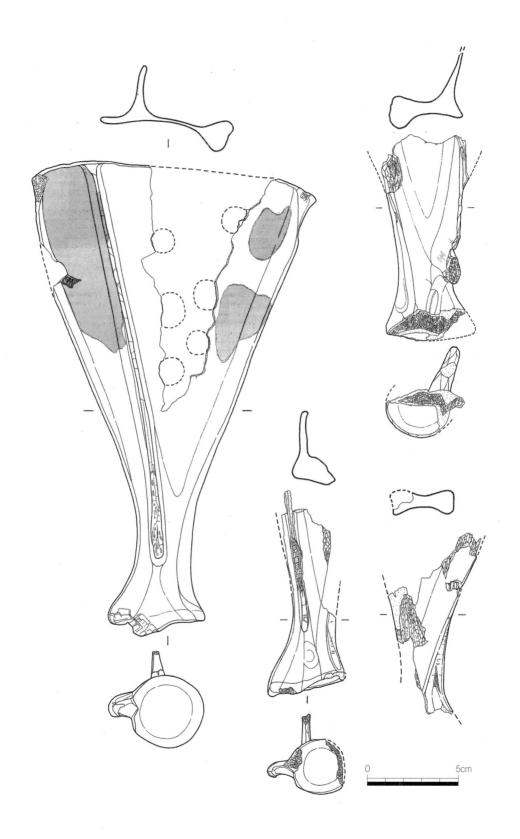

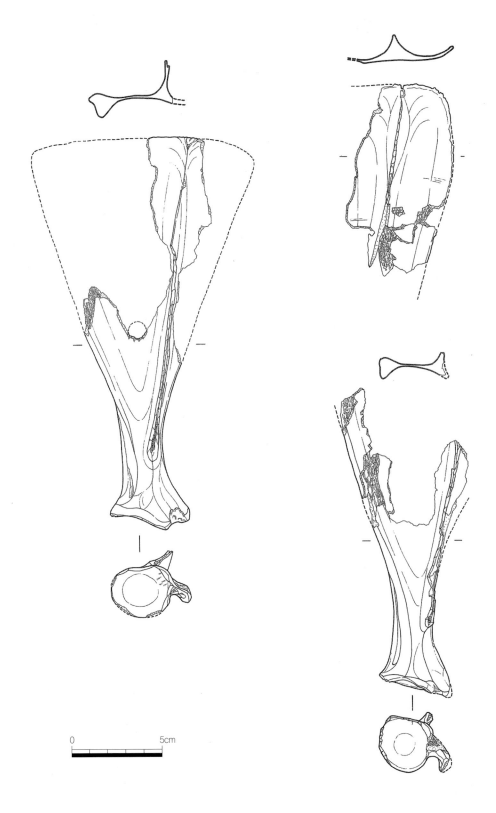

0   5cm

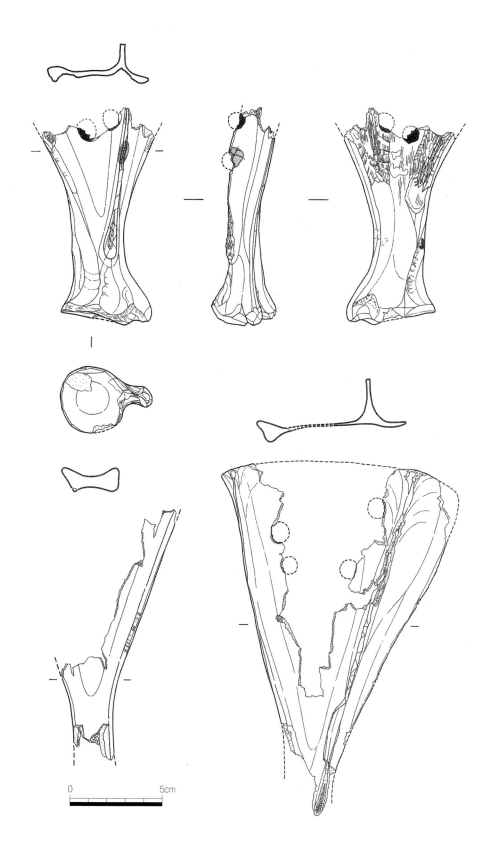

0 5cm

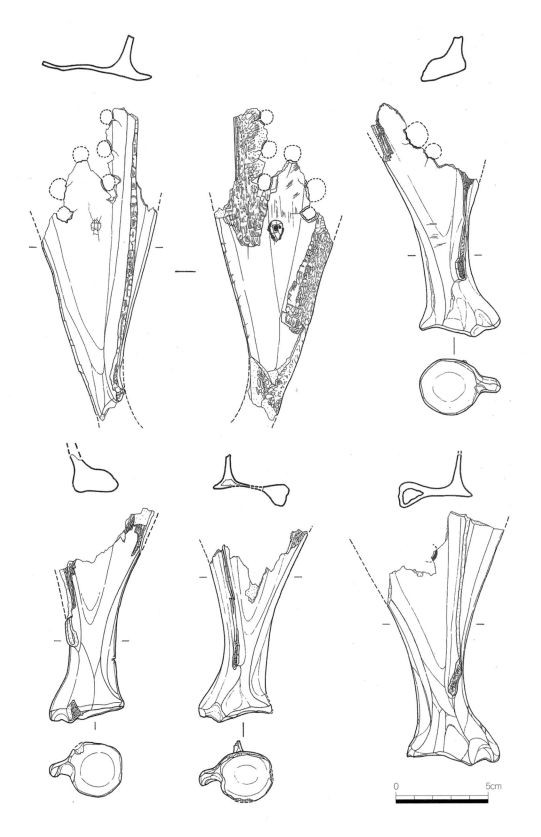

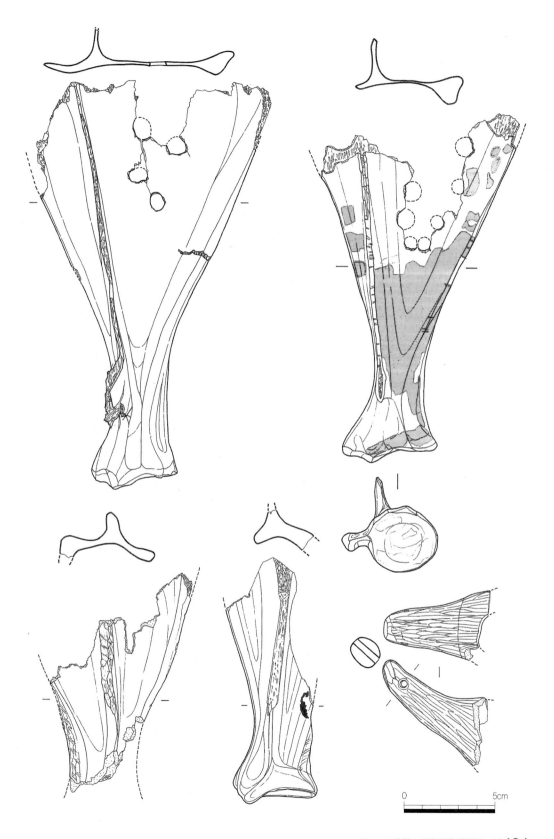

0 5cm

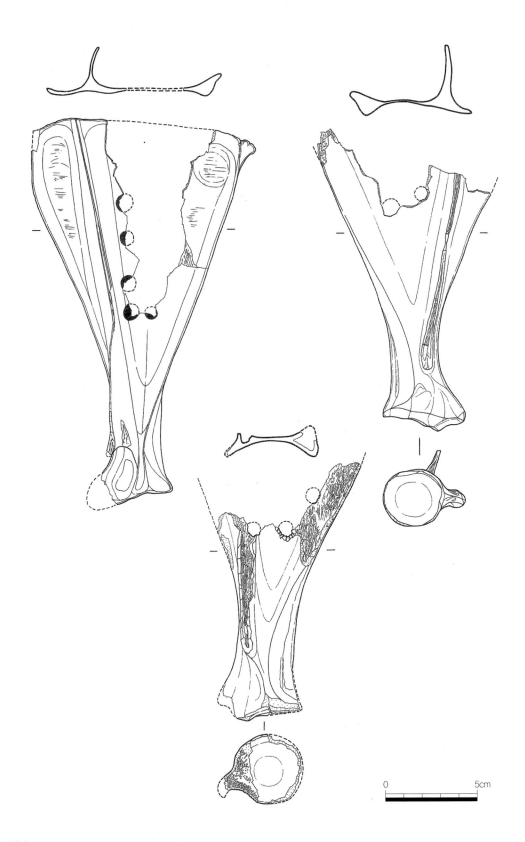

경상도 　늑도 패총과 분묘군(勒島貝塚과 墳墓群)

1. 위치 : 경남 사천시(삼천포) 늑도동 일대
2. 조사 : 부산대학교박물관 (1985, 1986년)
3. 성격 : 패총, 분묘
4. 시대 : 삼한시대
5. 유구 및 유물
   - 유구 : 패총, 분묘
   - 유물 : 늑도식토기, 彌生系토기, 석기, 옥제품, 철기, 토제품 등
6. 골각기 : 찌르개, 복골, 장신구 등
7. 문헌 : 부산대학교박물관, 2004, 『勒島貝塚과 墳墓群』.

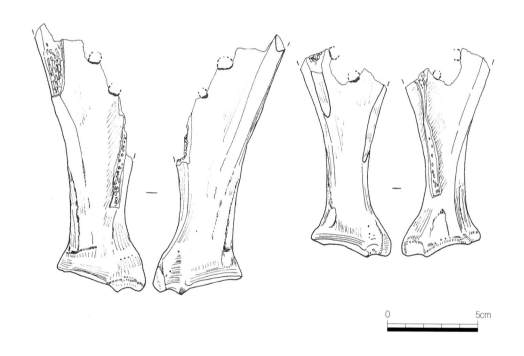

0　　　　　　5cm

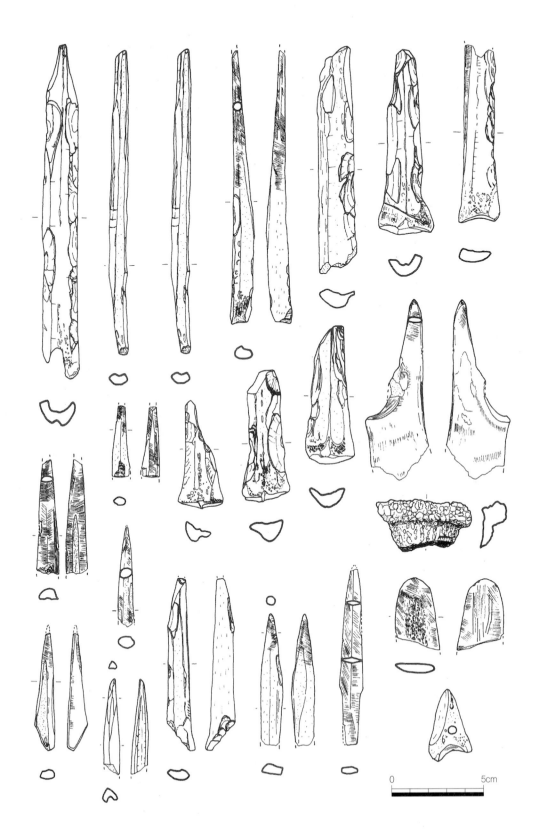

경상도 늑도패총 A지구 묘지(勒島貝塚 A地區 墓地)

1. 위치 : 경남 사천시 늑도동 28-4번지 일대

2. 조사 : (사)경남고고학연구소 (1999, 2000, 2001년)

3. 성격 : 패총, 주거지, 무덤

4. 시대 : 신석기시대, 초기철기시대

5. 유구 및 유물

  – 유구 : 패총, 주거지, 무덤, 토기소성유구, 鍛冶爐

  – 유물 : 신석기시대토기, 석기, 彌生系무문토기, 낙랑계토기, 관옥 등

6. 골각기 : 찌르개, 촉, 작살, 복골, 도자병 등

7. 문헌 : (사)경남고고학연구소, 2003, 『勒島貝塚』

     (사)경남고고학연구소, 2006, 『勒島貝塚Ⅱ~Ⅴ』.

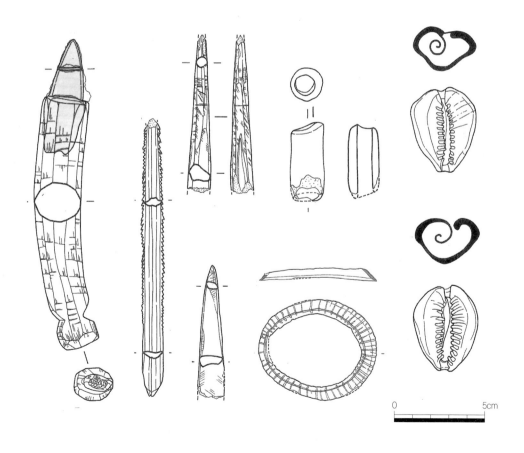

경상도 양산 다방리패총(梁山多芳里貝塚)

1. 위치 : 경남 양산군 양산읍 다방리 224번지

2. 조사 : 국립중앙박물관 (1967년)

3. 성격 : 패총

4. 시대 : 원삼국시대

5. 유구 및 유물

   – 유구 : 패총, 防禦壕

   – 유물 : 연질토기, 와질토기, 경질토기, 철기 등

6. 골각기 : 복골?, 도자병, 찌르개, 촉, 바늘, 각골 등

7. 문헌 : 국립중앙박물관, 1993, 『淸堂洞 –양산 다방리패총 발굴조사보고–』.

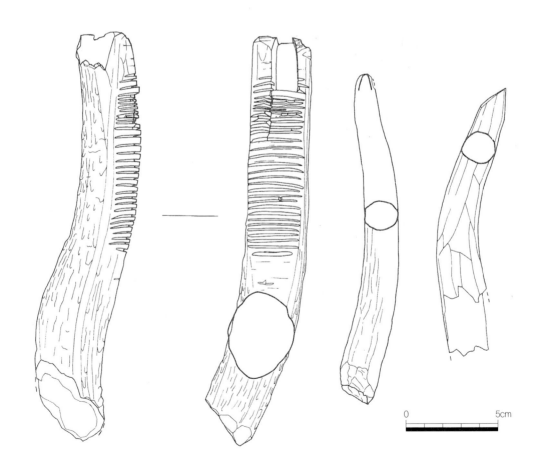

0   5cm

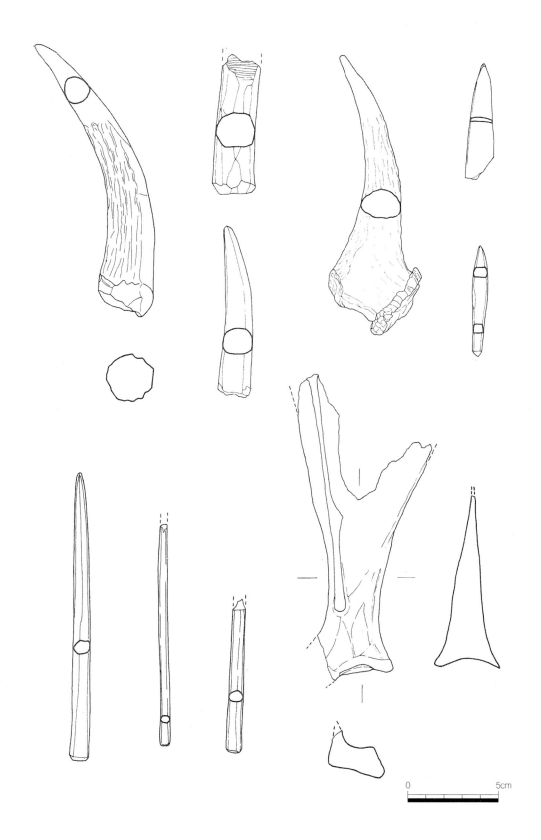

경상도   창원 가음정동패총(昌原 加音丁洞貝塚)

1. 위치 : 경남 창원시 가음정동 당산 677번지 일대

2. 조사 : 창원문화재연구소(1991년)

3. 성격 : 패총

4. 시대 : 원삼국시대

5. 유구 및 유물

   – 유구 : 패총

   – 유물 : 연질토기, 경질토기, 도질토기, 방추차, 철촉 등

6. 골각기 : 찌르개, 촉, 바늘, 뒤꽂이, 도자병 등

7. 문헌 : 창원문화재연구소, 1994, 『昌原加音丁洞遺蹟 – 창원 가음정동패총 발굴조사보고 –』.

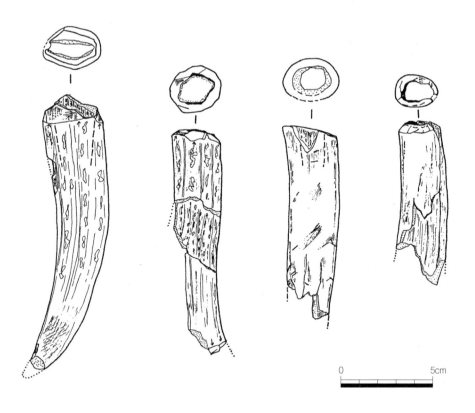

0   5cm

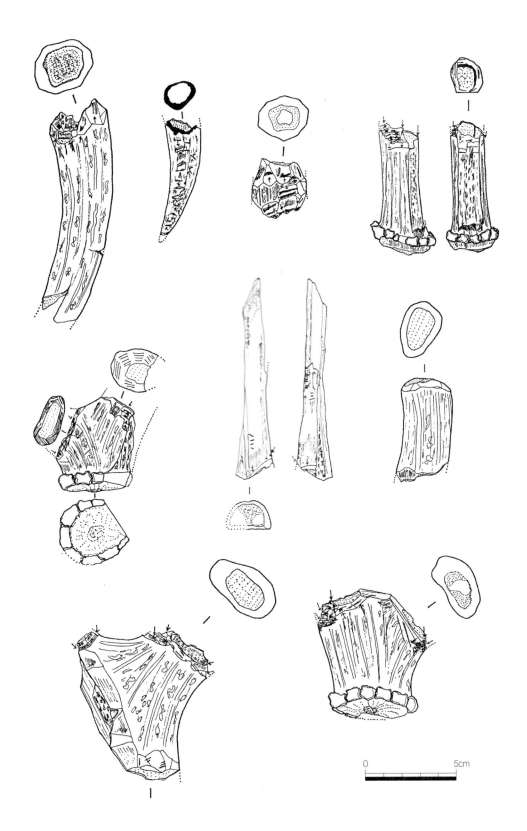

0   5cm

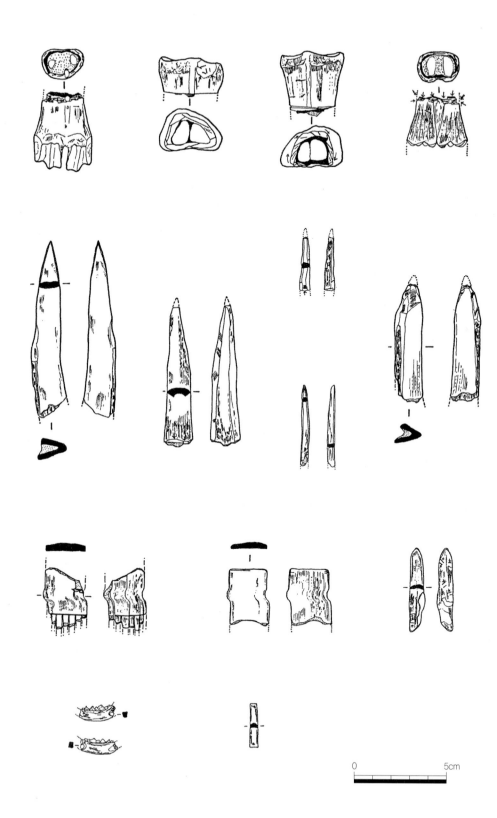

경상도　창원 신방리저습유적(昌原 新方里低濕遺蹟)

1. 위치 : 경남 창원시 동읍 신방리 868번지 일원

2. 조사 : (재)동아세아문화재연구원(2005–2006, 2007년)

3. 성격 : 생활유적(저습지)

4. 시대 : 삼국~통일신라시대

5. 유구 및 유물

　－ 유구 : 주거지, 공방지, 구, 대형목주열, 우물 등

　－ 유물 : 노형토기, 고배, 옹형토기, 목제품, 골각기 등

6. 골각기 : 촉, 찌르개, 각골, 도자병 등

7. 문헌 : 동아세아문화재연구원, 2009, 『昌原 新方里 低濕遺蹟』.

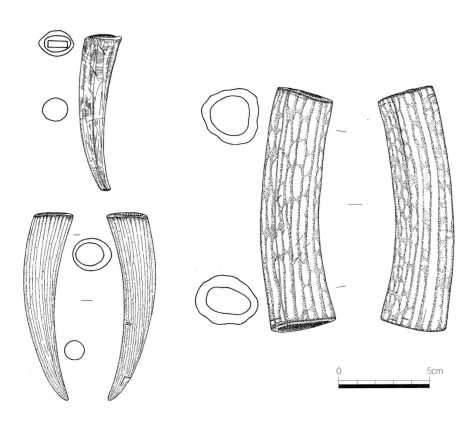

0　　　　　　　5cm

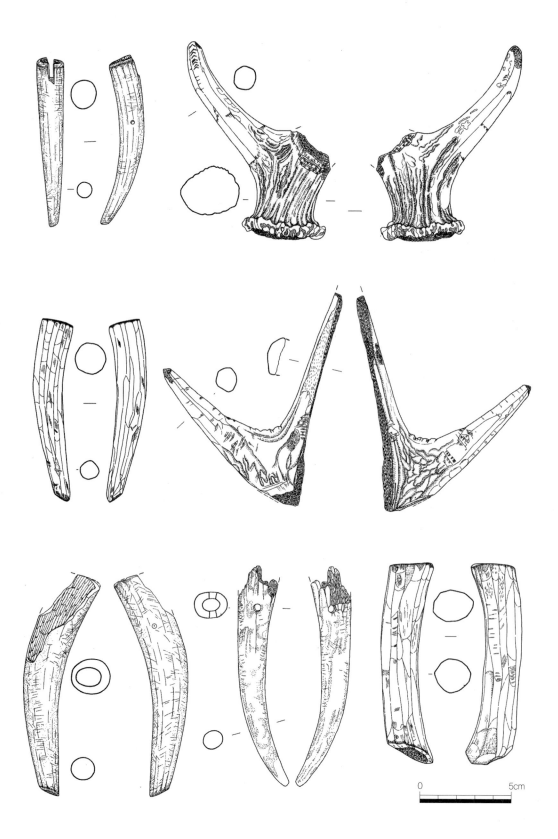

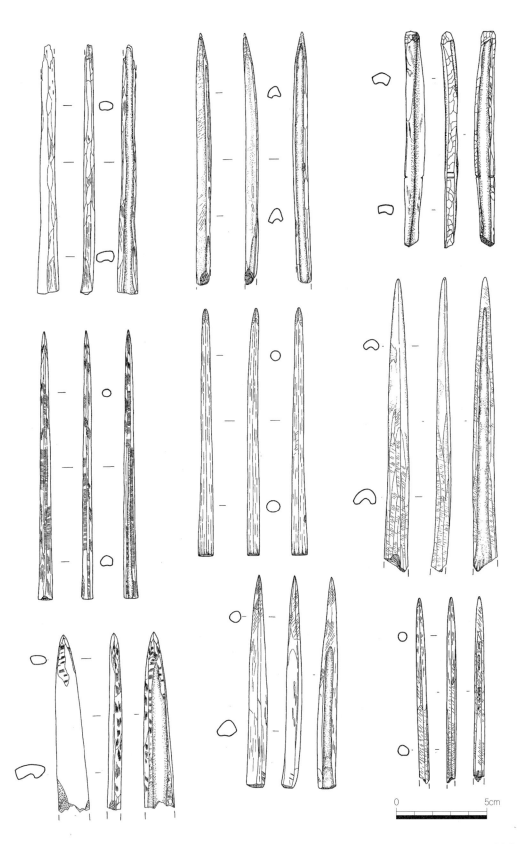

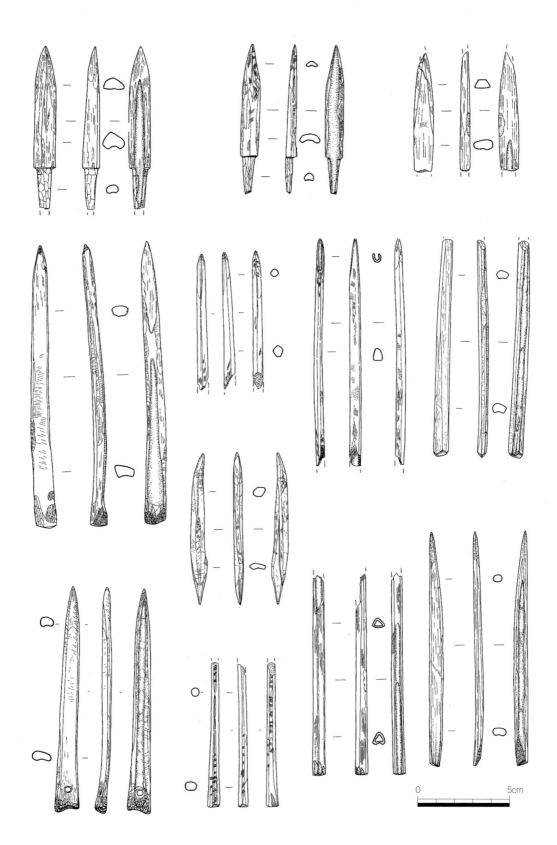

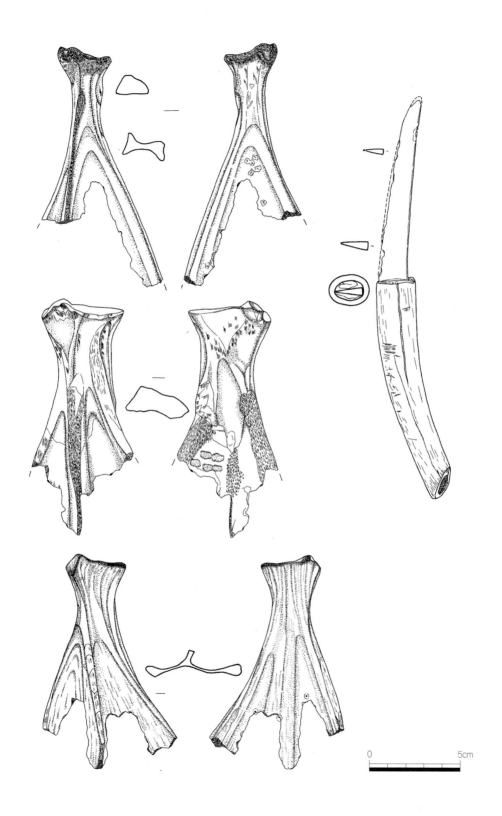

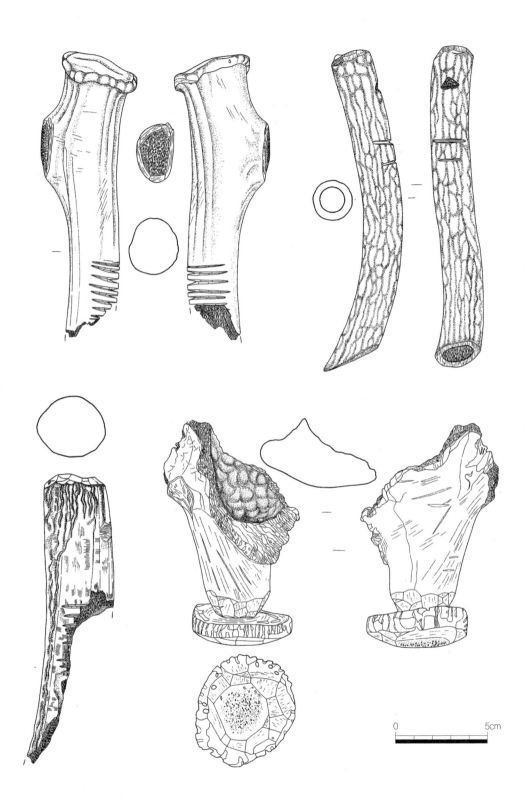

전라도 군산 여방리 남전A유적(群山 余方里 藍田A遺蹟)

1. 위치 : 전북 군산시 성산면 여방리 남전마을 일원

2. 조사 : 전북대학교박물관(1994~5년)

3. 성격 : 주거지, 패총

4. 시대 : 원삼국~삼국시대

5. 유구 및 유물

　－ 유구 : 주거지, 패총

　－ 유물 : 타날문토기, 기대, 개배, 홈돌, 토제품, 철기류 등

6. 골각기 : 소 중수골(해체흔) 등

7. 문헌 : 윤덕향 외, 1998, 「여방리남전A유적」, 『西海岸高速道路建設區間(舒川－群山間)文化遺蹟發掘調査報告書』, 전북대학교박물관.

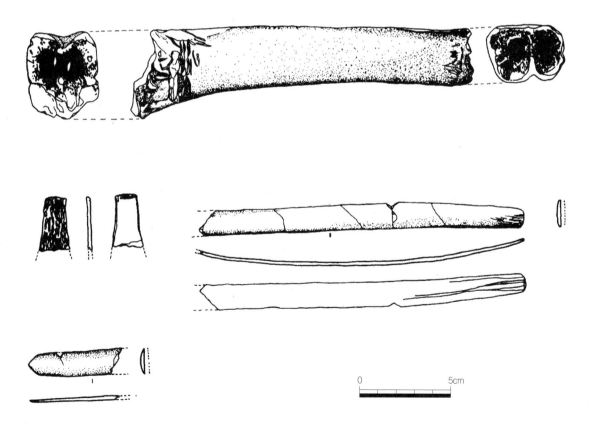

전라도 군산 여방리 남전패총(群山 余方里 藍田貝塚)

1. 위치 : 전북 군산시 성산면 여방리 남전마을 일원

2. 조사 : 국립전주박물관(1995년)

3. 성격 : 패총

4. 시대 : 원삼국~삼국시대

5. 유구 및 유물

   – 유구 : 패총

   – 유물 : 무문토기, 경질무문토기, 타날문토기, 토제품, 철기류 등

6. 골각기 : 도자병, 복골, 골촉, 장신구 등

7. 문헌 : 윤태영 외, 2013, 『군산 여방리 남전패총』, 국립전주박물관.

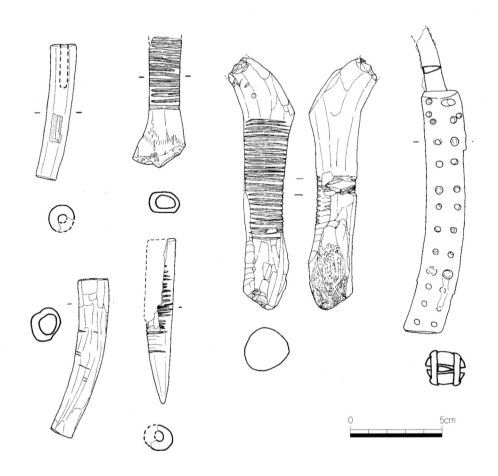

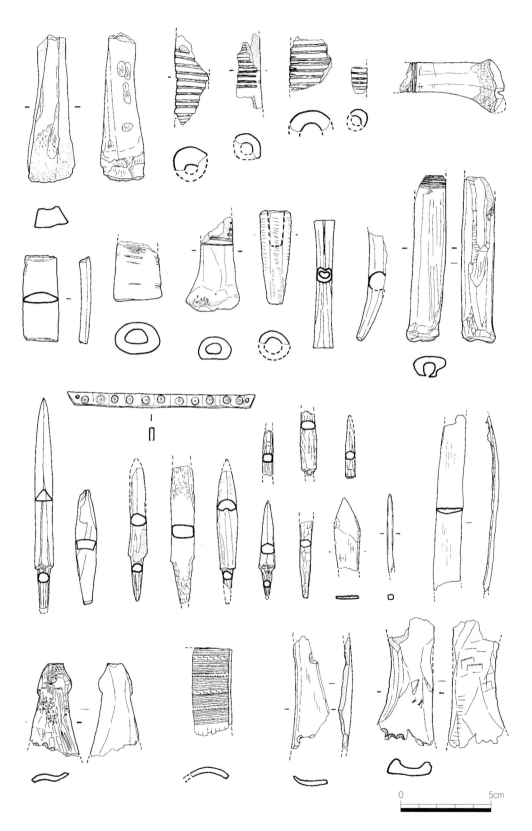

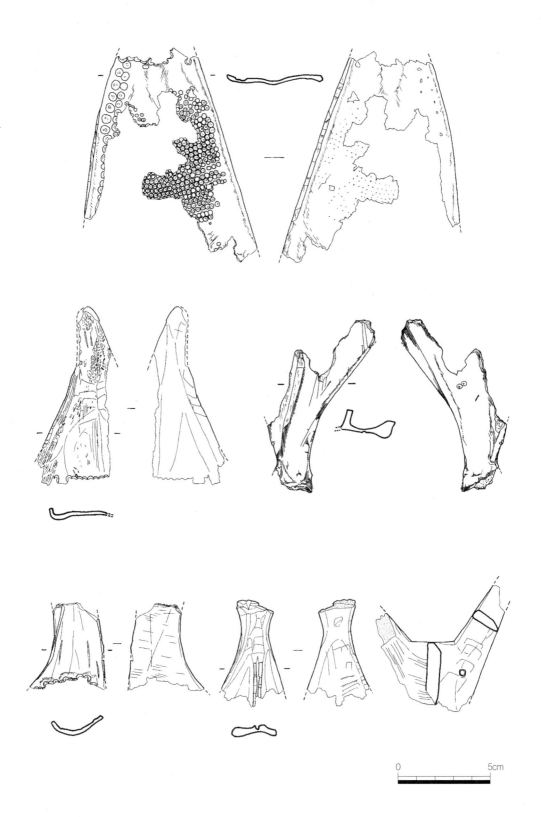

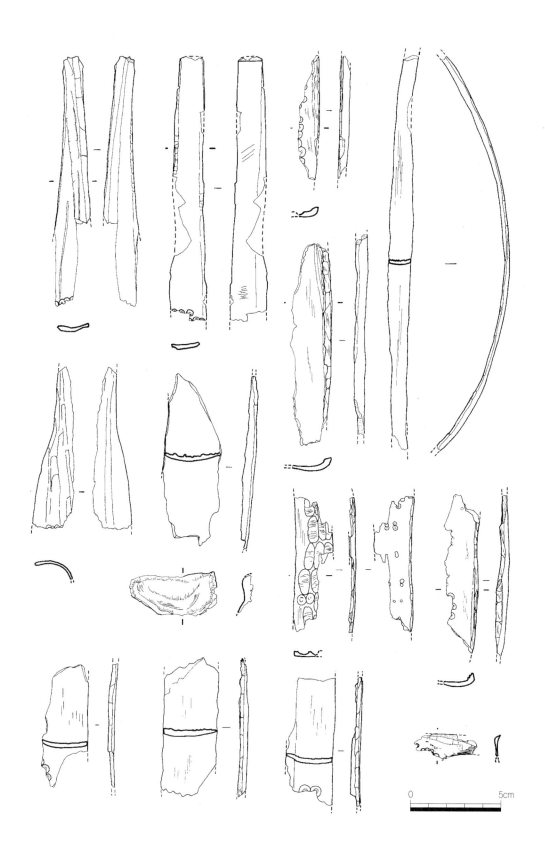

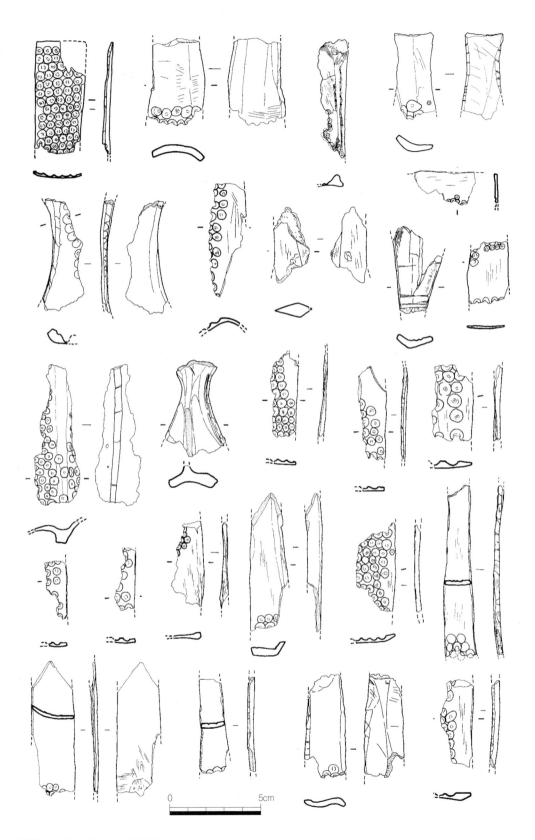

0   5cm

전라도 나주 장동리 수문패총(羅州 長洞里 水門貝塚)

1. 위치 : 전남 나주시 동강면 장동리 20-5번지

2. 조사 : 국립광주박물관(2008년)

3. 성격 : 패총

4. 시대 : 초기철기~삼국시대

5. 유구 및 유물

 - 유구 : 초기철기시대 폐기장, 원삼국시대 패총, 삼국시대 수혈 등

 - 유물 : 점토대토기, 고배, 타날문토기, 유리구슬, 회청색경질토기, 옹관 등

6. 골각기 : 도자병, 복골, 골촉, 골침, 골환 등

7. 문헌 : 국립광주박물관, 2010, 『나주 장동리 수문패총』

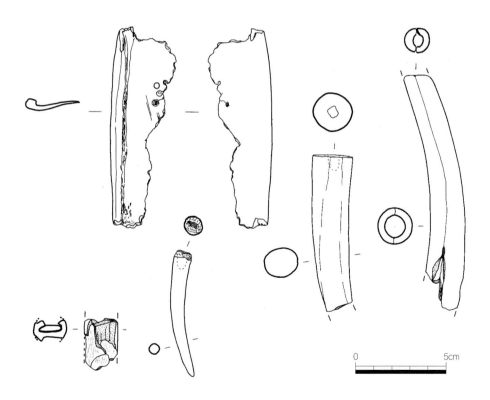

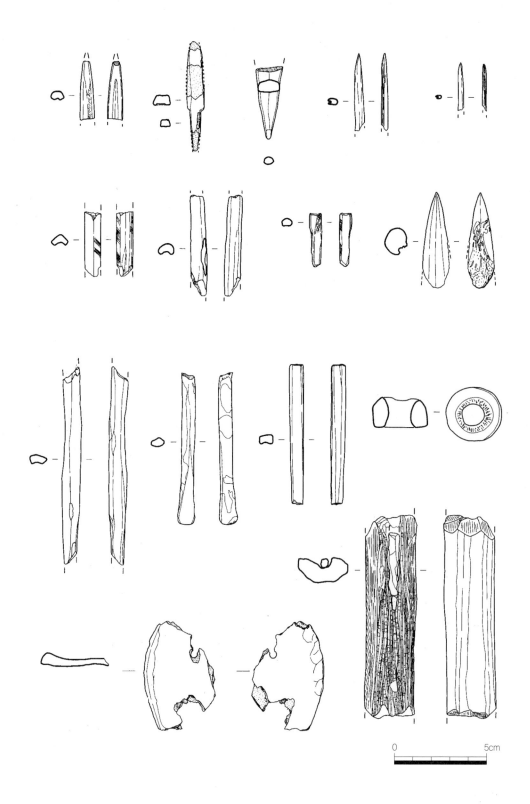

전라도 보성 조성리유적(寶城 鳥城里遺蹟)

1. 위치 : 전남 보성군 조성면 조성리 708-1 일원

2. 조사 : 순천대학교박물관(1986, 1987, 1988년)

3. 성격 : 패총

4. 시대 : 원삼국시대

5. 유구 및 유물

   - 유구 : 원삼국~삼국시대 주거지, 수혈, 패총, 환호 등

   - 유물 : 경질무문토기, 적갈색타날문토기, 회청색경질토기 등

6. 골각기 : 골촉 3점

7. 문헌 : 최인선 외, 2003, 『보성 조성리유적』, 순천대학교박물관.

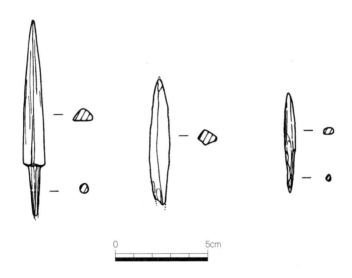

0   5cm

전라도   순천 좌야유적(順川 佐也遺蹟)

1. 위치 : 전남 순천시 해룡면 신대리 좌야마을 일원
2. 조사 : 전남문화재연구원(2008~2009년)
3. 성격 : 주거지 및 환호
4. 시대 : 철기시대
5. 유구 및 유물
   – 유구 : 철기시대 환호, 주거지, 수혈, 토광묘
   – 유물 : 경질무문토기, 소형토기, 방추차, 골각기 등
6. 골각기 : 도자병, 복골, 골촉, 등
7. 문헌 : 정일 외, 2011,『순천 좌야 · 송산유적』, 전남문화재연구원.

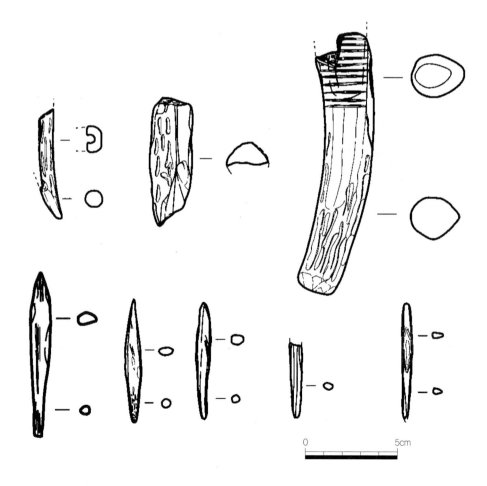

0   5cm

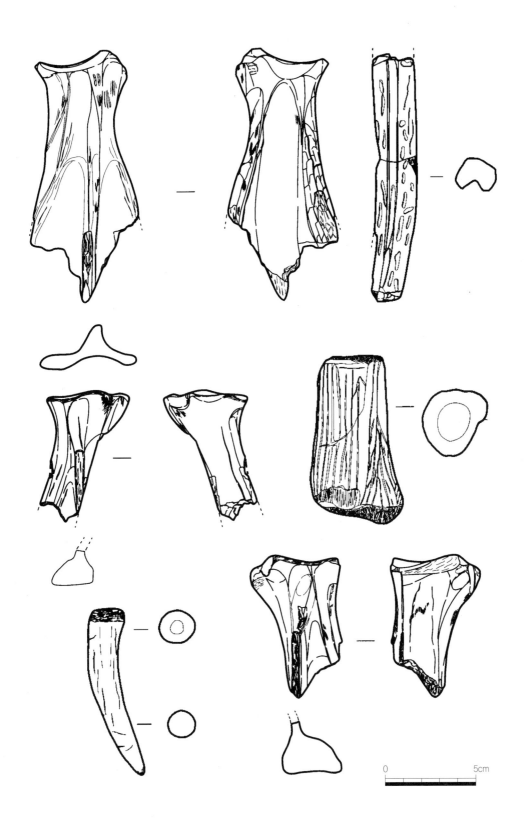

전라도 해남 군곡리패총(海南 郡谷里貝塚)

1. 위치 : 전남 해남군 송지면 군곡리 말매등 일원

2. 조사 : 목포대학교 박물관(1986, 1987, 1988년)

3. 성격 : 패총

4. 시대 : 원삼국시대

5. 유구 및 유물

　- 유물 : 무문토기, 경질무문토기, 타날문토기, 토제품, 골각기, 철기류, 화천, 복골 등

　- 유구 : 원삼국시대 주거지, 토기요지 등

6. 골각기 : 복골, 도자병, 머리장식, 쐐기, 골촉, 굴봉 등

7. 문헌 : 최성락, 1987, 『해남 군곡리패총Ⅰ』, 목포대학교박물관.

　　　　최성락, 1988, 『해남 군곡리패총Ⅱ』, 목포대학교박물관.

　　　　최성락, 1989, 『해남 군곡리패총Ⅲ』, 목포대학교박물관.

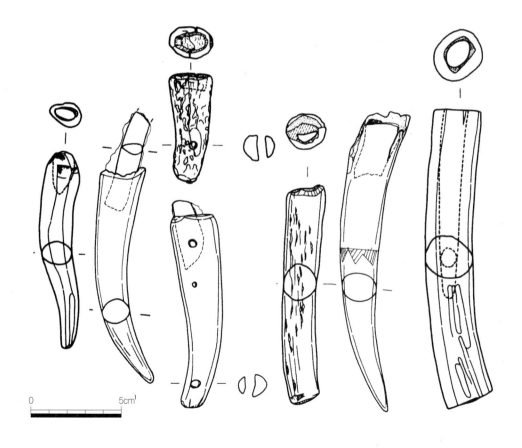

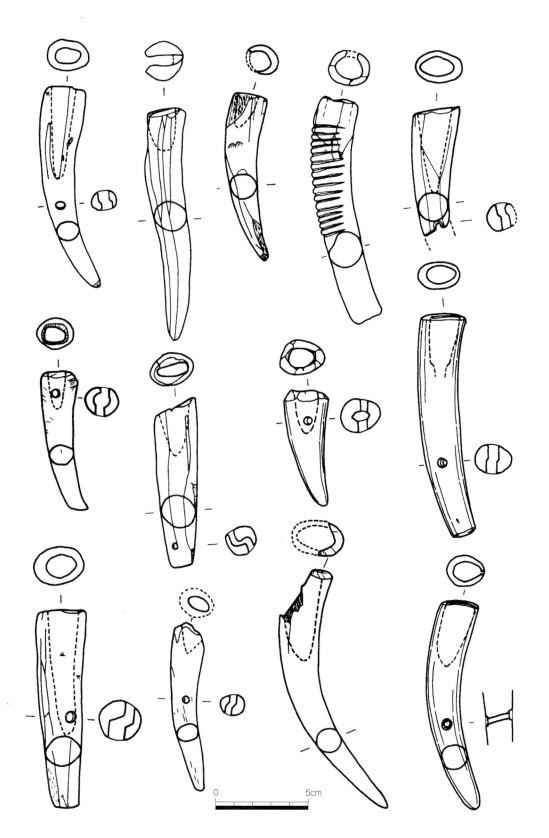

0   5cm

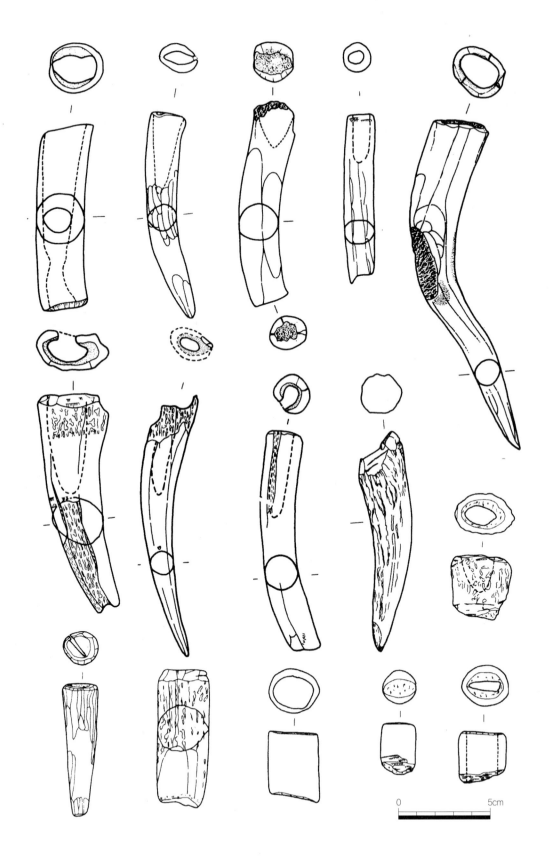

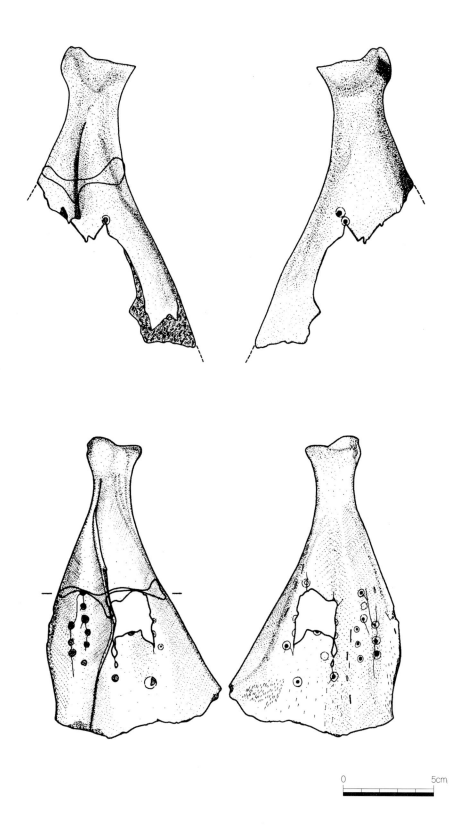

0   5cm

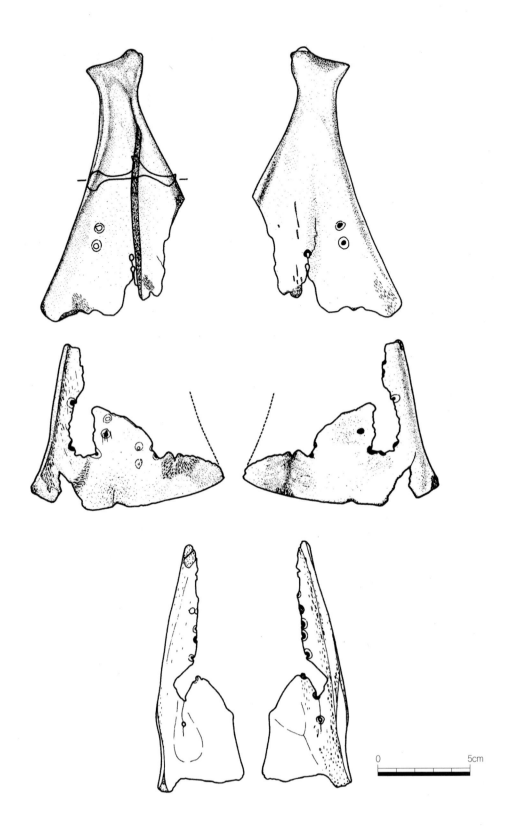

0   5cm

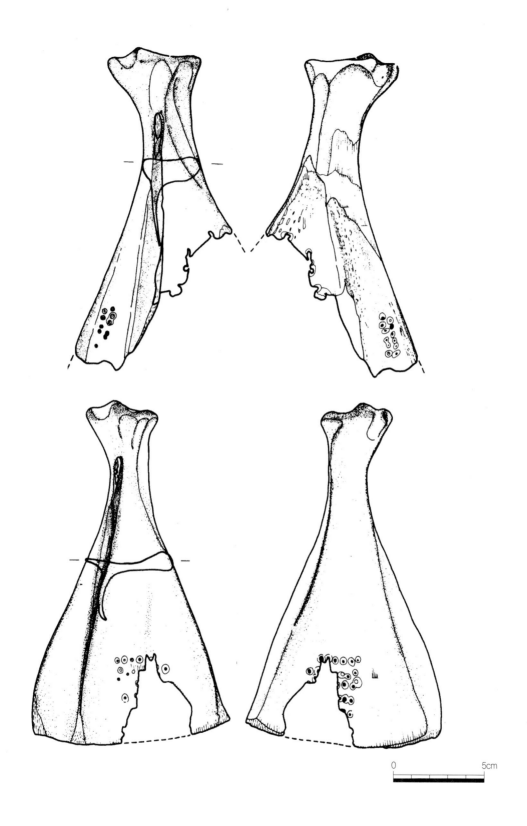

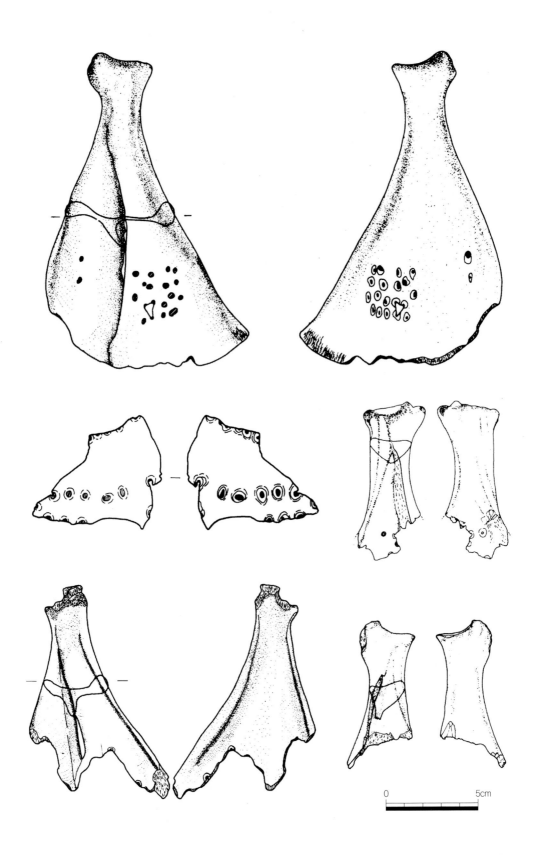

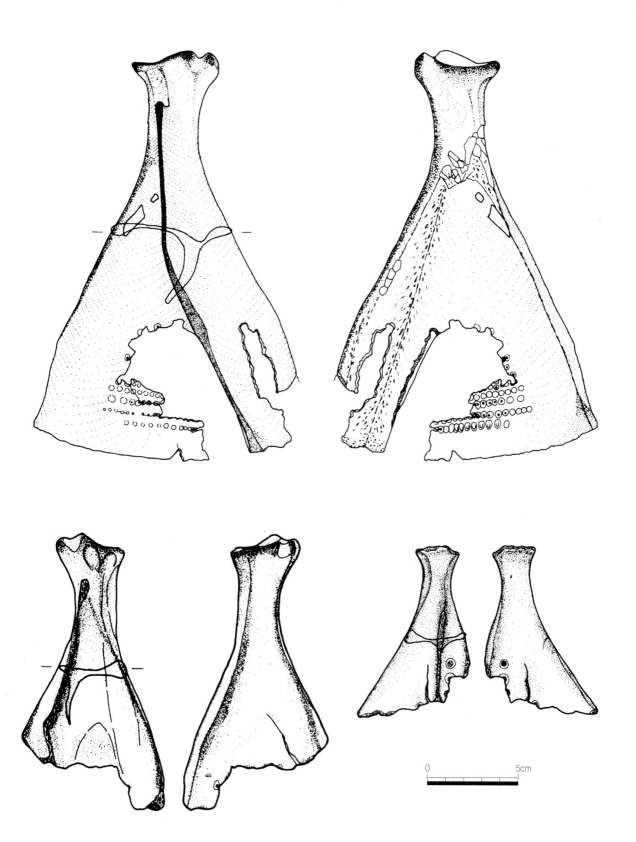

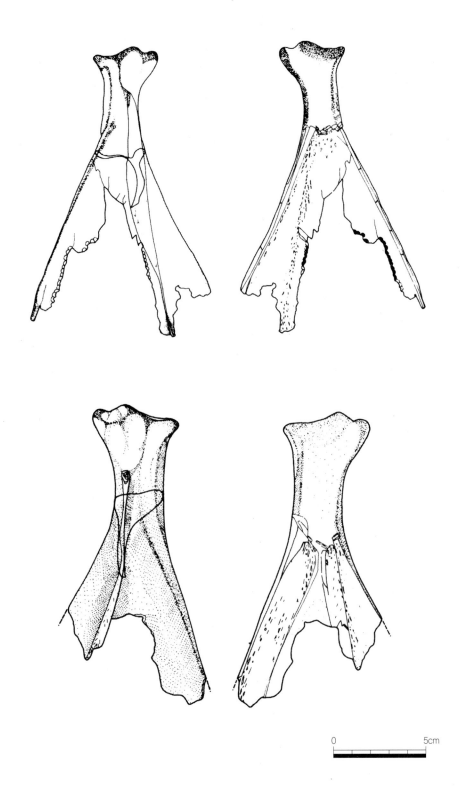

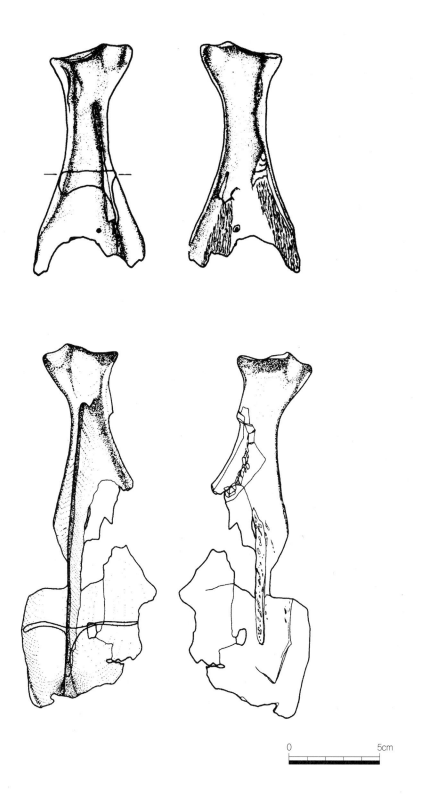

0   5cm

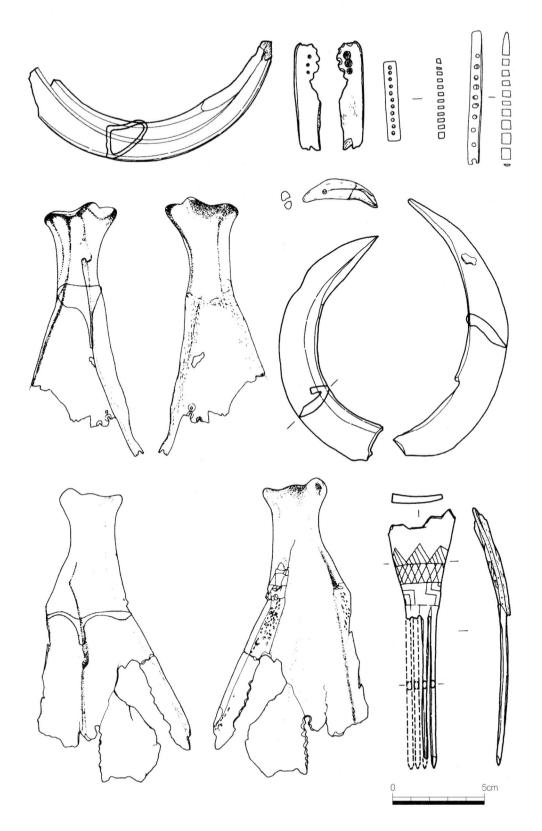

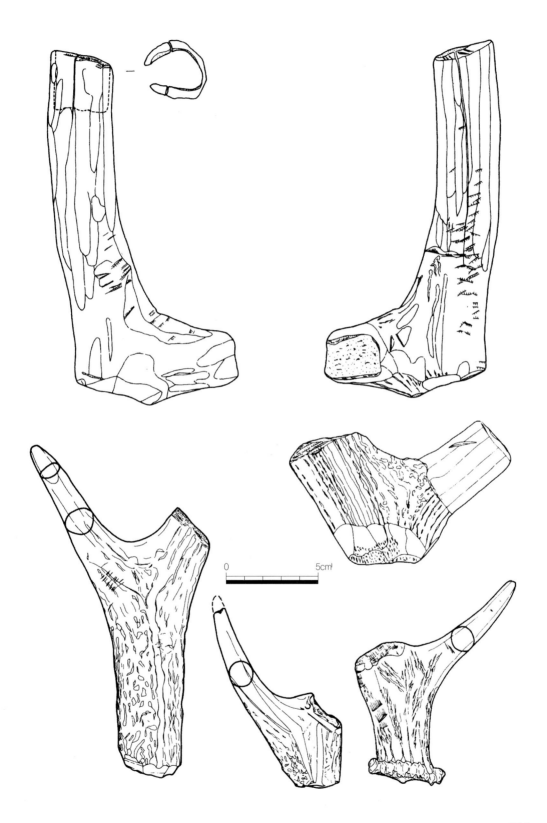

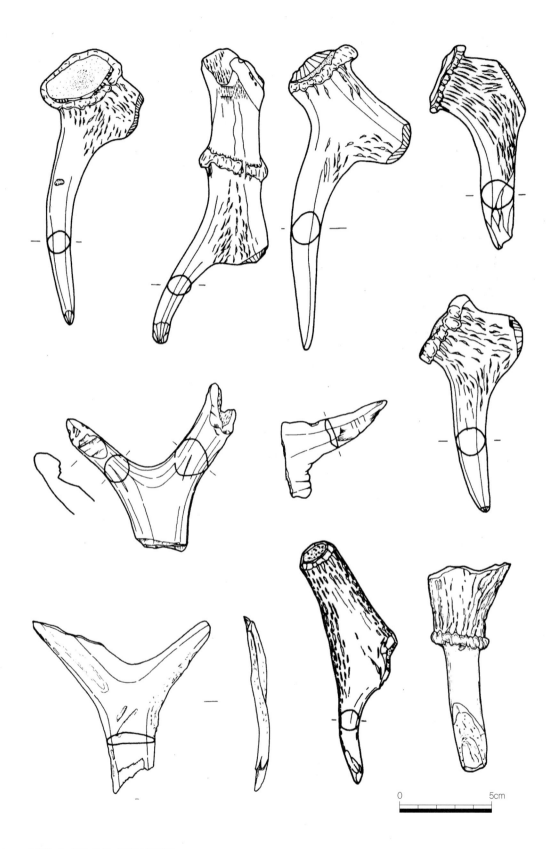

0   5cm

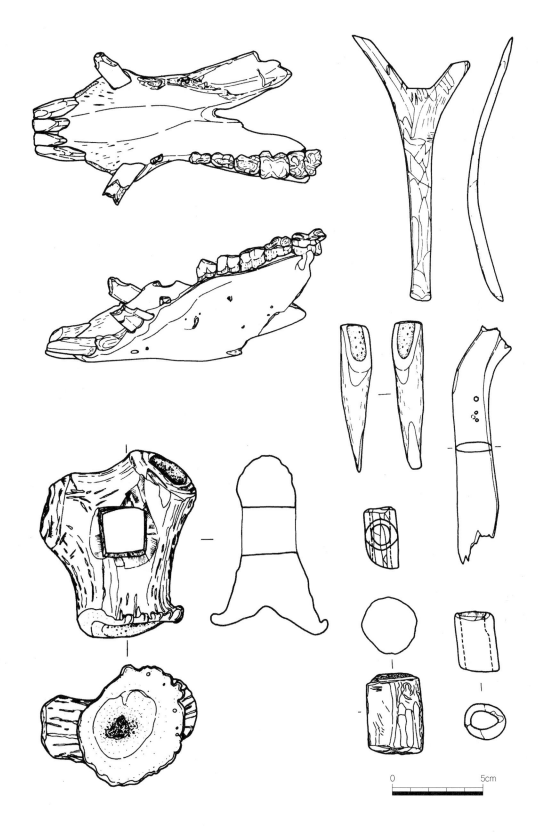

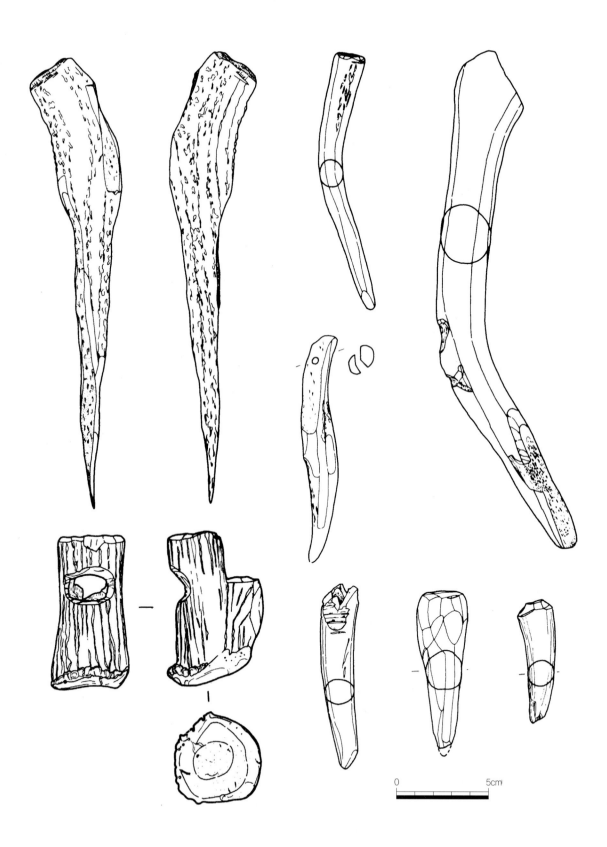

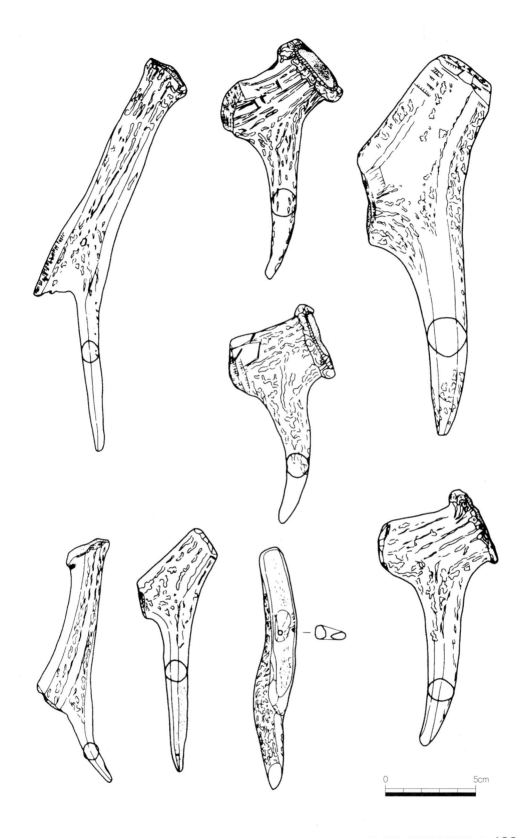

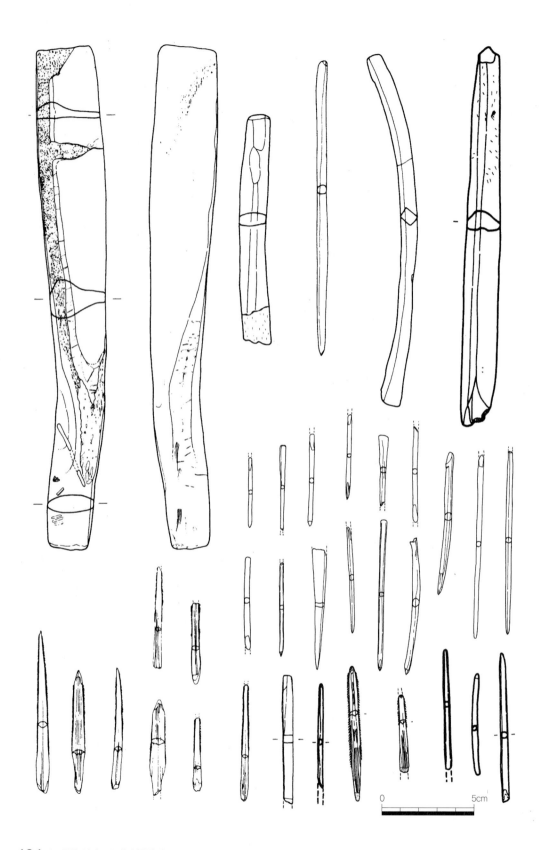

0   5cm

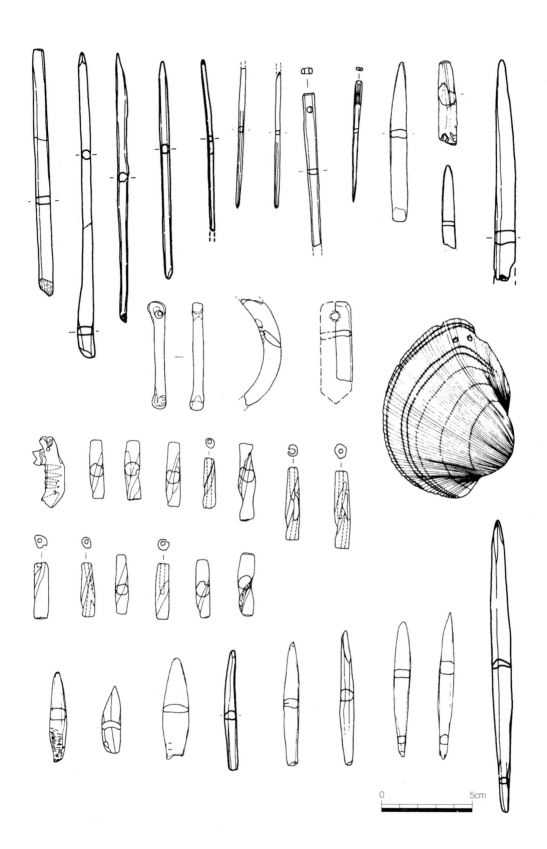

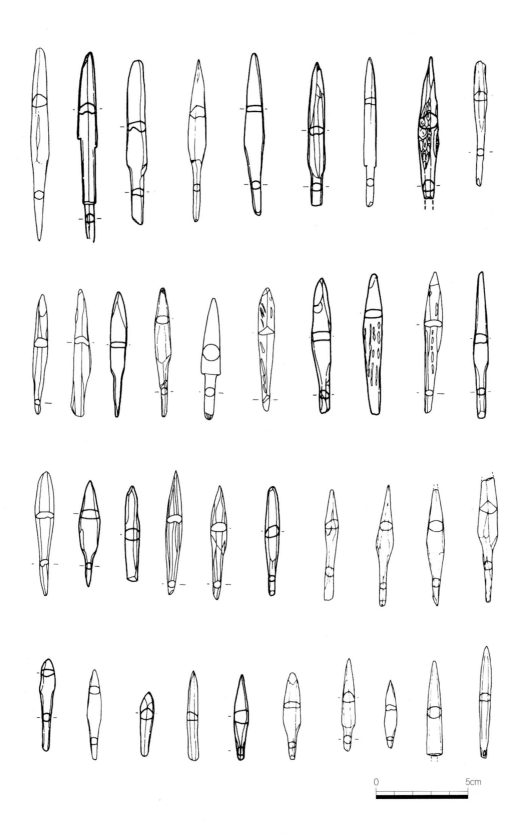

1. 위치 : 인천광역시 중구 운남동 일원

2. 조사 : 한국고고환경연구소(2007~2009년)

3. 성격 : 주거지 및 패총

4. 시대 : 원삼국~백제시대

5. 유구 및 유물

   – 유물 : 패총, 주거지, 수혈, 구, 매납유구, 분묘 등

   – 유물 : 경질무문토기, 타날문토기, 철도자, 철겸, 유공철부 등

6. 골각기 : 도자병, 복골, 골촉, 수식, 골제장식품 등

7. 문헌 : 서현주 외, 2011, 『인천 운남동 패총』, 한국고고환경연구소.

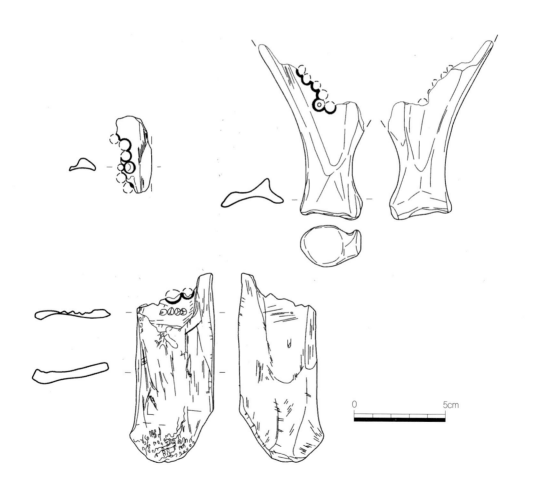

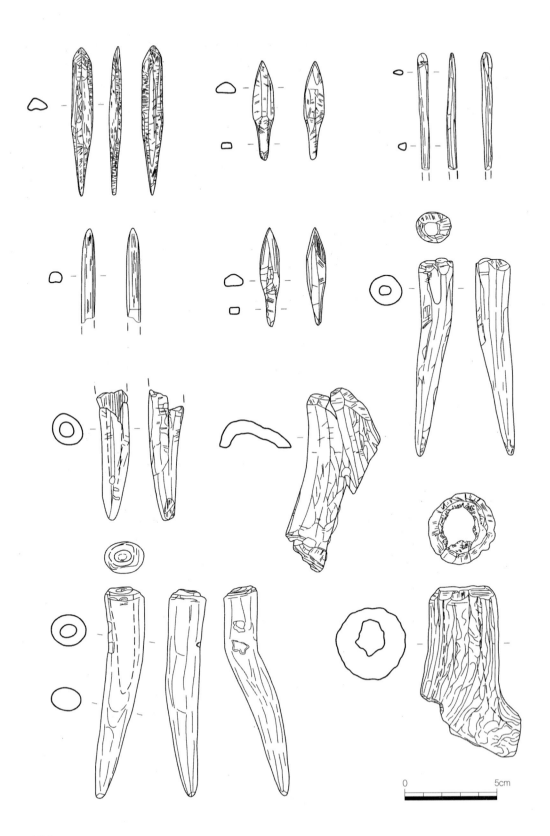

0   5cm

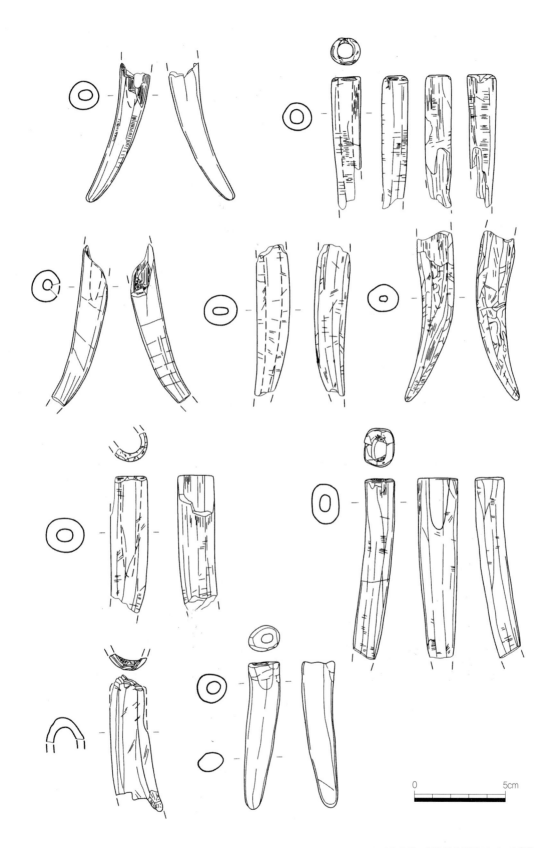

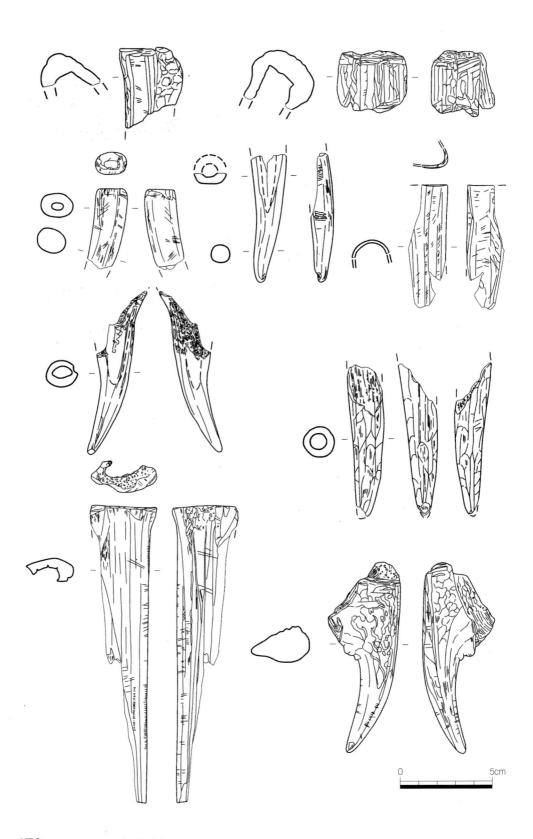

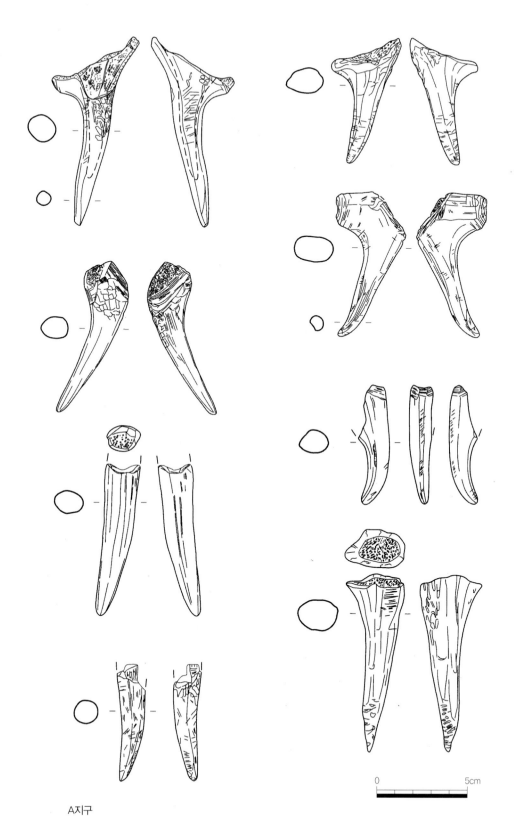

A지구

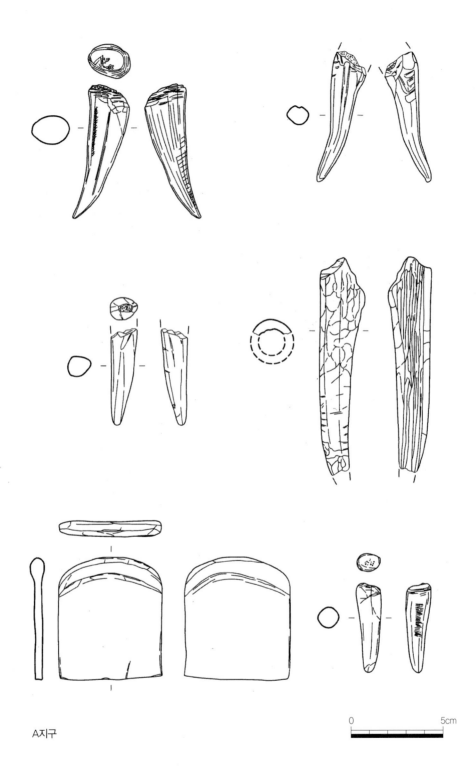

A지구

0   5cm

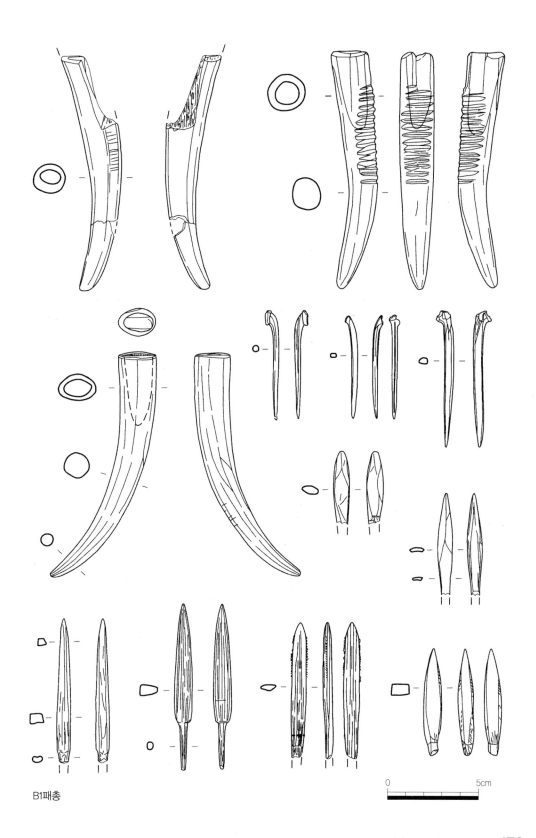

B1패총

0   5cm

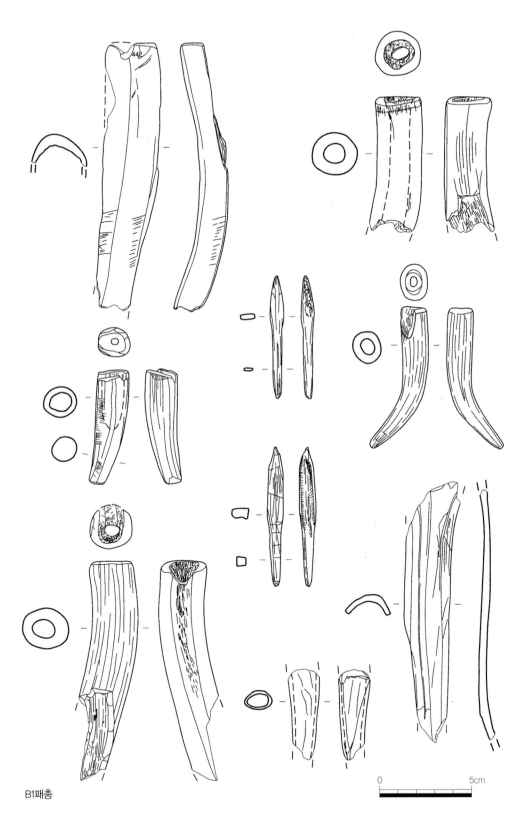

B1패총

0   5cm

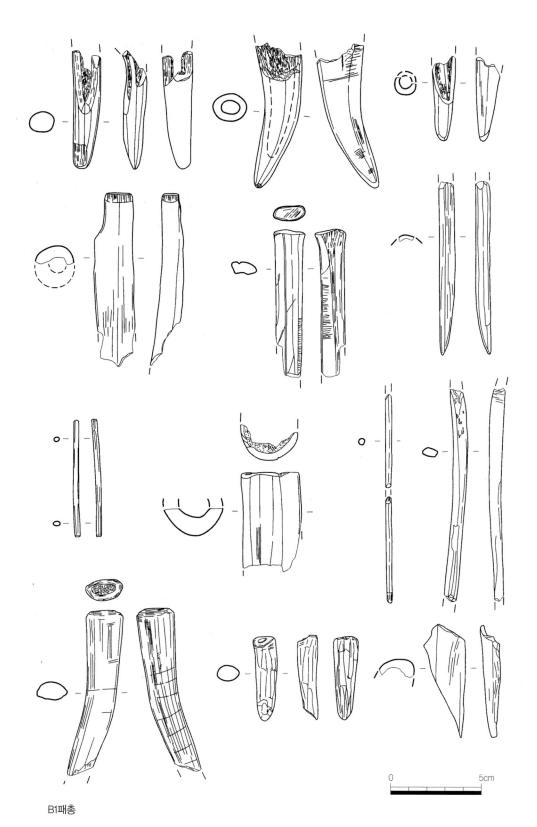

B1패총

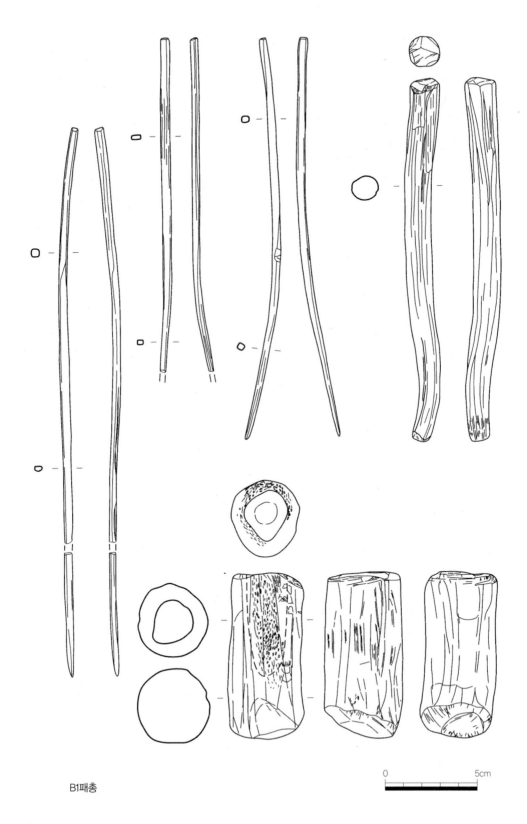

B1패총

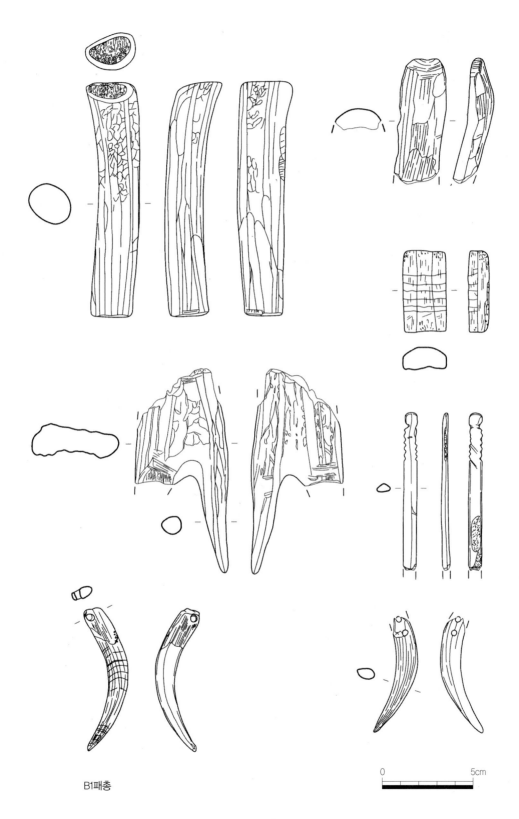

B1패총

0   5cm

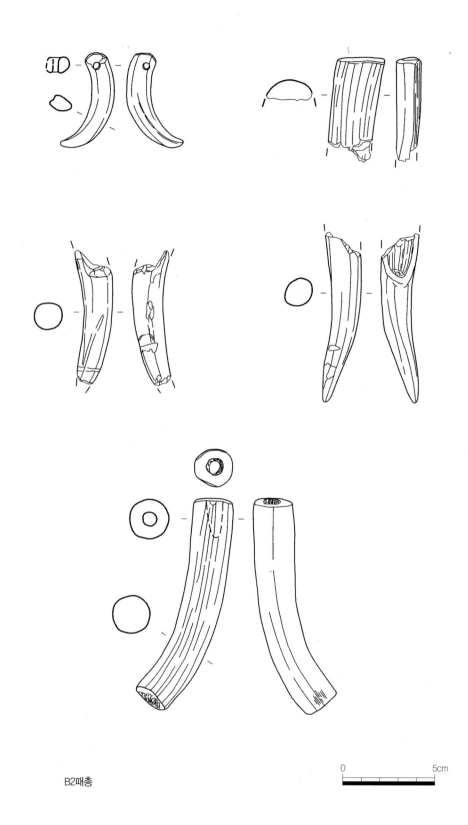

B2패총

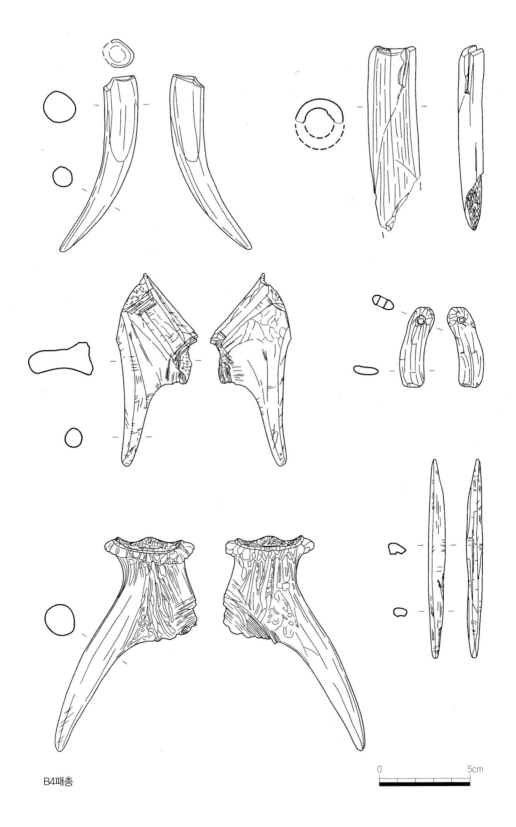

B4패총

0   5cm

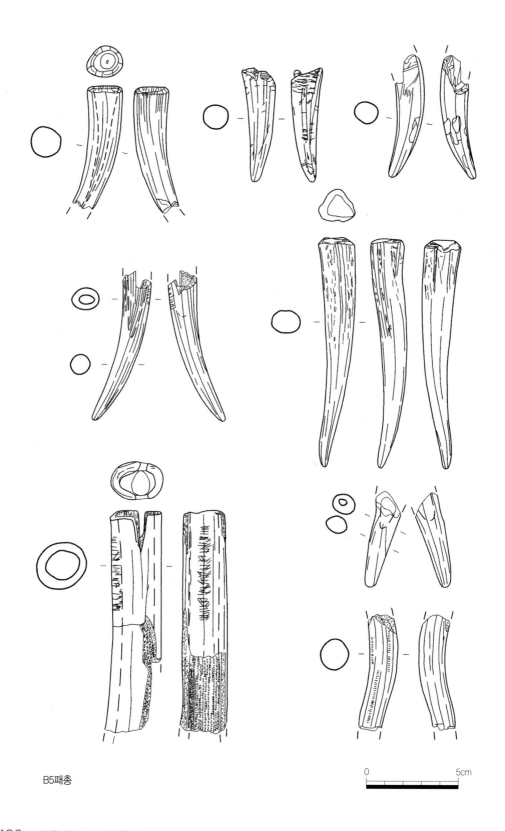

B5패총

0　　　　　　5cm

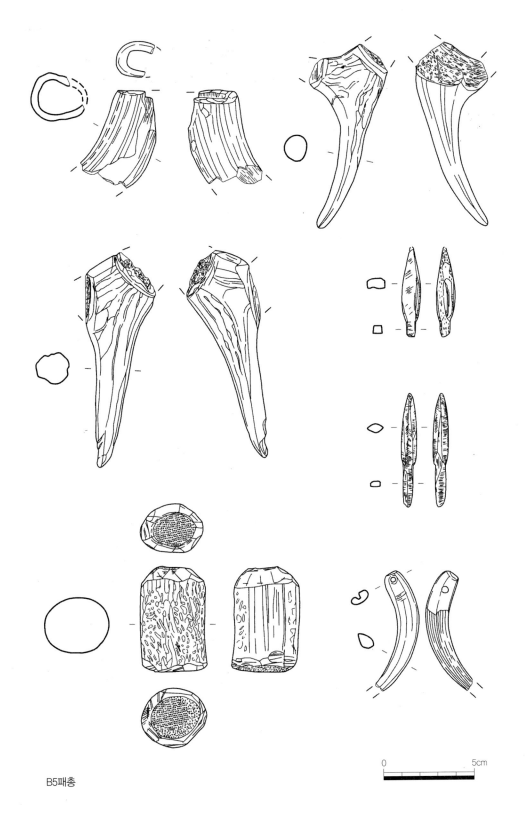

B5패총

0   5cm

제주 곽지패총(濟州 郭支貝塚)

1. 위치 : 제주특별자치도 제주시 구좌읍 종달리 1707번지 일대

2. 조사 : 제주대학교박물관(1991년)

3. 성격 : 패총

4. 시대 : 탐라시대 후기

5. 유구 및 유물

  – 유구 : 패총 1개소

  – 유물 : 경질무문토기, 회청색경질토기, 석촉, 유구석부, 철촉 등

6. 골각기 : 첨두기(골촉)

7. 문헌 : 제주대학교박물관, 1997, 『제주 곽지패총』.

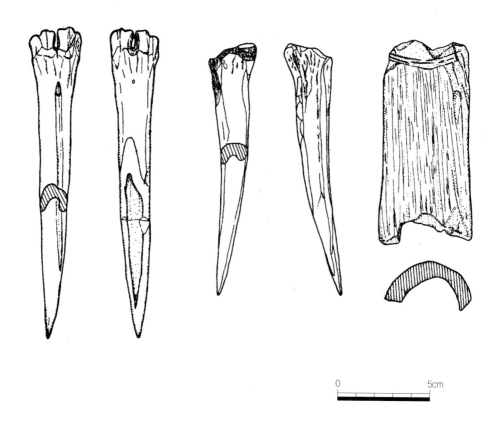

0   5cm

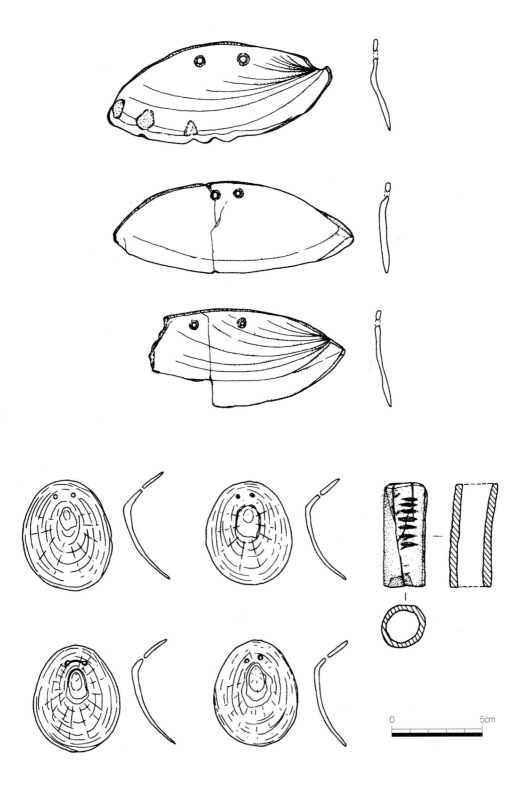

1. 위치 : 제주특별자치도 제주시 구좌읍 종달리 1131번지 일대

2. 조사 : 국립제주박물관(1986, 1987, 1988년)

3. 성격 : 패총, 저습지

4. 시대 : 초기철기~원삼국시대

5. 유구 및 유물

   – 유구 : 패총, 저습지

   – 유물 : 점토대토기, 마연토기 등

6. 골각기 : 도자병, 복골, 골촉, 골침, 장신구 등

7. 문헌 : 신대곤 외, 2006, 『제주 종달리유적Ⅰ』, 국립제주박물관.

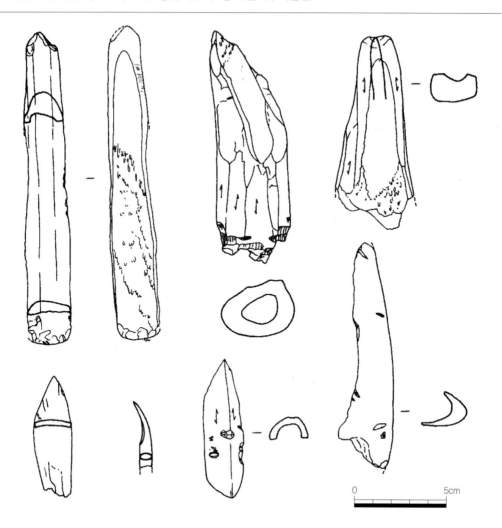

0   5cm

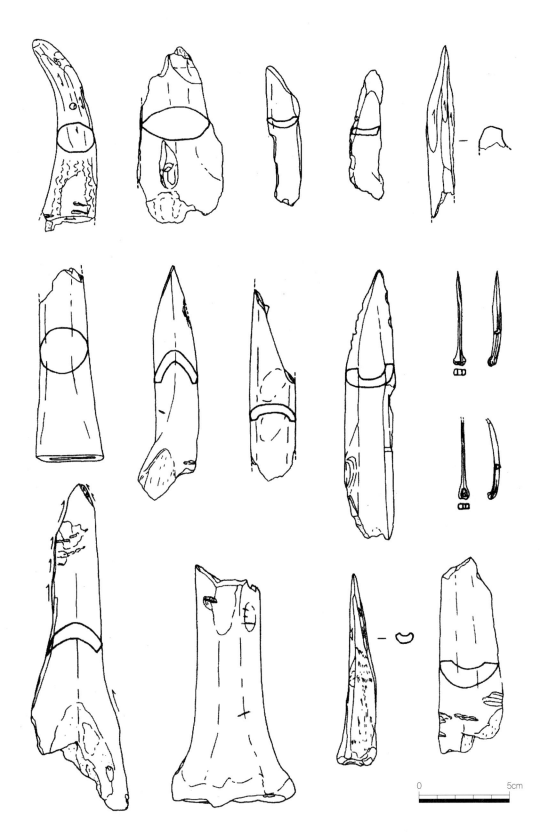

0   5cm

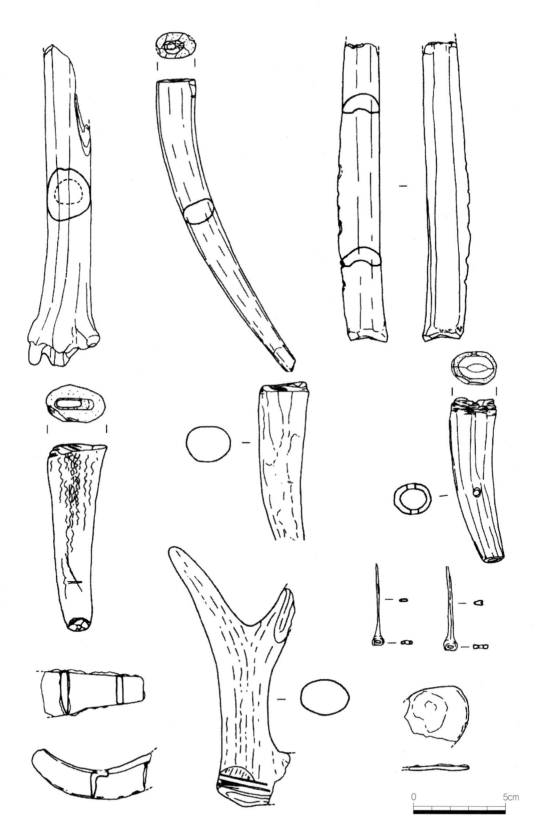

0   5cm

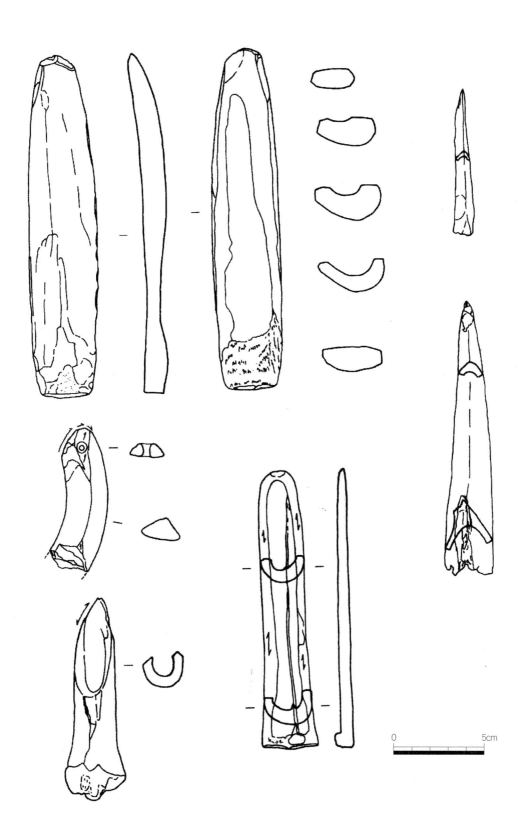

제주도   제주 종달리패총(1지구)(濟州 終達里貝塚)

1. 위치 : 제주특별자치도 제주시 구좌읍 종달리 1707번지 일대

2. 조사 : 제주대학교박물관(1991년)

3. 성격 : 패총

4. 시대 : 탐라시대 후기

5. 유구 및 유물

　– 유구 : 패총 1개소

　– 유물 : 경질무문토기, 회청색경질토기, 석촉, 유구석부, 철촉 등

6. 골각기 : 첨두기(골촉)

7. 문헌 : 제주대학교박물관, 1997, 『제주종달리패총』

0　　　　　　　5cm

제주도 　제주 종달리유적(2, 3지구)(濟州 終達里遺蹟)

1. 위치 : 제주특별자치도 제주시 구좌읍 종달리 1838-4번지 일대

2. 조사 : 제주대학교박물관(2000년)

3. 성격 : 패총

4. 시대 : 탐라시대 후기

5. 유구 및 유물

 - 유구 : 패총 2개소

 - 유물 : 심발형토기, 철제교구, 과대부속구, 철제바늘 등

6. 골각기 : 강치뼈 도자병

7. 문헌 : 강창화 외, 2006, 『종달리유적(2, 3지구)』, 제주대학교박물관.

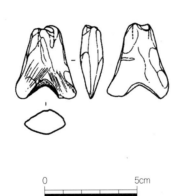

0　　　　　　　　5cm